Bescherelle

L'espagnol *pour tous*

Mónica Castillo Lluch
Agrégée d'espagnol
Professeure de Linguistique hispanique
à l'université de Lausanne

Marta López Izquierdo
Agrégée d'espagnol
Maîtresse de conférences en Linguistique hispanique
à l'université Paris 8

Conception graphique et réalisation : c-album, Jean-Baptiste Taisne, Frédéric Jély (pour l'adaptation en 2022)
Illustrations : Marino Degano (p. 10-167 et 224-304), Juliette Baily
Édition : Doriane Giuili
Mise en page : Julie Fabioux

© Hatier, Paris, 2022　　　　　　　　ISBN 978-2-401-08621-0

Sous réserve des exceptions légales, toute représentation ou reproduction intégrale ou partielle, faite, par quelque procédé que ce soit, sans le consentement de l'auteur ou de ses ayants droit, est illicite et constitue une contrefaçon sanctionnée par le Code de la Propriété Intellectuelle. Le CFC est le seul habilité à délivrer des autorisations de reproduction par reprographie, sous réserve en cas d'utilisation aux fins de vente, de location, de publicité ou de promotion de l'accord de l'auteur ou des ayants droit.

Communautés et villes autonomes espagnoles

La Constitution espagnole de 1978 établit une division politique et administrative de l'Espagne en 17 communautés et deux villes autonomes.

COMMUNAUTÉS AUTONOMES	CAPITALE	HABITANTS
Andalucía	Sevilla	andaluces
Aragón	Zaragoza	aragoneses
Principado de Asturias	Oviedo	asturianos
Islas Baleares	Palma de Mallorca	baleares
Canarias	Las Palmas de Gran Canaria y Santa Cruz de Tenerife	canarios
Cantabria	Santander	cántabros
Castilla-La Mancha	Toledo	castellano-manchegos
Castilla y León	Valladolid	castellano-leoneses
Cataluña	Barcelona	catalanes
Extremadura	Mérida	extremeños
Galicia	Santiago de Compostela	gallegos
Comunidad de Madrid	Madrid	madrileños
Región de Murcia	Murcia	murcianos
Comunidad Foral de Navarra	Pamplona	navarros
La Rioja	Logroño	riojanos
Comunidad Valenciana	Valencia	valencianos
País Vasco	Vitoria	vascos

VILLES AUTONOMES		
	Ceuta	ceutíes
	Melilla	melillenses

AVANT-PROPOS

L'Espagnol pour tous est un ouvrage de référence (niveaux B1-B2 du CECR) destiné à tous ceux qui souhaitent consolider leur espagnol pour des raisons scolaires, professionnelles ou personnelles. Il réunit en un seul volume les outils pour accompagner un apprentissage efficace : une **grammaire** de l'espagnol d'aujourd'hui, des fiches pour mieux **communiquer**, des mots de **vocabulaire**, un guide de **traduction** d'expressions françaises et tous les tableaux types de **conjugaison**.

Une grammaire claire et synthétique

Chaque chapitre de **grammaire** traite un point particulier de façon claire et synthétique. De nombreux **exemples** prennent le relais de l'explication dans un espagnol vivant et facile à mémoriser, et des **exercices** permettent de vérifier qu'on a compris.

La communication orale

La partie « **Communiquer** » est doublement consacrée à l'oral. D'une part, les **21 fiches** proposent des **dialogues** et des structures clés à mémoriser pour savoir s'exprimer dans les situations de la vie courante. D'autre part, dans chaque fiche, un exercice permet de s'entraîner oralement.

Le vocabulaire essentiel

Près de **3 000 mots** sont classés par thèmes. Chacun de ces thèmes rappelle la **prononciation** des mots essentiels, propose des listes de mots et une série d'énoncés pour les apprendre en contexte et se termine par un « **mini quiz** » permettant de réactiver les mots-clés.

Trouver le mot juste

Dans la partie « Traduction », vous trouverez, classées par ordre alphabétique, **109 entrées** en français difficiles à traduire en espagnol avec, pour chacune, des solutions de traduction et des exemples. En annexe, figurent notamment une liste de faux amis et les principales différences entre l'espagnol d'Espagne et d'Amérique.

La conjugaison des verbes

Pour aider la mémorisation, les verbes sont regroupés en **36 tableaux types** qui permettent de retrouver rapidement leur conjugaison y compris quand ils sont irréguliers.

Un site dédié à l'oral

Sur le site **hatier-clic.fr**, vous trouverez tous les **fichiers mp3** liés à l'ouvrage.

- Pour chaque thème de la partie « Communiquer », vous trouverez les dialogues, les structures clés et les exemples des fiches de prononciation présents.
- Pour chaque thème de la partie « Vocabulaire », vous trouverez la prononciation des mots difficiles, une sélection de mots à mémoriser.

Tous ces contenus sont accessibles gratuitement sur le site hatier-clic.fr par la saisie de miniliens figurant dans l'ouvrage.

Sommaire

Grammaire

Le groupe nominal

1. Orthographe et accentuation 10
2. Le nom 14
3. L'article indéfini 19
4. L'article défini 23
5. L'article *lo* 28
6. Les démonstratifs 31
7. Les possessifs 34
8. Les numéraux cardinaux 38
9. Les numéraux ordinaux 42
10. Les indéfinis (1) 45
11. Les indéfinis (2) 50
12. Les pronoms personnels 53
13. Les adjectifs qualificatifs 58
14. Comparatifs et superlatifs 62
15. Les relatifs 66
16. Interrogatifs et exclamatifs 72

Le groupe verbal

17. L'indicatif présent 76
18. L'indicatif imparfait et plus-que-parfait 81
19. Passé composé et passé simple . 84
20. Le futur et le conditionnel 89
21. Les subjonctifs et la concordance des temps 94
22. L'impératif 100
23. Infinitif, gérondif et participe... 103
24. Les périphrases verbales (1).....108
25. Les périphrases verbales (2).....111
26. Indicatif ou subjonctif ? 115
27. *Ser* et *estar* 120
28. Les adverbes 126
29. Les prépositions *a*, *en* et *con* 131
30. Les prépositions *de*, *por* et *para* 135

La phrase

31. La phrase simple (1)..............140
32. La phrase simple (2).............145
33. La coordination.................149
34. Les subordonnées complétives . 154
35. Les subordonnées circonstancielles (1).............158
36. Les subordonnées circonstancielles (2).............163

Communiquer

Comment le dire ?

1. *Me suena tu cara* Saluar, (se) présenter ... 170
2. *¿Hay noticias?* Demander, donner des nouvelles ... 172
3. *Oiga, perdone…* Demander, donner une information ... 175
4. *¿Quedamos?* Fixer un rendez-vous ... 178
5. *Gracias por tu ayuda* Remercier, s'excuser ... 181
6. *¡Felicidades!* Féliciter, présenter ses vœux ... 183
7. *Haciendo planes* Faire des projets ... 185
8. *Por favor…* Demander, rendre un service ... 188
9. *¡Cuenta conmigo!* Promettre, s'engager ... 190
10. *¿Se puede?* Demander, donner la permission ... 192
11. *¿Aceptas un consejo?* Conseiller, suggérer ... 195
12. *¡No puede ser!* Être surpris, réagir ... 197
13. *Por tu culpa…* Faire des reproches ... 199
14. *No te preocupes* Rassurer, encourager ... 202
15. *¡Qué bonito!* Dire qu'on aime, qu'on n'aime pas ... 204
16. *Me da igual…* Dire que l'on préfère, que c'est égal ... 206
17. *¡Vale!* Exprimer son accord, son désaccord ... 208
18. *Por supuesto* Défendre une idée, la reformuler ... 211
19. *Tengo una duda…* Exprimer des doutes, hésiter ... 214
20. *Si insistes…* Insister, faire des concessions ... 217
21. *Cambiemos de tema, por favor* Changer de sujet ... 219

Vocabulaire

Mieux prononcer

1. L'identité ... 224
2. La famille ... 228
3. Le corps ... 232
4. Les sentiments et les émotions ... 235
5. Pensée, opinion, croyance ... 238
6. La cuisine et les repas ... 241
7. La maison ... 245
8. Les courses ... 250
9. La ville ... 253
10. Les techniques de communication ... 256
11. Les médias ... 261
12. Le sport et la santé ... 265
13. Les loisirs ... 268
14. Les voyages et les sorties ... 274
15. L'éducation ... 280
16. Le travail ... 283
17. La vie en société ... 288
18. La politique ... 292
19. Richesse et pauvreté ... 296
20. L'environnement ... 300

Traduction

- **109 entrées en français classées par ordre alphabétique** 306
- **Faux amis** 376
- **L'espagnol en Espagne et en Amérique** 377
- **Les diminutifs** 380
- **Verbes et adjectifs + prépositions** 381

Conjugaison

- *Haber, ser* et *estar* **(Tableaux 1-3)** 386
- **Verbes réguliers (Tableaux 4-6)** 392
- **Verbes irréguliers (Tableaux 7-36)** 398

Index 421

Grammaire

Abréviations utilisées

pers. : personne
sing. : singulier
plur. : pluriel
masc. : masculin
fém. : féminin

Pour ne pas alourdir les exemples, une seule traduction a été proposée là où hors contexte la 3e personne correspond en espagnol à il(s), elle(s) ou vous.

1 Orthographe et accentuation

→ Pourquoi écrit-on *voz* mais *voces*, *coger* mais *cojo* ?
→ Quelle est la différence entre *él vino* et *el vino* ?

Modifications orthographiques

L'orthographe d'un mot peut varier afin de conserver la même prononciation d'une forme à l'autre.

ca/co	→ que → qui	to**ca**r (toucher) → to**que**mos (touchons) ri**co** (riche) → ri**quí**simo (richissime)
ga/go	→ gue → gui	pa**ga**r (payer) → pa**gué** (je payai) ami**go** (ami) → ami**gui**to (petit ami)
gua/guo	→ güe → güi	averi**gua**r (vérifier) → averi**güé** (je vérifiai) conti**guo** (contigu) → conti**güi**dad (contiguïté)
gi/ge	→ ja → jo	ele**gi**r (choisir) → eli**ja**mos (choisissons) co**ge**r (prendre) → co**jo** (je prends)
-z/za/zo	→ ce → ci	vo**z** (voix) → vo**ce**s (des voix) ca**zo** (casserole) → ca**ci**to (petite casserole)

Accent tonique et accent graphique

Dans les mots de plus d'une syllabe, il y en a toujours une qui est prononcée plus intensément : c'est la **syllabe tonique**. L'accent graphique s'écrit suivant certaines conventions.

Les mots terminés par une voyelle ou par les consonnes *-n* ou *-s* portent généralement l'accent tonique sur l'**avant-dernière** syllabe : *mundo, bicicleta, cantante, taxi, entran, examen, flores*.
Les mots terminés par une consonne autre que *-n* ou *-s* portent généralement l'accent tonique sur la **dernière** syllabe : *feliz, descubrir, amistad, fenomenal, perspicaz, reloj*.

◉ Les mots qui ne suivent pas ces modèles portent un **accent graphique** : *café, lápiz, marroquí, fenómeno, útil, díselo, exámenes*.

Grammaire — Orthographe et accentuation

▶ L'accent tonique d'un nom, d'un pronom ou d'un adjectif **est toujours sur la même syllabe**, qu'il soit au singulier ou au pluriel, au masculin ou au féminin, mais le mot peut porter un accent **graphique** selon qu'il suit ou non les deux règles précédentes. Comparez.

pa<u>red</u>	<u>fá</u>cil	e<u>xa</u>men	la<u>drón</u>	fran<u>cés</u>
pa<u>re</u>des	<u>fá</u>ciles	e<u>xá</u>menes	la<u>dro</u>nes	fran<u>ce</u>sa

Exception : les noms *carácter*, *régimen* et *espécimen* portent l'accent tonique sur une syllabe différente au pluriel (*cara<u>c</u>teres*, *re<u>gí</u>menes*, *espe<u>cí</u>menes*).

> À la lecture, on peut toujours savoir où se trouve l'accent.
> – Les mots terminés par une voyelle ou par -*n* ou -*s* sans accent graphique ➔ accent tonique sur l'avant-dernière syllabe.
> – Les mots terminés par une consonne autre que -*n* ou -*s* sans accent graphique ➔ accent tonique sur la dernière syllabe.
> – Les autres cas sont toujours marqués par un accent graphique.

▶ Les **diphtongues** consistent en la combinaison de deux voyelles dont obligatoirement [i] ou [u] prononcées dans une même syllabe.

L'accent graphique sur les diphtongues suit les règles générales : *mie-do*, *pue-den*, *so-lu-ción*, *lle-gáis*.

▶ La combinaison des voyelles [i] et [u], atones ou toniques, est toujours considérée une diphtongue à effets de l'accent graphique : *huir*, *ruido*, *diurno*.

▶ Toute autre combinaison de voyelles constitue un **hiatus** (les voyelles sont prononcées dans deux syllabes différentes).

Les hiatus suivent les règles générales de l'accent graphique : *a-é-re-o*, *te-a-tro*, *le-ón*, *pa-ís*.

Exception : les hiatus avec [i/u] toniques portent toujours un accent graphique, même s'il est contraire aux règles, pour les différencier des diphtongues. Comparez : *ha-cia* (vers) et *ha-cí-a* (je faisais *ou* il faisait).

▶ Les **triphtongues** (une voyelle [a/e/o] entourée de deux voyelles [i/u]) suivent les règles générales, comme les diphtongues : *co-piáis* [kopiáis], *U-ru-guay* [uruɣuái].

> **Notez bien**
> La place de l'accent tonique peut changer le sens d'un mot.
> *canto* (je chante) ≠ *cantó* (il a chanté)

Accent grammatical

▶ Certains mots portent un accent graphique pour les distinguer d'homonymes n'ayant pas la même fonction grammaticale.

  él vino ≠ **el** vino
  il vint   le vin

▶ *Mí*, *tú* et *él* sont des pronoms personnels, *mi* et *tu* des adjectifs possessifs, *el* un article.

- **Él** dejó **el** sobre encima de **mi** escritorio, pero no era para **mí**.
  Il a déposé l'enveloppe sur mon bureau, mais elle n'était pas pour moi.

▶ Les mots interrogatifs et exclamatifs portent un accent mais pas les relatifs.

- ¿**Qué** costó la casa **que** compró?
  Combien a coûté la maison qu'il a achetée ?

- No sé **qué** ponerme.
  Je ne sais pas quoi mettre.

- —Es la película de la **cual** te hablé. —¿**Cuál**?
  C'est le film dont je t'ai parlé. – Lequel ?

▶ *Aún* (encore), *sí* (oui) et *más* (plus) sont des adverbes.
Aun (même), *si* (si) et *mas* (mais) sont des conjonctions.

- ¿**Aún** te duele? ¿Y **aun** enfermo sigues trabajando?
  Tu as encore mal ? Et même malade, tu continues à travailler ?

- **Sí**, te contestaré **si** tú me escribes.
  Oui, je te répondrai si tu m'écris.

▶ Les **démonstratifs** peuvent porter un accent s'ils sont pronoms, mais pas s'ils sont adjectifs.

- Se alquila **esta** casa, no **aquélla**.
  Cette maison est à louer, pas celle-là.

GRAMMAIRE • Orthographe et accentuation

▶ **Solo** peut porter un accent quand il est adverbe (« seulement ») mais pas quand il est adjectif (« seul »). Cet accent n'est obligatoire qu'en cas d'ambiguïté.

- Trabajo **sólo** aquí. Trabajo **solo** aquí.
  Je travaille **seulement** ici. Je travaille **seul** ici.

Exercice express

1. Formez le pluriel de *lápiz* (crayon), *estupidez* (stupidité) et *luz* (lumière).
2. Le mot *ambiguedad* (ambiguïté) qui se prononce [ambiɣueðáð] est-il bien écrit ?
3. Traduisez en faisant attention aux modifications orthographiques : « je prends », « tu prends », « que je prenne », « je pris ».
4. Mettez un accent graphique sur le pluriel de ces mots quand il est nécessaire :
   razón → *razones*, *joven* → *jovenes*, *régimen* → *regimenes*.
5. Mettez un accent grammatical quand il le faut :
   ¿Cuando llegasteis?
   No se si aun trabaja en esa empresa.
   ¡Que suerte, tu tienes mas vacaciones que yo!

Corrigé

1. *Lápices, estupideces, luces.*
2. Non, pour être prononcé correctement ([ɣue] et non [ɣe]), il faut écrire *ambigüedad*.
3. *Cojo, coges, coja, cogí.*
4. *Razón → razones, joven → jóvenes, régimen → regímenes*
5. *¿Cuándo llegasteis?*
   No sé si aún trabaja en esa empresa. [sé : je sais ≠ se (pronom)]
   ¡Qué suerte, tú tienes más vacaciones que yo!

2 Le nom

→ Savez-vous dire « une femme médecin » ? Et « un athlète » ?
→ Quel est le pluriel de *pez* ? Et celui de *tabú* ?
→ Comment dit-on « mon oncle et ma tante » ?

Genre des noms désignant des êtres animés

Les deux genres (masculin / féminin) correspondent à la différence biologique mâle / femelle. Il y a plusieurs manières de **marquer cette différence**.

▶ **La terminaison change.**

Masculin en *-o, -e* ou consonne → féminin en *-a* : *chico / chica* (garçon / fille), *perro / perra* (chien / chienne), *jefe / jefa* (chef), *señor / señora* (monsieur / madame), *león / leona* (lion / lionne).

Masculin en *-e* → féminin en *-esa* : *alcalde / alcaldesa* (maire / mairesse), *conde / condesa* (comte / comtesse), *tigre / tigresa* (tigre / tigresse).

Masculin en *-a* ou *-e* → féminin en *-isa* : *poeta / poetisa* ou *poeta* (poète / poétesse), *sacerdote / sacerdotisa* (prêtre / prêtresse).

Masculin en *-or* → féminin en *-triz* : *actor / actriz* (acteur / actrice), *emperador / emperatriz* (empereur / impératrice).

Terminaisons diverses → féminin en *-ina* : *héroe / heroína* (héros / héroïne), *gallo / gallina* (coq / poule), *rey / reina* (roi / reine).

▶ **Les deux noms sont distincts.**

hombre / mujer homme / femme	marido / mujer mari / femme	yerno / nuera gendre / belle-fille
padre / madre père / mère	caballo / yegua cheval / jument	

▶ **Seul le déterminant change.**

C'est le cas pour les noms ayant les terminaisons suivantes :

Terminaison en *-ista* : *el / la artista* (l'artiste), *el / la taxista* (le / la chauffeur de taxi) **mais** *el modisto / la modista* (le couturier / la couturière).

Terminaison en *-a* : *el / la atleta* (l'athlète), *el / la guía* (le / la guide), *el / la psiquiatra* (le / la psychiatre), *el / la fisioterapeuta* (le / la kinésithérapeute).

GRAMMAIRE ■ Le nom   2

Terminaison en -o : *el/la testigo* (le témoin), *el/la piloto* (le / la pilote), *el/la modelo* (le / la mannequin).

Terminaison en -e : *el/la conserje* (le gardien / la gardienne), *el/la pinche* (l'aide-cuisinier).

Terminaison en -i ou -u : *el/la maniquí* (le mannequin [d'une vitrine]), *el/la gurú* (le / la gourou).

Terminaison en -nte : *el/la estudiante* (l'étudiant / l'étudiante), *el/la paciente* (le patient / la patiente), *el/la cantante* (le chanteur / la chanteuse) **mais** *el cliente/la clienta* (le client / la cliente), *el dependiente/la dependienta* (le vendeur / la vendeuse).

Terminaison en -l ou -z : *el/la cónsul* (le / la consul), *el/la juez* ou *la jueza* (le / la juge).

Autres terminaisons : *el/la mártir* (le martyr / la martyre), *el/la auxiliar* (l'auxiliaire).

> **Notez bien**
>
> Les noms de métiers admettent une forme spécifique pour le féminin. Elle est de plus en plus utilisée dans un contexte où le langage inclusif devient socialement important.
>
> el autor/la autora   el abogado/la abogada
> l'auteur(e)   l'avocat/l'avocate
>
> el profesor/la profesora el arquitecto/la arquitecta
> le/la professeur(e)   l'architecte
>
> el árbitro/la árbitra   el piloto/la pilota
> l'arbitre   le pilote
>
> Certaines personnes préfèrent dédoubler les substantifs au pluriel au lieu d'utiliser le masculin inclusif :
>
> Los diputados/los diputados y las diputadas
> Les député(e)s

▶ Parfois, **un seul nom** masculin ou féminin sert pour les deux sexes.

la persona   la víctima   el elefante
la personne   la victime   l'éléphant

Pour distinguer les sexes dans le cas des animaux, on peut ajouter *macho* (mâle) ou *hembra* (femelle) : *ballena macho, delfín hembra*.

Genre des noms désignant des entités inanimées

Le genre peut être prévisible d'après la **terminaison**.

▶ La plupart des noms terminés par *-a* sont féminins et par *-o* masculins.

la piedra   el campo
la pierre   la campagne

15

Mais il existe quelques **exceptions** importantes.

Féminins en *-o* : *la mano* (la main), *la foto* (la photo), *la moto* (la moto), *la radio* (la radio).

Masculins en *-a* : *el día* (le jour), *el problema* (le problème), *el clima* (le climat), *el planeta* (la planète).

- **Autres terminaisons**

Masculins en *-or* : *el calor* (la chaleur), *el color* (la couleur), *el amor* (l'amour) **mais** *la flor* (la fleur), *la labor* (le labeur).

Féminins en *-ad* : *la solidaridad* (la solidarité), *la puntualidad* (la ponctualité).

Féminins en *-ción* / *-sión* / *-zón* : *la canción* (la chanson), *la pasión* (la passion), *la razón* (la raison).

Féminins en *-tud* : *la juventud* (la jeunesse), *la exactitud* (l'exactitude).

Féminins en *-ez* : *la vejez* (la vieillesse), *la honradez* (l'honnêteté).

> **Notez bien**
> Le genre n'est pas toujours prévisible d'après la terminaison.
>
> | el coche | la leche | el cartel | la cárcel |
> |---|---|---|---|
> | la voiture | le lait | l'affiche | la prison |

- Le genre peut être prévisible **d'après le sens**.

Les noms des **lettres** de l'alphabet sont féminins car on sous-entend *la letra* : *la eñe*, *la jota*.

▶ **Prononciation en pages de garde**

Les noms des **fleuves**, des **mers** et des **montagnes** sont généralement masculins car on sous-entend *el río*, *el mar* / *el océano*, *el monte* : *el Sena* (la Seine), *el Mediterráneo* (la Méditerranée), *los Pirineos* (les Pyrénées).

Les noms de **marques de voitures** sont masculins car on sous-entend *el coche* : *un Peugeot*, *un Mercedes*.

Les noms d'**arbres** sont souvent masculins et celui de leur fruit féminin : *el olivo* / *la oliva* (l'olivier / l'olive), *el manzano* / *la manzana* (le pommier / la pomme).

Certains masculins indiquent une **entité** individuelle et leur féminin une entité collective : *el fruto* / *la fruta* (le fruit / les fruits), *el banco* / *la banca* (la banque / le secteur bancaire).

GRAMMAIRE ▪ Le nom   **2**

▶ Le genre peut être **double**, masculin ou féminin, avec ou sans changement de sens.

Sans changement de sens

el/la mar [fém. plus expressif] la mer	el/la azúcar le sucre	el arte/las artes l'art

Avec changement de sens

el orden (le rangement) ≠ la orden (l'ordre) [injonction]
el frente (le front) [militaire] ≠ la frente (le front) [visage]
el cólera (le choléra) ≠ la cólera (la colère)
el coma (le coma) ≠ la coma (la virgule)
el bolso (le sac à main) ≠ la bolsa (la Bourse, le sac en plastique)

Nombre du nom

▶ Il existe deux classes de noms : les noms **dénombrables** (pour des entités qui peuvent être comptées) et les **indénombrables** (pour des entités qui ne peuvent pas être comptées).
Le pluriel modifie le sens des indénombrables, qui deviennent dénombrables.

- Han comido **muchas aceitunas** y han bebido **mucha cerveza**.
  Ils ont mangé beaucoup d'olives et ont bu beaucoup de bière.
- Han bebido **tres cervezas**.
  Ils ont bu trois bières (trois verres/bouteilles…) de bière.

▶ Le pluriel se marque généralement par -s ou -es.

On ajoute -s aux noms terminés par une voyelle.

la bicicleta (le vélo) ➜ las bicicletas
el sueño (le rêve) ➜ los sueños
el café (le café) ➜ los cafés
la metrópoli (la métropole) ➜ las metrópolis

On ajoute -es aux noms terminés par une consonne.

la razón (la raison) ➜ las razones
el pez (le poisson) ➜ los peces
el rey (le roi) ➜ los reyes
el píxel (le pixel) ➜ los píxeles
el máster (le master) ➜ los másteres
el interés (l'intérêt) ➜ los intereses

> **Notez bien**
> Les noms terminés par -í ou -ú ont deux formes possibles de pluriel :
> -s ou -es (préférée dans la langue soutenue).
> el esquí (le ski) ➜ los esquíes ou los esquís
> el tabú (le tabou) ➜ los tabúes ou los tabús

17

Exception : les noms en -s restent invariables si leur dernière syllabe n'est pas tonique : *la crisis* (la crise) ➔ *las crisis*, *el lunes* (lundi) ➔ *los lunes*.

◉ Le pluriel peut désigner un couple.

> los padres : les pères ou le père et la mère
> los hermanos : les frères ou le frère et la sœur
> los tíos : les oncles ou l'oncle et la tante
> los señores : les messieurs ou monsieur et madame
> los reyes : les rois ou le roi et la reine

◉ Le pluriel peut désigner un seul objet composé de deux parties symétriques, comme en français : *las gafas* (les lunettes), *las tijeras* (les ciseaux) mais aussi : *los pantalones* (les pantalons ou le pantalon).

Pluriel des noms composés

◉ Le pluriel des noms composés se forme en ajoutant **au deuxième élément** la marque du pluriel.

> el altavoz (le haut-parleur) ➔ los altavoces
> el vaivén (le va-et-vient) ➔ los vaivenes

◉ Mais si le deuxième élément est déjà au pluriel, le nom composé reste **invariable**.

> el cumpleaños (l'anniversaire) ➔ los cumpleaños
> el lavavajillas (le lave-vaisselle) ➔ los lavavajillas
> el paraguas (le parapluie) ➔ los paraguas

◉ Pour les noms composés qui s'écrivent en deux mots, le pluriel parfois s'applique au premier élément, parfois aux deux.

> la ciudad dormitorio (la ville-dortoir) ➔ las ciudades dormitorio
> la hora punta (l'heure de pointe) ➔ las horas punta
> el Estado miembro (l'État membre) ➔ los Estados miembros
> el guardia civil (le garde civil) ➔ los guardias civiles

Exercice express

1. Donnez la forme du féminin de *el juez*, *el cónsul*, *el alcalde* et *el poeta*.
2. Quels sont les mots féminins qui correspondent à *caballo* et *yerno* ?
3. Formez le pluriel de *sofá*, *análisis*, *rubí* et *paz*.

Corrigé
1. *La juez* ou *la jueza*, *la cónsul*, *la alcaldesa*, *la poeta* ou *la poetisa*.
2. *Yegua* et *nuera*.
3. *Sofás*, *análisis*, *rubíes* ou *rubís*, *paces*.

3 L'article indéfini

→ Comment traduire : « Je vois des montagnes » ?
→ Que signifie : *Tiene unos veinticinco años* ?

Formes de l'article indéfini

	MASCULIN	FÉMININ
singulier	un	una
pluriel	unos	unas

un bosque (une forêt) → (unos) bosques (des forêts)
una montaña (une montagne) → (unas) montañas (des montagnes)

> **Notez bien**
> Lorsqu'un nom féminin commence par un *a* tonique (écrit *a*, *á*- ou *ha*), on utilise la forme *un*.
> **un** ave migratoria (un oiseau migrateur) mais **unas** aves migratorias

Emplois principaux de l'article indéfini

◉ L'article indéfini sert à nommer pour la première fois un référent **inconnu** de l'interlocuteur.

• Pedro vio a **un** chico. El chico estaba entrando en el metro.
  Pedro a vu un garçon. Le garçon entrait dans le métro.

◉ Il présente un être ou un objet de façon individuelle mais **indéterminée**.

• Hemos venido aquí para visitar **una** iglesia románica preciosa.
  Nous sommes venus ici pour visiter une très belle église romane.

◉ Il peut avoir une valeur **générique** dérivée de son sens indéterminé.

• **Un** restaurante tiene que tener servicios.
  Un restaurant doit avoir des toilettes. [= Tout restaurant…]

> **Notez bien**
> *Un/Una* peut aussi être un adjectif numéral.
> ¡Visitar más de un museo al día es demasiado!
> Visiter plus d'un musée par jour, c'est trop !

Emplois spécifiques de l'article indéfini

> **Dans des phrases exclamatives (valeur superlative)**

- ¡Hace **un** calor aquí!
  Il fait une de ces chaleurs ici !

- ¡Tengo **unas** ganas de verte!
  J'ai très envie de te voir !

> **Devant les pourcentages**

Les pourcentages sont toujours précédés d'un article soit indéfini, soit défini.

- **Un** ou **El** 80% de los presentes votó a favor.
  80 % des présents ont voté pour.

Omission de l'article indéfini singulier

> L'article indéfini **ne s'emploie pas** devant *otro* (un autre), *medio* (un demi), *cualquier* (un quelconque) et *tal* (un tel) (voir p. 48).

- ¿Prefieres **otro**?
  Tu en préfères un autre ?

- Estoy allí en **media** hora.
  Je serai là dans une demi-heure.

- Pásame **cualquier** periódico.
  [Mais *Pásame un periódico cualquiera.*]
  Passe-moi n'importe quel journal.

- No es fácil trabajar con **tal** presión.
  Il n'est pas facile de travailler sous une telle pression.

> Il est **souvent omis** dans les petites annonces et les titres de journaux.

- Se necesita dependienta.
  Recherche vendeuse.

- Visita del presidente francés a España.
  Visite du Président français en Espagne.

> Il est **facultatif** avec *ser* + nom attribut, mais **très fréquent** quand le nom est déterminé par un adjectif ou une proposition relative.

- Luis es fotógrafo.
  Luis est photographe.

- Luis es **un** fotógrafo español / que trabaja para el periódico *El Mundo*.
  Luis est un photographe espagnol / qui travaille pour le journal *El Mundo*.

GRAMMAIRE ■ **L'article indéfini**

▶ Avec *tener* + nom, si le nom est totalement indéfini, **on omet l'article**.

- No tengo coche.
  Je n'ai pas de voiture.

Si le référent est plus déterminé, on peut employer l'article indéfini.

- Tener coche ou Tener **un** coche es muy práctico.
  C'est très pratique d'avoir une voiture.

Si le référent est individualisé, l'article indéfini s'impose.

- Tienes **un** coche muy ecológico.
  Tu as une voiture très écologique.

S'il est parfaitement identifié, on emploie l'article défini.

- Tienes **el** coche de mis sueños.
  Tu as la voiture de mes rêves.

▶ L'article indéfini **ne s'emploie pas** avec les noms indénombrables.

- ¿Quieres sal?
  Tu veux du sel ?

- María no come carne.
  María ne mange pas de viande.

> **Notez bien**
> Avec les indénombrables, le français utilise l'article partitif (du, de la…). En espagnol, on peut aussi employer l'article partitif si le nom est déterminé par un démonstratif, un possessif, une relative ou un complément du nom.
> Coge **de ese** queso y **del** vino que ha traído Juan.
> Prends de ce fromage et du vin que Juan a apporté.

Pluriel de l'article indéfini

▶ Un groupe nominal comme *veo una montaña* peut avoir **trois formes de pluriel.**

- Desde mi ventana veo **una, dos, tres…** montañas.
  [*una* numéral]
  De ma fenêtre, je vois une, deux, trois… montagnes.

- Desde mi ventana veo montañas.
  [*montañas* totalement indéterminé]
  De ma fenêtre, je vois des montagnes.

- Desde mi ventana veo **unas** montañas.
  [*unas* très proche de *algunas* (quelques)]
  De ma fenêtre, je vois des montagnes.

▶ *Unos / Unas* est **obligatoire** avec un nom sujet placé en début de phrase.

- **Unos** vecinos se han quejado de nuestra fiesta de anoche.
  Des voisins se sont plaints de notre fête d'hier soir.

Exception : les petites annonces et titres de journaux.

- Científicos españoles descubren un nuevo tipo de estrella.
  Des scientifiques espagnols découvrent un nouveau type d'étoile.

▶ Il est **facultatif** dans les autres cas. Son emploi détermine davantage le nom.

- Se han quejado **unos** vecinos de nuestra fiesta de anoche.
  Certains voisins se sont plaints de notre fête d'hier soir.

- Se han quejado vecinos de nuestra fiesta de anoche.
  Des voisins se sont plaints de notre fête d'hier soir.

▶ Il peut exprimer l'**approximation** devant un numéral.

- Tiene **unos** veinticinco años.
  Il a à peu près vingt-cinq ans.

▶ **Expression approximative d'un nombre p. 41**

Traduction express

1. J'ai vu une araignée poilue *(peluda)*.
2. J'ai rencontré une âme *(alma)* charitable *(caritativa)*.
3. Prends du poisson et prends aussi de la salade.
4. Des clientes voulaient te voir.
5. À peu près deux cents exposants *(expositores)* participent à *(en)* cette foire *(feria)*.
6. Tu n'as pas une autre poêle *(sartén)* un peu plus grande ?
7. Il n'a presque pas d'amis.

Corrigé

1. *He visto una araña peluda.*
2. *He conocido a un alma caritativa.*
3. *Toma pescado y coge también ensalada.*
4. *Unas clientas querrían verte.*
5. *Unos doscientos expositores participan en esta feria.*
6. *¿No tienes otra sartén un poco más grande?*
7. *Casi no tiene amigos.*

4 L'article défini

→ Quelle différence y a-t-il entre *el sábado* et *los sábados* ?
→ Comment traduiriez-vous « ceux d'hier » ?

Formes de l'article défini

	MASCULIN	FÉMININ	NEUTRE
singulier	el	la [*el* devant [á]]	lo
pluriel	los	las	

el minuto (la minute) → los minutos (les minutes)
la hora (l'heure) → las horas (les heures)
lo necesario (le nécessaire)

Notez bien
Lorsqu'un nom féminin commence par un *a* tonique (écrit *a* ou *ha*), on utilise la forme *el*.
el agua fría (l'eau froide) mais **las** aguas frías

▶ L'article défini se contracte avec *a* et *de*.

A + EL → AL	Voy al instituto.
	Je vais au lycée.
DE + EL → DEL	Vengo del gimnasio.
	Je viens de la gym.

▶ Ces contractions sont généralement évitées dans la langue écrite dans deux cas :

Avec des noms propres

- Escribí a *El País*.
  J'ai écrit à *El País*.

- Venimos de El Cairo.
  Nous venons du Caire.

Pour éviter deux contractions successives

- Salieron del portal del vecino. → Salieron de el del vecino.
  Ils sont sortis du hall d'entrée du voisin. → Ils sont sortis de celui du voisin.

23

Emplois principaux de l'article défini

▶ L'article défini sert à nommer toute entité **connue** des interlocuteurs.

- **Pedro vio a un chico. El chico estaba entrando en el metro.**
  Pedro a vu un garçon. Le garçon entrait dans le métro.

▶ Il présente un être ou un objet de façon individuelle et **déterminée**.

- **Estamos en el pueblo.**
  Nous sommes au village.

▶ Il peut avoir une valeur **générique**.

- **El periodista tiene que tener una gran cultura general.**
  Le journaliste doit avoir une grande culture générale. [= Tout journaliste...]

Emplois spécifiques de l'article défini

▶ L'article défini s'emploie avec *señor*, *señora*, *señorita* quand on parle de la personne, mais pas quand on s'adresse directement à la personne.

- **La señora Pons** acaba de llamar y ha dejado un mensaje para **el señor Gil**.
  Madame Pons vient d'appeler et elle a laissé un message pour monsieur Gil.

- **Señora Pons**, por favor, vuelva a llamar más tarde.
  Madame Pons, s'il vous plaît, veuillez rappeler plus tard.

▶ Il s'emploie avec les **heures**.

- — ¿Son **las doce**? — No, ya es **la una**.
  Il est midi ? – Non, il est déjà une heure.

▶ Avec les **jours de la semaine,** on l'emploie au singulier pour une date spécifique et au pluriel pour exprimer la périodicité.

- **El jueves** es mi cumpleaños.
  Jeudi, c'est mon anniversaire.

- **Los jueves** tengo coro.
  Le jeudi, j'ai chorale.

Mais il n'est **pas employé** :
Dans l'en-tête des lettres

- **Lima, martes 5 de mayo de 2014**
  Lima, (le) mardi 5 mai 2014

Quand on fait référence au jour même ou quand le nom du jour est précédé de *mañana* ou *pasado mañana*

- **Hoy es martes y pasado mañana jueves es mi cumpleaños.**
  Nous sommes mardi et après-demain, jeudi, c'est mon anniversaire.

GRAMMAIRE ■ L'article défini 4

▶ L'article défini est **facultatif** avec les **années sauf** si elles sont désignées de manière **abrégée** par leur dizaine. Comparez :

- Los árabes comenzaron su conquista de la Península Ibérica en (**el**) 711.
  Les Arabes ont commencé leur conquête de la péninsule Ibérique en 711.

- Los juegos olímpicos de Barcelona fueron en **el 92**.
  Les jeux Olympiques de Barcelone ont eu lieu en 92.

- Le encanta la música de **los (años) 70**.
  Il adore la musique des années 70.

▶ Pour indiquer l'**âge**, on l'utilise dans le complément circonstanciel introduit par la préposition *a (a los x años* équivalent de *con x años)*.

- **A los 21 años** ou **Con 21 años** se fue a vivir a Alemania.
  À 21 ans, il est parti vivre en Allemagne.

> **Notez bien**
> La tournure la plus usuelle pour dire l'âge est *tengo x años*.
>
> Tenía **21 años** cuando se fue a vivir a Alemania.
> Il avait 21 ans quand il est parti vivre en Allemagne.

▶ Les **pourcentages** sont toujours précédés d'un article soit défini, soit indéfini.

- **El** ou **Un** 80% de los presentes votó a favor.
  80 % des présents ont voté pour.

▶ L'article défini peut apparaître **sans le nom**, suivi d'un complément ou d'un adjectif.

- Son **los chicos** de ayer. → Son **los** de ayer.
  Ce sont les garçons d'hier. → Ce sont ceux d'hier.

- He venido con **la amiga** que tú ya conoces.
  → He venido con **la** que tú ya conoces.
  Je suis venue avec l'amie que tu connais déjà.
  → Je suis venue avec celle que tu connais déjà.

Absence de l'article défini

L'article défini ne s'emploie généralement pas dans les cas suivants :

▶ **Avec les noms de pays**

- Francia y España colaboran en la lucha contra el narcotráfico.
  La France et l'Espagne collaborent dans la lutte contre le trafic de drogues.

> **Notez bien**
>
> On peut utiliser l'article quand les noms de pays sont qualifiés et que leur sens est limité.
>
> **la** España democrática
> l'Espagne démocratique

> **Notez bien**
>
> L'article est facultatif avec *(la) India* (l'Inde), *(la) China* (la Chine), *(el) Perú* (le Pérou), *(los) Estados Unidos*, etc. mais il est obligatoire avec *los Países Bajos* (les Pays-Bas) et *El Salvador*.

▶ **Devant *casa* dans un complément circonstanciel**

- Vive todavía **en casa** de sus padres.
  Il vit encore chez ses parents.

- ¿Venís **a casa** a cenar?
  Vous venez dîner à la maison ?

▶ **Avec les noms des ministères et de certains services publics**

el Ministerio **de** Cultura
le ministère de la Culture

el Ministerio **de** Asuntos Exteriores y **de** Cooperación
le ministère des Affaires étrangères et de la Coopération

el Ministerio **de** Defensa
le ministère de la Défense

mais

el Ministerio **del** Interior
le ministère de l'Intérieur

- He podido ir a **Hacienda** y a **Tráfico**, pero he llegado tarde a **Correos**.
  J'ai pu aller aux Impôts et au service de la circulation de la Préfecture, mais je suis arrivé en retard à la Poste.

▶ **Avec les verbes *aprender, estudiar* et *enseñar***

- Estoy estudiando chino.
  J'apprends le chinois.

GRAMMAIRE ■ **L'article défini**

> **Notez bien**
>
> Dans certaines expressions, l'usage diffère en français et en espagnol.
>
> | | |
> |---|---|
> | tener tiempo | dar **las** gracias |
> | avoir le temps | dire merci |
> | tener derecho | dar **la** razón |
> | avoir le droit | donner raison |
> | pedir permiso | perder **la** paciencia |
> | demander la permission | perdre patience |

> **Traduction express**
>
> 1. Madame López souhaiterait *(desear)* vous parler.
> 2. Nous arriverons samedi à cinq heures.
> 3. Le mardi soir, je vais à la chorale.
> 4. 60 % des participants étaient des femmes.
>
> **Corrigé**
> 1. *La señora López desearía hablar con usted.*
> 2. *Llegaremos el sábado a las cinco.*
> 3. *Los martes por la noche voy al coro.*
> 4. *El sesenta por ciento de los participantes eran mujeres.*

5 L'article *lo*

→ **Comment traduire *lo interesante, lo tuyo, lo de mañana* ?**

Emplois principaux de l'article *lo*

Lo fonctionne comme article devant certains mots qui de ce fait se comportent comme des noms.

▶ *Lo* + adjectif ou participe (ce qui est, ce qu'il y a de, le, la chose...)

- **Lo interesante** de esta película es **lo inesperado** del final.
  Ce qui est intéressant dans ce film, c'est le côté inattendu de la fin.
- **Lo prometido** es deuda.
  Chose promise, chose due.
- Coge **lo necesario** para pasar la noche fuera.
  Prends le nécessaire pour passer la nuit dehors.

▶ *Lo de* + complément de temps ou de lieu (ce qui a lieu, ce qui concerne, tout ce qui...)

- **Lo de ayer / Lo del jueves** fue excepcional.
  Ce qui s'est passé hier/jeudi a été exceptionnel.
- Todo **lo de allí / lo de Ecuador** me resulta muy exótico.
  Tout ce qui vient de là-bas / de l'Équateur me semble très exotique.

▶ *Lo de* + nom ou possessif (ce qui concerne, ce qui appartient à...)

- ¿Sabes algo de **lo de Carmen**?
  As-tu eu des nouvelles à propos de Carmen ?
- **Lo tuyo** y **lo de tu hermano** están en este armario.
  Tes affaires et celles de ton frère sont dans cette armoire.

▶ *Lo de* + infinitif / complétive (« l'idée de », « le fait de/que », nom...)

- **Lo de ir** al cine esta noche me parece estupendo.
  L'idée d'aller au cinéma ce soir me semble excellente.
- **Lo de separar** la basura no cuesta tanto esfuerzo.
  Le fait de trier les ordures / Le tri des ordures ne représente pas un si grand effort.
- **Lo de que** le duele la cabeza es una excusa.
  Sa migraine n'est qu'un prétexte.

GRAMMAIRE ■ L'article *lo*

◐ *Lo que* + proposition (ce que, ce qui…)

- **Lo que me cuentas** de él ya lo sabía.
  Ce que tu me racontes de lui, je le savais déjà.
- ¿Te han dicho **lo que les pasa**?
  Ils t'ont dit ce qui leur arrive ?

▸ Ce qui / ce que p. 320

◐ *Lo que* + nom ou pronom (la même chose que, comme…)

- Yo opino **lo que tú** (opinas).
  Je pense la même chose que toi.
- Haz **lo que todos** (hacen).
  Fais comme tout le monde.

Autres emplois de l'article *lo*

◐ **Dans des tournures exclamatives**

Lo + adjectif / adverbe + *que* + verbe

- Ya me ha explicado él **lo delicada que** es la situación.
  Il m'a déjà expliqué combien la situation est délicate.
- ¡No sabes **lo mal que** duermo!
  Si tu savais comme je dors mal !

> **Notez bien**
> Dans ces tournures, l'adjectif peut être masculin ou féminin, singulier ou pluriel.

Lo (mucho) que + verbe

- Le llamaré para decirle **lo (mucho) que siento** no poder ir a su fiesta.
  Je l'appellerai pour lui dire combien je regrette de ne pas pouvoir aller à sa fête.

▸ La phrase exclamative p. 143

◐ **Dans l'expression** *a lo* + nom ou adjectif (complément de manière)

- Escribe a lo Proust.
  Elle écrit à la Proust.
- Lo hizo **a lo bruto**.
  Il l'a fait brutalement.

◉ Dans des tournures idiomatiques

lo mismo : la même chose
me da lo mismo : ça m'est égal
por lo tanto : par conséquent
por lo menos : au moins
lo antes / lo mejor posible : le plus tôt / le mieux possible
ir a lo suyo : ne s'occuper que de ses affaires
a lo tonto : mine de rien
a lo loco : sans réfléchir

Traduction express

1. Ce que je crains *(temer)*, c'est qu'il ne vienne pas.
2. Tu as vu comme elle est courageuse *(valiente)* !
3. Tu ne peux pas imaginer combien ils s'aiment !
4. Je voudrais la même chose, s'il vous plaît.

Corrigé

1. Lo que me temo es que no venga.
2. ¡Has visto lo valiente que es!
3. ¡No te puedes imaginar lo mucho que se quieren!
4. Querría lo mismo, por favor.

6 Les démonstratifs

→ Quand peut-on utiliser *éste* à la place de *este* ?
→ Quelle différence y a-t-il entre *esta casa*, *esa casa* et *aquella casa* ?

Formes des démonstratifs

	MASCULIN	FÉMININ	NEUTRE
singulier	este / ese / aquel	esta / esa / aquella	esto / eso / aquello
pluriel	estos / esos / aquellos	estas / esas / aquellas	

● L'accord du démonstratif

Les démonstratifs peuvent fonctionner comme **adjectifs**, quand ils accompagnent le nom, ou comme **pronoms**, quand ils le remplacent.

Ils **s'accordent** en genre et en nombre avec le nom qu'ils accompagnent ou qu'ils remplacent.

- No me gustan esos quesos, prefiero **este** ou **éste**, más suave.
  Je n'aime pas ces fromages-là, je préfère celui-ci, il est plus doux.

> **Notez bien**
> Les formes des adjectifs et des pronoms démonstratifs sont les mêmes, mais les pronoms peuvent s'écrire avec un accent (voir accent grammatical p. 12). Cet accent n'est **obligatoire** qu'en cas d'ambiguïté.
> **Ésta** mañana viene.   **Esta** mañana viene.
> Celle-ci vient demain.   Ce matin il ou elle vient.

● Le démonstratif neutre

Esto / Eso / Aquello n'existe que comme **pronom**. Comme il n'y a pas d'ambiguïté possible avec l'adjectif, il s'écrit toujours sans accent.

Il peut désigner des objets, des notions ou remplacer une proposition.

- ¿**Esto** es tuyo?
  Ceci est à toi ?
- Dice que me vio anoche pero **eso** es imposible.
  Il dit qu'il m'a vu hier soir mais c'est impossible.

Emplois des démonstratifs

▶ Dans une situation concrète, les démonstratifs situent **dans l'espace ou dans le temps** les objets ou les êtres qui environnent celui qui parle.

- **¿Esta cámara de fotos es tuya?**
  Cet appareil photo est à toi ?

▶ Dans le discours, ils rappellent quelqu'un ou quelque chose **dont on a déjà parlé** ou annoncent ce **dont on va parler**.

- Mientras Esteban y Sofía hablaban pude oír todo lo que **esta** le decía a **aquel**.
  Pendant qu'Esteban et Sofía parlaient, j'ai pu entendre tout ce qu'elle lui disait.

- **Esto** es cierto : nunca me ha engañado.
  C'est vrai : il ne m'a jamais trompé.

▶ L'emploi des trois formes dépend de la **position** du locuteur et de son **point de vue**.

Este sert à désigner un être ou un objet situés dans la sphère du locuteur.

- **Esta tarde** tengo que acabarme **esta novela**.
  Cet après-midi je dois finir ce roman.

Ese et *aquel* servent à désigner un être ou un objet placés hors de cette proximité du locuteur, *ese* se situant généralement à une distance moyenne et *aquel* à une distance supérieure.

- Mira, ¿ves **ese edificio** antiguo ? Ahí vive Julia.
  Regarde, tu vois ce bâtiment ancien ? C'est là que Julia habite.

- Ya no me acuerdo del argumento de **aquella película**.
  Je ne me rappelle plus l'argument de ce film.

Autres valeurs dérivées du contexte

▶ Certains emplois de *ese* peuvent avoir une valeur péjorative. Cette valeur est plus fréquente avec *ese* pronom et avec *ese* adjectif placé après le nom.

- De **ese** no te fíes.
  Méfie-toi de celui-là.

- La máquina **esa** jamás ha funcionado.
  Cette machine-là n'a jamais fonctionné.

▶ Parallèlement, l'emploi de *aquel* peut être associé à une valeur laudative, en particulier pour référer à des souvenirs.

- ¡Qué tiempos **aquellos**!
  Ah, le bon vieux temps !

- **¡Aquellos** que cultivaba mi abuelo sí que eran tomates!
  Les tomates que mon grand-père faisait, ça, c'était des vraies tomates !

GRAMMAIRE — Les démonstratifs 6

Traduction express

1. Préfères-tu ces sièges *(asientos)* ici devant *(delante)* ou ceux du fond ?
2. Voulez-vous *(usted)* celui-ci, celui-là, ou l'autre là-bas ?
3. J'arrive demain, nous pouvons nous voir cette semaine.
4. S'il te plaît, passe-moi ce sac-là *(bolso)*. Non, pas celui de derrière, celui qui est à côté de toi.

Corrigé

1. ¿Prefieres estos asientos de aquí delante o aquellos del fondo?
2. ¿Quiere usted este, ese o aquel otro?
3. Llego mañana, podemos vernos esta semana.
4. Por favor, pásame ese bolso. No, ese que está detrás no, aquel que está a tu lado.

DE ESE NO TE FÍES.

7 Les possessifs

→ **Quels sont les différents sens de *su coche* ?**
→ **Savez-vous dire : « Mets ton manteau » ?**

Formes des possessifs

POSSESSEUR		ADJECTIF AVANT LE NOM		ADJECTIF APRÈS LE NOM / PRONOM	
		MASCULIN	FÉMININ	MASCULIN	FÉMININ
SING.	1ʳᵉ pers.	mi(s)		mío(s)	mía(s)
	2ᵉ pers.	tu(s)		tuyo(s)	tuya(s)
	3ᵉ pers.	su(s)		suyo(s)	suya(s)
PLUR.	1ʳᵉ pers.	nuestro(s)	nuestra(s)	nuestro(s)	nuestra(s)
	2ᵉ pers.	vuestro(s)	vuestra(s)	vuestro(s)	vuestra(s)
	3ᵉ pers.	su(s)		suyo(s)	suya(s)

● Les possessifs peuvent fonctionner comme **adjectifs** quand ils accompagnent le nom ou comme **pronoms**, quand ils le remplacent. Qu'ils soient adjectifs ou pronoms, ils **s'accordent** en nombre et, sauf pour certaines formes, en genre avec le nom qu'ils accompagnent ou qu'ils remplacent.

● Les adjectifs possessifs peuvent être placés **avant ou après** le nom. Placés après le nom, ils changent de forme (ils ont la même forme que les pronoms).

> mi perro : mon chien [adjectif placé avant le nom]
> el perro mío : mon chien à moi [adjectif placé après le nom]
> el mío : le mien [pronom]

● Les formes *mi*, *tu*, *su* sont identiques, que le nom de l'objet possédé soit masculin ou féminin.

> mi/tu/su piso
> mon/ton/son appartement
>
> mi/tu/su habitación
> ma/ta/sa chambre

GRAMMAIRE ■ **Les possessifs** **7**

▶ Au contraire, les formes *nuestro(s) / nuestra(s)* et *vuestro(s) / vuestra(s)* varient en genre.

> nuestro / vuestro jardín
> notre / votre jardin
>
> nuestra / vuestra terraza
> notre / votre terrasse

▶ Les formes de **3ᵉ personne** sont identiques, que le possesseur soit une seule ou plusieurs personnes.

- **Miguel** nos presentó **su proyecto**.
  Miguel nous a présenté son projet.
- **Miguel y Cecilia** nos presentaron **su proyecto**.
  Miguel et Cecilia nous ont présenté leur projet.

▶ La personne de politesse *usted / ustedes* fonctionne grammaticalement comme une 3ᵉ personne (voir p. 55) : les possessifs correspondants sont donc *su(s), suyo(s)*.

- ¿**Usted** no lleva **su carné de identidad**?
  N'avez-vous pas sur vous votre carte d'identité ?
- **Ustedes** vendrán en **su (propio) coche**.
  Vous viendrez avec votre (propre) voiture.

> **En Amérique**
> *Ustedes* étant utilisé à la place de *vosotros* (voir p. 54), les adjectifs possessifs correspondants sont *su(s) / suyo(s)* et non *vuestro(s) / vuestra(s)*. Comparez :
>
> Beatriz y Daniel, venid, nos interesa mucho **vuestra opinión**. [Espagne]
> Beatriz y Daniel, vengan, nos interesa mucho **su opinión**. [Amérique]
> Beatriz et Daniel, venez, votre opinion nous intéresse beaucoup.

▶ Les formes *su(s) / suyo(s)* correspondent aux possesseurs *él / ella / ellos / ellas / usted / ustedes*, d'où un risque d'ambiguïté. Pour la lever, on ajoute l'adjectif *propio* (propre) quand le possesseur correspond au sujet de la phrase.

- Javier ha venido desde Italia en **su propio coche**.
  Javier est venu d'Italie avec sa propre voiture.

On peut aussi employer *de él / de ella / de ellos / de ellas / de usted / de ustedes*. Dans ce cas, le possessif est souvent remplacé par un article.

- Javier ha venido desde Italia en **el coche de ella**.
  Javier est venu d'Italie avec sa voiture à elle.
- ¿Ah, sí? ¿Javier ha venido desde Italia en **su coche de ustedes**?
  Ah bon ? Javier est venu d'Italie avec votre voiture à vous ?

▶ **Votre, vôtre p. 373**

Place de l'adjectif possessif

▶ L'adjectif possessif est **généralement** placé **avant** le nom.

- Valentina es **mi amiga**.
  Valentina est mon amie.

▶ Il peut aussi être placé **après** le nom (précédé ou non d'un déterminant).

- Valentina es **amiga mía**.
  Valentina est mon amie.

- Valentina es **una amiga mía**.
  Valentina est une amie à moi.

▶ L'adjectif possessif se place **après** le nom dans les exclamations et dans certaines formules affectueuses.

- ¡Dios **mío**!
  Mon dieu!
- ¡Madre **mía**!
  Oh là là!
- ¡Cariño **mío**!
  Mon chéri! ou Ma chérie!
- ¡Amor **mío**!
  Mon amour!

Article défini ou adjectif possessif ?

▶ À certaines tournures françaises avec un adjectif possessif correspond en espagnol une structure avec l'**article défini** et un **verbe pronominal**. C'est le cas notamment avec des noms désignant des objets personnels (vêtements, outils), des parties du corps ou des caractéristiques psychologiques.

- Pon**te el** abrigo.
  Mets ton manteau.
- **Me** temblaban **las** manos.
  Mes mains tremblaient.
- No **te** hagas **el** tímido.
  Ne fais pas ton timide.

▶ Dans des contextes où la relation de possession est **évidente**, on n'utilise pas l'adjectif possessif en espagnol.

- ¿Dónde habré puesto **las** llaves?
  Où est-ce que j'ai bien pu mettre mes clés?

GRAMMAIRE — Les possessifs 7

Emplois du pronom possessif

▶ Le pronom possessif en position d'attribut peut apparaître seul ou précédé d'un article défini.

- —¿Este abrigo rojo es **tuyo**? —Sí, es **el mío**.
  Ce manteau rouge est à toi ? – Oui, c'est le mien.

▶ Dans d'autres fonctions, il peut être précédé d'un adjectif démonstratif, d'un numéral ou d'un indéfini.

- Cantó canciones de otros, pero también **dos/varias suyas**.
  Il a chanté des chansons d'autres compositeurs, mais aussi deux/plusieurs à lui.

- Tu ordenador es superpotente en comparación con **este mío**.
  Ton ordinateur est superpuissant comparé au mien.

Traduction express

1. Comment va votre famille, Madame Martínez ?
2. Il a donné priorité à sa femme et à son fils plutôt qu'à sa vie professionnelle.
3. Attachez *(abrochar)* vos ceintures *(cinturón)*.
4. J'attends de tes nouvelles.
5. La grande tente *(tienda de campaña)* du fond est à nous.

Corrigé
1. ¿Qué tal está su familia, señora Martínez?
2. Ha dado prioridad a su mujer y su hijo antes que a su vida profesional.
3. Abróchense los cinturones.
4. Espero noticias tuyas.
5. La tienda de campaña grande del fondo es nuestra.

¿DÓNDE HABRÉ PUESTO LAS LLAVES?

8 Les numéraux cardinaux

→ Comment dit-on « 100 000 personnes » ?
→ Quel est l'équivalent de « milliard » ?

Formes des cardinaux

0 cero	20 veinte	100 cien
1 uno/una	21 veintiuno/veintiuna	101 ciento uno/una
2 dos	22 veintidós	102 ciento dos, etc.
3 tres	23 veintitrés	200 doscientos/doscientas
4 cuatro	24 veinticuatro	300 trescientos/trescientas
5 cinco	25 veinticinco	400 cuatrocientos/cuatrocientas
6 seis	26 veintiséis	500 quinientos/quinientas
7 siete	27 veintisiete	600 seiscientos/seiscientas
8 ocho	28 veintiocho	700 setecientos/setecientas
9 nueve	29 veintinueve	800 ochocientos/ochocientas
10 diez	30 treinta	900 novecientos/novecientas
11 once	31 treinta y uno/una	1 000 mil
12 doce	32 treinta y dos	1 001 mil uno/una
13 trece	33 treinta y tres, etc.	1 002 mil dos, etc.
14 catorce	40 cuarenta	2 000 dos mil, etc.
15 quince	50 cincuenta	100 000 cien mil
16 dieciséis	60 sesenta	1 000 000 un millón
17 diecisiete	70 setenta	2 000 000 dos millones, etc.
18 dieciocho	80 ochenta	1 000 000 000 mil millones, etc.
19 diecinueve	90 noventa	

Notez bien

La conjonction **y** s'utilise uniquement entre les dizaines et les unités.
45 : cuarenta **y** cinco
mais
105 : ciento cinco ; 2002 : dos mil dos
Exception : *las Mil y una noches (les Mille et une nuits)*

Accord et apocope des cardinaux

▶ Les numéraux cardinaux sont **invariables** à l'exception de *uno*, *ciento* et *millón*.
Uno et *ciento* perdent leur dernière voyelle ou leur dernière syllabe dans certains contextes. C'est ce qu'on appelle une « apocope ».

GRAMMAIRE — Les numéraux cardinaux 8

▶ *Uno* et toutes les dizaines terminées par *uno* (*veintiuno, treinta y uno*, etc.) **s'accordent** en genre avec le nom.

una respuesta
une réponse

sesenta y una respuestas
soixante et une réponses

Mais on trouve très souvent : *línea uno* (ligne un), *página treinta y uno* (page trente et un).

Apocope
Uno devient *un* devant un nom masculin, même si un adjectif les sépare.

un euro
un euro

un solo euro
un seul euro

cincuenta y un eternos minutos
cinquante et une éternelles minutes

▶ Les ordinaux **de 200 à 900 s'accordent** en genre.

doscient**os** dólares
deux cents dollars

trescient**as** liras turcas
trois cents lires turques

setecient**as** ochenta y una libras esterlinas
sept cent quatre-vingt-une livres sterling

Apocope
Ciento devient *cien* lorsqu'il est employé seul ou devant un nom ou devant un chiffre qu'il multiplie.

cien
cent

cien personas
cent personnes

cien mil personas
cent mille personnes (100 × 1 000)

cien millones de personas
cent millions de personnes (100 × 1 000 000)

mais

ciento cuarenta
cent quarante (100 + 40)

ciento dos
cent deux (100 + 2)

▶ Le cardinal *millón* est un nom. Il **varie en nombre**.

- Esta casa debe de costar como mínimo un **millón**, tal vez dos **millones**.
  Cette maison doit coûter au minimum un million, peut-être deux millions.

Mil et au-delà

    1 000 : mil ou un millar (mille, un millier)
    1 000 x n : miles ou millares (des milliers)
    1 000 000 000 : mil millones (un milliard)
    1 000 000 000 000 : un billón (mille milliards, un billion)

▶ *Mil* est invariable : *tres mil*. *Mil(es)* peut être l'équivalent de « une énorme quantité ». *Miles de* peut aussi correspondre à « des milliers ».

- Tiene siempre **mil** problemas ou **miles de** problemas.
  Il a toujours des tas de problèmes.

- Había **miles de** espectadores.
  Il y avait des milliers de spectateurs.

▶ *Millar(es)* est l'équivalent de *mil(es)* et non pas de « milliard », qui se dit *mil millones* ou *millardo* (terme récent encore peu employé).
    tres mil quinientos **millones** : 3,5 milliards

> **Notez bien**
>
> *Cientos*, *miles*, *millar/millares* et *millón/millones* se construisent avec un complément du nom.
>
> Han recibido **cientos de** llamadas.
> Ils ont reçu des centaines d'appels.

Pourcentages et décimales

▶ Les **pourcentages** sont toujours précédés de l'article (défini ou indéfini).

- **El 73%** de los diputados votó a favor de la nueva ley.
  73 % des députés ont voté pour la nouvelle loi.

- Los beneficios de la empresa han aumentado **un 15%** durante el último año.
  Les bénéfices de la société ont augmenté de 15 % pendant la dernière année.

▶ Le signe % doit se lire *por ciento* en dessous de 100 %. 100 % se lit *cien por cien* [Esp.] ou *ciento por ciento* [Am.], ou *cien por ciento*.

- Existe **un 90% (por ciento)** de probabilidades de que este negocio salga bien.
  Il y a 90 % de chances pour que cette affaire fonctionne.

- **El 100% (cien por cien)** de la recaudación de este festival irá destinado a las víctimas del ciclón.
  100 % des recettes de ce festival iront aux victimes du cyclone.

▶ La **virgule** des décimales se dit *coma* ou *con*.
    12,3 : doce **coma** tres ou doce **con** tres

GRAMMAIRE — Les numéraux cardinaux — 8

Expression approximative d'un nombre

▶ *Quantité (km, personnes, objets…) :* *unos/unas* (quelques), *(poco) más o menos* (plus ou moins), *aproximadamente* (approximativement), *cerca de*, *alrededor de*, *en torno a* (autour de, environ) + nom.

- De aquí a la próxima gasolinera hay **unos/en torno a** 15 km.
  D'ici à la prochaine station-service, il y a quelques/environ 15 km.

▶ *Heure :* *sobre*, *hacia*, *a eso de* ou *alrededor de* + heure.

- Se acostaron **sobre** ou **hacia** las 3 de la mañana.
  Ils se sont couchés vers 3 heures du matin.

▶ *Quantité élevée :* *un montón de*, *la mar de*, *una pila de* + nom au pluriel.

- Tienen **la mar de** deudas.
  Ils ont un tas de dettes.

Traduction express

1. Cet hôtel a 251 chambres *(habitaciones)* et deux restaurants.
2. 35 % de la population *(población)* californienne était d'origine latino-américaine en 2006.
3. Nous attendons entre cent et cent vingt invités.

Corrigé

1. *Este hotel tiene doscientas cincuenta y una habitaciones y dos restaurantes.*
2. *El 35% (por ciento) de la población californiana era de origen latino en 2006.*
3. *Esperamos entre cien y ciento veinte invitados.*

9 Les numéraux ordinaux

→ Comment dit-on « le XXIe siècle » ?
→ Savez-vous dire « le 400e anniversaire » ?

Formes des ordinaux

1º primero	50º quincuagésimo
2º segundo	60º sexagésimo
3º tercero	70º septuagésimo
4º cuarto	80º octogésimo
5º quinto	90º nonagésimo
6º sexto	100º centésimo
7º séptimo	101º centésimo primero
8º octavo	200º ducentésimo
9º noveno	300º tricentésimo
10º décimo	400º cuadrigentésimo
11º undécimo, decimoprimero	500º quingentésimo
12º duodécimo, decimosegundo	600º sexcentésimo
13º decimotercero	700º septingentésimo
14º decimocuarto	800º octingentésimo
15º decimoquinto	900º noningentésimo
16º decimosexto	1 000º milésimo
17º decimoséptimo	2 000º dosmilésimo
18º decimoctavo	10 000º diezmilésimo
19º decimonoveno	100 000º cienmilésimo
20º vigésimo	1 000 000º millonésimo
21º vigesimoprimero, etc.	último (dernier)
30º trigésimo	penúltimo (avant-dernier)
40º cuadragésimo	antepenúltimo (antépénultième)

Accord et apocope des ordinaux

◉ Les adjectifs ordinaux s'accordent en genre et en nombre avec le nom qu'ils accompagnent.

> el oct**avo** congreso
> le huitième congrès

> las oct**avas** jornadas de investigación pediátrica
> les huitièmes journées de recherche en pédiatrie

◉ De 11º à 29º, les formes peuvent s'écrire en deux mots.
Dans ce cas, il y a accord en genre des **deux** numéraux avec le nom.

> la vigésim**a** tercer**a** ou vigesim**o**tercer**a** edición
> la 23e édition

GRAMMAIRE ■ **Les numéraux ordinaux** — 9

> **Apocope**
>
> ***Primero*** et ***tercero*** deviennent *primer* et *tercer* devant un nom masculin singulier. Leur forme pleine est employée quand ils remplacent le nom ou quand ils le suivent.
>
> —¿Vives en el **primer** piso o en el **tercero**? —En el piso **primero**.
> Tu habites au premier ou au troisième étage ? – Au premier étage.

> **Notez bien**
>
> Pour les anniversaires centenaires, on emploie l'ordinal + *centenario*.
>
> En 2005 se conmemoró el **cuarto centenario** de la primera edición de *El Quijote*.
> En 2005 on a commémoré le 400ᵉ anniversaire de la première édition du *Quichotte*.

Emplois des ordinaux

▶ Les adjectifs ordinaux sont très peu utilisés. **À partir de 10º** (mais parfois aussi avec des ordinaux inférieurs), on les remplace par des cardinaux. Comparez :

   la planta séptima ou siete : le 7ᵉ étage
   el piso veintidós : le 22ᵉ étage
   Juan Pablo II [qui se dit *segundo*] : Jean-Paul II
   Benedicto XVI [qui se dit *dieciséis*] : Benoît XVI
   el veinticinco aniversario : le 25ᵉ anniversaire

▶ Les ordinaux **précèdent** généralement le nom sauf quand il s'agit d'un roi, d'un pape, d'un siècle et parfois d'un numéro de chapitre.

   la primera clase : la première classe
   el siglo quinto : le Vᵉ siècle
   el capítulo noveno ou el noveno capítulo : le chapitre 9

▶ Les cardinaux à valeur d'ordinaux **suivent** le nom sauf s'il réfère à un événement ou à un anniversaire.

   el siglo veintiuno : le XXIᵉ siècle
   la página veintiocho : la page 28
   el cuarenta aniversario : le 40ᵉ anniversaire

▶ Dans certaines expressions, on peut omettre le nom, comme souvent en français.

   • Viaja siempre en **primera** (clase).
     Il voyage toujours en première (classe).

   • Estamos en **segundo** (curso) de Ingeniería.
     Nous sommes en 2ᵉ année d'école d'ingénieurs.

Fractions

▶ Le numérateur se lit avec le cardinal. Pour le dénominateur, on emploie les ordinaux suivants en langage mathématique.

$1/2$ medio $\qquad$ $1/3$ tercio $\qquad$ $1/10$ décimo
$1/20$ veinteavo ou vigésimo $\qquad$ $1/100$ centésimo $\qquad$ $1/1\,000$ milésimo

▶ En langage courant, on utilise plus fréquemment l'ordinal + *parte*.

$1/5$: la quinta parte
$2/3$: las dos terceras partes
$1/10$: la décima parte
$3/4$: las tres cuartas partes

Medio et la mitad de

▶ ***Medio*** (demi) s'accorde en genre et en nombre avec le nom qu'il accompagne.

cinco días y medio (día) : cinq jours et demi
cinco medias jornadas : cinq demi-journées
una hora y media : une heure et demie
media hora : une demi-heure

▶ ***La mitad de*** correspond à « la moitié de ».

- **La mitad de** los pasajeros hizo escala en Madrid.
  La moitié des passagers a fait une escale à Madrid.

Traduction express

1. Le troisième match *(partido)* n'a pas été aussi bon que le premier.
2. Il me reste encore la dernière page à *(por)* lire.
3. Alphonse X développa *(desarrollar)* la culture et la langue en Castille au XIIIe siècle.
4. Ce matin plus d'un tiers des présents a voté contre lui.

Corrigé

1. El tercer partido no ha sido tan bueno como el primero.
2. Me queda aún la última página por leer.
3. Alfonso X (décimo) desarrolló la cultura y la lengua en Castilla en el siglo XIII (trece).
4. Esta mañana más de la tercera parte de los presentes ha votado contra él.

10 Les indéfinis (1)

→ Savez-vous dire « un autre journal » et « un autre » ?
→ Quel est le sens de *nada* dans : *No tengo nada de hambre* ?
→ Que signifie *los demás* ?

Les principaux indéfinis

algún / alguno(s) / alguna(s) : quelque(s)
ningún / ninguno(s) / ninguna(s) : aucun(s) / aucune(s)
cualquier(a) / cualesquiera : n'importe quel(s) / quelle(s)
otro(s) / otra(s) : autre(s)
demás : autres
cierto(s) / cierta(s) : certain(s) / certaine(s)
varios / varias : plusieurs
mucho(s) / mucha(s) : beaucoup
poco(s) / poca(s) : peu
bastante(s) : assez
demasiado(s) / demasiada(s) : trop
suficiente(s) : suffisamment de
todo(s) / toda(s) : tout (tous) / toute(s)
cada : chaque
más : plus
menos : moins
algo : quelque chose
nada : rien
alguien : quelqu'un
nadie : personne

Fonctions et accord des indéfinis

▶ La plupart des indéfinis peuvent fonctionner comme **adjectifs**, quand ils accompagnent le nom, ou comme **pronoms**, quand ils le remplacent.

Ils **s'accordent** en genre et en nombre avec le nom qu'ils accompagnent ou qu'ils remplacent.

- **Algunos candidatos** dominaban bien **varias lenguas**. [adjectif]
  Quelques candidats maîtrisaient bien plusieurs langues.

- **Algunos** dominaban bien **varias**. [pronom]
  Quelques-uns en maîtrisaient bien plusieurs.

▶ Certains indéfinis fonctionnent aussi comme **adverbes,** auquel cas ils restent **invariables**.

- Están **bastante** satisfechos. [adverbe]
  Ils sont assez satisfaits.

- Me quedan **bastantes** cosas por hacer. [adjectif]
  Il me reste pas mal de choses à faire.

Alguno et ninguno

▶ *Alguno* (un / quelque) et *ninguno* (aucun) précèdent généralement le nom.

> **Apocope**
> Ils perdent le *-o* final devant un nom masculin singulier.
>
> ¿Hay **algún** voluntario?
> Y a-t-il un volontaire ?
>
> No le veo **ningún** inconveniente.
> Je n'y vois aucun inconvénient.
>
> Leur forme pleine est employée quand ils remplacent le nom ou quand ils le suivent.
>
> ¿No hay **ninguno**? Sí, hay **alguno**.
> Il n'y en a aucun ? Si, il y en a.

GRAMMAIRE — Les indéfinis (1) — 10

▶ *Ninguno(s) / Ninguna(s)* peut suivre le nom. Dans les phrases négatives, *alguno(s) / alguna(s)* peut aussi suivre le nom avec le sens de *ninguno*.

- No le veo inconveniente **ninguno** ou **alguno**.
  Je n'y vois aucun inconvénient.
- sin **ninguna** duda ou sin duda **alguna**
  sans aucun doute

▶ **La phrase négative p. 141**

> **Notez bien**
> Lorsqu'un nom féminin commence par un *a* tonique (écrit *a*, *á* ou *ha*), on utilise généralement les formes *algún* et *ningún* mais *alguna* et *ninguna* sont possibles.
> —¿Queda **algún aula** libre? —No, no queda **ninguna aula** libre.
> Reste-t-il une salle libre ? – Non, il ne reste aucune salle libre.

Algo, nada, alguien et nadie

▶ *Algo* (quelque chose) et *nada* (rien)

Ils fonctionnent comme des **pronoms**. Mais ils peuvent aussi fonctionner comme **adverbes** avec le sens de « un peu » pour *algo* et « pas du tout » pour *nada*. *Algo de* et *nada de* s'utilisent avec des noms indénombrables.

- Tengo que contarte **algo**. [pronom]
  J'ai quelque chose à te raconter.
- ¿Has podido dormir **algo**? [adverbe]
  Tu as pu dormir un peu ?
- Al final no he comprado **nada**. [pronom]
  Finalement, je n'ai rien acheté.
- No me gusta **nada** su nuevo corte de pelo. [adverbe]
  Je n'aime pas du tout sa nouvelle coupe de cheveux.
- Hizo **algo de** frío.
  Il a fait un peu froid.
- No tengo **nada de** hambre.
  Je n'ai pas faim du tout.

▶ *Alguien* (quelqu'un) et *nadie* (personne)

Ils s'emploient comme leurs équivalents français.

- Te ha llamado **alguien**.
  Quelqu'un t'a appelée.
- Esto aún no lo sabe **nadie**.
  Ça, encore personne ne le sait.

▶ **La phrase négative p. 141**

Cualquiera (pluriel : cualesquiera)

▶ Cualquier(a) adjectif (n'importe quel)

Il peut précéder ou suivre le nom.

Apocope
Cualquiera perd son *-a* final devant un nom masculin ou féminin singulier.
Podemos ir a **cualquier** restaurante/a **cualquier** cafetería.
Nous pouvons aller dans n'importe quel restaurant/n'importe quel café.

Sa forme pleine est employée quand il suit le nom.
Podemos ir a un restaurante **cualquiera**.
Nous pouvons aller dans n'importe quel restaurant.

Cualquiera perd le *-a* final même s'il est séparé du nom par *otro* / *otra* ou par un adjectif qualificatif.
Llámame en **cualquier otro momento**.
Appelle-moi à n'importe quel autre moment.
Encontraremos **cualquier buena excusa** para volver a este sitio.
Nous trouverons n'importe quel prétexte pour revenir ici.

▶ Cualquiera pronom

Il est l'équivalent de « n'importe qui » ou « n'importe lequel ».

- Esto puede pasarle a **cualquiera**.
  Cela peut arriver à n'importe qui.

- —¿Qué té prefieres? —Da igual, **cualquiera**.
  Quel thé préfères-tu ? – Ça m'est égal, n'importe lequel.

▶ Pluriel

Le pluriel de *cualquiera* est *cualesquiera*.

- Elige tres cartas **cualesquiera**.
  Choisis trois cartes, n'importe lesquelles.

Otro

▶ *Otro* est l'équivalent du français « autre » (pronom ou adjectif). Mais en espagnol il n'est **jamais** précédé de l'article indéfini.

- Ella lee **el otro periódico/el otro**.
  Elle lit l'autre journal/l'autre.

- Ella lee **otro periódico/otro**.
  Elle lit un autre journal./Elle en lit un autre.

▶ Si *otro* est employé avec un numéral, il se place **devant**.

- Tienen **otros dos** hijos.
  Ils ont deux autres enfants.

GRAMMAIRE — Les indéfinis (1) — 10

> **Notez bien**
>
> *Los / Las demás* désigne les éléments restants d'un ensemble. Il peut accompagner le nom ou être utilisé seul.
>
> Ana se fue muy pronto, pero **las demás (chicas)** se quedaron hasta tardísimo.
> Ana est partie très tôt, mais les autres filles sont restées jusqu'à très tard.
>
> On l'emploie sans article en dernier terme d'une énumération.
>
> Hay que avisar a los actores, músicos, periodistas y **demás** invitados.
> Il faut prévenir les acteurs, les musiciens, les journalistes et autres invités.

▶ AUTRE, P. 314

> **Traduction express**
>
> 1. Ce bébé ne pleure pas du tout.
> 2. Nous pourrons dormir dans n'importe quel hôtel.
> 3. Ils sont venus par un autre chemin.
> 4. Il t'a envoyé trois autres paquets.
> 5. Seulement cinq élèves ont réussi *(aprobar)* l'examen, les autres ont été recalés *(suspender)*.
>
> **Corrigé**
> 1. *Este bebé no llora nada.*
> 2. *Podremos dormir en cualquier hotel ou en un hotel cualquiera.*
> 3. *Han venido por otro camino.*
> 4. *Te ha mandado otros tres paquetes.*
> 5. *Solo cinco alumnos aprobaron el examen, los demás suspendieron.*

11 Les indéfinis (2)

→ Comment dit-on : « Il a trop de dettes » ?
→ Comment dit-on : « Nous nous voyons toutes les deux semaines » ?

Mucho, poco, varios, bastante, demasiado, suficiente

▶ *Mucho* (beaucoup), *poco* (peu), *bastante* (assez) et *demasiado* (trop) peuvent fonctionner comme **adverbes** (invariables) ou bien comme **adjectifs** ou **pronoms**, auquel cas ils s'accordent avec le nom qu'ils accompagnent ou qu'ils remplacent. *Varios* (plusieurs) ne s'emploie que comme adjectif ou pronom.

- Trabaja **mucho / poco / bastante / demasiado**. [adverbe]
  Il travaille beaucoup / peu / assez / trop.
- De joven tuvo **muchas** oportunidades. [adjectif]
  Dans sa jeunesse, il a eu beaucoup d'opportunités.
- Tuvo **muchas**. [pronom]
  Il en a eu beaucoup.
- Has puesto **poca** agua. [adjectif]
  Tu as mis peu d'eau.
- Has puesto **poca**. [pronom]
  Tu en as mis peu.
- ¿Quedan **bastantes** cervezas para todos? [adjectif]
  Il reste assez de bières pour tout le monde ?
- ¿Quedan **bastantes**? [pronom]
  Il en reste assez ?
- Tiene **demasiadas** deudas. [adjectif]
  Il a trop de dettes.
- Tiene **demasiadas**. [pronom]
  Il en a trop.

▶ *Suficiente(s)* est un adjectif. Il peut se placer avant ou après le nom qu'il accompagne et avec lequel il s'accorde en nombre. *Lo suficiente* et *suficientemente* sont des formes adverbiales.

- No tienen **suficientes** clientes ou clientes **suficientes**. [adjectif]
  Ils n'ont pas suffisamment de clients.
- No me interesa **lo suficiente** ou **suficientemente**. [adverbe]
  Cela ne m'intéresse pas suffisamment.

GRAMMAIRE ■ **Les indéfinis (2)** — 11

Todo

▶ ***Todo(s) / Toda(s)*** signifie « tout (tous) » / « toute(s) ».

- **Ha estado trabajando toda la tarde.**
  Il a travaillé tout l'après-midi.
- **Todos querían un autógrafo.**
  Ils voulaient tous un autographe.

▶ ***Todo / Toda*** + adjectif ou nom précédé d'article indéfini a une valeur superlative.

- **Es todo un éxito y está toda orgullosa.**
  C'est un grand succès et elle en est toute fière.

> **Notez bien**
> *Todo* ne s'emploie jamais avec un numéral.
> Vinieron **los tres**.
> Tous les trois sont venus.
> Nos vemos **cada dos** semanas.
> Nous nous voyons **toutes les deux** semaines.

Cada

▶ ***Cada*** (chaque) est invariable et accompagne toujours un nom au singulier.

- **Cada verano vamos a un sitio diferente.**
  Chaque été, nous allons à un endroit différent.

▶ ***Cada*** + numéral équivaut à « tous les / toutes les ».

- **Cada 200 km hacíamos una parada.**
  Tous les 200 km nous faisions une halte.

▶ ***Cada vez / Cada día*** + comparatif équivaut à « de plus en plus », « de moins en moins », « de mieux en mieux », etc.

- **Cada día hay más turistas.**
  Il y a de plus en plus de touristes.
- **Cada vez nos vemos menos.**
  Nous nous voyons de moins en moins.

Más / menos

🔸 *Más / menos* (plus / moins) accompagnent des noms, des adjectifs, des verbes et des adverbes.

- Está **más** concentrado, habla **menos** y trabaja **más** deprisa.
  Il est plus concentré, il parle moins et il travaille plus vite.

- Ahora como **más** verdura y **menos** carne.
  Maintenant je mange plus de légumes et moins de viande.

▶ **Peu (un peu plus / moins de) p. 359**

🔸 Avec *más / menos*, la préposition *de* ne s'emploie que devant des quantifieurs ou des propositions (*más de lo que*).

▶ **proposition comparative p. 63**

- Tardarás **menos de** media hora.
  Tu mettras moins d'une demi-heure.

- Ya son **más de** las cinco.
  Il est déjà plus de cinq heures.

🔸 *Más* et *menos* placés après un nom équivalent à « de / en plus » et « de / en moins ».

- Este otro ordenador cuesta 700 euros **más**.
  Cet autre ordinateur coûte 700 euros de plus.

- Aquí tenemos siempre cinco grados **menos**.
  Ici nous avons toujours cinq degrés en moins.

▶ **Comparatifs p. 62**

Traduction express

1. Son dernier disque a reçu beaucoup de critiques.
2. Je suis assez fatiguée, mais je dois encore passer plusieurs appels.
3. Tu as suffisamment de place *(sitio)* dans ta voiture ?
4. Ils nous ont invitées toutes les quatre.
5. Il lui envoyait un sms tous les quarts d'heure.
6. J'ai moins de vacances maintenant.
7. Elle gagne 500 euros de plus.

Corrigé

1. *Su último disco ha recibido muchas críticas.*
2. *Estoy bastante cansada, pero tengo que hacer todavía varias llamadas.*
3. *¿Tienes suficiente sitio o sitio suficiente en tu coche?*
4. *Nos han invitado a las cuatro.*
5. *Le mandaba un sms cada cuarto de hora.*
6. *Tengo menos vacaciones ahora.*
7. *Gana 500 euros más.*

2 Les pronoms personnels

→ Quelle différence y a-t-il entre *el* et *él* ?
→ Savez-vous dire : « Monsieur, voulez-vous que je vous raccompagne ? » et « Je le lui ai apporté » ?

Formes des pronoms personnels

SUJET	COD	COI	COMPLÉMENT APRÈS UNE PRÉPOSITION
yo	me	me	mí
tú	te	te	ti
él/ella/ello/usted	lo/la/se	le/se	él/ella/ello/usted/sí
nosotros/nosotras	nos	nos	nosotros/nosotras
vosotros/vosotras	os	os	vosotros/vosotras
ellos/ellas/ustedes	los/las/se	les/se	ellos/ellas/ustedes/sí

Notez bien
Un accent écrit différencie *tú* et *mí* (pronoms personnels) de *tu* et *mi* (possessifs), *él* (il/lui) de *el* (le, article), *sí* (soi/oui) de *si* (condition).

● Avec la préposition *con*

Avec la préposition *con*, les pronoms compléments présentent trois formes particulières : **conmigo** (avec moi), **contigo** (avec toi), **consigo** (avec soi). Aux autres personnes, les formes sont régulières : *con él/usted/nosotros…*

● Avec les prépositions *según*, *entre* et *hasta*

Avec les prépositions *según* (selon), *entre* (entre) et *hasta* (dans le sens de « même »), on emploie la forme sujet du pronom.

- Según **tú** era facilísimo.
  D'après toi, c'était très facile.

- Lo haremos entre **tú** y **yo**.
  On le fera à nous deux.

- Eso hasta **yo** lo sé.
  Même moi je sais ça.

  mais

- Ven corriendo hasta **mí**.
  Cours jusqu'à moi.

En Amérique

Dans toute l'Amérique, on utilise **ustedes** à la place de **vosotros**. De ce fait, avec **ustedes**, on s'adresse à plusieurs interlocuteurs que l'on tutoie ou que l'on vouvoie.

¿**Ustedes** ya **se** conocían? [Amérique]
¿**Vosotros** ya **os** conocíais? / ¿**Ustedes** ya **se** conocían? [Espagne]
Vous connaissiez-vous déjà ?

Dans une partie de l'Amérique, on utilise **vos** à la place de *tú*.

SUJET	COD	COI	COMPLÉMENT APRÈS UNE PRÉPOSITION	POSSESSIF
vos	te	te	vos	tu/tuyo

Ce pronom est généralement accompagné de formes verbales spécifiques à l'indicatif présent, à l'impératif et souvent aussi au subjonctif présent.

▶ CONJUGAISON AMÉRICAINE P. 378 ET 385

¿**Vos** también **te querés** quedar? [Amérique]
¿**Tú** también **te quieres** quedar? [Espagne]
Toi aussi, tu veux rester ?

Emplois des pronoms personnels

● Pronoms sujets

Ils sont moins utilisés qu'en français, car le verbe conjugué porte la marque de la personne (*quieres* : tu veux). On les emploie dans les cas suivants :

Pour lever l'ambiguïté entre les 1re et 3e personnes du singulier identiques (indicatif imparfait, conditionnel et subjonctifs)
- No **sabía yo** que **él vendría** tan pronto.
  Je ne savais pas qu'il viendrait si tôt.

Pour lever l'ambiguïté entre les 3e personnes (*él/ella/usted* pour le singulier, *ellos/ellas/ustedes* pour le pluriel) à tous les temps
- **Ellos** se **conocen** desde que **ustedes** los **presentaron**.
  Ils se connaissent depuis que vous les avez présentés.
- **Ustedes** se **conocen** desde que **ellos** los **presentaron**.
  Vous vous connaissez depuis qu'ils vous ont présentés.

Pour marquer une opposition entre deux sujets
- **Yo** cocino y **tú** friegas, ¿vale?
  Moi je cuisine et toi tu fais la vaisselle, d'accord ?

Pour mettre en avant le sujet de l'action
- Aquí mando **yo**.
  Ici, c'est moi qui commande.

GRAMMAIRE ■ **Les pronoms personnels** **12**

◉ Formes de politesse *usted / ustedes*

À la forme de politesse *usted / ustedes* correspondent des formes verbales, des pronoms personnels et des possessifs de 3e personne (et non de 2e personne du pluriel comme en français). Par écrit, *usted* est souvent abrégé *Ud.* ou *Vd.*, *ustedes Uds.* ou *Vds*.

- ¿Señor, **quiere** (usted) que **le** acompañe a **su** casa?
  Monsieur, voulez-vous que je vous raccompagne chez vous ?

◉ Pronoms compléments de 3e personne COD et COI

Les pronoms personnels compléments de 3e personne *lo(s)* et *la(s)* sont COD, *le(s)* COI.

- A Javier **lo** veo muy a menudo. [COD]
  Javier, je le vois très souvent.

- **Le** di tu regalo. [COI]
  Je lui ai donné ton cadeau.

> **Notez bien**
> Cependant, en Espagne, on entend souvent *le(s)* à la place de *lo(s)* et *la* à la place de *le*. De ce fait, l'emploi de *le* à côté de *lo* pour désigner une personne de sexe masculin a fini par entrer dans la norme.
>
> A Javier **lo** ou **le** veo muy a menudo.
> Javier, je le vois très souvent.

◉ *Se* et *sí*

Se s'emploie dans des structures réfléchies et réciproques relatives à une 3e personne.
Sí a les mêmes fonctions et s'emploie après une préposition.
Il est parfois renforcé par *mismo*.

- **Se** miró al espejo. [réfléchi]
  Il se regarda dans la glace.

- Ya no **se** hablan. [réciproque]
  Ils ne se parlent plus.

- No está muy seguro **de sí mismo**.
  Il n'est pas très sûr de lui.

◉ Répétition du COI

Avec un nom COI apparaît aussi généralement le pronom *le(s)*.

- **Le** he contado **a Mario** una mentira.
  J'ai raconté un mensonge à Mario.

Combinaison de deux pronoms

▶ Le pronom COI précède **toujours** le pronom COD.

- **Me lo** dijo Laura.
  Laura me l'a dit.

▶ Lorsque deux pronoms de 3ᵉ personne se suivent, ils le font aussi dans l'ordre **COI + COD** et le premier devient *se*.

le(s) + lo(s)/la(s) → **se** + lo(s)/la(s)

- Llevé el libro a Juan. [**le** = a Juan + **lo** = el libro] → **Se lo** llevé.
  J'ai apporté le livre à Juan. → Je le lui ai apporté.

- Enseñaré las fotos a mis padres. [**les** = a mis padres + **las** = fotos]
  → **Se las** enseñaré.
  Je montrerai les photos à mes parents. → Je les leur montrerai.

▶ Lorsque l'un des pronoms est **réfléchi**, il précède toujours l'autre.

- **Se te** ha caído un papel.
  Tu as fait tomber un papier.

> **Notez bien**
> À la différence du français courant, en espagnol, on doit conserver le pronom COD dans des cas comme *¿Se lo has dicho?* (Tu lui as dit?). Inversement on ne doit pas le conserver dans des cas comme *Como dice mi madre, el tiempo lo cura todo* (Comme **le** dit ma mère, le temps guérit tout.).

Place des pronoms par rapport au verbe

▶ Avec les formes verbales conjuguées, les pronoms compléments sont placés **avant**.

- Le contestaré mañana.
  Je lui répondrai demain.

▶ Avec un verbe à l'infinitif, au gérondif ou à l'impératif affirmatif, les pronoms compléments sont **obligatoirement** placés **après** et s'écrivent **soudés** à la forme verbale.

- Es difícil localizar**lo**.
  Il est difficile de le joindre.

- Hicisteis mal diciéndo**selo**.
  Vous avez mal fait en le lui disant.

- Siénta**te** y cuénta**melo**.
  Assieds-toi et raconte-le-moi.

GRAMMAIRE — Les pronoms personnels 12

▶ Les formes verbales avec des pronoms soudés conservent l'**accent** tonique sur la même syllabe qu'à la forme simple et suivent les règles générales de l'accentuation écrite.

▶ L'ACCENTUATION P. 10

di / dime / dímelo
dis / dis-moi / dis-le-moi

contando / contándolo / contándoselo
racontant / le racontant / le lui racontant

alquilar / alquilarlo / alquilárselo
louer / le louer / le lui louer

▶ Dans la plupart des périphrases avec infinitif ou gérondif, les pronoms compléments peuvent soit précéder l'auxiliaire soit suivre l'infinitif ou le gérondif.

- **Se lo** quería regalar yo ou Quería regalár**selo** yo.
  Je voulais le lui offrir moi-même.

- **La** estoy pintando ou Estoy pintándo**la**.
  Je suis en train de la peindre.

Traduction express

1. Messieurs, avez-vous récupéré *(recoger)* vos valises *(maletas)* ?
2. Moi, je joue au tennis et lui au basket *(baloncesto)*.
3. Mon imprimante *(impresora)*, je la lui ai laissée pour qu'elle me la répare *(arreglar)*.
4. Passe-moi le journal si tu n'es pas en train de le lire.
5. Je ne peux pas te le garantir.

Corrigé

1. Señores, ¿han recogido sus maletas?
2. Yo juego al tenis y él al baloncesto.
3. Mi impresora, se la he dejado para que me la arregle.
4. Pásame el periódico si no estás leyéndolo ou si no lo estás leyendo.
5. No te lo puedo garantizar ou No puedo garantizártelo.

13 Les adjectifs qualificatifs

→ Connaissez-vous le féminin de *español* et de *joven* ?
→ Quel est le pluriel de *feliz* ? Et celui de *francés* ?
→ Savez-vous dire « un bon souvenir » et « un gros chat » ?

Formation du féminin

▶ Les adjectifs masculins **en -o** font généralement leur féminin **en -a**. C'est aussi le cas de tous les participes passés.
   bonito / bonita : joli / jolie
   tranquilo / tranquila : tranquille
   cansado / cansada : fatigué / fatiguée

▶ Font aussi leur **féminin en -a** les adjectifs suivants :

Les adjectifs terminés par *-dor, -tor, -sor* : *encantador / encantadora* (charmant / charmante), *seductor / seductora* (séducteur / séductrice), *previsor / previsora* (prévoyant / prévoyante).

Les adjectifs terminés par *-án* : *holgazán / holgazana* (paresseux / paresseuse).

Les adjectifs terminés par un suffixe affectif : *chiquitín / chiquitina* (tout petit / toute petite), *grandullón / grandullona* (très grand / très grande).

Les adjectifs d'origine géographique terminés par une consonne : *español / española* (espagnol / espagnole), *alemán / alemana* (allemand / allemande), *andaluz / andaluza* (andalou / andalouse).

▶ Les autres adjectifs sont **invariables** en genre : *grande* (grand / grande), *deportista* (sportif / sportive), *fácil* (facile), *joven* (jeune), *capaz* (capable).

> **Notez bien**
>
> Les adjectifs d'origine géographique qui se terminent par une voyelle autre que *-o* sont invariables en genre : *belga* (belge), *nicaragüense* (nicaraguayen / nicaraguayenne), *iraquí* (iraquien / iraquienne).

GRAMMAIRE ■ Les adjectifs qualificatifs 13

Formation du pluriel

▶ Adjectifs terminés par une voyelle

Ils font leur pluriel en **-s** : *caro* (cher) → *caros*, *idiota* (idiot) → *idiotas*, *verde* (vert) → *verdes*, *cursi* (snob, kitsch) → *cursis*.

> **Notez bien**
> Les adjectifs terminés par *-í* ou *-ú* ont deux formes possibles de pluriel : *-s* ou *-es* (préférée dans la langue soutenue).
> marroquí (marocain) → marroquíes / marroquís
> hindú (hindou) → hindúes / hindús

▶ Adjectifs terminés par une consonne

Ils font leur pluriel en **-es** : *difícil* (difficile) → *difíciles*, *feliz* (heureux) → *felices*, *francés* (français) → *franceses*, *gris* (gris) → *grises*.

▶ Adjectifs terminés par une voyelle non tonique + –s

Ils restent **invariables** : *gratis* (gratuit) → *gratis*.

> **Notez bien**
> L'accent graphique peut changer entre le singulier et le pluriel, le masculin et le féminin (voir p. 11) : *barcelonés* → *barcelonesa*, *francés* → *franceses*.

Apocope des adjectifs

▶ Les adjectifs *bueno* et *malo* perdent leur voyelle finale devant un nom masculin singulier.

- Guardo un **buen/mal** recuerdo de aquellas vacaciones.
  Je garde un bon/un mauvais souvenir de ces vacances-là.

▶ L'adjectif *grande* perd sa syllabe finale devant un nom masculin ou féminin singulier.

- Rosa es una **gran** arquitecta, con **gran** experiencia en edificios públicos.
  Rosa est une grande architecte ; elle a une grande expérience dans les bâtiments publics.

▶ Mais leur **forme pleine** est employée quand l'adjectif suit le nom ou quand il apparaît seul.

- Guardo un recuerdo **bueno/malo** de aquellas vacaciones.
- La casa de Pedro, lógicamente, es **grande**.
  La maison de Pedro, logiquement, est grande.

▶ L'adjectif *santo* perd sa syllabe finale devant les prénoms de saints masculins, sauf ceux commençant par *To-* ou *Do-*.

San Juan   **San** Marcos
mais
Santo Tomás   **Santo** Domingo

Place des adjectifs qualificatifs

L'adjectif qualificatif suit généralement le nom, mais dans certains cas peut aussi le précéder. Il n'existe pas de règles fixes, mais plutôt des tendances liées au sens et à l'expressivité.

▶ **Adjectifs qui suivent généralement le nom**

Adjectifs qui indiquent une propriété physique

un gato **gordo**
un gros chat

sus ojos **verdes**
ses yeux verts

Adjectifs qui font entrer le nom dans une catégorie

un director de cine **mexicano**
un réalisateur mexicain

la novela **policiaca**
le roman policier

Participes passés fonctionnant comme adjectifs qualificatifs

- Encontrarás esa idea en el párrafo **subrayado**.
  Tu trouveras cette idée-là dans le paragraphe souligné.

▶ **Adjectifs qui peuvent précéder le nom (avec une intention expressive)**

Adjectifs qui s'utilisent emphatiquement

- Su **increíble** colección de cuadros cuesta una fortuna.
  Son incroyable collection de tableaux coûte une fortune.

- ¡Qué **genial** idea!
  Quelle idée géniale !

Adjectifs qui font référence à une caractéristique propre (emploi littéraire)

la **verde** pradera
la verte prairie

GRAMMAIRE ■ Les adjectifs qualificatifs 13

▶ Adjectifs qui précèdent toujours le nom

Il s'agit de *mero* (simple), *presunto* (présumé) et *supuesto* (supposé).

- El **presunto** ladrón fue descubierto por una **mera** casualidad.
  Le voleur présumé fut découvert par un simple hasard.

Notez bien
Le sens de certains adjectifs varie en fonction de leur place.
una gran mujer (une grande femme) ➔ una mujer grande (une femme forte)
cierta noticia (une certaine nouvelle) ➔ noticia cierta (une nouvelle certaine)
un pobre hombre (un pauvre homme) ➔ un hombre pobre (un homme pauvre)
una nueva casa (une nouvelle maison) ➔ una casa nueva (une maison neuve)

Exercice express

1. Donnez la forme du féminin de *precoz, constante, idiota* et *trabajador*. Quels sont leurs correspondants au pluriel ?
2. Traduisez : « Tu te rappelles encore cette jolie plage ? »
3. Traduisez : « La raison supposée de la crise est la chute du marché immobilier. »
4. Traduisez : « C'est un grand ami à moi. »

Corrigé
1. Precoz, constante, idiota, trabajadora. Precoces, constantes, idiotas, trabajadores / trabajadoras.
2. ¿Te acuerdas aún de aquella bonita playa?
3. La supuesta razón de la crisis es la caída del mercado inmobiliario.
4. Es un gran amigo mío.

14 Comparatifs et superlatifs

→ Comment traduit-on « que » dans « aussi… que… » ?
→ Savez-vous dire « l'hôtel le plus cher » et « l'actrice la moins célèbre » ?

Constructions comparatives : supériorité et infériorité

▶ **Supériorité :** *más* + adjectif / nom / adverbe + *que*

- Este barrio es **más** tranquilo **que** el otro.
  Ce quartier est plus calme que l'autre.

- Tenemos **más** clientes **que** antes porque ahora cerramos **más** tarde **que** los demás.
  Nous avons plus de clients qu'avant parce que maintenant nous fermons plus tard que les autres.

> **COMPARATIFS DE SUPÉRIORITÉ IRRÉGULIERS**
> grande → mayor : grand → plus grand, plus âgé
> pequeño → menor : petit → plus petit
> bueno → mejor : bon → meilleur
> malo → peor : mauvais → pire
> bajo → inferior : bas → inférieur
> alto → superior : haut → supérieur

- Tu ordenador es **mejor que** el mío.
  Ton ordinateur est meilleur que le mien.

- Vicente es **mayor que** su hermano.
  Vicente est plus âgé que son frère.

▶ **Infériorité :** *menos* + adjectif / nom / adverbe + *que*

- Ella era **menos** optimista **que** tú.
  Elle était moins optimiste que toi.

- Ellos tienen **menos** obligaciones **que** nosotros.
  Ils ont moins d'obligations que nous.

- Mi casa está **menos** lejos **que** la tuya.
  Ma maison est moins loin que la tienne.

GRAMMAIRE ■ **Comparatifs et superlatifs** 14

◗ Si le deuxième terme de la comparaison est une proposition

Dans ce cas, on emploie la tournure *de* + **article défini accordé avec le premier terme** + *que* (*del que, de la que, de lo que…*).

- Tiene **más** dinero **del que** te imaginas, pero también **más** defectos **de los que** tú te crees.
  Il a plus d'argent que tu ne l'imagines, mais aussi plus de défauts que tu ne le crois.
- Es **menos** tarde **de lo que** piensas.
  Il est moins tard que tu ne le penses.

Constructions comparatives : égalité

◗ *Tan* + adjectif / adverbe + *como*

- Es **tan** tímido **como** su padre.
  Il est aussi timide que son père.
- No corro **tan** deprisa **como** ella.
  Je ne cours pas aussi vite qu'elle.
- No soy **tan** joven **como** la gente se imagina.
  Je ne suis pas aussi jeune que les gens se l'imaginent.

> **Apocope**
> *Tanto* devient *tan* quand il précède un adjectif qualificatif, un adverbe ou une locution adverbiale.
> ¡Ella es **tan** especial y nos llevamos **tan** bien!
> Elle est tellement spéciale et on s'entend si bien !

◗ *Tanto(s) / tanta(s)* + nom + *como*

- Tengo **tanto** miedo y **tantas** dudas **como** tú.
  J'ai aussi peur et autant de doutes que toi.
- Tiene **tanta** fantasía **como** cuando lo conocí.
  Il a autant d'imagination que quand je l'ai connu.

◗ Verbe + *tanto como*

- No duermo **tanto como** tú.
  Je ne dors pas autant que toi.
- No les interesaba **tanto como** suponíamos.
  Ça ne les intéressait pas autant qu'on le supposait.

> **Notez bien**
> « Plus de », « moins de » et « autant de » suivis d'un nom se traduisent par *más*, *menos* et *tanto(s) / tanta(s)* **sans la préposition** *de*.
>
> Antes tenían **más** tiempo y **menos** preocupaciones.
> Avant ils avaient plus de temps et moins de soucis.
>
> Tienes **tantas** vacaciones como ellos.
> Tu as autant de vacances qu'eux.

Superlatifs relatifs : el más / el menos + adjectif

- Este es **el hotel más caro** de la ciudad.
  Celui-ci est l'hôtel le plus cher de la ville.

- Este es **el más caro** de la ciudad.
  Celui-ci est le plus cher de la ville.

- Premiaron a **la actriz menos** famosa.
  On a donné un prix à l'actrice la moins célèbre.

- Premiaron a **la menos** famosa.
  On a donné un prix à la moins célèbre.

- Es **el mejor** de todos los espectáculos de danza que he visto en mi vida.
  C'est le meilleur spectacle de danse que j'aie jamais vu de ma vie.

- Es **el mejor** que he visto en mi vida.
  C'est le meilleur que j'aie jamais vu de ma vie.

Notez bien

Quand le nom précède le superlatif, on ne répète pas l'article :
el hotel ∅ más caro, la actriz ∅ menos famosa.

Superlatifs absolus : muy + adjectif ou –ísimo(s) / –ísima(s)

▶ *Muy* + adjectif est toujours possible, alors que tous les adjectifs n'acceptent pas le suffixe *-ísimo*, comme : *independiente* (indépendant) → *muy independiente*, *heroico* (héroïque) → *muy heroico*, *nimio* (sans importance) → *muy nimio*.

- Es **inteligentísimo**, pero también **muy despistado**.
  Il est très intelligent, mais aussi très tête en l'air.

▶ Certains adjectifs changent légèrement leur radical avec le suffixe *-ísimo* ou peuvent avoir deux formes. Voici les plus courants.

caliente (chaud) → calentísimo
antiguo (ancien) → antiquísimo
fuerte (fort) → fuertísimo ou fortísimo
amable (aimable) → amabilísimo
agradable (agréable) → agradabilísimo
nuevo (neuf) → nuevísimo ou novísimo
bueno (bon) → óptimo, buenísimo
malo (mauvais) → pésimo, malísimo
grande (grand) → máximo, el más grande
pequeño (petit) → mínimo, el más pequeño

GRAMMAIRE ■ **Comparatifs et superlatifs**

❯ Adverbes et préfixes

Le superlatif absolu s'exprime aussi par l'emploi d'adverbes (*realmente, increíblemente*…) ou de préfixes (*super-*, *re-*, *requete-*…).

- Tu secretaria es **realmente** eficaz.
  Ta secrétaire est vraiment efficace.
- ¡Mmm! ¡Qué cena tan **requetebuena**!
  Hmm! Ce dîner était superbon!
- Está **supercansado**.
  Il est hyperfatigué.

▶ TRÈS P. 371

Traduction express

1. Elle est aussi généreuse que son père.
2. Nous avions plus d'amis en Espagne qu'ici.
3. Cet article est le plus intéressant.
4. Ce café est plus mauvais que l'autre.
5. C'est le bar le plus animé de toute la ville.
6. Nos voisins sont très aimables.
7. Tu connais plus de films que je ne le pensais.

Corrigé
1. *Es tan generosa como su padre.*
2. *Teníamos más amigos en España que aquí.*
3. *Este artículo es el más interesante.*
4. *Este café es peor que el otro.*
5. *Es el bar más animado de toda la ciudad.*
6. *Nuestros vecinos son amabilísimos ou muy amables.*
7. *Conoces más películas de lo que yo pensaba.*

15 Les relatifs

→ Dit-on *el niño quien canta* ou *el niño que canta* ?
→ Savez-vous dire « la femme que tu vois là » ?
→ Comment traduire « les voisins dont je te parlais » ?

Formes des relatifs

MASC. SING.	FÉM. SING.	MASC. PLUR.	FÉM. PLUR.	NEUTRE SING.
que				

MASC. SING.	FÉM. SING.	MASC. PLUR.	FÉM. PLUR.	NEUTRE SING.
el que	la que	los que	las que	lo que
quien	quien	quienes	quienes	–
el cual	la cual	los cuales	las cuales	lo cual
cuanto	cuanta	cuantos	cuantas	cuanto
cuyo	cuya	cuyos	cuyas	–

| adverbes relatifs | donde (où) | como (comme) | cuando (quand) |

▶ Subordonnées circonstancielles (1) p. 158

Fonctions des relatifs

🔴 Les relatifs renvoient explicitement à un élément déjà apparu dans le discours (antécédent). Parfois, ils ont une référence implicite.

- **No vi a Óscar, quien, por cierto, me debe dinero.**
  [antécédent = *Óscar*]
  Je n'ai pas vu Óscar, qui, soit dit en passant, me doit de l'argent.

- **Quien busca halla.**
  [référent implicite = *la persona que*]
  Qui cherche trouve.

🔴 Ils fonctionnent comme des subordonnants car ils introduisent des propositions relatives. Ils ont dans la proposition relative les fonctions propres aux noms (sujet, COD, COI, compléments circonstanciels...).

- **Me gusta ese coche que consume muy poco.**
  [*que* = sujet de *consume*]
  J'aime cette voiture qui consomme très peu.

- **Me gusta ese coche que ves ahí.**
  [*que* = COD de *ves*]
  J'aime cette voiture que tu vois là.

GRAMMAIRE ■ **Les relatifs** **15**

Relatives déterminatives et explicatives

▶ Les relatives **déterminatives** restreignent le sens de l'antécédent. Leur suppression entraîne la perte d'une information fondamentale pour l'interprétation de la principale. Il n'y a pas de pause à l'oral, ni de virgule à l'écrit entre l'antécédent et la relative.

- Los empleados que están en huelga no han venido hoy a trabajar.
  Les employés qui font grève ne sont pas venus travailler aujourd'hui.
  [Seuls les employés qui font grève ne sont pas venus travailler.]

▶ Les relatives **explicatives** apportent un complément d'information sur l'antécédent, mais leur suppression ne modifie pas le sens général de la principale. À l'oral elles sont séparées de l'antécédent par une pause, rendue par des virgules à l'écrit.

- Los empleados, que están en huelga, no han venido hoy a trabajar.
  Les employés, qui font grève, ne sont pas venus travailler aujourd'hui.
  [Tous les employés font grève et aucun n'est venu travailler.]

Relatif sujet (qui)

▶ Si l'antécédent est une chose : *que* (invariable)

- El supermercado **que** abre hasta las diez no queda lejos de aquí.
  [*que* = sujet de *abrir*]
  Le supermarché qui est ouvert jusqu'à 22 heures n'est pas loin d'ici.

▶ Si l'antécédent est une personne : *que*, parfois *quien(es)* ou *el cual*

Dans les relatives déterminatives, *que* est obligatoire et *quien(es)* exclu.

- El niño **que** está cantando es su hijo.
  L'enfant qui chante est son fils.

Dans les relatives explicatives, on a le choix entre *que* (le plus fréquent en langue courante), *quien* accordé en nombre avec l'antécédent, ou *el cual, la cual…* (plus soutenu).

- Jorge, **que** ou **quien** sabe bailar bien salsa, nos dio una clase de iniciación.
  Jorge, qui sait bien danser la salsa, nous a donné un cours d'initiation.

- Este espectáculo es más bien para los turistas, **que** ou **quienes** no saben mucho de flamenco.
  Ce spectacle est plutôt pour les touristes, qui ne s'y connaissent pas bien en flamenco.

67

◉ **Si l'antécédent est implicite :** *el que / la que* **(personnes ou choses),** *quien(es)* **(personnes)**

Le relatif peut référer implicitement à un antécédent connu ou de façon générale à n'importe qui.

- **El que** ha llamado antes era el fontanero. [*el que = el señor*]
  Celui qui a appelé avant était le plombier.
- **Las que** más me gustan, cómo no, son las más caras.
  Celles qui me plaisent le plus, évidemment, sont les plus chères.
- **Quien** tiene boca se equivoca. (proverbe)
  Qui ne dit rien ne se trompe jamais.

> **Notez bien**
>
> « Qui » et *quien* ne sont pas toujours équivalents. « Qui » peut faire référence à des objets ou à des personnes. *Quien* ne peut faire référence qu'à des personnes.

Relatif COD (que)

◉ **Si l'antécédent est une chose :** *que*

- No tengo el último disco **que** ha sacado. [*que = COD de ha sacado*]
  Je n'ai pas le dernier disque qu'il a sorti.

◉ **Si l'antécédent est une personne :** *al que / a la que, a quien(es), a que*

- Los amigos **a los que** ou **a quienes** saludamos eran los organizadores de la feria.
  Les amis que nous avons salués étaient les organisateurs de la foire.

> **Notez bien**
>
> Dans la langue courante, on emploie souvent *que* à la place de *a quien(es)* ou *al que / a la que*.
> La señora **que** ves ahí es la directora del museo.
> La femme que tu vois là est la directrice du musée.

◉ **Si l'antécédent est implicite :** *el que / la que* **(choses),** *al que / a la que* **ou** *a quien(es)* **(personnes)**

- He perdido **los que** él me regaló.
  J'ai perdu ceux qu'il m'a offerts.
- **Al que** ou **A quien** madruga Dios le ayuda. (proverbe)
  Le monde appartient à celui qui se lève tôt.

GRAMMAIRE ● **Les relatifs** **15**

Relatif COI, circonstanciel…

▶ **Si l'antécédent est une chose : préposition +** *(el) que / (la) que* **(avec omission de l'article parfois) ou +** *el cual / la cual* **(plus soutenu)**

- El libro **al que** ou **al cual** le faltan las tapas es un libro de cocina antiguo.
  Le livre auquel il manque la couverture est un vieux livre de cuisine.

- La casa **en (la) que** veraneamos tiene muchas habitaciones.
  La maison où nous passons nos vacances d'été a beaucoup de chambres.

- ¿El programa **del cual** hablas es los domingos?
  L'émission dont tu parles passe le dimanche ?

- Han vuelto a abrir el cine de mi barrio, **de lo que** me alegro mucho.
  Ils ont rouvert le cinéma de mon quartier, ce dont je me réjouis.

▶ **Si l'antécédent est une personne : préposition +** *el que / la que*, **+** *quien(es)*, **ou +** *el cual / la cual*

- El camarero **al que** ou **a quien** ou **al cual** le has dado la propina justo es el más antipático.
  Le garçon à qui tu as donné le pourboire est justement le plus antipathique.

- Los amigos **con (los) que** solemos salir están de vacaciones.
  Les amis avec qui on sort d'habitude sont partis en vacances.

- Los vecinos **de quienes** te hablaba viven en el 5º.
  Les voisins dont je te parlais habitent au 5e.

▶ **Si l'antécédent est implicite : préposition +** *el que / la que* **(choses), +** *el que / la que* **ou +** *quien(es)* **(personnes)**

- Pude abrir el armario **con las que** él me dio.
  J'ai pu ouvrir l'armoire avec celles qu'il m'a données.

- El catalán no es difícil **para el que** ou **quien** sabe español y francés.
  Le catalan n'est pas difficile pour qui connaît l'espagnol et le français.

Cuanto(s) / cuanta(s)

Cuanto(s) / Cuanta(s) équivaut à *todo el que / toda la que / todo lo que / todos los que…* On l'emploie comme déterminant, suivi d'un nom, ou bien comme pronom avec antécédent implicite.

- Es **el mejor** de **cuantos** espectáculos ou de **todos los** espectáculos que he visto.
  C'est le meilleur spectacle que j'aie jamais vu.

- Se enrolla con **cuanta** persona se le acerca.
  Il bavarde avec toute personne qui s'approche de lui.

- Ella conseguirá **cuanto** se proponga.
  Elle obtiendra tout ce qu'elle voudra.

Cuyo(s) / cuya(s)

▶ *Cuyo(s) / Cuya(s)* fonctionne comme **pronom relatif** : il introduit une subordonnée relative. Mais il fonctionne aussi comme **déterminant possessif** du nom qu'il précède, avec lequel il s'accorde en genre et en nombre ; il n'est donc **jamais** suivi de l'article.

- Chus, **cuya** maleta pesaba más de 30 kg, tuvo que pagar exceso de equipaje.
  Chus, dont la valise pesait plus de 30 kg, a dû payer un supplément de bagage.
  ▶ Dont p. 335

▶ Le nom qui suit *cuyo* peut fonctionner en espagnol comme sujet et COD (équivalent de « dont + article + N »), mais aussi comme COI ou comme complément circonstanciel, avec les prépositions correspondantes (équivalent de « de qui » ou autres périphrases).

el amigo **cuya** hermana trabaja conmigo [*hermana* sujet de *trabaja*]
l'ami dont la sœur travaille avec moi

el amigo **a cuya** hermana vi [*hermana* COD de *vi*]
l'ami dont j'ai vu la sœur

el amigo **con cuya** hermana tengo cita [*hermana* CC]
l'ami avec la sœur de qui j'ai rendez-vous

el amigo **en cuya** casa cené ayer [*casa* CC]
l'ami chez qui j'ai dîné hier

> **Notez bien**
>
> « Celui qui » se traduit par *el que*, mais « celui dont le / la / les » se traduit par un démonstratif + *cuyo* et non par un article + *cuyo*.
>
> ▶ Celui qui / que / dont p. 321-322

GRAMMAIRE ■ **Les relatifs**

Traduction express

1. La cliente qui a appelé passera cet après-midi.
2. On investit *(invertir)* de plus en plus *(cada vez más)* en énergie solaire, qui est une ressource *(recurso)* très abondante dans la zone.
3. Tu te rappelles *(acordarse de)* les Vénézueliens que nous avons connus pendant ce voyage ?
4. Le logiciel *(programa)* dont tu parles m'intéresse beaucoup.
5. Le concours *(oposición)* démarrera avec les candidats dont le nom commence par un F.

Corrigé

1. La clienta que ha llamado pasará esta tarde. [quien imposible]
2. Se invierte cada vez más en energía solar, que o la cual es un recurso muy abundante en la zona.
3. ¿Te acuerdas de los venezolanos que o a los que o a quienes conocimos en aquel viaje?
4. El programa del que hablas me interesa mucho.
5. La oposición comenzará con los candidatos cuyo apellido empieza por F.

16 Interrogatifs et exclamatifs

→ Comment dit-on : « Nous ne savons pas quoi lui offrir » ?
→ Dit-on : ¿*Qué* cuadro ou ¿*Cuál* cuadro te ha gustado más?
→ Savez-vous dire : « Que de voitures ! »

Formes des interrogatifs

MASC. SING.	FÉM. SING.	MASC. PLUR.	FÉM. PLUR.	NEUTRE SING.
		qué		

MASC. SING.	FÉM. SING.	MASC. PLUR.	FÉM. PLUR.	NEUTRE SING.
quién		quiénes		–
cuál		cuáles		–
cuánto	cuánta	cuántos	cuántas	cuánto

| adverbes interrogatifs | dónde (où) | cuándo (quand) | cómo (comment) |

▶ Les pronoms interrogatifs se prononcent avec un accent tonique et portent **toujours** un accent **écrit** qui les différencie des pronoms relatifs (voir p. 12). Ils ont la même forme dans les phrases interrogatives directes et indirectes.

- ¿**Qué** estaba buscando? [interrogation directe]
  Qu'est-ce que je cherchais ?
- Ya no sé **qué** estaba buscando. [interrogation indirecte]
  Je ne sais plus ce que je cherchais.

▶ *Qué* et *cuánto(s) / cuánta(s)* peuvent fonctionner comme adjectifs ou comme pronoms.

> **Notez bien**
> Les points d'interrogation sont toujours doubles en espagnol (¿ ?).

Emplois des interrogatifs

▶ *Qué* est invariable. Pronom, il correspond à « que », « qu'est-ce que » ou « quoi ». Adjectif, il correspond à « quel(s) / quelle(s) ».

- ¿**Qué** hay de comer?
  Qu'est-ce qu'il y a à manger ?
- No sabemos **qué** regalarle por su cumpleaños.
  Nous ne savons pas quoi lui offrir pour son anniversaire.
- ¿**Qué** ventajas le ves?
  Quels avantages y vois-tu ?

GRAMMAIRE ■ Interrogatifs et exclamatifs 16

▶ *Quién(es)* (qui) réfère uniquement à des personnes. Il varie en nombre.

- ¿**Quién** puede ayudarme? [On sollicite l'aide d'une personne.]
  ¿**Quiénes** pueden ayudarme? [On sollicite l'aide de plusieurs personnes.]
  Qui peut m'aider ?

- Antes de decidirme, quiero saber **quién** irá a tu fiesta.
  Avant de me décider, je veux savoir qui ira à ta fête.

▶ *Cuál(es)* (quel(s) / quelle(s), lequel / laquelle…) réfère à des choses ou des personnes. Il varie en nombre. Il fonctionne plus souvent comme pronom.

- ¿**Cuál** te ha gustado más?
  Lequel tu as préféré ?

- Tienes que decirme **cuáles** son los mejores abogados de derecho conyugal.
  Il faut que tu me dises quels sont les meilleurs avocats de droit conjugal.

> **Notez bien**
>
> La forme équivalant à « quel(s) / quelle(s) » adjectif est *qué* ou, pour insister sur le choix, *cuál*. En Amérique, on emploie davantage *cuál* comme adjectif.
>
> ¿**Qué** cuadro ou **Cuál** cuadro te ha gustado más?
> Quel tableau tu as préféré ?

▶ *Cuánto(s) / Cuánta(s)* (combien) sert à interroger sur la quantité, le prix, le temps, le degré… Il est pronom ou adjectif et s'accorde en genre et en nombre avec le nom qu'il accompagne ou qu'il remplace.

- ¿**Cuántas** paradas nos quedan? [adjectif]
  Combien d'arrêts nous reste-t-il ?

- No tengo ni idea de **cuántos** seremos. [pronom]
  Je n'ai pas la moindre idée de combien nous serons.

▶ *Qué*, *quién(es)*, *cuál(es)* et *cuánto(s) / cuánta(s)* peuvent être précédés d'une préposition.

- ¿**Con qué** puedo abrir esta lata?
  Avec quoi est-ce que je peux ouvrir cette boîte ?

- ¿**A quiénes** invitaron a su boda?
  Qui ont-ils invité à leur mariage ?

- ¿**Con cuál** te quedas?
  Lequel tu prends ?

- ¿**De cuántos** meses estás embarazada?
  De combien de mois es-tu enceinte ?

◉ *Cómo*, *cuándo* et *dónde* introduisent une interrogation circonstancielle. *Dónde* peut être précédé d'une préposition (*en dónde*, *adónde* ou *a dónde*, *de dónde*, *por dónde*…).

- ¿**Cómo** te ha ido en la entrevista de trabajo?
  Comment ça s'est passé, ton entretien d'embauche ?
- No sé **cuándo** acabarán las obras.
  Je ne sais pas quand vont finir les travaux.
- ¿**Adónde** ou ¿**Dónde** se han ido de vacaciones?
  Où sont-ils partis en vacances ?

Formes des exclamatifs

◉ Les exclamatifs ont les mêmes formes que les interrogatifs sauf *cuál(es)* qui est uniquement interrogatif. Comme les interrogatifs, les exclamatifs sont toniques et portent toujours un accent écrit qui les différencie des pronoms relatifs (voir p. 12). Ils interviennent sous la même forme dans les phrases exclamatives directes et indirectes.

- ¡**Qué** nerviosa está! [exclamative directe]
  Ce qu'elle est nerveuse !
- No te imaginas **qué** nerviosa está. [exclamative indirecte]
  Tu n'imagines pas ce qu'elle est nerveuse.

  ▶ **La phrase exclamative p. 143**

◉ *Qué* et *cuánto(s)/cuánta(s)* peuvent fonctionner comme adjectifs ou comme pronoms.

- ¡**Cuántos** libros tienes! [adjectif]
  Que de livres tu as !
- ¡**Qué** dices! [pronom]
  Qu'est-ce que tu dis !

> **Notez bien**
> Les points d'exclamation sont toujours doubles en espagnol (¡ !).

Emplois des exclamatifs

◉ *Qué* peut porter sur un nom, un adjectif ou un adverbe.

- ¡**Qué** actriz!
  Quelle actrice !
- ¡**Qué** orgulloso eres!
  Comme tu es orgueilleux !
- No sabes **qué** bien dibuja.
  Tu ne sais pas comme elle dessine bien.

Grammaire — Interrogatifs et exclamatifs 16

▶ ***Qué de*** est équivalent de *cuánto(s) / cuánta(s)*.

- **¡Qué de** idiomas habla!
  Que de langues il parle !

▶ **La phrase exclamative p. 143**

▶ ***Quién(es)*** réfère uniquement à des personnes et varie en nombre.

- ¡Mira **quién** llega!
  Regarde qui arrive !

- **¡Quiénes** han ganado! ¡Increíble!
  C'est eux qui ont gagné ! Incroyable !

▶ ***Cuánto(s) / Cuánta(s)*** s'accorde avec le nom qu'il accompagne ou qu'il remplace, mais souvent on emploie le **singulier** pour référer à un pluriel.

- **¡Cuánto** coche! ou **¡Cuántos** coches!
  Que de voitures !

▶ ***Cuánto*** peut être pronom neutre.

- No te imaginas **cuánto** lo quiero.
  Tu n'imagines pas combien je l'aime.

▶ ***Cómo*** et (préposition +) ***dónde*** introduisent une exclamative.

- **¡Cómo** ha cambiado esta ciudad!
  Comme elle a changé, cette ville !

- ¡Fíjate **dónde** vive!
  Regarde où il habite !

▶ ***Cuándo*** introduit une interrogative à valeur exclamative.

- **¡Cuándo** aprenderás!
  Tu n'apprendras donc jamais !

▶ **La phrase exclamative p. 143**

Traduction express

1. Quel temps fait-il ?
2. Quel âge as-tu ?
3. Combien dure le film ?
4. Quel hasard *(casualidad)* !
5. Que de monde !

Corrigé
1. ¿Qué tiempo hace?
2. ¿Qué edad tienes? ou ¿Cuántos años tienes?
3. ¿Cuánto dura la película?
4. ¡Qué casualidad!
5. ¡Qué de gente! ou ¡Cuánta gente!

17 L'indicatif présent

→ Comment dit-on « tu mens », « ils jouent » et « je tombe » ?
→ Dit-on *Aquel día casi perdemos* ou *perdimos el avión* ?

▶ Conjugaison p. 385-419

Formes des présents réguliers

1er groupe	**cant-(ar)** (chanter)	-o, -as, -a, -amos, áis, -an
2e groupe	**beb-(er)** (boire)	-o, -es, -e, -emos, -éis, -en
3e groupe	**viv-(ir)** (vivre)	-o, es, -e, -imos, -ís, -en

L'accent tonique tombe sur le radical au singulier et à la 3e personne du pluriel, sur la terminaison aux 1re et 2e personnes du pluriel.

Formes des présents irréguliers

▶ **Verbes à diphtongaison dans le radical lorsqu'il porte l'accent tonique (singulier et 3e personne du pluriel)**

e tonique → ie
pensar (penser) : pienso, piensas, piensa, pensamos, pensáis, piensan
perder (perdre) : pierdo, pierdes, pierde, perdemos, perdéis, pierden

Se conjuguent comme *pensar* : *comenzar* (commencer), *empezar* (commencer), *despertar* (réveiller), *sentar* (asseoir), *cerrar* (fermer)…

Se conjuguent comme *perder* : *querer* (vouloir), *entender* (comprendre), *defender* (défendre), *encender* (allumer)…

o tonique → ue
contar (raconter) : cuento, cuentas, cuenta, contamos, contáis, cuentan
poder (pouvoir) : puedo, puedes, puede, podemos, podéis, pueden

Se conjuguent comme *contar* : *encontrar* (trouver), *mostrar* (montrer), *acordarse* (se rappeler), *recordar* (rappeler), *costar* (coûter), *volar* (voler), *sonar* (sonner)…

Se conjuguent comme *poder* : *volver* (revenir), *mover* (bouger), *doler* (faire mal), *morder* (mordre), *oler* (sentir)…

Attention : *jugar* (jouer) → *juego, juegas, juega, jugamos, jugáis, juegan.*

GRAMMAIRE ■ L'indicatif présent 17

▶ **Verbes en –ir avec e dans le radical non suivi de r ou de nt**

e tonique → i
pedir (demander) : pido, pides, pide, pedimos, pedís, piden

Se conjuguent comme *pedir* : *reír* (rire), *medir* (mesurer), *repetir* (répéter), *vestir* (habiller), *despedir* (dire au revoir)… et aussi *servir* (servir).

▶ **Verbes en –ir avec e dans le radical suivi de r ou de nt ainsi que *dormir* (dormir) et *morir* (mourir)**

e tonique → ie
sentir (sentir) : siento, sientes, siente, sentimos, sentís, sienten
o tonique → ue
dormir (dormir) : duermo, duermes, duerme, dormimos, dormís, duermen

Se conjuguent comme *sentir* : *preferir* (préférer), *mentir* (mentir), *herir* (blesser), *advertir* (avertir), *divertir* (amuser)…

▶ **Verbes réguliers sauf à la 1re personne**

saber (savoir) : **sé**, sabes, sabe…
dar (donner) : **doy**, das, da…
ver (voir) : **veo**, ves, ve…
hacer (faire) : **hago**, haces, hace…
poner (mettre) : **pongo**, pones, pone…
salir (sortir) : **salgo**, sales, sale…
traer (apporter) : **traigo**, traes, trae…
caer (tomber) : **caigo**, caes, cae…
valer (valoir) : **valgo**, vales, vale…
caber (rentrer) : **quepo**, cabes, cabe…
oír (entendre) : **oigo**, oyes, oye, oímos, oís, oyen [Attention au changement y / i.]

> **Notez bien**
>
> La 1re personne des verbes en *-acer, -ecer, -ocer* et *-ucir* se termine par *-zco*.
> parecer (sembler) : pare**zc**o, pareces, parece…
> conocer (connaître) : cono**zc**o, conoces, conoce…
> conducir (conduire) : condu**zc**o, conduces, conduce…
>
> Autres verbes en *-zco* à la 1re personne : *nacer* (naître), *establecer* (établir), *merecer* (mériter), *lucir* (briller), *producir* (produire), *traducir* (traduire)…

◆ **Verbes avec diphtongaison ou changement vocalique + 1ʳᵉ personne irrégulière**

tener (avoir) : tengo, tienes, tiene, tenemos, tenéis, tienen
venir (venir) : vengo, vienes, viene, venimos, venís, vienen
decir (dire) : digo, dices, dice, decimos, decís, dicen

◆ **Verbes très irréguliers**

ser (être) : soy, eres, es, somos, sois, son
estar (être) : estoy, estás, está, estamos, estáis, están
haber (avoir) : he, has, ha, hemos, habéis, han
ir (aller) : voy, vas, va, vamos, vais, van

Emplois du présent

◆ Le présent situe l'action **au moment où l'on parle** ou dans un laps de temps plus long, que le locuteur considère en cours de déroulement.

- No **podemos** salir porque **nieva** sin parar.
  Nous ne pouvons pas sortir car il neige sans arrêt.

- Este año **hay** elecciones en Estados Unidos.
  Cette année, il y a des élections aux États-Unis.

> **Notez bien**
>
> *Estar* au présent + gérondif (être en train de) s'emploie très souvent à la place de la forme simple du présent pour ces actions en cours de déroulement au moment où l'on parle.
>
> **Está lloviendo** a cántaros.
> Il pleut des cordes.
>
> Este año, el precio de la vivienda **está bajando**.
> Cette année, le prix de l'immobilier est en baisse.
>
> ▶ Les périphrases verbales (2) p. 112

GRAMMAIRE ■ L'indicatif présent 17

▶ Il sert à exprimer les **vérités générales** et les **habitudes**.

- Las arañas **tienen** ocho patas.
  Les araignées ont huit pattes.

- **Escucho** la radio por la mañana.
  J'écoute la radio le matin.

▶ Il permet de présenter de façon plus vivante des **récits de faits passés** historiques ou personnels.

- Cortés **conquista** el imperio azteca y Pizarro el inca.
  Cortés conquiert l'empire aztèque et Pizarro l'empire inca.

- La semana pasada me **llama** y me **dice** que al final no **viene**.
  La semaine dernière, il m'appelle et il me dit que finalement il ne vient pas.

> **Notez bien**
>
> Le présent s'emploie pour des faits passés avec *por poco* ou *casi* (faillir).
> Había tanto tráfico aquel día, que por poco **perdemos** el avión.
> Il y avait tellement de circulation ce jour-là que nous avons failli rater l'avion.
> ▶ Faillir p. 343

▶ Il peut aussi exprimer un **avenir** plus ou moins proche.

- Mañana **tengo** una reunión temprano.
  Demain, j'ai une réunion tôt.

- **Se jubila** dentro de tres años.
  Il part à la retraite dans trois ans.

▶ Il s'utilise parfois à la place de l'**impératif**.

- ¡Ahora mismo te **lavas** los dientes y te **acuestas**!
  Tout de suite, tu te brosses les dents et tu te couches !

> **Conjugaison express**
>
> **Conjuguez les verbes suivants au présent de l'indicatif aux personnes indiquées entre parenthèses.**
>
> *querer* (1re pers. du sing. et du plur.) : … , …
> *entender* (1re et 3e pers. du sing., 2e pers. du plur.) : … , … , …
> *costar* (3e pers. du sing. et du plur.) : … , …
> *decir* (1re et 2e pers. du sing.) : … , …
> *pedir* (1re pers. du sing., 1re et 2e pers. du plur.) : … , … , …
>
> **Corrigé**
> *querer* : quiero, queremos
> *entender* : entiendo, entiende, entendéis
> *costar* : cuesta, cuestan
> *decir* : digo, dices
> *pedir* : pido, pedimos, pedís

Traduction express

1. Hier je suis tombé et j'ai failli me casser une jambe *(pierna)*.
2. Le semestre prochain Lola part pour Oxford.
3. Je lis le journal sur Internet tous les jours.
4. Je t'attends en bas depuis 10 minutes.

Corrigé

1. Ayer me caí y casi o por poco me rompo una pierna.
2. El semestre que viene Lola se va a Oxford.
3. Leo el periódico en internet todos los días.
4. Te estoy esperando abajo desde hace 10 minutos.

18 L'indicatif imparfait et plus-que-parfait

→ Que signifie l'imparfait dans : *Quería una barra de pan* ?
→ Que signifie : *¿Cómo te llamabas?*

▶ Conjugaison p. 385-419

Formes de l'imparfait

◐ Formes régulières

1er groupe	cant-	-aba, -abas, -aba, -ábamos, -abais, -aban
2e / 3e groupe	beb- / viv-	-ía, -ías, -ía, -íamos, -íais, -ían

L'imparfait a une conjugaison presque entièrement régulière.
Elle est la même pour les verbes du 2e et du 3e groupe.
Les terminaisons des 1re et 3e personnes du singulier sont identiques.
L'accent tonique tombe **toujours** sur les terminaisons.

◐ Formes irrégulières

Seuls *ser*, *ir* et *ver* ont un imparfait irrégulier.

ser : **era**, eras, era, éramos, erais, eran
ir : **iba**, ibas, iba, íbamos, ibais, iban
ver : **veía**, veías, veía, veíamos, veíais, veían

Emplois de l'imparfait

◐ L'imparfait présente des événements **antérieurs au moment où l'on parle**. Il les considère dans leur déroulement, sans référence à leur fin.

- Antes **vivíamos** en esta plaza.
  Avant, nous habitions sur cette place.

- En aquella época **trabajaba** de taxista.
  À cette époque-là, il travaillait comme chauffeur de taxi.

> **Notez bien**
>
> *Estar* à l'imparfait + gérondif (être en train de) s'emploie très souvent à la place de l'imparfait pour présenter une action passée en cours de déroulement.
>
> Justamente **estábamos hablando** de él cuando llegó.
> Justement on parlait de lui quand il est arrivé.
>
> ▶ Périphrases verbales (2) p. 112

▶ L'imparfait peut aussi faire référence à des actions **répétées** dans le passé.

- En mi periodo universitario **iba** a la facultad por las mañanas y **entrenaba** por las tardes.
  Pendant mes études universitaires, j'allais à la fac le matin et je m'entraînais l'après-midi.

▶ Avec certains verbes, il exprime une demande atténuée et donc plus polie que le présent ou l'impératif. Comparez :

INDICATIF PRÉSENT	INDICATIF IMPARFAIT
—¿Qué desea? —Quiero una barra de pan, por favor. Que voulez-vous ? – Je veux une baguette, s'il vous plaît.	—¿Qué **deseaba**? —**Quería** una barra de pan, por favor. Que voudriez-vous ? – Je voudrais une baguette, s'il vous plaît.
¿Puedes echarme una mano? Tu peux me donner un coup de main ?	**Podías** echarme una mano. Tu pourrais me donner un coup de main.
Vengo a pedirle un favor. Je viens vous demander un service.	**Venía** a pedirle un favor. Je venais vous demander un service.
Pienso encargarte un libro. Je compte te demander de m'acheter un livre.	**Pensaba** encargarte un libro. Je comptais te demander de m'acheter un livre.

Notez bien
L'imparfait espagnol se traduit en français dans ce cas par un conditionnel ou par un imparfait.

▶ Il peut exprimer une action **sur le point d'être réalisée**.

- ¡Llegas justo a tiempo, ya me **iba**!
  Tu arrives juste à temps, je m'en allais !

▶ **À l'oral,** il est très souvent utilisé à la place du conditionnel après une subordonnée de condition pour exprimer une plus grande certitude ou un engagement du locuteur dans la réalisation de l'action.

- Si pudiera, te lo **regalaba**, de verdad.
  Si j'avais les moyens, je te l'offrirais, crois-moi.

▶ **À l'oral,** il s'utilise aussi pour demander à son interlocuteur de répéter ou de confirmer.

- ¿A qué hora **salía** el tren?
  Le train part à quelle heure, déjà ?
- Perdona, ¿cómo te **llamabas**?
  Excuse-moi, comment tu t'appelles, déjà ?
- ¿Tú **eras** hermana de Elena, verdad?
  Tu es bien la sœur d'Elena, non ?

GRAMMAIRE ◼ **L'indicatif imparfait et plus-que-parfait** **18**

Le plus-que-parfait

▶ Le plus-que-parfait se construit avec l'imparfait de *haber* + le participe passé du verbe.

> había, habías, había, habíamos, habíais, habían + cantado / bebido / vivido

▶ Le plus-que-parfait indique l'antériorité d'une action par rapport à un moment ou à une autre action du passé.

- Yo en esa fecha ya **había comprado** los billetes de avión.
  Moi, à cette date-là, j'avais déjà acheté les billets d'avion.
- Cuando se conocieron, los dos ya **habían estado** casados.
  Quand ils se sont rencontrés, l'un et l'autre avaient déjà été mariés.

Conjugaison express

Conjuguez les verbes suivants à l'imparfait de l'indicatif aux personnes indiquées entre parenthèses.

ir (1re et 2e pers. du sing., 1re pers. du plur.) : …, …, …
poder (1re pers. du sing., 2e pers. du plur.) : …, …
vivir (3e pers. du sing. et du plur.) : …, …
hablar (2e pers. du sing. et du plur.) : …, …
ser (1re et 2e pers. du sing., 2e pers. du plur.) : …, …, …

Corrigé
ir : iba, ibas, íbamos
poder : podía, podíais
vivir : vivía, vivían
hablar : hablabas, hablabais
ser : era, eras, erais

Traduction express

1. Je voudrais savoir combien coûte ce collier *(collar)*.
2. Si à vous deux vous montiez un restaurant, ça marcherait *(funcionar)* à coup sûr.
3. Comment dit-on « crayon » déjà ?
4. Nous regardions tranquillement la télé, et tout à coup *(de repente)* il y a eu un tremblement de terre *(terremoto)*.
5. Quand tu m'as appelée, j'avais déjà décidé de ne pas sortir.

Corrigé
1. Quería saber cuánto cuesta este collar.
2. Si entre los dos montarais un restaurante, funcionaba seguro.
3. ¿Cómo se decía "lápiz"?
4. Estábamos viendo la tele tranquilamente y de repente hubo un terremoto.
5. Cuando me llamaste, ya había decidido no salir.

19 Passé composé et passé simple

→ Savez-vous dire « il dormit » et « il fit » ?
→ Pourquoi dit-on : *Esta semana he ido al cine* mais *Ayer fui al cine* ?

▶ Conjugaison p. 385-419

Formes du passé composé

◉ Le passé composé se construit avec le présent de *haber* + le participe passé du verbe.

| he, has, ha, hemos, habéis, han | + cantado / bebido / vivido |

Notez bien
Il existe un seul auxiliaire des temps composés en espagnol, *haber*, et le **participe** passé du verbe est toujours **invariable**.
Hemos llegado pronto y **hemos esperado** un rato.
Nous sommes arrivés tôt et nous avons attendu un moment.

Formes du passé simple régulier

1ᵉʳ groupe	cant-	-é, -aste, -ó, -amos, -asteis, -aron
2ᵉ / 3ᵉ groupe	beb- / viv-	-í, -iste, -ió, -imos, -isteis, -ieron

◉ Le passé simple des verbes réguliers porte l'accent **sur la terminaison**. Cet accent peut faire la différence entre un passé simple et un présent de l'indicatif ou du subjonctif. Il faut donc veiller à bien le prononcer.
   canto (je chante) ≠ cantó (il chanta)
   cante (que je *ou* qu'il chante) ≠ canté (je chantai)

◉ Les formes de la 1ʳᵉ personne du pluriel des verbes en *-ar* et *-ir* sont identiques à celles de l'indicatif présent. C'est grâce au contexte qu'on les différencie.
   vivimos
   nous vivons ou nous vécûmes

◉ La terminaison des 3ᵉ personnes du singulier et du pluriel des verbes en voyelle + *-er* et *-ir* est respectivement *-yó* et *-yeron* (au lieu de *-ió* et *-ieron*).
   caer : cayó / cayeron
   oír : oyó / oyeron

◉ Le verbe *dar* prend les terminaisons des 2ᵉ et 3ᵉ groupes : *di, diste, dio*…

GRAMMAIRE ▪ **Passé composé et passé simple** **19**

Formes des passés simples irréguliers

▶ Les **verbes en -ir** avec *e* ou *o* dans le **radical** (*e-ir*, *o-ir*) changent cette voyelle (*e → i*, *o → u*) à la 3ᵉ personne du singulier et du pluriel.

> e tonique → i
> pedir : pedí, pediste, pidió, pedimos, pedisteis, pidieron
>
> Se conjuguent comme *pedir* : **reír, medir, repetir, vestir, despedir, servir, sentir, preferir, mentir, herir, advertir, divertir…**

> o tonique → u
> dormir : dormí, dormiste, durmió, dormimos, dormisteis, durmieron
>
> Se conjugue comme *dormir* : **morir.**

▶ Un **petit groupe de verbes et leurs dérivés** ont un radical irrégulier au passé simple et prennent des terminaisons particulières.

> **RADICAL**
>
> | | | |
> |---|---|---|
> | haber → **hub-** | saber → **sup-** | hacer → **hic-/hiz-** |
> | estar → **estuv-** | caber → **cup-** | querer → **quis-** |
> | tener → **tuv-** | poder → **pud-** | venir → **vin-** |
> | andar → **anduv-** | poner → **pus-** | decir → **dij-** |
> | | | traer → **traj-**, |
> | | | verbes en -ducir → **-duj-** |
> | | | (conducir, traducir…) |
>
> **TERMINAISONS**
> -e, -iste, -o, -imos, -isteis, -ieron

> **Notez bien**
>
> L'accent tombe sur le **radical** de ces verbes aux 1ʳᵉ et 3ᵉ personnes du singulier.
> poder : pude, pudiste, pudo, pudimos, pudisteis, pudieron
> hacer : hice, hiciste, hizo, hicimos, hicisteis, hicieron
> querer : quise, quisiste, quiso, quisimos, quisisteis, quisieron
> estar : estuve, estuviste, estuvo, estuvimos, estuvisteis, estuvieron
> conducir : conduje, condujiste, condujo, condujimos, condujisteis, condujeron

▶ *Ser*, *ir* et *dar* ont un passé simple totalement irrégulier.

> ser et ir : fui, fuiste, fue, fuimos, fuisteis, fueron
> dar : di, diste, dio, dimos, disteis, dieron

> **Notez bien**
>
> *Ser* et *ir* ont le même passé simple. C'est grâce au contexte qu'on différencie les deux verbes.

Emplois des passés simple et composé

▶ En français, on emploie le passé composé à l'oral comme à l'écrit mais le passé simple uniquement dans la langue écrite formelle. En espagnol, ces deux temps s'emploient sans différence de registre, mais avec une différence de sens.

Le **passé composé** permet d'exprimer une **action achevée** dans le passé en lien avec le moment où l'on parle parce qu'elle se situe **dans une unité de temps non révolue**.

Le **passé simple** permet aussi de renvoyer à une **action achevée** dans le passé, mais située **dans une unité de temps révolue**. Comparez :

PASSÉ COMPOSÉ	PASSÉ SIMPLE
Esta semana **he ido** al cine.	Ayer **fui** al cine.
Cette semaine je suis allé au cinéma.	Hier je suis allé au cinéma.
[La semaine n'est pas finie.]	[Hier est coupé d'aujourd'hui.]

▶ Les **adverbes** ou **locutions de temps** qui les accompagnent sont donc différents.

PASSÉ COMPOSÉ	PASSÉ SIMPLE
hoy aujourd'hui	ayer hier
ahora maintenant	anoche la nuit passée
esta mañana ce matin	la semana pasada la semaine dernière
esta semana cette semaine	el mes pasado le mois dernier
este mes ce mois	el año pasado l'année dernière
este año cette année	el siglo pasado le siècle dernier
este siglo ce siècle	en aquella época, por aquel entonces à cette époque-là
siempre toujours	en 2001 en 2001
nunca jamais	hace dos/tres… días il y a deux/trois… jours
todavía encore	hace dos/tres… semanas il y a deux/trois… semaines
	hace dos/tres… años… il y a deux/trois… ans

GRAMMAIRE ■ **Passé composé et passé simple** 19

▶ Cependant, la même période de temps peut être considérée par le locuteur comme révolue ou non **en fonction de facteurs subjectifs**. Pour cette raison, avec un même adverbe ou locution adverbiale, on peut parfois utiliser les deux temps.

- —¿Has visto a Juan?
  —Pues lo **vi** esta mañana. [le matin et le soir = deux moments séparés]
  —Lo **he visto** esta mañana. [le matin et le soir = une même unité, la journée]
  Tu as vu Juan? – Eh bien, je l'ai vu ce matin.

▶ Le **passé composé** peut aussi s'utiliser occasionnellement avec un sens de futur. L'effet est de présenter avec certitude la réalisation de l'événement dans un avenir plus ou moins proche.

- —¿Te queda mucho con el ordenador? —No, **he terminado** en cinco minutos.
  Tu en as pour longtemps avec l'ordinateur? – Non, j'ai fini d'ici cinq minutes.

- Si seguimos así, dentro de un año **hemos doblado** el volumen de negocios.
  Si nous continuons comme ça, dans un an nous aurons doublé notre chiffre d'affaires.

▶ Le **passé simple** s'utilise de plus en plus à la place du passé antérieur.

> **En Amérique**
>
> Dans une grande partie de l'Amérique et dans quelques régions d'Espagne (Galice, Asturies, Canaries), le passé simple est la forme la plus employée pour les actions passées achevées.
> ¡Qué susto me has dado/diste! Mira cómo tiemblo.
> Tu m'as fait peur! Regarde, je tremble.
>
> ▶ L'ESPAGNOL EN AMÉRIQUE P. 378

Le passé antérieur

▶ Le passé antérieur se construit avec le passé simple de *haber* + le participe passé du verbe.

> hube, hubiste, hubo, hubimos, hubisteis, hubieron + cantado/bebido/vivido

▶ Il exprime l'antériorité immédiate d'une action par rapport à une autre action passée. Il est de plus en plus souvent remplacé par le passé simple ou le plus-que-parfait. On le trouve après les conjonctions *en cuanto* (dès que), *tan pronto como* (aussitôt que), *cuando* (quand), *después que* (après que)...

- En cuanto **hubo pronunciado** su discurso, abandonó la sala sin dejar un tiempo de preguntas.
  Dès qu'il eut prononcé son discours, il quitta la salle sans laisser un temps aux questions.
  [Plus courant: *En cuanto **pronunció** su discurso...*]

Conjugaison express

Conjuguez les verbes suivants au passé simple aux personnes indiquées entre parenthèses.

estudiar (1re pers. du sing. et du plur.) : … , …
caer (1re et 3e pers. du sing., 3e pers. du plur.) : … , … , …
preferir (2e et 3e pers. du sing.) : … , …
hacer (3e pers. du sing. et du plur.) : … , …
ser (1re et 3e pers. du sing.) : … , …

Corrigé

estudiar: estudié, estudiamos
caer: caí, cayó, cayeron
preferir: preferiste, prefirió
hacer: hizo, hicieron
ser: fui, fue

Traduction express

1. Hier il a accompagné ma sœur à la gare.
2. Je n'ai pas encore vu ce film.
3. Cette année le prix de l'immobilier *(la vivienda)* a encore baissé.
4. Nous nous sommes connus en 2006.
5. Il a toujours adoré le jazz.
6. Dès qu'il la leur eut communiquée, la nouvelle se répandit très vite.

Corrigé

1. Ayer acompañó a mi hermana a la estación.
2. Todavía no he visto esa película.
3. Este año el precio de la vivienda ha vuelto a bajar.
4. Nos conocimos en 2006.
5. Siempre le ha encantado el jazz.
6. En cuanto se la hubo comunicado ou se la comunicó, la noticia se difundió muy deprisa.

20 Le futur et le conditionnel

→ Savez-vous dire « tu pourras » et « il sortirait » ?
→ Connaissez-vous le sens du futur dans : *Si no ha venido, es que estará enfermo* ?

▶ Conjugaison p. 385-419

Formes du futur et du conditionnel

◉ Formes régulières

Le futur et le conditionnel se construisent en ajoutant à l'infinitif les terminaisons suivantes :

futur	cantar-/beber-/vivir-	-é, -ás, -á, -emos, -éis, -án
conditionnel	cantar-/beber-/vivir-	-ía, -ías, -ía, -íamos, -íais, -ían

Les terminaisons sont les mêmes pour les trois groupes et portent **toujours** l'accent tonique. Au conditionnel, elles sont identiques aux 1re et 3e personnes du singulier.

◉ Formes irrégulières

Douze verbes et leurs dérivés présentent au futur et au conditionnel une irrégularité dans le radical. Les terminaisons sont régulières.

decir → dir-	caber → cabr-
hacer → har-	tener → tendr-
querer → querr-	venir → vendr-
poder → podr-	poner → pondr-
saber → sabr-	salir → saldr-
haber → habr-	valer → valdr-

Formes du futur antérieur et du conditionnel passé

◉ Le futur antérieur se construit avec *haber* au futur + le participe passé du verbe, le conditionnel passé avec *haber* au conditionnel + le participe passé du verbe.

futur antérieur
habré, habrás, habrá, habremos, habréis, habrán + cantado/bebido/vivido

conditionnel passé
habría, habrías, habría, habríamos, habríais, habrían + cantado/bebido/vivido

Emplois du futur

▶ On emploie le futur simple pour référer à une action située **dans l'avenir** par rapport au moment où l'on parle.
On emploie le futur antérieur pour une action qui s'accomplira dans l'avenir mais **antérieurement** à une autre.

- Él **llegará** el domingo, pero yo ya **me habré ido**.
  Il arrivera dimanche, mais moi je serai déjà parti.

▶ Les futurs simple et antérieur peuvent aussi exprimer un **ordre**.

- No **robarás**.
  Tu ne voleras pas.
- Lo **habrás recogido** todo antes de acostarte.
  Tu auras tout rangé avant de te coucher.

▶ Ils peuvent exprimer le **doute** ou la **probabilité**.

- Si no ha venido, es que **estará** enfermo.
  S'il n'est pas venu, c'est qu'il est peut-être malade.
- Te lo **habrá dicho** para asustarte.
  Il te l'a dit probablement pour te faire peur.

> **Notez bien**
> Le futur équivaut dans ce cas à *deber (de)* au présent ou au passé composé suivi de l'infinitif.
> Si no ha venido es que **debe (de) estar** enfermo.
> Te lo **ha debido (de) decir** para asustarte.
> ▶ **Les périphrases verbales (1) p. 110**

▶ Les futurs simple et antérieur peuvent exprimer l'**indignation** dans certaines formules exclamatives.

- Pero, ¡**será** posible, **tendrá** cara dura el tipo! ¡**Habrase visto**!
  Pas possible ! Quel culot il a, ce type ! C'est du jamais vu !

> **Notez bien**
> À la place du futur simple, on emploie le **présent** pour exprimer une action future comme effective et *ir a* + **infinitif** pour des actions situées dans un futur plus ou moins proche.
> **Paso** a recogerte a las 8.
> Je passe te chercher à 8 heures.
> **Vamos a** hacer la cena.
> On va préparer le dîner.
> ▶ **L'indicatif présent p. 79**
> ▶ **Les périphrases verbales (1) p. 111**

GRAMMAIRE ■ Le futur et le conditionnel   20

Emplois du conditionnel

◉ On emploie le conditionnel pour des faits **hypothétiques** dont la réalisation **pourrait** avoir lieu au présent ou au futur (conditionnel simple) ou **aurait pu** avoir lieu au passé (conditionnel passé).

- Si viviéramos más cerca nos **veríamos** más a menudo.
  Si on habitait plus près, on se verrait plus souvent.
- Si hubiéramos vivido más cerca nos **habríamos visto** más a menudo.
  Si on avait habité plus près, on se serait vus plus souvent.

▶ LES SUBORDONNÉES DE CONDITION P. 164

◉ Le conditionnel sert à atténuer une demande ou un conseil.

- **Querría** informarme sobre los horarios de los autobuses.
  Je voudrais m'informer sur les horaires des bus.
- **Deberías** tener más paciencia con él.
  Tu devrais avoir plus de patience avec lui.

> **Notez bien**
>
> Les équivalents de « je voudrais » sont *quería* (imparfait ; le plus fréquent), *querría* (conditionnel) et *quisiera* (subjonctif imparfait).
>
> **Quería** ou **Querría** ou **Quisiera** un billete de ida y vuelta para Aranjuez.
> Je voudrais un billet aller-retour pour Aranjuez.
>
> ▶ L'INDICATIF IMPARFAIT P. 82
> ▶ LE SUBJONCTIF IMPARFAIT P. 98

◉ On emploie le conditionnel dans les propositions au style indirect, pour indiquer un futur dans le passé :

- Me anunció que **llegaría** muy tarde.
  Il m'annonça qu'il arriverait très tard.

◉ Les conditionnels simple et passé peuvent exprimer le **doute** ou la **probabilité** dans un contexte au **passé**. Avec le conditionnel passé s'ajoute l'antériorité par rapport à une autre action.

- No te llamó porque **tendría** mucho trabajo.
  [*Probablemente tenía mucho trabajo.*]
  Il ne t'a pas appelé parce qu'il devait avoir beaucoup de travail.
- Cuando yo entré en la empresa él ya **se habría jubilado**.
  [*Probablemente se había jubilado.*]
  Quand j'ai intégré l'entreprise, il était probablement déjà parti à la retraite.

> **Notez bien**
>
> Le conditionnel équivaut dans ce cas à *deber (de)* à l'imparfait suivi de l'infinitif présent ou passé.
>
> **Debía (de) tener** mucho trabajo si no contestó al teléfono.
>
> Cuando yo entré en la empresa él ya **debía (de) haberse jubilado**.
>
> ▶ LES PÉRIPHRASES VERBALES (1) P. 110

▶ Avec **deber, tener que** et **poder,** on remplace le plus souvent la structure « conditionnel passé + infinitif présent » par « conditionnel présent + infinitif passé ».

- Habríamos debido reservar ou Deberíamos haber reservado.
  On aurait dû réserver.
- Habría tenido que llegar antes ou Tendría que haber llegado antes.
  Il aurait dû arriver plus tôt.
- Habrías podido avisarnos ou Podrías habernos avisado.
  Tu aurais pu nous prévenir.

▶ **LES SUBORDONNÉES DE CONDITION P. 164**

Conjugaison express

Conjuguez les verbes suivants au futur et au conditionnel aux personnes indiquées entre parenthèses.

poner (1re pers. du sing., 3e pers. du plur.) : … , … / … , …
saber (1re et 2e pers. du sing., 2e pers. du plur.) : … , … , … / … , … , …
querer (3e pers. du sing. et 1re pers. du plur.) : … , … / … , …
hacer (2e pers. du sing. et du plur.) : … , … / … , …
venir (1re et 3e pers. du sing.) : … , … / … , …

Corrigé

Futur
poner : pondré, pondrán
saber : sabré, sabrás, sabréis
querer : querrá, querremos
hacer : harás, haréis
venir : vendré, vendrá

Conditionnel
poner : pondría, pondrían
saber : sabría, sabrías, sabríais
querer : querría, querríamos
hacer : harías, haríais
venir : vendría, vendría

GRAMMAIRE — Le futur et le conditionnel 20

Traduction express

1. Il doit être 5 heures.
2. Il a dû t'appeler juste à la pause café *(la pausa del café)*.
3. Mais qu'il est bête !
4. Si on avait une baby-sitter *(una canguro)* de confiance, on sortirait plus souvent *(a menudo)*.
5. J'aurais dû acheter la taille au-dessus.

Corrigé

1. *Serán ou Deben (de) ser las 5.*
2. *Te habrá llamado ou Te ha debido (de) llamar durante la pausa del café.*
3. *¡Pero será tonto!*
4. *Si tuviéramos una canguro de confianza, saldríamos más a menudo.*
5. *Tendría que haber comprado una talla más ou Habría tenido que comprar una talla más.*

21 Les subjonctifs et la concordance des temps

→ Les formes *cantara* et *cantase* sont-elles toujours équivalentes ?
→ Dit-on *Quería que me ayudes* ou *que me ayudaras* ?

▶ Conjugaison p. 385-419

Subjonctifs présents réguliers

| 1er groupe | cant- | -e, -es, -e, -emos, -éis, -en |
| 2e / 3e groupe | beb- / viv- | -a, -as, -a, -amos, -áis, -an |

La conjugaison est la même pour les verbes des 2e et 3e groupes. L'accent tonique tombe, comme à l'indicatif présent, sur le radical au singulier et à la 3e personne du pluriel, sur la terminaison aux 1re et 2e personnes du pluriel. Les 1re et 3e personnes du singulier sont identiques.

Notez bien
Pour maintenir la prononciation du radical, on procède à certaines modifications orthographiques.
tocar (toucher) → toco mais to**que**
llegar (arriver) → llego mais lle**gue**
rozar (frôler) → rozo mais ro**ce**

▶ Modifications orthographiques p. 10

Subjonctifs présents irréguliers

Les verbes irréguliers à l'indicatif présent ont **les mêmes irrégularités** au subjonctif présent (voir p. 76-78).

● Verbes à diphtongaison dans le radical lorsqu'il porte l'accent tonique (singulier et 3e personne du pluriel)

e tonique → ie
pensar : piense, pienses, piense, pensemos, penséis, piensen
perder : pierda, pierdas, pierda, perdamos, perdáis, pierdan

o tonique → ue
contar : cuente, cuentes, cuente, contemos, contéis, cuenten
poder : pueda, puedas, pueda, podamos, podáis, puedan

Attention : *jugar* → *juegue, juegues, juegue, juguemos, juguéis, jueguen.*

GRAMMAIRE ■ Les subjonctifs et la concordance des temps 21

▶ **Verbes en -*ir* avec *e* dans le radical non suivi de *r* ou de *nt***

e tonique ➜ i
pedir : pida, pidas, pida, pidamos, pidáis, pidan

▶ **Verbes en –*ir* avec *e* dans le radical suivi de *r* ou de *nt* ainsi que *dormir* et *morir***

e tonique ➜ ie, o tonique ➜ ue [sing. et 3ᵉ pers. plur.]
sentir : sienta, sientas, sienta, sientan

dormir : duerma, duermas, duerma, duerman

e tonique ➜ i, o tonique ➜ u [1ʳᵉ et 2ᵉ pers. plur.]
sentir : sintamos, sintáis

dormir : durmamos, durmáis

▶ **Verbes réguliers sauf à la 1ʳᵉ personne de l'indicatif présent**

Leur subjonctif présent se forme sur cette personne.

INFINITIF	1ʳᵉ PERS. SING. IND. PRÉS.	SUBJONCTIF PRÉSENT
tener	tengo	tenga, tengas, tenga…
venir	vengo	venga, vengas, venga…
decir	digo	diga, digas, diga…
hacer	hago	haga, hagas, haga…
poner	pongo	ponga, pongas, ponga…
salir	salgo	salga, salgas, salga…
traer	traigo	traiga, traigas, traiga…
caer	caigo	caiga, caigas, caiga…
valer	valgo	valga, valgas, valga…
oír	oigo	oiga, oigas, oiga…
caber	quepo	quepa, quepas, quepa…
parecer	parezco	parezca, parezcas, parezca…
merecer	merezco	merezca, merezcas, merezca…
conocer	conozco	conozca, conozcas, conozca…
conducir	conduzco	conduzca, conduzcas, conduzca…
producir	produzco	produzca, produzcas, produzca…

Le verbe *dar* est régulier au présent du subjonctif : *dé, des, dé, demos, deis, den.*

▶ **Verbes à irrégularités spécifiques**

haber : haya, hayas, haya, hayamos, hayáis, hayan

ir : vaya, vayas, vaya, vayamos, vayáis, vayan

saber : sepa, sepas, sepa, sepamos, sepáis, sepan

ser : sea, seas, sea, seamos, seáis, sean

ver : vea, veas, vea, veamos, veáis, vean

estar : esté, estés, esté, estemos, estéis, estén

Autres temps du subjonctif

▶ Subjonctifs imparfaits

Le radical est le même qu'à la 3ᵉ personne du pluriel du passé simple. On remplace la terminaison *-ron* par les terminaisons du subjonctif imparfait.

| canta-/bebie-/vivie- (ron) | ➜ | -ra, -ras, -ra, -ramos, -rais, -ran
-se, -ses, -se, -semos, -seis, -sen |

Cela vaut aussi pour les verbes irréguliers.

decir ➜ dije-	➜	dijera… ou dijese…
saber ➜ supie-	➜	supiera… ou supiese…
ir/ser ➜ fue-	➜	fuera… ou fuese…
estar ➜ estuvie-	➜	estuviera… ou estuviese…

> **Notez bien**
> L'accent est écrit à la 1ʳᵉ personne du pluriel.
> cantáramos   bebiésemos   dijéramos

▶ Conjugaison p. 385-419

▶ Subjonctifs passé et plus-que-parfait

Le subjonctif passé se construit avec *haber* au présent du subjonctif + le participe passé du verbe.

| haya, hayas, haya, hayamos, hayáis, hayan | + | cantado/bebido/vivido |

Le subjonctif plus-que-parfait se construit avec *haber* à l'imparfait du subjonctif + le participe passé du verbe.

| hubiera, hubieras, hubiera,
hubiéramos, hubierais, hubieran

hubiese, hubieses, hubiese,
hubiésemos, hubieseis, hubiesen | + | cantado/bebido/vivido |

GRAMMAIRE ■ **Les subjonctifs et la concordance des temps** 21

Concordance des temps

▶ Définition

Les différents temps du subjonctif s'emploient surtout dans des propositions subordonnées et sont soumis à la **concordance des temps**.

Celle-ci se produit entre le verbe de la principale et celui de la subordonnée qui peut être à l'indicatif ou au subjonctif.

Voici les règles de base. (Dans la pratique, certains écarts sont possibles.)

> ▶ INDICATIF OU SUBJONCTIF P. 115
> ▶ PROPOSITIONS SUBORDONNÉES P. 154-167

▶ Principales exprimant un ordre, un souhait, un regret, une crainte

Subordonnée généralement au subjonctif **présent** si le verbe de la principale est au présent ou au futur.

- Necesito / Necesitaré que **me ayudes**.
  J'ai besoin / J'aurai besoin que tu m'aides.

Subordonnée généralement au subjonctif **imparfait** si le verbe de la principale est à l'imparfait, au passé simple, au plus-que-parfait, au conditionnel présent ou passé.

- Quería / Quise / Había querido que **me ayudaras**.
  Je voulais / J'ai voulu / J'avais voulu que tu m'aides.

- Querría / Habría querido que **me ayudaras**.
  Je voudrais / J'aurais voulu que tu m'aides.

Subordonnée au subjonctif **imparfait** ou **présent** si le verbe de la principale est au passé composé.

- He querido que **se quedara** a cenar, pero no ha podido.
  [L'action de la subordonnée se situe dans le passé.]
  J'ai voulu qu'il reste dîner, mais il n'a pas pu.

- Me ha dicho que **llame** más tarde.
  [L'action de la subordonnée se situe dans le futur.]
  Il m'a dit de rappeler plus tard.

En Amérique
Souvent dans les subordonnées dont la principale exprime un ordre, un souhait…, le subjonctif présent s'emploie à la place de l'imparfait (*quería que me ayudes*).

> **Autres types de principales**

Si le verbe de la principale est au présent ou au futur, le verbe de la subordonnée peut être au présent ou au passé.

Si le verbe de la principale est au passé, le verbe de la subordonnée doit aussi être au passé.

- Dudo que me quiera ou me quisiera.
  Je doute qu'il m'aime.
- Dudo que me haya querido ou me hubiera querido.
  Je doute qu'il m'ait aimé.
- Dudé que me quisiera / me hubiera querido.
  Je doutai qu'il m'aimât / qu'il m'eût aimé.

Emplois des formes en –ra et en –se du subjonctif imparfait

Les formes en *-ra* et en *-se* sont équivalentes, mais à l'oral la forme en *-ra* est plus fréquente en Espagne et en Amérique.

Dans deux contextes, seule la forme en *-ra* est possible.

> *Quisiera* et *debiera* s'emploient comme équivalents du **conditionnel**, pour exprimer poliment une demande ou un conseil.

- **Quisiera** una barra de pan.
  Je voudrais une baguette.
- No **debieras** perder tanto tiempo.
  Tu ne devrais pas perdre autant de temps.

> La forme en *-ra* peut avoir dans la langue écrite une valeur d'**indicatif plus-que-parfait** ou de **passé simple** surtout dans les relatives et dans les circonstancielles de temps.

- Frida Kahlo, quien **naciera** en Coyoacán en 1907, es la pintora mexicana más famosa.
  Frida Kahlo, qui est née à Coyoacán en 1907, est la femme peintre mexicaine la plus connue.

GRAMMAIRE ▪ Les subjonctifs et la concordance des temps 21

Conjugaison express

1. Conjuguez les verbes suivants au subjonctif présent aux personnes indiquées entre parenthèses.

poder (1re et 3e pers. du sing.) : … , …
querer (2e pers. du sing. et du plur.) : … , …
repetir (1re et 2e pers. du plur.) : … , …
conducir (1re et 2e pers. du sing.) : … , …
salir (1re pers. du sing. et du plur.) : … , …

2. Conjuguez les verbes suivants au subjonctif imparfait aux personnes indiquées entre parenthèses.

saber (2e pers. du sing. et 1re pers. du plur.) : … , …
andar (1re pers. du sing. et 2e pers. du plur.) : … , …
hacer (2e et 3e pers. du sing., 2e pers. du plur.) : … , … , …
traer (3e pers. du sing. et du plur.) : … , …
ir (1re et 3e pers. du sing.) : … , …

Corrigé

1. Subjonctif présent
poder : pueda, pueda
querer : quieras, queráis
repetir : repitamos, repitáis
conducir : conduzca, conduzcas
salir : salga, salgamos
2. Subjonctif imparfait
saber : supieras ou supieses, supiéramos ou supiésemos
andar : anduviera ou anduviese, anduvierais ou anduvieseis
hacer : hicieras ou hicieses, hiciera ou hiciese, hicierais ou hicieseis
traer : trajera ou trajese, trajeran ou trajesen
ir : fuera ou fuese, fuera ou fuese

Traduction express

1. Demande-lui de préparer le rapport *(informe)* pour demain.
2. Je voulais qu'il t'invite toi aussi.
3. Ils ne souhaitent pas que tu leur fasses un cadeau. Ils préféreraient que tu leur donnes de l'argent.
4. Si nous avions acheté les billets plus tôt, ils nous auraient coûté moins cher *(más baratos)*.

Corrigé

1. Pídele que prepare el informe para mañana.
2. Yo quería que te invitara ou invitase también a ti.
3. No quieren que les hagas un regalo. Preferirían que les dieras ou dieses dinero.
4. Si hubiéramos ou hubiésemos comprado los billetes antes, nos habrían ou hubieran ou hubiesen costado más baratos.

99

22 L'impératif

→ Comment dit-on : « Taisez-vous ! »
→ Que signifie : ¡A dormir!

▶ Conjugaison p. 385-419

Formes de l'impératif

◉ L'impératif a **deux formes spécifiques** (*tú* et *vosotros*) employées pour l'expression affirmative.
Pour le reste des formes, on emploie le subjonctif présent.

tú	canta	no cantes
	bebe	no bebas
	escribe	no escribas
usted	cante	no cante
	beba	no beba
	escriba	no escriba
nosotros	cantemos	no cantemos
	bebamos	no bebamos
	escribamos	no escribamos
vosotros	cantad	no cantéis
	bebed	no bebáis
	escribid	no escribáis
ustedes	canten	no canten
	beban	no beban
	escriban	no escriban

◉ La **2ᵉ personne du singulier** est identique à la 3ᵉ personne du singulier de l'indicatif présent.

◉ **Huit verbes** ont une 2ᵉ personne du singulier irrégulière.

ser → sé	tener → ten
ir → ve	venir → ven
decir → di	poner → pon
hacer → haz	salir → sal

- **Dime, ¿a quién viste ayer?**
  Dis-moi, qui as-tu vu hier ?
- **¡Sé bueno y ayúdame un rato!**
  Sois gentil, aide-moi un peu !

GRAMMAIRE ■ L'impératif **22**

Les pronoms compléments

◐ Les pronoms compléments sont **obligatoirement** placés **après** le verbe à l'impératif et s'écrivent **soudés**.

- Acába**lo** y mánda**melo** lo antes posible.
  Termine-le et envoie-le-moi le plus tôt possible.

◐ La forme verbale suivie de(s) pronom(s) conserve l'**accent** tonique sur la même syllabe qu'à la forme simple et suit les règles générales de l'accentuation écrite.

▶ **Les pronoms personnels p. 57**
▶ **L'accentuation p. 10**

◐ Avec la négation, les pronoms compléments se placent **avant** le verbe au subjonctif.

- No **se lo** digas.
  Ne le lui dis pas.

◐ À la forme *nosotros*, l'impératif perd son *-s* final au contact du pronom réfléchi *nos*.

tranquilicemo**s** + nos → tranquilicémonos (calmons-nous)

◐ À la forme *vosotros*, il perd son *-d* final au contact du pronom réfléchi *os*.

calla**d** + os → callaos (taisez-vous)

Seule exception : *idos* (allez-vous-en).

Emplois de l'impératif et équivalents

◐ L'impératif sert à donner des ordres, des instructions, des conseils, et à exprimer des conditions.

- **Víste**te corriendo.
  Habille-toi vite.

- **Pinche** en "continuar".
  Cliquez sur « continuer ».

- **Tóma**telo con un poco de humor, hombre.
  Allez, prends-le avec un peu d'humour.

- Tú **vuélve**lo a hacer, que te quedas sin postre.
  Recommence et tu n'auras pas de dessert.

◐ L'indicatif **présent** (voir p. 79) et le **futur** (voir p. 90) peuvent remplacer l'impératif.

- Por favor, ¿nos pone dos cañas y un zumo de naranja natural?
  Deux bières pression et un jus d'orange pressé, s'il vous plaît.

- On emploie parfois l'**infinitif** à la place de l'impératif pour donner des instructions à la 2ᵉ personne du singulier ou du pluriel.

  - **Lavar** con agua fría y no **usar** lejía.
    Laver à l'eau froide et ne pas utiliser d'eau de Javel.

- ***A* + infinitif** remplace l'impératif dans un registre familier aux 2ᵉˢ personnes du singulier et du pluriel.

  - ¡**A trabajar**!
    Au travail !

  - ¡Venga, **a dormir**!
    Allez, au lit !

- Dans la langue populaire, l'infinitif est souvent employé pour la 2ᵉ personne du pluriel.

  - ¡**Pasar, pasar**!
    Entrez, entrez !

  - ¡**Callaros** o **iros**!
    Taisez-vous ou allez-vous-en !

Traduction express

1. Sois gentil !
2. Dépêchons-nous !
3. Asseyez-vous !
4. Ne t'inquiète pas.
5. Prête-le-moi.
6. À table.

Corrigé
1. ¡Sé bueno! ou ¡Pórtate bien!
2. ¡Démonos prisa!
3. ¡Sentaos! ou ¡Siéntese! ou ¡Siéntense!
4. No te preocupes.
5. Préstamelo.
6. A comer.

23 Infinitif, gérondif et participe

→ Que signifie : *Llegó él al irte tú ?*
→ Savez-vous dire : « La chambre donnant sur la cour est un peu sombre » ?

▸ CONJUGAISON P. 385-419

Formes et emplois de l'infinitif

◉ Les verbes espagnols sont classés en trois groupes selon la terminaison de leur infinitif. Le 1er groupe a un infinitif en *-ar (cantar)*, le 2e en *-er (beber)* et le 3e en *-ir (vivir)*.

◉ L'infinitif peut exercer dans la phrase les **fonctions d'un nom**.

- Aquí está prohibido **fumar**. [infinitif sujet]
  Fumer est interdit ici.
- Me han propuesto **veranear** con ellos. [infinitif COD]
  Ils m'ont proposé de passer mes vacances avec eux.
- Estaré encantado de **conocer**le. [infinitif complément d'un adjectif]
  Je serai ravi de le connaître.

> **Notez bien**
>
> On peut employer l'article devant l'infinitif comme équivalent de *el hecho de* + infinitif (« le fait de » + infinitif).
>
> **El salir** tan temprano no me parece buena idea.
> Le fait de partir si tôt ne me semble pas une bonne idée. ▸ LE FAIT DE / QUE P. 346

◉ Précédé d'une **préposition**, il forme diverses subordonnées circonstancielles.

Al + **infinitif** : subordonnée de cause ou de temps (simultanéité)

- **Al hacer**se de noche tan pronto, da pereza salir.
  Comme il fait nuit très tôt, on n'a pas envie de sortir.
- Llegó él **al ir**te tú.
  Il est arrivé quand tu partais.

De + **infinitif** : subordonnée de condition

- **De comprar**me ahora un piso, no lo haría en el centro.
  Si je m'achetais un appartement maintenant, ce ne serait pas dans le centre.
- **De haber sabido** que había este atasco, hubiéramos cogido el metro.
  Si on avait su qu'il y avait cet embouteillage, on aurait pris le métro.

▸ LA PRÉPOSITION *DE* P. 136

103

▶ L'infinitif peut remplacer l'impératif. Il est alors précédé ou non de la préposition *a*.

▸ L'IMPÉRATIF P. 102

▶ Précédé de *poder, deber, tener que, ir a, soler*…, il entre dans la formation de périphrases verbales.

▸ LES PÉRIPHRASES VERBALES P. 108-110 ET 111-114

Formes du gérondif

▶ **Formes régulières**

1er groupe	**cant-**	-ando
2e / 3e groupe	**beb- / viv-**	-iendo

> **Notez bien**
> Les verbes des 2e et 3e groupes dont le radical se termine par une voyelle prennent la terminaison *-yendo* :
> *leer* ➔ *leyendo*, *caer* ➔ *cayendo*, *oír* ➔ *oyendo*, *ir* ➔ *yendo*.

▶ **Formes irrégulières**

Un petit groupe de verbes et leurs dérivés ont un gérondif irrégulier. C'est souvent la même irrégularité que pour les 3e personnes du passé simple (voir p. 85).

poder ➔ p**u**diendo	mentir ➔ m**i**ntiendo
pedir ➔ p**i**diendo	preferir ➔ pref**i**riendo
decir ➔ d**i**ciendo	dormir ➔ d**u**rmiendo
venir ➔ v**i**niendo	morir ➔ m**u**riendo
sentir ➔ s**i**ntiendo	

Emplois du gérondif

Précédé de *estar, venir, llevar*…, il entre dans la formation de périphrases verbales (voir p. 112) et de subordonnées circonstancielles.

▶ **Subordonnées de temps**

L'action du gérondif peut exprimer la simultanéité ou l'antériorité immédiate par rapport à l'action de la principale.

- Me he cruzado con él **subiendo** la escalera.
  Je l'ai croisé en montant l'escalier.

- **Saliendo** del metro tienes que coger a la derecha.
  En sortant du métro, tu dois prendre à droite.

GRAMMAIRE ▪ Infinitif, gérondif et participe 23

◉ Subordonnées de manière
- Siempre hablan **gritando**.
  Ils parlent toujours en criant.

◉ Subordonnées de condition
- **Pasando** un año en España mejorarías mucho el idioma.
  Si tu passais un an en Espagne, tu ferais beaucoup de progrès dans la langue.

◉ Subordonnées de cause
- **Viendo** que no llegabas, he empezado a comer.
  Voyant que tu n'arrivais pas, j'ai commencé à manger.

◉ Subordonnées de concession
Il est dans ce cas précédé de *aun, hasta* ou *incluso* ou suivi de *y todo* (plus familier).

- Un coche así, **aun teniendo** todo el dinero del mundo, no me lo compraría.
  Une voiture comme ça, même en ayant tout l'argent du monde, je ne l'achèterais pas.

- **Nevando y todo** salimos a pasear.
  Malgré la neige, nous sommes sortis nous balader.

> **Notez bien**
>
> L'équivalent du participe présent français est une proposition relative à l'indicatif (si le référent est réel) ou au subjonctif (s'il est virtuel).
>
> La habitación **que da** al patio es un poco oscura.
> La chambre donnant sur la cour est un peu sombre.
>
> Necesitamos una dependienta **que domine** las dos lenguas.
> Il nous faut une vendeuse maîtrisant les deux langues.

▶ LES RELATIFS, P. 66

Formes du participe

◉ Formes régulières

1er groupe	**cant-**	-ado
2e / 3e groupe	**beb- / viv-**	-ido

◉ Formes irrégulières

Un petit groupe de verbes et leurs dérivés ont un participe passé irrégulier.

hacer → hecho	ver → visto	cubrir → cubierto
satisfacer → satisfecho	romper → roto	morir → muerto
decir → dicho	escribir → escrito	volver → vuelto
poner → puesto	abrir → abierto	

105

Autres verbes en *-olver* ➔ *-uelto* : *resolver, envolver, devolver...*

Exemples de dérivés : *deshacer* ➔ *deshecho*, *contradecir* ➔ *contradicho*, *componer* ➔ *compuesto*, *descubrir* ➔ *descubierto...*

▶ **Verbes à double participe**

Quelques verbes ont deux formes de participe : une régulière et une irrégulière. La forme régulière s'emploie généralement comme participe passé et l'irrégulière comme adjectif.

despertar (réveiller) ➔ despertado / despierto
sujetar (tenir) ➔ sujetado / sujeto
soltar (lâcher) ➔ soltado / suelto
insertar (insérer) ➔ insertado / inserto
suspender (recaler) ➔ suspendido / suspenso
freír (frire) ➔ freído / frito
imprimir (imprimer) ➔ imprimido / impreso
bendecir (bénir) ➔ bendecido / bendito
maldecir (maudire) ➔ maldecido / maldito

- El perro **está suelto**, ¿quién lo **ha soltado**?
  Le chien est en liberté. Qui l'a détaché ?

Emplois du participe

Le participe entre dans de multiples constructions.

▶ Temps composés : toujours *haber* + *participe passé* invariable.
- **Hemos pasado** a recogerlo, pero no **había acabado**.
  Nous sommes passés le chercher, mais il n'avait pas terminé.

▶ Périphrase résultative : *tener* + *participe passé* accordé avec le COD.
- Ya **tengo** la cena **preparada**.
  J'ai déjà le dîner tout prêt.

▶ Voix passive : *ser* + *participe passé* accordé avec le sujet.
- Sus libros **han sido traducidos** a ocho idiomas.
  Ses livres ont été traduits en huit langues.

▶ Passif résultatif : *estar* + *participe passé* accordé avec le sujet.
- Sus libros **están traducidos** en ocho idiomas.
  Ses livres sont traduits en huit langues.

▶ Emploi comme **adjectif** accordé avec le nom qu'il qualifie.
- Las pilas **usadas** no se tiran a la basura, se reciclan.
  Les piles usagées ne se jettent pas à la poubelle, elles se recyclent.

GRAMMAIRE ■ Infinitif, gérondif et participe 23

▶ Subordonnée de temps (participe absolu) : *(una vez +)* **participe passé** ; il exprime dans ce cas une action précédant immédiatement celle de la principale.

- **Una vez hervida** la pasta, se añade la salsa de albahaca.
  Une fois les pâtes cuites, on y ajoute la sauce au basilic.

▶ Subordonnée de concession : il est dans ce cas précédé de *aun*, *hasta* ou *incluso*, ou suivi de *y todo* (plus familier).

- **Incluso rebajado** sigue costando un ojo de la cara.
  Même soldé, ça coûte les yeux de la tête.

Conjugaison express

1. Donnez le gérondif de *pedir*, *dormir*, *preferir*, *decir* et *caer*.
2. Donnez le participe de *decir*, *poner*, *hacer*, *volver* et *imprimir*.

Corrigé
1. Gérondifs : pidiendo, durmiendo, prefiriendo, diciendo, cayendo.
2. Participes : dicho, puesto, hecho, vuelto, imprimido ou impreso.

Traduction express

1. Le fait d'être bilingue est une chance.
2. Comme je n'ai pas payé d'acompte *(una señal)*, ils ont annulé ma réservation.
3. Je l'ai reconnu seulement quand il a enlevé ses lunettes.
4. Si tu me l'avais demandé, je t'aurais ramené chez toi.
5. Il ne peut manger aucun aliment contenant du gluten.

Corrigé
1. (El) ser bilingüe es una suerte ou El hecho de ser bilingüe es una suerte.
2. Al no haber pagado una señal, han anulado mi reserva.
3. Lo he reconocido solo al quitarse las gafas.
4. Si me lo hubieras pedido, te habría llevado a tu casa.
5. No puede comer ningún alimento que contenga gluten.

24 Les périphrases verbales (1)

→ Comment traduire : « Ils ont enfin réussi à se décider » ?
→ Et : « Il faut savoir être patient » ?
→ Quelle différence y a-t-il entre *Debe salir a la una* et *Debe de salir a la una* ?

Définition

- Les périphrases verbales sont composées d'un verbe conjugué fonctionnant comme auxiliaire suivi d'un verbe à l'infinitif, au gérondif ou au participe passé. Parfois une préposition ou une conjonction sert à unir les deux verbes.

- Elles expriment diverses valeurs, par exemple la capacité ou l'obligation, le futur proche ou l'habitude.

Capacité

- *Poder* + infinitif (pouvoir)
  - **Puedo** conducir de noche sin cansarme.
    Je peux conduire la nuit sans me fatiguer.

- *Conseguir* + infinitif (réussir à)
  - Por fin **han conseguido** decidirse.
    Ils ont enfin réussi à se décider.

- *Lograr* + infinitif (parvenir à)
  - Por desgracia, no **lograron** ganar la final de baloncesto.
    Malheureusement, ils ne sont pas parvenus à gagner la finale de basket.

▶ Réussir p. 365

Possibilité

- *Poder* + infinitif (pouvoir)
  - La cosa **puede** acabar mal.
    L'affaire peut mal tourner.

- *Puede que* + subjonctif (il se peut que)
  - **Puede que** me equivoque.
    Il se peut que je me trompe.

GRAMMAIRE ■ **Les périphrases verbales (1)** **24**

Obligation personnelle (je dois, il faut que je…)

▶ *Tener que* + infinitif

- **Tengo que** poner gasolina urgentemente.
  Il faut que je prenne de l'essence d'urgence.

▶ *Deber* + infinitif

- Creo que al menos **deberías intentarlo**.
  Je crois qu'au moins tu devrais essayer.

> **Notez bien**
> Avec *tener que*, l'obligation est **réelle**. Avec *deber*, le locuteur exprime sous forme de **conseil** ce qu'il considère comme une norme à respecter.

▶ *Haber de* (conjugué) + infinitif (soutenu)

- **He de** confesar que la idea no es solo mía.
  Je dois avouer que l'idée ne vient pas seulement de moi.

▶ **Devoir p. 333**

▶ *Es necesario que* (ou *es preciso que*, plus soutenu) + subjonctif

- **No es necesario** que te gastes tanto dinero en un simple bolso.
  Il n'est pas nécessaire que tu dépenses autant d'argent pour un simple sac à main.

Obligation impersonnelle (il faut + infinitif)

▶ *Hay (hubo / habrá…) que* + infinitif

C'est l'expression impersonnelle la plus fréquente ; le verbe peut changer de temps mais il est **toujours** à la 3ᵉ personne du singulier.

- **Hay que** saber ser paciente.
  Il faut savoir être patient.

▶ *Es necesario* + infinitif (ou *es preciso, cabe, es de* + infinitif, plus soutenus)

- ¿**Es necesario** ou **preciso** llevar gorro de baño en esta piscina?
  Faut-il porter un bonnet de bain dans cette piscine ?
- **Cabe** recordar que la investigación todavía sigue en curso.
  Il faut rappeler que les recherches sont encore en cours.
- **Es de** agradecer toda la ayuda que nos brindaron.
  Il faut les remercier de toute l'aide qu'ils nous ont apportée.

Supposition

▶ *Deber (de) + infinitif*

- Con tantas casas **deben (de)** ser muy ricos.
  Avec autant de maisons, ils doivent être très riches.

> **Notez bien**
>
> *Deber* et *deber de* peuvent tous deux exprimer une supposition mais seul *deber* doit s'utiliser pour exprimer l'**obligation**. Comparez :
>
> **Debe** ou **Debe de** salir a la una.
> Il doit sortir à une heure. [C'est probable.]
>
> **Debe** salir a la una.
> Il faut qu'il sorte à une heure. [C'est une obligation.]

▶ *Tener que + infinitif*

La supposition est énoncée avec plus de conviction qu'avec *deber (de)*.

- **Tienes que** estar muerto de cansancio después de toda la noche sin dormir.
  Tu dois certainement être mort de fatigue après toute une nuit sans dormir.

Traduction express

1. Pourriez-vous *(usted)* parler plus fort ?
2. Malgré *(a pesar de)* la distance, nous avons réussi à garder *(mantener)* le contact.
3. Il se peut qu'ils nous invitent ce week-end.
4. Si tu veux prendre le dernier métro, tu dois partir tout de suite *(inmediatamente)*.
5. Tu ne dois pas être pessimiste, crois-moi.
6. Il faut s'inscrire *(matricularse)* avant la fin du mois.
7. À cette heure-ci, la Poste doit déjà avoir fermé.
8. Elle doit s'ennuyer *(aburrirse)*, c'est sûr.

Corrigé

1. ¿Podría hablar más alto?
2. A pesar de la distancia, hemos conseguido mantener el contacto.
3. Puede que nos inviten este fin de semana.
4. Si quieres coger el último metro, tienes que irte inmediatamente.
5. No debes ser pesimista, créeme.
6. Hay que matricularse antes de fin de mes.
7. A esta hora, Correos ya debe (de) haber cerrado.
8. Tiene que aburrirse, seguro.

25 Les périphrases verbales (2)

→ **Comment traduire : « Je vais te raconter ce qui s'est passé » ?**
→ **Et : « Hier j'ai lu tout l'après-midi » ?**
→ **Que signifie :** *Estoy sin vestir* **?**

Futur proche

▸ *Ir a* + infinitif (« aller » + infinitif)

Ir a ne peut exprimer l'avenir qu'au présent ou à l'imparfait.

- **Voy a** contarte lo que pasó.
  Je vais te raconter ce qui s'est passé.
- **Íbamos a** llamaros, pero no encontramos vuestro número.
  Nous allions vous appeler, mais nous n'avons pas trouvé votre numéro.

Aux autres temps, *ir* est un verbe de mouvement.

- **Fuimos a** recogerlo a la estación.
  Nous sommes allés le chercher à la gare.

▸ *Estar a punto de* ou *estar para* + infinitif (être sur le point de)

- El partido **estaba a punto de** acabar.
  Le match était sur le point de finir.
- **Está para** llover.
  Il est sur le point de pleuvoir.

▸ *Estar por* + infinitif (prévoir de faire)

- Este barrio es demasiado ruidoso, **estamos por** mudarnos.
  Ce quartier est trop bruyant, nous prévoyons de déménager.

> **Notez bien**
>
> *Estar por* indique que l'on envisage de faire quelque chose.
> Avec *estar sin*, on constate simplement qu'on ne l'a pas fait.
> Comparez :
>
> **Estoy por** vestir.
> Je ne suis pas encore habillé. [Mais je vais le faire.]
>
> **Estoy sin** vestir.
> Je ne suis pas habillé. [Et je vais peut-être rester comme je suis.]

Durée

▶ *Estar* + gérondif (être en train de)

Cette périphrase présente l'action dans son déroulement. Elle s'utilise pour des événements qui durent dans le présent, dans le passé ou dans le futur. Elle est bien plus fréquente que « être en train de » en français.

- Ana no se puede poner ahora, **está atendiendo** a un cliente.
  Ana ne peut pas répondre maintenant, elle est en train de s'occuper d'un client.
- Ayer **estuve leyendo** toda la tarde.
  Hier j'ai lu tout l'après-midi.
- Sé que mañana **estarás pensando** en mí.
  Je sais que demain tu penseras à moi.

▶ *Llevar* + gérondif + durée, *hace* + durée + *que* (cela fait… que)

- El pobre **lleva esperándote** una hora.

  Hace una hora **que** el pobre te está esperando.
  Le pauvre, cela fait une heure qu'il t'attend.

Au passé, on utilise *llevaba* ou *hacía* (cela faisait… que).

- **Llevaba buscándote** dos horas, cuando di contigo.
  Cela faisait deux heures que je te cherchais quand je suis tombé sur toi.

Hace + durée + *que* peut s'utiliser à tous les temps alors que *llevar* + gérondif ne s'emploie jamais pour un événement révolu.

- **Hace** una hora que la he visto pasar.
  Cela fait une heure que je l'ai vue passer.

La structure négative correspondante est *llevar sin* + infinitif + durée.

- **Llevan sin** esquiar dos años ou **Llevan** dos años **sin** esquiar.
  Cela fait deux ans qu'ils n'ont pas fait de ski.

▶ *Andar* + gérondif, *venir* + gérondif

Ces périphrases indiquent que l'action dure en se répétant.

- Roberto **anda preguntando** si alguien puede ayudarle.
  Roberto demande si quelqu'un peut l'aider.
  [Il le demande aux uns et aux autres.]
- **Vengo diciéndole** desde hace tiempo que no se fíe de él.
  Je lui dis depuis longtemps de se méfier de lui.
  [Je le lui ai dit à plusieurs reprises.]

▶ *Ir* + gérondif (peu à peu)

- Ella ya **va dándose** cuenta de la situación.
  Elle se rend compte peu à peu de la situation.

GRAMMAIRE ■ **Les périphrases verbales (2)** — 25

▶ *Seguir* + gérondif, *continuar* + gérondif (continuer à)

- **Sigue** ou **Continúa coleccionando** música soul de los años 70.
  Il continue à collectionner de la musique soul des années soixante-dix.

La structure négative correspondante est ***seguir sin*** + infinitif + durée (ne… toujours pas).

- **Sigo sin entender** cómo se ha podido caer.
  Je ne comprends toujours pas comment il a pu tomber.

Fin de l'événement

▶ *Acabar de* + infinitif (venir de)

- **Acaba de** encender la chimenea.
  Il vient d'allumer le feu dans la cheminée.   ▶ **Venir p. 372**

▶ *Acabar por* + infinitif, *acabar* + gérondif (finir par)

- **Acabará por** confesarlo ou **Acabará confesándolo**.
  Il finira par l'avouer.   ▶ **Finir p. 347**

▶ *Dejar de* + infinitif (cesser de)

- ¡Por favor, **deja de** cantar tan alto!
  S'il te plaît, arrête de chanter si fort !

Résultat

▶ *Tener* + participe passé accordé avec le COD (« avoir déjà » + participe)

- **Tengo redactadas** ya 50 páginas.
  J'ai déjà 50 pages rédigées.

> **Notez bien**
>
> *He redactado 50 páginas* informe sur la réalisation de l'action (j'ai rédigé) alors que *tengo redactadas 50 páginas* met l'accent sur le résultat de l'action (50 pages).
> ▶ **Avoir p. 315**

▶ *Llevar* + participe passé accordé avec le COD (« avoir déjà » + participe)

Cette périphrase présente l'événement comme le résultat d'une suite d'actions en cours.

- **Llevo visitados** unos 20 pisos.
  J'ai déjà visité une vingtaine d'appartements.

Répétition

▶ *Volver a + infinitif (faire de nouveau)*

- **Volveremos a** vernos muy pronto.
  Nous nous reverrons très bientôt.

- **Ha vuelto a** pedirme que le preste el coche.
  Elle m'a de nouveau demandé de lui prêter la voiture.

Habitude

▶ *Soler, acostumbrar (a) + infinitif (avoir l'habitude de)*

- **Suelen** venir todos los años por Navidad.
  Ils ont l'habitude de venir tous les ans à Noël.

- No **acostumbro (a)** ir sola al cine.
  Je n'ai pas l'habitude d'aller seule au cinéma.

▶ *Acostumbrarse a + infinitif (s'habituer à)*

- **Se ha acostumbrado a** circular por la ciudad en bicicleta.
  Elle s'est habituée à circuler dans la ville à vélo.

▶ Habitude p. 348

Traduction express

1. Ils vont aller au cinéma ce soir.
2. Le train est sur le point de partir.
3. Elle dort déjà.
4. Nous avons parlé une demi-heure au téléphone.
5. Cela fait dix minutes que l'eau des œufs bout *(hervir)*.
6. Il raconte ses peines aux uns et aux autres.
7. Elle veut continuer à faire des études.
8. Je viens de raccrocher *(colgar)* le téléphone.

Corrigé

1. Van a ir al cine esta noche.
2. El tren está a punto de salir ou está para salir.
3. Ya está durmiendo.
4. Hemos estado hablando media hora por teléfono.
5. El agua de los huevos lleva hirviendo diez minutos.
6. Anda contando sus penas a unos y a otros.
7. Quiere seguir estudiando.
8. Acabo de colgar el teléfono.

26 Indicatif ou subjonctif ?

→ Quelle est la différence entre *Busco a una ingeniera que habla ruso* et *Busco a una ingeniera que hable ruso* ?
→ Savez-vous dire : « Si tu y allais, j'irais moi aussi » ?

Principe général

L'**indicatif** sert à **déclarer** des faits, tandis que le **subjonctif**, mode de la subordination, s'emploie pour **présenter** des faits **dépendants** d'un désir, d'un ordre, d'une condition, d'une appréciation… Comparez :

INDICATIF	SUBJONCTIF
Me quedo una semana más. Je reste une semaine de plus.	Quiero que **te quedes**. Je veux que tu restes.
Ganará el juicio. Il gagnera son procès.	¡Ojalá **ganes** el juicio! Pourvu que tu gagnes ton procès !
Se dio mucha prisa. Il s'est beaucoup dépêché.	Le ha pedido que **se dé** prisa. Il lui a demandé de se dépêcher.
Aquí no **se fuma**. On ne fume pas ici.	Le prohíbo que **fume** aquí dentro. Je vous interdis de fumer à l'intérieur.
Querían participar. Ils voulaient participer.	Si **quisieran**, podrían participar. S'ils voulaient, ils pourraient participer.
Vinieron a la cena. Ils sont venus au dîner.	Me alegro de que **vinieran** a la cena. Je suis ravie qu'ils soient venus au dîner.

Voici les principaux contextes dans lesquels on rencontre, en espagnol, tantôt l'indicatif, tantôt le subjonctif, **sans qu'ils correspondent toujours au même mode en français**.

Les indépendantes exprimant le doute

Quizá(s) et *tal vez* (peut-être) peuvent être suivis d'un verbe à l'indicatif (doute atténué) ou au subjonctif (doute renforcé).

- Quizá no **se atreve** a decírtelo.
  Peut-être qu'elle n'ose pas te le dire.
- Tal vez no **haya oído** tu mensaje.
  Il se peut qu'il n'ait pas entendu ton message.

▶ **Les adverbes p. 129**
▶ **Peut-être p. 359**

Les subordonnées complétives

Le mode utilisé en espagnol coïncide en général avec celui qui est utilisé en français.

▶ **Indicatif si la principale est une proposition déclarative affirmative.**

- Creo que tu GPS **se equivoca**.
  Je crois que ton GPS se trompe.
- Pienso que así no **llegará** muy lejos.
  Je pense que comme ça elle n'ira pas très loin.

▶ **Subjonctif**

Si la principale met en doute ou nie le fait exprimé par la complétive.

- Dudo que te **llame**.
  Je doute qu'elle t'appelle.
- No creo que **venga**.
  Je ne crois pas qu'il vienne.

Si la principale exprime un ordre, un souhait, une crainte.

- Te ruego que nos **dejes** solos.
  Je te prie de nous laisser seuls.
- ¡Espero que te **diviertas**!
  J'espère que tu t'amuseras bien.
- Tememos que **sigan** subiendo las hipotecas.
  Nous craignons que le taux de crédit continue d'augmenter.

Notez bien

Avec un verbe d'ordre ou de prière dans la principale, on emploie la conjonction *que* + subjonctif (« de » + infinitif en français).

Pídele **que haga** menos ruido.
Demande-lui de faire moins de bruit.

Si la principale exprime une appréciation.

- Me alegro de que **estés** totalmente recuperado.
  Je suis content que tu sois tout à fait remis.
- Siento que te **hayan puesto** esta multa por mi culpa.
  Je suis désolé que tu aies eu cette contravention à cause de moi.

▶ LES SUBORDONNÉES COMPLÉTIVES P. 154

GRAMMAIRE ■ **Indicatif ou subjonctif ?** **26**

Les subordonnées relatives

○ Les relatives déterminatives présentant un antécédent dont on connaît l'existence se construisent à l'indicatif.

- Solo seleccionamos los proyectos que **respetan** el medio ambiente.
  Nous retenons seulement les projets qui respectent l'environnement.

- Busco a una ingeniera que **habla** ruso.
  Je cherche une ingénieure qui parle le russe.

○ Les relatives déterminatives présentant un antécédent dont l'existence n'est pas certaine se construisent au subjonctif présent.

- Solo seleccionaremos los proyectos que **respeten** el medio ambiente.
  Nous retiendrons seulement les projets qui respecteront l'environnement.

- Busco una ingeniera que **hable** ruso.
  Je cherche une ingénieure parlant russe.

> **Notez bien**
>
> Le futur et le conditionnel français dans ce cas correspondent respectivement aux subjonctifs présent et imparfait espagnols.
>
> Podrán participar en el concurso cuantas empresas **deseen**.
> Toutes les entreprises qui le **souhaiteront** pourront participer au concours.
>
> Dijo que podrían participar en el concurso cuantas empresas **desearan**.
> Il a dit que toutes les entreprises qui le **souhaiteraient** pourraient participer au concours.
>
> ► **Les relatifs p. 66**

117

Les subordonnées de condition

▶ Si la condition est **réalisable,** elles se construisent à l'indicatif.

- Si **vas** tú, yo también iré.
  Si tu y vas, moi aussi j'irai.

▶ Si la condition est **improbable** ou **impossible** au moment où l'on parle, elles se construisent au subjonctif imparfait.

- Si **fueras** tú, yo también iría.
  Si tu y allais, j'irais moi aussi.

- Si **fuéramos** millonarios, no viviríamos en esta casa.
  Si nous étions milliardaires, nous n'habiterions pas cette maison.

▶ Si elle est **irréalisée,** elles se construisent au subjonctif plus-que-parfait.

- Si **hubieras ido** tú, yo también habría ido.
  Si tu y étais allé, j'y serais allée moi aussi.

Notez bien
Les indicatifs français correspondent à des subjonctifs en espagnol.

▶ Les comparatives hypothétiques introduites par *como si* se construisent au subjonctif imparfait ou plus-que-parfait (indicatif imparfait ou plus-que-parfait en français).

- El vestido te queda como si **fuera** a medida.
  Cette robe te va comme si elle était faite sur mesure.

- El vestido te queda como si te lo **hubieran hecho** a medida.
  Cette robe te va comme si elle avait été faite sur mesure.

▶ **LES SUBORDONNÉES DE CONDITION P. 164**

Les subordonnées de temps

Les temporelles qui font référence à l'avenir se construisent au subjonctif en espagnol.

- Llámame cuando **salgas** de la reunión.
  Appelle-moi quand tu sortiras de la réunion.

▶ **LES SUBORDONNÉES DE TEMPS P. 159**

Les subordonnées de concession

▶ Quand la circonstance qu'elles énoncent est **réelle** et présentée comme une **information nouvelle,** elles se construisent à l'indicatif.

- Aunque ayer **me acosté** tardísimo, hoy no estoy cansada.
  Bien qu'hier je me sois couchée très tard, aujourd'hui je ne suis pas fatiguée.

GRAMMAIRE — Indicatif ou subjonctif ? 26

▶ Quand la circonstance qu'elles énoncent est une **information réelle et déjà connue** de l'interlocuteur ou quand la circonstance est **hypothétique,** elles se construisent au subjonctif.

- Aunque **seas** mi hijo, te trataré como a los demás candidatos.
  Bien que tu sois mon fils, je te traiterai comme tous les autres candidats.

- Para mañana anuncian lluvia, pero aunque **llueva**, saldré a correr.
  On prévoit de la pluie pour demain, mais même s'il pleut, je sortirai courir.

▶ **LES SUBORDONNÉES DE CONCESSION P. 166**

Traduction express

1. Moi aussi je crois qu'il ne viendra pas, mais je ne crois pas que ce soit pour cette raison.
2. Ils nous demandent de leur répondre le plus tôt possible *(lo antes posible)*.
3. Dis-lui d'apporter son sac de couchage *(saco de dormir)*.
4. Tu connais quelqu'un qui aurait visité les îles Galápagos ?
5. S'il n'était pas si occupé, il viendrait.
6. On partira dès qu'il arrivera.
7. D'accord, je suis fatiguée, mais bien que je sois fatiguée je peux conduire dix minutes.

Corrigé

1. Yo también creo que no vendrá, pero no creo que sea por esa razón.
2. Nos piden que les contestemos lo antes posible.
3. Dile que se traiga el saco de dormir.
4. ¿Conoces a alguien que haya visitado las islas Galápagos?
5. Si no estuviera tan ocupado, vendría.
6. Nos iremos en cuanto él llegue.
7. Vale, estoy cansada, pero aunque esté cansada puedo conducir diez minutos.

27 — Ser et estar

→ Dit-on *ser contento* ou *estar contento* ?
→ Connaissez-vous la différence entre *ser guapo* et *estar guapo* ?

Opposition *ser* / *estar*

▶ Il existe en espagnol deux verbes, *ser* et *estar*, qui correspondent à « être » en français. **Ser** définit l'**essence** du sujet, exprime des caractéristiques inhérentes à celui-ci alors que ***estar*** exprime l'**état** dans lequel se trouve le sujet.

▶ Généralement l'essence est durable et l'état passager, mais pas toujours. Il ne faut pas se fier à la règle « permanent = *ser* » et « momentané = *estar* ». Comparez :

- A veces **es** muy orgulloso.
  [caractéristique accidentelle]
  Parfois il est très prétentieux.

- Siempre **está** enferma.
  [état constant]
  Elle est toujours malade.

Emplois les plus fréquents

▶ **Pour définir l'identité**

SER	ESTAR
Hola, soy Pablo, ¿y tú **eres**…? Salut, je m'appelle Pablo, et toi…?	–
La caipiriña **es** un cóctel brasileño. La caipirinha est un cocktail brésilien.	

▶ **Pour définir l'origine**

SER	ESTAR
Mario **es** madrileño. Mario est madrilène.	–
Estas nueces **son** del jardín de Juan. Ces noix viennent du jardin de Juan.	

GRAMMAIRE ● *Ser et estar* **27**

▶ Pour indiquer la possession ou la destination d'un objet

SER	ESTAR
¿Esta mochila **es** tuya? Ce sac à dos est à toi? Estas flores **son** para ti. Ces fleurs sont pour toi.	–

▶ Pour désigner une activité professionnelle

Avec *ser*, on désigne un métier.
Avec *estar*, on désigne une activité provisoire *(estar de)*.

SER	ESTAR
Sofía **es** periodista y Esteban **es** zapatero. Sofía est journaliste et Esteban est cordonnier.	Es psicólogo, pero **está de** taxista. Il est psychologue, mais il travaille comme chauffeur de taxi.

▶ Pour localiser dans l'espace et le temps

Avec *ser*, on désigne une localisation spatio-temporelle d'événements.
Avec *estar*, on désigne une localisation spatiale de personnes et d'objets.

SER	ESTAR
La boda **es** a las doce en el juzgado, pero la fiesta **será** por la noche en una casa de campo. Le mariage est à midi devant le juge, mais la fête aura lieu le soir dans une maison de campagne. El concierto **es** al aire libre. Le concert est en plein air.	**Estoy** en mi oficina que **está** en la otra punta de la ciudad. Je suis dans mon bureau qui est à l'autre bout de la ville. Carmen no **está** hoy, **está** de vacaciones. Carmen n'est pas là aujourd'hui, elle est en vacances.

▶ Pour indiquer l'heure et la date

Avec *ser,* on désigne une heure ou une date.
Avec *estar,* on désigne une date *(estamos a / en)*.

SER	ESTAR
—¿Qué hora **es**? —**Son** las doce. ¡Ay! No, espera, **es** la una. Quelle heure est-il ? – Il est midi. Non, attends, il est une heure.	—¿**A** qué **estamos** hoy? —Hoy **estamos a** 9. Quel jour on est ? – On est le 9.
—¿Qué día **es** hoy? —Hoy **es** sábado, 9 de diciembre. Quel jour on est ? – On est le samedi 9 décembre.	Aquí **estamos en** verano y allí es invierno. Ici nous sommes en été et là-bas c'est l'hiver.

▶ Avec un numéral

SER	ESTAR
Cardinal → nombre total	Cardinal → nombre partiel
Somos ocho en la redacción. Nous sommes huit à la rédaction.	Somos ocho pero hoy solo **estamos** tres. Nous sommes huit habituellement mais aujourd'hui on n'est que trois.
Ordinal → définition	Ordinal → position occupée
Álvaro siempre **era** el primero de la clase. Álvaro était toujours le premier de la classe.	Ana **está** la tercera, seguro que consigue entrada. Ana est la troisième, elle aura une entrée, c'est sûr.

▶ Avec un complément d'accompagnement

SER	ESTAR
–	**Estaré** con Lola y los demás la semana que viene. Je serai avec Lola et les autres la semaine prochaine.

▶ Pour désigner une matière

SER	ESTAR
La ropa de moto suele **ser** de cuero. Les combinaisons de moto sont normalement en cuir.	–

GRAMMAIRE — *Ser et estar* 27

▶ Pour décrire des êtres, des objets

Avec *ser*, on définit le sujet, on en présente une **qualité** inhérente qui le fait entrer dans une catégorie.
Avec *estar*, on désigne l'état du sujet comme **résultat** d'une transformation.

SER	ESTAR
Es alto, castaño, guapo… Il est grand, châtain, beau…	**Está** enfermo, solo, contento… Il est malade, seul, content…
Es alegre, listo, eficaz… Il est joyeux, intelligent, efficace…	**Está** triste, radiante, decepcionado… Il est triste, rayonnant, déçu…
La mesa **es** art-déco y rectangular. La table est art-déco et rectangulaire.	La mesa **está** sucia y rota. La table est sale et cassée.

Les adjectifs qualificatifs qui expriment uniquement des **qualités** essentielles sont **toujours** attributs de *ser*.

Ceux qui désignent uniquement un **résultat** (dont tous les participes) sont **toujours** attributs de *estar*.

SER	ESTAR
Todo **es posible**. Tout est possible.	El lavavajillas **está lleno**. Le lave-vaisselle est plein.
Un acontecimiento así no **es frecuente**. Un événement comme celui-là n'est pas fréquent.	**Estaban** muy **satisfechos**. Ils étaient très satisfaits.
Nuestros planes no **son** todavía muy **concretos**. Nos plans ne sont pas encore très concrets.	La cadena de música **está estropeada**. La chaîne hi-fi est en panne.
	Estoy convencida de que miente. Je suis convaincue qu'elle ment.

> **Notez bien**
>
> Certains adjectifs peuvent être attributs aussi bien de *ser* que de *estar*.
>
> **Es** ou **Está** guapo.
> Il est beau.
>
> **Es** ou **Está** alta.
> Elle est grande.
>
> **Es** ou **Está** soltero.
> Il est célibataire.
>
> La différence correspond au principe énoncé. Comparez :
>
> Roberto **es** guapo y además soltero.
> Roberto est beau et en plus il est célibataire.
>
> Iván **está** muy guapo desde que **está** soltero.
> Iván est très beau depuis qu'il est célibataire.

Cas particuliers

Un même adjectif peut prendre deux sens différents selon qu'il est employé avec *ser* ou *estar*. Comparez :

SER	ESTAR
ser vivo : être vif	estar vivo : être vivant
ser listo : être intelligent	estar listo : être prêt
ser atento : être attentionné	estar atento : être attentif
ser delicado : être fragile, sensible	estar delicado : être de santé délicate
ser orgulloso : être orgueilleux	estar orgulloso : être fier
ser rico : être riche	estar rico : être savoureux [aliment]
ser violento : être violent	estar violento : être mal à l'aise
ser bueno [personne] : être gentil, compétent ; [aliment] : être de bonne qualité	estar bueno [personne] : être en bonne santé, être attirant ; [aliment] : avoir bon goût, être en bon état
ser malo [personne] : être méchant ; [aliment] : être de mauvaise qualité	estar malo [personne] : être malade ; [aliment] : avoir mauvais goût, être en mauvais état

Autres emplois grammaticaux

▶ *Ser* s'emploie pour former la voix passive (voir p. 145) et des structures emphatiques (voir p. 318-320).
Estar s'emploie avec le gérondif et le participe (voir p. 106 et 112).

▶ Quand le sujet est une proposition, on utilise principalement *ser* + adjectif attribut et *estar* + adverbe ou participe passé.

- **Es** lógico que no quiera volver a verla.
  Il est logique qu'il ne veuille pas la revoir.
- No **está** bien que un bebé vea la televisión.
  Ce n'est pas bien qu'un bébé regarde la télévision.
- No **está** permitido usar el flash.
  Le flash n'est pas permis.

GRAMMAIRE — Ser et estar

Traduction express

1. Mercedes est mon amie.
2. Ils sont en voyage à Perpignan.
3. La réunion est à 10 heures en salle 5.
4. On est jeudi ou vendredi ?
5. Ce vin est trop froid.
6. Paz est très sensible et elle était très émue.
7. Les pâtes étaient délicieuses, mais la pizza était brûlée.
8. Tu n'es pas encore prêt ?
9. Elle était très fâchée.
10. Je suis pour *(a favor de)* un maximum d'énergie durable *(sostenible)*.

Corrigé

1. Mercedes es mi amiga.
2. Están de viaje en Perpiñán.
3. La reunión es a las 10 en la sala 5.
4. ¿Estamos a jueves o a viernes?
5. Este vino está demasiado frío.
6. Paz es muy sensible y estaba muy emocionada.
7. La pasta estaba riquísima, pero la pizza estaba quemada.
8. ¿Todavía no estás listo?
9. Estaba muy enfadada.
10. Estoy a favor de un máximo de energía sostenible.

28 Les adverbes

→ Comment diriez-vous : « Dis-le-moi clairement et directement » ?
→ Connaissez-vous la différence entre *aquí*, *ahí* et *allí* ?
→ Savez-vous dire : « J'ai déjà mangé » ?

Définition

Les adverbes accompagnent des verbes, des adjectifs ou d'autres adverbes et peuvent exprimer des sens très divers dont les plus courants sont la manière, le temps, le lieu, la quantité, l'intensité, la comparaison, l'affirmation, la négation et le doute.

Adverbes de manière

Les adverbes de manière se forment le plus souvent à partir du féminin d'un adjectif auquel on ajoute -*mente*. Quand plusieurs adverbes sont coordonnés ou juxtaposés, seul le dernier présente la forme complète.

- Hablamos **diariamente**.
  Nous parlons tous les jours.

- Dímelo **rápida**, **clara** y **directamente**.
  Dis-le-moi rapidement, clairement et directement.

Autres adverbes de manière			
así	mal	mejor	regular
comme ça	mal	mieux	comme ci comme ça
bien	igual	peor	
bien	de même	plus mal	

Adverbes de temps

▶ *Nunca* et *jamás* équivalent tous deux à « jamais ». *Nunca* est plus fréquent, *jamás* plus emphatique. Ensemble (*nunca jamás*), ils forment une expression catégorique (jamais de la vie). Quand ils précèdent le verbe, la négation ne s'emploie pas. Comparez :

- Los gatos **no** me han gustado **nunca**
  ou **Nunca** me han gustado los gatos.
  Je n'ai jamais aimé les chats.

▶ La phrase négative p. 141
▶ Jamais p. 349

GRAMMAIRE ◾ **Les adverbes**

> L'adverbe *recién* (dérivé de *recientemente*) se place **devant des participes**.

- Están **recién** casados.
  Ils viennent de se marier.

En Amérique
Recién peut également accompagner des verbes. Souvent *recién* a le sens de «seulement», «justement».

Recién tuvieron un bebé y yo **recién** lo supe ayer.
Ils viennent d'avoir un bébé et je ne l'ai appris qu'hier.

AUTRES ADVERBES ET LOCUTIONS ADVERBIALES DE TEMPS		
ya déjà	de repente, de pronto soudain	mañana, pasado mañana demain, après-demain
todavía, aún encore	a menudo souvent	esta noche ce soir
ahora maintenant	hoy aujourd'hui	anoche hier soir
luego, después ensuite, après	ayer hier	al día siguiente le lendemain
enseguida tout de suite	anteayer avant-hier	el día antes, el día anterior la veille

▸ **ENCORE P. 340, TOUJOURS P. 371**

Adverbes de lieu

> *Aquí* sert à situer un être ou un objet dans la sphère de plus grande proximité au locuteur.

- En esta plaza, **aquí** precisamente, había una fuente preciosa.
  Sur cette place, ici précisément, il y avait une très jolie fontaine.

> *Ahí* et *allí* servent à situer un être ou un objet hors de cette sphère de proximité du locuteur, *ahí* se situant généralement à une distance moyenne de lui et *allí* à une distance supérieure.

- El queso rayado lo he dejado **ahí** porque por ahora no lo necesitamos.
  Le fromage râpé, je l'ai laissé là, pour l'instant on n'en a pas besoin.

- Nos vemos a las 7 en la entrada del cine y **allí** ya decidimos qué película vemos.
  On se retrouve à 7 heures à l'entrée du cinéma, et là on décide quel film on voit.

> *Acá* et *allá* s'emploient parfois comme équivalents respectivement de *aquí* et de *ahí* ou *allí* avec un sens moins précis.

En Amérique
Acá correspond à *aquí*, *allá* à *ahí* et *allí*.

Adverbes de quantité

nada	mucho	menos	casi
en rien	beaucoup	moins	presque
poco	demasiado	más	tan ou tanto
peu	trop	plus	autant
bastante	todo	apenas	muy
assez	tout	à peine	très

Poco, bastante, mucho, demasiado, todo et *tanto* peuvent aussi être pronoms ou adjectifs indéfinis, auquel cas ils s'accordent avec le nom qu'ils accompagnent ou qu'ils remplacent.

▶ Indéfinis (2) p. 50
▶ Bien p. 317, Plus / moins p. 360, À peine p. 358

Adverbes d'affirmation, de négation et de doute

▶ *Sí* sert à répondre affirmativement, **que la question soit affirmative ou négative**. Suivi ou non de la conjonction *que*, il permet aussi de renforcer certaines affirmations.

- —¿Un poco de azúcar? —**Sí**, gracias.
  Un peu de sucre ? – Oui, merci.

- —¿No te ha caído bien? —**Sí**, pero habla sin parar.
  Tu ne l'as pas trouvé sympathique ? – Si, mais il parle sans arrêt.

- Esta novela no la conocía, pero la otra **sí (que)** la he leído.
  Ce roman-là, je ne le connaissais pas, mais l'autre oui, je l'ai lu.

Autres adverbes d'affirmation		
bueno	seguro	naturalmente
bon	c'est sûr	naturellement
claro	también	vale
bien sûr	aussi	d'accord

GRAMMAIRE ▪ **Les adverbes** 28

▶ *No* sert à répondre négativement. Il peut être renforcé par *nada*, *para nada* (parlé) ou *en absoluto* (soutenu).

- **No** me interesa **(para) nada** lo que ella piense.
  Ce qu'elle pense ne m'intéresse en rien.

- —¿Le molesto? —**No, en absoluto**.
  Je vous dérange ? – Non, pas du tout.

▶ Le doute est exprimé par *quizá(s)* et *tal vez* (peut-être). Quand ils précèdent le verbe, celui-ci peut être à l'indicatif (doute atténué) ou au subjonctif (doute renforcé) (voir p. 115).

- **Quizá** le darán ou le den la beca.
  Peut-être qu'on lui donnera la bourse.

Quand ils suivent le verbe, celui-ci est toujours à l'indicatif.

- Le darán la beca, **quizá**.
  Peut-être qu'on lui donnera la bourse.

Cette règle s'applique aussi aux adverbes équivalents *posiblemente*, *probablemente*, *acaso* (plus soutenu).

A lo mejor, très fréquent à l'oral, est **toujours** suivi de l'indicatif.

- Con él nunca se sabe, **a lo mejor** aparece esta noche.
  Avec lui on ne sait jamais, peut-être qu'il vient ce soir.
  ▶ **Peut-être p. 359**

Place de l'adverbe dans la phrase

▶ Les adverbes ont une certaine liberté dans la phrase, mais en général ils ne peuvent pas séparer l'auxiliaire et le participe passé d'une forme verbale composée.

- **Ya** he comido.
  He comido **ya**.
  J'ai déjà mangé.

- ¿**De verdad** te ha gustado mucho?
  ¿Te ha gustado mucho **de verdad**?
  Ça t'a vraiment beaucoup plu ?

▶ La présence d'un adverbe en tête de phrase entraîne souvent le déplacement du sujet après le verbe.

- **Pronto** llegan las rebajas.
  Bientôt arrivent les soldes.

- **Así** pronuncian los americanos.
  Les Américains prononcent comme ça.

Traduction express

1. Je fais les courses *(hacer la compra)* sur Internet rapidement et confortablement.
2. Je ne regretterai *(arrepentirse)* jamais rien.
3. Le lendemain nous étions épuisés *(agotados)*.
4. Ici, dans cette même salle, j'ai soutenu *(defender)* ma thèse.
5. Peut-être que tu ne le sais pas mais lui le sait.
6. Je t'ai déjà dit que j'ai assez mangé.

Corrigé

1. Hago la compra en Internet rápida y cómodamente.
2. Nunca me arrepentiré de nada ou No me arrepentiré nunca de nada.
3. Al día siguiente estábamos agotados.
4. Aquí, en esta misma sala, defendí mi tesis.
5. Quizá tú no lo sepas ou sabes, pero él sí que lo sabe.
6. Ya te he dicho que he comido bastante.

29 Les prépositions *a, en* et *con*

→ Savez-vous dire : « Je vois Juan » et « Il cherche le serveur » ?
→ Comment dit-on : « Ils sont à Barcelone » ?
→ Quelle préposition utilise-t-on pour dire : « Tu penseras à moi ? »

Principales prépositions

a à	de de	hacia vers	por par, pour…
ante devant	desde de, depuis	hasta jusqu'à	según selon
bajo sous	durante pendant	mediante moyennant, grâce à	sin sans
con avec	en en, dans, sur	para pour	sobre sur
contra contre	entre entre, parmi		tras derrière

Principaux emplois de *a*

▶ Avec un **COD**

A s'emploie devant un nom COD de personne.

- Veo **a** Juan a diario.
  Je vois Juan tous les jours.
- Vamos al aeropuerto a buscar **a** mi hermana.
  Nous allons à l'aéroport chercher ma sœur.

Notez bien

La préposition peut faire la différence entre le sens premier d'un mot et son sens personnel.
Comparez :

Conoce todo el barrio.
Il connaît tout le quartier.

Conoce **a** todo el barrio.
Il connaît tout le monde dans le quartier.

A s'emploie aussi devant un nom COD d'animal individualisé et déterminé.

- Adoran **a** su perro.
  Ils adorent leur chien.

A n'est pas obligatoire quand le nom COD désigne un référent humain indéterminé. Comparez :

- Buscan camareros.
  Ils cherchent des serveurs.
- Busca **al** camarero.
  Il cherche le serveur.

A ne s'emploie pas en général avec les COD de personne du verbe *tener*.

- Tengo tres hermanas.
  J'ai trois sœurs.

▶ Pour exprimer le **mouvement**

Avec des verbes ou des noms exprimant un mouvement vers un lieu

- Ahora se marcha **a** América, pero vuelve **a** Francia la semana que viene.
  Maintenant elle part pour l'Amérique, mais elle rentre en France la semaine prochaine.
- No te acerques **al** perro, que muerde.
  Ne t'approche pas du chien, il mord.
- Este año ha hecho tres viajes **a** América.
  Cette année, il est allé trois fois en Amérique.

Avec des verbes de mouvement *(ir, venir…)* suivis d'un infinitif

- Ha ido **a** buscarla a la estación.
  Il est allé la chercher à la gare.
- Venía **a** vernos a menudo.
  Elle venait nous voir souvent.

▶ Pour exprimer la **localisation**

Dans l'espace (dans certaines expressions)

- Los baños están **al** fondo **a** la derecha.
  Les toilettes sont au fond à droite.
- ¿Nos sentamos **al** sol o **a** la sombra?
  On s'assoit au soleil ou à l'ombre ?
- Toledo está **al** sur de Madrid.
  Tolède est au sud de Madrid.

Dans le temps (dans certaines expressions)

- Paso a buscarte **a** las once.
  Je passe te chercher à onze heures.
- Estamos **a** 10 de octubre.
  Nous sommes le 10 octobre.
- **A** los cinco minutos ya me había contestado.
  Au bout de cinq minutes elle m'avait déjà répondu.
- Saca a pasear a su perro tres veces **al** día.
  Il sort promener son chien trois fois par jour.

GRAMMAIRE — Les prépositions *a*, *en* et *con*

▶ Avec des noms exprimant des **sentiments**

el respeto **al** medio ambiente [aussi *de*]
le respect de l'environnement

el amor **al** arte
l'amour de l'art

el miedo **a** los bichos [aussi *de*]
la peur des bêtes

Principaux emplois de *en*

▶ Pour exprimer la **localisation spatiale**

Dans l'espace

- Están **en** Barcelona.
  Ils sont à Barcelone.
- Vive **en** México, **en** Puebla.
  Il habite au Mexique, à Puebla.
- Tu chándal está **en** el armario.
  Ton survêtement est dans l'armoire.

Sur une surface

- Tu móvil está **en** la mesa. [aussi *encima de*]
  Ton portable est sur la table.
- No te sientes **en** esa silla, estarás más cómodo **en** el sofá.
  Ne t'assois pas sur cette chaise, tu seras mieux sur le canapé.

▶ Pour exprimer la **localisation temporelle**

Moment de l'action

- Nos mudamos aquí **en** 2007.
  Nous avons déménagé ici en 2007.

Durée de l'action

- Esta sopa se hace **en** un cuarto de hora.
  Cette soupe se fait en un quart d'heure.

Délai de l'action

- Habré acabado **en** 10 días. [aussi *dentro de*]
  J'aurai fini d'ici 10 jours.

▶ Avec des noms de **moyens de transport**

- Normalmente prefiero venir **en** bicicleta que **en** metro, pero hoy llovía.
  Normalement je préfère venir à vélo plutôt qu'en métro, mais aujourd'hui il pleuvait.

Exceptions : *a caballo* (à cheval), *a pie* (à pied).

◐ Avec des verbes exprimant une **activité mentale**

- ¿Pensarás **en** mí?
  Tu penseras à moi?

- Confío **en** él y creo **en** su proyecto.
  J'ai confiance en lui et je crois en son projet.

- No dudes **en** llamar si necesitas ayuda.
  N'hésite pas à appeler si tu as besoin d'aide.

Emplois spécifiques de *con*

◐ Avec un **complément de manière**

- Lo fotografiaron **con** los ojos cerrados y **con** la boca abierta.
  Il a été pris en photo les yeux fermés et la bouche ouverte.

◐ Avec un **infinitif** (subordonnée de manière)

- **Con enfadarte** no ganas nada.
  Tu ne gagnes rien à te fâcher.

◐ Avec *solo* + **infinitif** (subordonnée de condition)

- Te renuevan el carné **con solo pedirlo**.
  Pour qu'on te renouvelle ta carte, il suffit de le demander.

◐ Avec *lo* + **adjectif** / **adverbe** + *que* + indicatif (subordonnée de concession)

- **Con lo profesional y lo lista que es**, y no encuentra trabajo.
  Bien qu'elle soit sympathique et intelligente, elle ne trouve pas de travail.

Traduction express

1. J'apprécie beaucoup tes parents.
2. Il salue tout le monde.
3. Ils vont toujours en vacances en Italie.
4. Elle est à New York.
5. Je passe te chercher et on va aider ton frère.
6. Il n'y avait aucun tableau sur les murs.
7. Je pense déjà aux prochaines vacances.

Corrigé

1. Aprecio mucho a tus padres.
2. Saluda a todo el mundo.
3. Siempre van de vacaciones a Italia.
4. Está en Nueva York.
5. Paso a buscarte y vamos a ayudar a tu hermano.
6. No había ningún cuadro en las paredes.
7. Ya estoy pensando en las próximas vacaciones.

30 Les prépositions *de, por* et *para*

→ Savez-vous dire « un verre en cristal » ?
→ Quelle est la différence entre *Lo hago por ti* et *Lo hago para ti* ?
→ Comment dit-on : « La nuit je travaille mieux que le matin » ?

Principaux emplois de *de*

▶ Pour exprimer la **possession**

- Me gusta la moto **de** la mujer **de** Carlos.
  J'aime la moto de la femme de Carlos.
- ¿Estos 50 euros son **de** alguien?
  Ces 50 euros sont-ils à quelqu'un ?

▶ Pour exprimer l'**origine** (spatiale et temporelle)

- María es **de** Ibiza.
  María est d'Ibiza.
- Has recibido un paquete **de** California.
  Tu as reçu un paquet de Californie.
- **De** París a Madrid hay mil doscientos y pico km.
  [aussi *desde... a* ou *hasta*]
  De Paris à Madrid, il y a mille deux cent et quelques kilomètres.
- Ana trabaja en el hospital **de** 7 de la mañana a 4 de la tarde.
  Ana travaille à l'hôpital de 7 heures du matin à 4 heures de l'après-midi.

▶ Pour exprimer le **temps**

- Cristóbal Colón llegó a América el 12 **de** octubre **de** 1492.
  Christophe Colomb arriva en Amérique le 12 octobre 1492.
- Al despertarme de la siesta no sabía si era **de** día o **de** noche.
  En me réveillant de ma sieste, je ne savais pas si c'était le jour ou la nuit.
- **De** niño, **de** joven y **de** adulto, *Astérix* siempre le ha encantado.
  Enfant, adolescent ou adulte, il a toujours adoré *Astérix*.

▶ Pour exprimer la **matière**

- Ayer se rompieron dos copas **de** cristal.
  Hier deux verres en cristal ont été cassés.
- No soporto las camisetas **de** poliéster.
  Je ne supporte pas les T-shirts en polyester.

135

▶ Pour **caractériser**

- El señor **de** gafas es el padre de la niña **de**l pelo rubio.
  Le monsieur aux lunettes est le père de la fille aux cheveux blonds.

- Ese jersey **de** rombos no pega nada con tu falda **de** rayas.
  Ce pull à losanges ne va pas bien avec ta jupe à rayures.

▶ Pour exprimer la **condition** (*de* + infinitif)

- **De reservar** tiene que ser hoy.
  Si on veut réserver, il faut le faire aujourd'hui.

▶ **LES SUBORDONNÉES DE CONDITION P. 164**

On n'emploie pas *de*

▶ Pour introduire la **proposition complément** des verbes *decir*, *pedir*, *rogar*, *desear*.

- Te digo **que** te des prisa.
  Je te dis de te dépêcher.

- Me pidió **que** fuera a recoger a los niños al colegio.
  Il m'a demandé d'aller chercher les enfants à l'école.

- Le deseo **que** le vaya muy bien.
  Je lui souhaite de réussir.

▶ Pour introduire l'**infinitif complément** de certains verbes : *intentar* (essayer), *decidir* (décider), *proponer* (proposer), *prometer* (promettre), *proyectar hacer algo* (projeter de faire qqch.).

- Os propongo encontrarnos aquí mismo dentro de dos horas.
  Je vous propose de nous retrouver ici même dans deux heures.

▶ Pour introduire le **complément de quantité** de certains verbes.

- He engordado/adelgazado dos kilos este verano.
  J'ai grossi/maigri de deux kilos cet été.

- El precio del pan ha subido un 100% desde que entró en vigor el euro.
  Le prix du pain a augmenté de 100 % depuis que l'euro est entré en vigueur.

Principaux emplois de *por*

▶ Pour exprimer la **cause**

- Llegué agotada **por** las 15 horas de viaje y el desfase horario.
  Je suis arrivée épuisée à cause des 15 heures de voyage et du décalage horaire.

- Eso te pasa **por** ser demasiado ingenuo.
  Ça t'arrive parce que tu es trop naïf.

GRAMMAIRE ■ Les prépositions *de*, *por* et *para* — 30

> **Notez bien**
>
> *Por* peut exprimer en même temps la cause et la destination ou le but.
>
> Hace muchos esfuerzos **por** sus hijos.
> Il fait beaucoup d'efforts pour ses enfants.
> [à cause d'eux et à leur profit]
>
> No os llamé **por** no molestar.
> Je ne vous ai pas appelés pour ne pas déranger.
> [parce que je ne voulais pas déranger et afin de ne pas déranger]

▶ Pour exprimer le **mouvement**

À l'intérieur d'un espace

- Corren **por** el campo.
  Ils courent dans la campagne.

À travers un lieu

- Pasamos **por** Jerez para ir a Cádiz.
  Nous passons par Jerez pour aller à Cadix.

▶ Pour exprimer une **localisation imprécise**

- Vive **por** Atocha.
  Il vit du côté d'Atocha.

▶ Pour exprimer le **temps**

Parties de la journée

- **Por** la noche trabajo mejor que **por** la mañana.
  La nuit je travaille mieux que le matin.

Périodicité

- Voy al gimnasio dos veces **por** semana.
  Je vais au club de gym deux fois par semaine.

> **Notez bien**
>
> En Espagne, *por* s'utilise surtout avec *semana*. Pour les autres périodes, *a* est plus fréquent : *al día* (par jour), *al mes* (par mois), *al año* (par an). En Amérique, *por* s'emploie dans tous les contextes.

Localisation imprécise

- La última vez que nos vimos fue **por** mayo o junio.
  La dernière fois que nous nous sommes vues, c'était vers mai ou juin.

▶ Pour désigner le **destinataire d'un sentiment**

- Siento mucha admiración y respeto **por** él.
  J'ai une grande admiration et un grand respect pour lui.

▶ Pour indiquer un **prix**

- Se ha comprado un coche de segunda mano **por** 1 500 euros.
  Il s'est acheté une voiture d'occasion pour 1 500 euros.

▶ Au sens de « **à la place de** »

- Él firmará **por** mí si no estoy.
  Il signera à ma place si je ne suis pas là.

▶ Avec un **complément d'agent** dans les phrases passives

- Este teatro fue construido **por** los griegos.
  Ce théâtre fut construit par les Grecs.

Principaux emplois de *para*

▶ Avec un **complément de but**

- Utiliza el ordenador solo **para** conectarse a internet.
  Elle utilise l'ordinateur seulement pour se connecter à Internet.

▶ Pour désigner le **destinataire** d'un objet

- Tiene un regalo **para** nosotros.
  Il a un cadeau pour nous.

▶ Pour indiquer une **destination**

- ¿Ha salido ya el vuelo **para** Lima?
  Le vol pour Lima est-il déjà parti ?

▶ Pour indiquer une **limite temporelle** (date butoir)

- **Para** el lunes tiene que estar listo.
  Il faut que ce soit prêt pour lundi.

▶ Pour exprimer une **relation** (par rapport à)

- Está estupendísima **para** su edad.
  Elle est vraiment superbe pour son âge.

GRAMMAIRE — Les prépositions *de*, *por* et *para*

Traduction express

1. Cette chemise est à Fernando.
2. Je déteste *(odiar)* conduire la nuit.
3. Nous nous sommes mariés le 17 novembre 2021.
4. Les fenêtres en bois sont plus jolies que celles en PVC.
5. Le garçon à la casquette *(gorra)* est son frère.
6. Dis-lui de ne pas faire autant de bêtises *(hacer el tonto)*.
7. Il y avait plus de bouchons *(atascos)* aujourd'hui à cause de la pluie.
8. On fait un tour dans le parc ?
9. Le matin il était toujours de mauvaise humeur.
10. La nouvelle bibliothèque sera inaugurée par le maire *(alcalde)*.
11. Je ne pourrai pas aller au concert de ce soir. Tu veux y aller à ma place ?
12. Cette lettre est pour lui.
13. Le magasin dont je te parle est du côté de la grand-place.

Corrigé

1. *Esta camisa es de Fernando.*
2. *Odio conducir de noche ou por la noche.*
3. *Nos casamos el 17 de noviembre del 2021.*
4. *Las ventanas de madera son más bonitas que las de PVC.*
5. *El chico de la gorra es su hermano.*
6. *Dile que no haga tanto el tonto.*
7. *Había más atascos hoy por la lluvia.*
8. *¿Vamos a dar una vuelta por el parque?*
9. *Por la mañana siempre estaba de mal humor.*
10. *La nueva biblioteca será inaugurada por el alcalde.*
11. *No podré ir al concierto de esta noche. ¿Quieres ir tú por mí?*
12. *Esta carta es para él.*
13. *La tienda de la que te hablo está por la plaza mayor.*

31 La phrase simple (1)

→ Comment diriez-vous : « Personne ne répond » ? *Nadie…*
→ Savez-vous dire : « Regarde comme elle est belle ! »
→ Dit-on : *El tren llega* ou *Llega el tren* ?

Les phrases simples (composées d'un seul verbe) présentent quelques spécificités en espagnol.

La phrase déclarative affirmative

◗ Les phrases déclaratives affirmatives peuvent se renforcer à l'aide de *sí (que)*.

- Tengo que irme… Ahora **sí (que)** tengo que irme.
  Je dois partir… Maintenant je dois vraiment partir.

- —No me entiendes… —**Sí (que)** te entiendo.
  Tu ne me comprends pas. – Bien sûr que si, je te comprends.

◗ Le sujet se place généralement **avant** le verbe.

- **Gerardo** está haciendo una tarta de manzana.
  Gerardo est en train de faire une tarte aux pommes.

◗ Mais avec certains verbes comme *llegar* (arriver), *venir* (venir), *empezar* (commencer), *acercarse* (s'approcher), *desaparecer* (disparaître), *cambiar* (changer), le sujet se place généralement **après** le verbe :

– si la phrase est composée seulement du sujet et du verbe ;

- Mira, llega **el tren**.
  Regarde, le train arrive.

– si le verbe est précédé d'un complément adverbial.

- ¡Ya llega **el tren**!
  Le train arrive déjà !

◗ Avec *gustar* (aimer), *encantar* (enchanter), *interesar* (intéresser), *molestar* (déranger), *doler* (faire mal), *preocupar* (préoccuper)…, le sujet se place le plus souvent **après** le verbe.

- Me gustan mucho **tus pendientes**.
  Tes boucles d'oreille me plaisent beaucoup.

- Me duele **la cabeza** y me molesta mucho **el humo**.
  J'ai mal à la tête et la fumée me dérange énormément.

GRAMMAIRE ■ **La phrase simple (1)** **31**

La phrase déclarative négative

▶ Les déclaratives négatives peuvent se renforcer à l'aide de *en absoluto, (para) nada* ou *nada en absoluto*.

- Esa película no me interesa **nada en absoluto**.
  Ce film ne m'intéresse pas du tout.

▶ S'il y a dans la phrase avant le verbe un autre mot négatif, *no* **ne s'emploie pas**. Comparez :

- Esta **no** me gusta **tampoco**.
  Esta **tampoco** me gusta.
  Celle-ci ne me plaît pas non plus.

- **No** contesta **nadie**.
  Nadie contesta.
  Personne ne répond.

- **No** me haces caso **nunca**.
  Nunca me haces caso.
  Tu ne m'écoutes jamais.

- **No** le preocupa **nada**.
  Nada le preocupa.
  Rien ne l'inquiète.

- **No** vino **ningún** familiar suyo.
  Ningún familiar suyo vino.
  Aucun parent à lui n'est venu.

> **Notez bien**
>
> La structure « ne… que » équivaut à *no… más que, no… sino* ou se traduit par *solo / solamente.*
>
> Este niño **no** come **más que** pasta.
> Este niño **no** come **sino** pasta. [formel]
> Este niño come **solo** pasta.
> Cet enfant ne mange que des pâtes.

La phrase interrogative

▶ **Interrogation totale et partielle**

L'interrogation peut porter sur la totalité de l'énoncé (interrogatives totales) ; dans ce cas, la réponse est affirmative (*sí* : oui, *bueno* : bon, *vale* : d'accord…), négative (*no* : non, *ni hablar* : hors de question…) ou dubitative (*quizás, a lo mejor* : peut-être…).

- —¿Quieres dormir la siesta? —Vale, pero poco rato.
  Tu veux faire une sieste ? – D'accord, mais pas longtemps.

- —¿No te gusta esta música? —Sí, pero está demasiado alta.
  Tu n'aimes pas cette musique ? – Si, mais elle est trop forte.

L'interrogation peut porter uniquement sur une partie de l'énoncé (interrogatives partielles) ; dans ce cas, la phrase se construit avec des mots interrogatifs (voir p. 72).

- —¿Qué hora es? —Ya son las dos.
  Quelle heure est-il ? – Il est déjà deux heures.

- —¿Por qué se ha enfadado? —Porque no lo han esperado.
  Pourquoi s'est-il fâché ? – Parce qu'ils ne l'ont pas attendu.

▸ Interrogation directe et indirecte

L'interrogation peut être directe ou indirecte (voir p. 72 et p. 156).

▸ Place du sujet

Dans les phrases interrogatives totales avec sujet exprimé, celui-ci peut se placer avant ou après le verbe.

- ¿**Pedro** come hoy con nosotros?
  Pedro mange avec nous aujourd'hui ?

- ¿Me acompañas **tú** al aeropuerto?
  Tu m'accompagnes à l'aéroport ?

▶ **Les pronoms personnels p. 53**

Dans la plupart des interrogatives partielles avec sujet exprimé, celui-ci peut apparaître soit en tête de phrase, soit après le verbe. Comparez :

- ¿**Ella** qué quiere?
  ¿Qué quiere **ella**?
  Qu'est-ce qu'elle veut ?

- ¿**Tú** dónde vives?
  ¿Dónde vives **tú**?
  Où habites-tu ?

- ¿**Ana y José** cuándo se casaron?
  ¿Cuándo se casaron **Ana y José**?
  Quand Ana et José se sont-ils mariés ?

En Amérique

Dans l'espagnol des Antilles, le sujet se place très souvent directement avant le verbe dans les interrogatives.

¿Qué **tú** quieres?
Qu'est-ce que tu veux ?

GRAMMAIRE — La phrase simple (1) 31

La phrase exclamative

● L'exclamation peut se faire avec des mots comme **qué** (invariable), **quién(es), cuánto(s)/cuánta(s)**, mais aussi avec **cómo** (manière ou quantité) ou avec **dónde** (lieu).

▶ LES EXCLAMATIFS P. 74-75

- ¡**Qué** suerte!
  Quelle chance !
- ¡**Cómo** llueve!
  Comme il pleut !
- ¡**Dónde** os vais de viaje, qué suerte!
  Quelle chance d'aller là-bas en voyage !

● Dans la langue parlée, on emploie souvent *¡vaya!* + nom ou *¡menudo/-a(s)!* + nom à la place de *¡qué!* + nom avec un sens superlatif.

- ¡**Vaya** cochazo!
  Quelle belle voiture !
- ¡**Menuda** metedura de pata!
  Quelle gaffe !

● Dans les exclamatives indirectes, on emploie très souvent la structure *lo... que* à la place de *qué* ou *cuánto*.

- Mira **qué** guapa es.
  Mira **lo** guapa **que** es.
  Regarde comme elle est belle.
- No te imaginas **qué** bien nos lo pasamos.
  No te imaginas **lo** bien **que** nos lo pasamos.
  Tu ne peux pas imaginer comme nous nous sommes bien amusés.
- No sabes **cuánto** lo siento.
  No sabes **lo** (mucho) **que** lo siento.
  Tu ne sais pas combien je suis désolée.

● Dans les exclamatives directes, on emploie la structure *la de... que* à la place de *qué de* ou de *cuánto(s)/cuánta(s)*.

- ¡**Qué de** ropa tienes!
  ¡**La de** ropa **que** tienes!
  Que d'habits tu as !
- ¡**Cuánta** gente!
  ¡**La de** gente **que** hay!
  Quelle foule !

▶ L'expression exclamative d'un souhait se fait avec l'interjection *¡ojalá!* suivie du subjonctif présent (souhait réalisable) ou imparfait (réalisation invraisemblable) ou plus-que-parfait (réalisation impossible).

- **¡Ojalá** queden entradas todavía!
  Pourvu qu'il reste encore des places !

- **¡Ojalá** viviéramos más cerca para podernos ver más a menudo!
  Si seulement on habitait plus près pour pouvoir se voir plus souvent !

- **¡Ojalá** te hubiera conocido antes!
  Si seulement je t'avais rencontré plus tôt !

Traduction express

1. Enfin le film commence !
2. Il aime beaucoup les enfants.
3. Personne ne le savait. [deux possibilités]
4. Elle non plus n'est pas d'accord. [deux possibilités]
5. Ils ne parlent que l'espagnol. [trois possibilités]
6. À quoi sert ce truc *(chisme)* ?
7. Comment tu prononces « wifi », toi ?
8. Regarde comme il est mignon *(mono)* ! [deux possibilités]
9. Pourvu qu'ils fassent la paix *(las paces)* !

Corrigé

1. Por fin empieza la película.
2. Le gustan mucho los niños.
3. Nadie lo sabía ou No lo sabía nadie.
4. Ella tampoco está de acuerdo ou Ella no está de acuerdo tampoco.
5. No hablan más que español ou Solo hablan español ou No hablan sino español.
6. ¿Para qué sirve este chisme?
7. ¿Tú cómo pronuncias « wifi »? ou ¿Cómo pronuncias tú « wifi »?
8. ¡Mira qué mono es! ou ¡Mira lo mono que es!
9. ¡Ojalá hagan las paces!

32 La phrase simple (2)

→ Savez-vous dire : « L'espagnol est parlé dans plus de vingt pays » ?
→ Comment traduire « on » dans : « On t'attend à la gare » ?

La phrase passive

◉ La phrase passive se forme avec **ser** + le participe passé du verbe, accordé en genre et en nombre avec le sujet. Le complément d'agent, s'il est exprimé, est généralement précédé de *por*, plus rarement de *de*.

- La nueva terminal del aeropuerto **será inaugurada por** el alcalde.
  Le nouveau terminal de l'aéroport sera inauguré par le maire.

- La noticia ya **es conocida de** todos.
  La nouvelle est déjà connue de tout le monde.

◉ Les temps composés de la voix passive sont formés avec **haber** (conjugué à un temps simple) + *sido* + le participe passé du verbe, accordé en genre et en nombre avec le sujet.

- Cuando lleguemos, la nueva terminal del aeropuerto ya **habrá sido inaugurada**.
  Quand nous arriverons, le nouveau terminal de l'aéroport aura déjà été inauguré.

◉ On peut former des phrases passives avec **estar** + participe passé. Elles expriment le résultat de l'action (voir p. 106). Comparez :

- La costa **fue contaminada** por la marea negra.
  [On exprime le déroulement de l'action.]
  La côte a été polluée par la marée noire.

- La costa **estuvo contaminada** por la marea negra.
  [On exprime le résultat de l'action.]
  La côte s'est retrouvée polluée par la marée noire.

- Santiago **fue encarcelado** durante la dictadura.
  Santiago a été emprisonné pendant la dictature.

- Santiago **estuvo encarcelado** durante la dictadura.
  Santiago a été en prison pendant la dictature.

▶ ÊTRE P. 343

Les substituts de la voix passive

La construction passive s'emploie moins en espagnol qu'en français : elle appartient au style journalistique ou scientifique. On lui préfère d'autres constructions.

▶ **Si l'agent de l'action est connu, construction active.**

- El gobierno **ha anunciado** nuevas medidas de desarrollo sostenible.
  De nouvelles mesures de développement durable ont été annoncées par le gouvernement.

▶ **Si l'agent de l'action est inconnu :**

Construction passive avec *se* + verbe actif à la 3e personne

Dans ce cas, le verbe s'accorde avec le sujet. Comparez :

- Aquella foto **se publicó** inmediatamente.
  Cette photo a été publiée immédiatement.

- Aquellas fotos **se publicaron** inmediatamente.
  Ces photos ont été publiées immédiatement.

Le sujet suit très souvent le verbe.

- ¿Ya **se han vendido** todas las entradas?
  Toutes les entrées ont déjà été vendues ?

- **Se habla** español en más de veinte países.
  L'espagnol est parlé dans plus de vingt pays.

- **Se esperan** muchos visitantes.
  De nombreux visiteurs sont attendus.

Construction impersonnelle avec *se* + verbe à la 3e personne du singulier (sans sujet)

- No **se avisó** a tiempo a los vecinos del barrio.
  Les gens du quartier n'ont pas été prévenus à temps.

- **Se espera** a los protagonistas de la película en el estreno.
  Les protagonistes du film sont attendus pour la première.

Notez bien

Quand il s'agit d'une chose ou d'une personne indéterminée, on préfère la construction passive avec *se*.
Quand il s'agit d'une personne déterminée, la construction impersonnelle avec *se* est préférée.

GRAMMAIRE ■ La phrase simple (2) — 32

La phrase impersonnelle

Les phrases impersonnelles n'ont pas de sujet, soit parce qu'elles correspondent réellement à des actions sans agent identifiable, soit parce qu'on ne veut pas le préciser.

▶ Structures avec verbe à la 3ᵉ personne du singulier sans accord à un sujet

Expressions météorologiques

- Ahora **llueve**, pero hace un rato **nevaba**.
  Maintenant il pleut, mais il y a un moment il neigeait.
- **Hace** 25 grados y un sol precioso.
  Il fait 25 degrés et un soleil merveilleux.

Expressions temporelles avec *ser* ou *hacer*

- **Es** muy pronto, ¿no ves que todavía no **es** de día?
  Il est très tôt, tu ne vois pas qu'il ne fait pas encore jour ?
- **Hace** tres años que no nos vemos.
  Cela fait trois ans qu'on ne se voit pas.

Expressions existentielles avec *haber*

- **Había** dos puertas al final del pasillo.
  Il y avait deux portes au bout du couloir.

▶ **IL Y A P. 348**

Expressions d'obligation avec *hay que* + infinitif

- Mañana **hay que** ir a votar.
  Demain il faut aller voter.

▶ **FALLOIR P. 346**

▶ Autres structures

Se + verbe à la 3ᵉ personne du singulier (valeur générale)

- **Se vive** mejor en una ciudad mediana.
  On vit mieux dans une ville moyenne.
- A lo lejos **se oye** a los manifestantes gritando.
  Au loin on entend crier les manifestants.

Verbe à la 3ᵉ personne du pluriel (le locuteur est exclu)

- ¿Te **esperan** en la estación?
  On t'attend à la gare ?
- **Dicen** que nos van a subir el sueldo.
  On dit que nous allons être augmentés.

▶ **Phrases avec sujet à valeur générale**

Uno / Una (action générale dans laquelle le locuteur s'implique personnellement)

- A mi edad, **una** ya no es tan ingenua.
  À mon âge, on n'est plus si naïf.

> **Notez bien**
>
> Avec les verbes pronominaux, seuls *uno / una* peuvent s'employer avec cette valeur.
>
> **Uno** se acostumbra muy pronto a lo bueno. [*acostumbrar***se**]
> On s'habitue vite aux bonnes choses.

Verbe à la 2e personne du singulier (le locuteur s'inclut)
ou *la gente* + verbe à la 3e personne du singulier (le locuteur s'exclut)

- Estas cosas ocurren cuando menos **te** lo **esperas**.
  Ces choses-là arrivent quand on s'y attend le moins.
- **La gente** lee menos poesía que novelas.
  On lit ou Les gens lisent moins de poésie que de romans.

▶ ON P. 354

Traduction express

1. Cet hôtel a été décoré par un célèbre designer *(diseñador)*.
2. La ville est entourée d'une muraille *(muralla)* arabe.
3. Les résultats sont attendus pour midi.
4. On mange très bien dans ce petit restaurant.
5. Quand est-ce qu'on nous envoie la facture ?
6. Parfois on dit des choses dont on se repent après.

Corrigé
1. Este hotel ha sido decorado por un diseñador famoso.
2. La ciudad está rodeada por una muralla árabe.
3. Se esperan los resultados hacia las doce.
4. Se come muy bien en este pequeño restaurante.
5. ¿Cuándo nos mandan la factura?
6. A veces se dicen cosas de las que uno se arrepiente después ou A veces uno dice cosas de las que se arrepiente después.

33 La coordination

→ Quel est l'équivalent de « mais » dans : « Elle ne s'appelle pas Sagrario, mais Rosario » ?
→ Que signifie : *O te das prisa o no te esperamos* ?

Des propositions du même niveau peuvent être soit juxtaposées, soit reliées par des conjonctions de coordination qui explicitent le rapport de sens existant entre elles.

La coordination avec *y* et *ni*

▶ La conjonction **y** exprime des relations diverses : simple addition, succession temporelle, relation de cause à effet, relation d'opposition...

- Estudia dos carreras **y** trabaja los fines de semana.
  Elle fait un double cursus et elle travaille les fins de semaine.
- He ido a recoger a los niños **y** los he llevado al parque un rato.
  Je suis allé récupérer les enfants et je les ai emmenés un peu au parc.
- Costaba muy caro **y** no lo compró.
  Ça coûtait très cher et il ne l'a pas acheté.
- Dice que me vio anoche **y** eso es imposible.
  Il dit qu'il m'a vu hier soir mais c'est impossible.

▶ La conjonction **y devient e** devant tout mot commençant par le son [i].

- No te desanimes **e** insiste.
  Ne te décourage pas et insiste.

Exceptions : *y* ne change pas devant une diphtongue et en début de phrase interrogative.

- Me indigna **y** hiere su actitud.
  Son attitude m'indigne et me blesse.
- ¿**Y** invitaste también a tu ex?
  Et tu as aussi invité ton ex ?

> **Notez bien**
> Cette règle vaut aussi pour la simple coordination de noms ou d'adjectifs.
>
> Estudia geografía **e** historia.
> Il fait des études d'histoire-géographie.
>
> Necesito limas **y** hielo.
> Il me faut des citrons verts et de la glace.

▶ La conjonction de coordination négative est *ni*. Elle peut intervenir après la négation de la première proposition (*no... ni...*) ou précéder chaque proposition (*ni... ni...*).

- **No** quiero enfadarte **ni** molestarte.
  Je ne veux ni te fâcher ni te mettre mal à l'aise.

- **Ni** lo sé **ni** me importa.
  Je ne le sais pas et ça ne m'intéresse pas.

▶ Ni... ni... p. 354

La coordination avec *o* / *u*

▶ La conjonction *o* introduit une alternative, une explication, une condition...

- ¿Vienes **o** te quedas?
  Tu viens ou tu restes ?

- La malaria **o** paludismo es una enfermedad transmitida por un mosquito anofeles.
  La malaria ou paludisme est une maladie transmise par un moustique anophèle.

- **O** te das prisa **o** no te esperamos.
  Dépêche-toi, sinon, on ne t'attend pas.

▶ La conjonction *o* devient *u* devant tout mot commençant par le son [o].

- ¿Alguien podría ayudarme **u** orientarme?
  Quelqu'un pourrait m'aider ou m'orienter ?

▶ Ou p. 355

▶ L'alternative s'exprime de façon plus insistante avec *(o) bien... (o) bien...* ou *ya sea... ya sea...*

- **O bien** se lo dices tú **o bien** tendré que anunciárselo yo misma.
  Soit tu le lui dis, soit je devrai le lui annoncer moi-même.

- Puedes ganar algo de dinero **ya sea** dando clases particulares, **ya sea** haciendo de canguro.
  Tu peux gagner un peu d'argent, soit en donnant des cours particuliers, soit en travaillant comme baby-sitter.

GRAMMAIRE ■ **La coordination** **33**

La coordination avec *pero* et *sino que*

▸ **Pero** introduit une deuxième proposition qui contredit l'idée impliquée par la première (qui peut être affirmative ou négative).

- Está enfermo, **pero** ha venido a trabajar.
  Il est malade, mais il est venu au travail.

- No se encuentra bien, **pero** ha venido a trabajar.
  Il ne se sent pas bien, mais il est venu au travail.

▸ **Sino que** introduit une proposition qui rectifie la proposition précédente, obligatoirement négative.

- No te he pedido que me lo regales, **sino que** me lo prestes.
  Je ne t'ai pas demandé de me l'offrir, mais de me le prêter.

> **Notez bien**
>
> On emploie *pero* ou *sino* selon ce même principe pour coordonner deux termes.
>
> No se llama Sagrario, **sino** Rosario.
> Elle ne s'appelle pas Sagrario, mais Rosario.
>
> ▸ **Mais p. 350**

▸ **Sin embargo** et **no obstante** peuvent apparaître seuls ou précédés d'une conjonction.

- Él es más joven **y sin embargo** tiene más experiencia.
  Il est plus jeune et pourtant il a plus d'expérience.

- El plazo ya está cerrado. **No obstante**, haremos una excepción.
  [plus soutenu]
  Le délai est déjà passé. Cependant nous ferons une exception.

La coordination avec *luego, conque*...

▸ Avec *luego, conque, así que, de modo que, de forma que, de manera que*..., la deuxième proposition exprime une conséquence par rapport à la première.

- No ha venido, **luego** no estará tan interesado.
  Il n'est pas venu, donc il ne doit pas être si intéressé.

- Hoy hay manifestación, **conque** mejor evitar coger el coche.
  Aujourd'hui il y a une manifestation, alors il vaut mieux éviter de prendre la voiture.

- Aún tengo trabajo, **así que** no voy a poder ir al cine.
  Il me reste du travail, je ne vais donc pas pouvoir aller au cinéma.

- No fuiste a votar, **de modo que** ahora no te quejes.
  Tu n'es pas allé voter, donc ne te plains pas maintenant.

- *Por (lo) tanto, así, así pues* et *por consiguiente* ont la même valeur de conséquence. Leur place dans la deuxième proposition est variable.
  - Ha sido un irresponsable, se merece **por tanto** que no lo hayan reelegido.
    Il a été très irresponsable, par conséquent il mérite de ne pas avoir été réélu.

- *Pues* à valeur de conséquence doit se placer **après** le verbe de la seconde proposition.
  - El libro está agotado; intente, **pues**, comprarlo de segunda mano.
    Ce livre est épuisé ; essayez donc de l'acheter d'occasion.

> **Notez bien**
> *Por (lo) tanto* (par conséquent) n'est pas équivalent de « pourtant », qui se dit *sin embargo*.

La coordination avec *es decir…*

Es decir, o sea (que) et *esto es* indiquent que la deuxième proposition explique la première. *O sea que* et *es decir* peuvent aussi servir à exprimer une conclusion.

- Es gaditano, **esto es**, nació en Cádiz.
  Il est gaditain, c'est-à-dire qu'il est né à Cadix.
- Los billetes han subido, **o sea que** no podremos ir.
  Les billets ont augmenté, ce qui veut dire qu'on ne pourra pas y aller.

GRAMMAIRE — La coordination

Traduction express

1. Il est venu et nous avons essayé de réparer *(arreglar)* mon imprimante *(impresora)*.
2. Je ne l'ai ni entendu ni vu.
3. Tu préfères dîner dehors ou organiser un petit dîner à la maison ?
4. Soit on part immédiatement, soit on passe la nuit ici.
5. Tu devrais prendre contact avec elle, soit en lui écrivant un mail, soit en lui envoyant un whatsapp.
6. Il n'est pas très grand, mais il est excellent au basket *(jugando al baloncesto)*.
7. Non seulement je suis fatiguée mais en plus j'ai très faim.
8. Il me l'a envoyé à l'ancienne adresse, je ne l'ai donc pas reçu.

Corrigé

2. No lo he visto ni lo he oído ou Ni lo he visto ni lo he oído.
3. ¿Prefieres cenar fuera u organizar una pequeña cena en casa?
4. O bien nos vamos inmediatamente, o bien pasamos aquí la noche.
5. Deberías ponerte en contacto con ella, ya sea escribiéndole un correo electrónico, ya sea mandándole un wasap.
6. No es muy alto, pero es buenísimo jugando al baloncesto.
7. No solo estoy cansada, sino que además tengo mucha hambre.
8. Me lo mandó a la antigua dirección, así que no lo he recibido.

34 Les subordonnées complétives

→ Quel est le sens de *el* dans : *Odio el levantarme tan temprano* ?
→ Savez-vous dire : « Je leur ai dit de ne pas m'attendre » ?
→ Et : « J'espère qu'elle me reconnaîtra » ?

Fonctions des complétives

▶ Les subordonnées complétives exercent les **fonctions d'un nom** ou d'un pronom (sujet ou complément) dans la proposition principale. Leur verbe peut être à une **forme personnelle** ou à l'**infinitif**.

- Me sorprende que cueste tan barato. [sujet]
  Ça m'étonne que ça soit si peu cher.

- Le encanta nadar. [sujet]
  Nager lui plaît beaucoup.

- Te prometo que yo no he dicho nada. [COD]
  Je te promets que je n'ai rien dit.

- Quiere venir con nosotros. [COD]
  Elle veut venir avec nous.

- No le ve interés a que siga con el tratamiento. [COI]
  Il ne voit pas d'intérêt à ce que je continue le traitement.

- Acuérdate de que hoy tenemos reunión de vecinos. [COI]
  Rappelle-toi qu'aujourd'hui nous avons réunion de copropriété.

- Estoy encantado de que vengáis. [complément de l'adjectif]
  Je suis ravi que vous veniez.

Notez bien

Les verbes qui se construisent avec un complément prépositionnel comme *acordarse de* (se souvenir de), *confiar en* (avoir confiance en), *contar con* (compter sur), *insistir en* (insister sur), *soñar con* (rêver de) conservent leur **préposition** devant l'infinitif et devant *que* + verbe à la forme personnelle.

Sueña **con participar** en las próximas olimpiadas.
Elle rêve de participer aux prochains jeux Olympiques.

Sueña **con que** su equipo se clasifique.
Elle rêve que son équipe soit classée.

GRAMMAIRE — Les subordonnées complétives

▶ L'article *el* peut précéder certaines complétives sujet ou COD dépendant de verbes exprimant un sentiment ou une appréciation subjective. *El que* équivaut dans ce cas à « le fait de / que ».

- Me sorprende **el** que cueste tan barato.
  Ça m'étonne que ça soit si peu cher.
- Odio **el** levantarme tan temprano.
  Je déteste me lever si tôt.

▶ **Emplois de l'infinitif p. 103**

▶ *Lo de* + infinitif ou *lo de que* + verbe à une forme personnelle équivaut à « l'idée de », « le fait de »…

- ¿**Lo de** comprarte una moto va en serio?
  L'idée de t'acheter une moto est sérieuse ?
- Me sorprende **lo de que** cueste tan barato.
  Ça m'étonne que ce soit si peu cher.

▶ **Le fait de / que… p. 346**
▶ **Lo p. 28**

Constructions et mode des complétives

▶ Les complétives introduites par *que* sont **à l'indicatif** si elles déclarent un fait dépendant d'une principale déclarative affirmative. Elles sont au **subjonctif** si la principale exprime un ordre, un doute, un désir ou une appréciation. Le principe général est le même qu'en français. Comparez :

INDICATIF	SUBJONCTIF
Dice que no viene. Il dit qu'il ne vient pas.	Dile que venga. Dis-lui de venir.
Creíamos que te gustaba. Nous croyions que ça te plaisait.	Dudábamos que te gustara. Nous doutions que ça te plaise.
Veo que eres sincero conmigo. Je vois que tu es sincère avec moi.	Quiero que seas sincero conmigo. Je veux que tu sois sincère avec moi.
Pienso que se ha enfadado. Je pense qu'il s'est fâché.	Es una pena que se haya enfadado. C'est dommage qu'il se soit fâché.

▶ **Indicatif ou subjonctif p. 115**
▶ **Concordance des temps p. 97**

> **Notez bien**
>
> Les verbes exprimant un ordre, une prière ou un conseil, comme *decir* (dire = ordonner), *pedir* (demander), *mandar* (ordonner), *ordenar* (ordonner), *prohibir* (interdire), *rogar* (prier), *suplicar* (supplier), *aconsejar* (conseiller), *recomendar* (recommander) se construisent avec une proposition introduite par *que* + verbe au **subjonctif**.
>
> Les he dicho **que** no me **esperen**.
> Je leur ai dit de ne pas m'attendre.
>
> Nos rogó **que aplazáramos** la reunión a la semana siguiente.
> Il nous a prié de reporter la réunion d'une semaine.

▶ Avec un **verbe d'opinion ou de connaissance à la forme négative** dans la principale, le mode de la complétive varie. Comparez :

- Creo **que puedo** ayudarte.
  [principale affirmative au présent → complétive à l'indicatif présent]
  Je crois que je peux t'aider.

  mais

- No creo **que pueda** ayudarte.
  [principale négative au présent → complétive au subjonctif présent]
  Je ne crois pas que je puisse t'aider.

- No creía **que vivías** ou **vivieras** tan lejos.
  [principale négative au passé → complétive à l'indicatif ou au subjonctif]
  Je ne pensais pas que tu vivais si loin.

- No creas **que es** tan joven.
  [principale négative à l'impératif → complétive à l'indicatif]
  Ne crois pas qu'il est si jeune.

▶ Les complétives **interrogatives indirectes** sont introduites par la conjonction *si* ou par un mot interrogatif. Le mode reste le même qu'en français.

- No sé **si** le gusta.
  Je ne sais pas si ça lui plaît.

- Me preguntó **quién** había llamado.
  Il m'a demandé qui avait appelé.

> **Notez bien**
> Les mots interrogatifs portent toujours un **accent** (voir p. 12).

▶ Les complétives **COD à l'infinitif** ne sont **jamais** précédées d'une préposition.

- Raquel quiere montar a caballo.
  Raquel veut monter à cheval.

- Los médicos recomiendan practicar algún deporte a cualquier edad.
  Les médecins conseillent de faire du sport à tout âge.

- Esta estancia le ha permitido aprender muchas cosas.
  Ce séjour lui a permis d'apprendre beaucoup de choses.

- Te prohíbo quejarte.
  Je t'interdis de te plaindre.

▶ Les complétives **interrogatives indirectes COD à l'infinitif** peuvent être introduites par *si* ou par un mot interrogatif. L'infinitif des complétives introduites par *si* correspond en français à une forme personnelle.

- No sabe **si** comprarlo ahora o esperar a las rebajas.
  Elle ne sait pas si elle l'achète maintenant ou si elle attend les soldes.

- No sé **qué** ponerme.
  Je ne sais pas quoi mettre.

Grammaire — Les subordonnées complétives 34

> **Notez bien**
>
> Les complétives dépendant du verbe *esperar* se construisent au subjonctif en respectant la concordance des temps (voir p. 97).
>
> **Espero que** me reconozca.
> J'espère qu'elle me reconnaîtra.
>
> **Esperaba que** me reconociera.
> J'espérais qu'elle me reconnaîtrait.
>
> Si le sens de *esperar* est « attendre », la complétive peut être introduite par la préposition *a*.
>
> **Estoy esperando (a) que** me manden los resultados.
> J'attends qu'on m'envoie les résultats.

Traduction express

1. N'oublie pas qu'il faut acheter de la lessive *(detergente)*.
2. Le fait qu'il t'ait appelé est déjà un bon signe.
3. Demande-lui de te faire de la monnaie *(dar cambio)* sur ce billet de 50 euros.
4. Il lui a conseillé de ne pas y aller.
5. Il ne croit pas que ce soit une bonne idée.
6. Elle ne savait pas que tu étais médecin.
7. J'espère qu'elle réussira *(aprobar)* son concours *(oposición)*.

Corrigé

1. No te olvides de que hay que comprar detergente.
2. El hecho de que te haya llamado ou El que te haya llamado ya es buena señal.
3. Pídele que te dé cambio de este billete de 50 euros.
4. Le aconsejó que no fuera ou Le aconsejó no ir.
5. No cree que sea una buena idea.
6. Ella no sabía que eras ou fueras médico.
7. Espero que apruebe la oposición.

LOS MÉDICOS RECOMIENDAN PRACTICAR ALGÚN DEPORTE A CUALQUIER EDAD.

35 Les subordonnées circonstancielles (1)

→ Quelle différence y a-t-il entre *mientras* et *mientras que* ?
→ Comment dire : « quand on voyageait »
   et « quand on voyagera » ?

> Les subordonnées circonstancielles fonctionnent comme un complément qui informe sur le lieu, la manière, le temps, la cause, le but, la condition de réalisation ou les obstacles à la réalisation de l'action exprimée par la principale.

Les subordonnées de lieu

▶ Elles sont introduites par *donde* (où) accompagné ou non d'une préposition.

- Deja ese libro **donde** estaba, por favor.
  Laisse ce livre là où il était, s'il te plaît.

- Hemos pasado **por donde** menos tráfico había.
  Nous sommes passés par là où il y avait le moins de circulation.

- Iremos **adonde** ou **a donde** a ti te apetezca.
  On ira où tu voudras.

▶ On emploie l'**indicatif** dans la subordonnée pour des actions réelles et le **subjonctif** pour des actions potentielles. Comparez :

- Planta el hibiscus donde ella te **dice**.
  Plante l'hibiscus où elle te dit.

- Planta el hibiscus donde ella te **diga**.
  Plante l'hibiscus où elle te dira.

▶ *Donde* peut être **relatif** et référer à un antécédent. Dans ce cas, il introduit des subordonnées relatives de lieu.

- Esta es la isla **donde** siempre veraneábamos. [*isla* antécédent]
  Voici l'île où nous allions toujours en vacances.

- Evita esa calle **por donde** pasan tantos coches.
  Évite cette rue par laquelle passent tant de voitures.

GRAMMAIRE — Les subordonnées circonstancielles (1) 35

Les subordonnées de manière

▶ Elles sont introduites par *como* ou par *tal (y) como, tal cual, según* et *conforme*.

- Las cosas no son **como** él cree.
  Les choses ne sont pas comme il croit.
- Hazlo **tal y como** a ti te parezca mejor.
  Fais-le comme bon te semble.
- Debe procederse **conforme** ou **según** indica el reglamento.
  On doit procéder comme l'indique le règlement.

▶ On emploie l'**indicatif** dans la subordonnée pour des actions réelles et le **subjonctif** pour des actions potentielles. Comparez :

- Lo he hecho como me **has indicado**.
  Je l'ai fait comme tu me l'as indiqué.
- Lo haré como me **indiques**.
  Je le ferai comme tu me l'indiqueras.

▶ *Como* peut être **relatif** et référer à un antécédent. Dans ce cas, il introduit des subordonnées relatives de manière.

- No me ha gustado el modo **como** te ha hablado. [modo antécédent]
  Je n'ai pas aimé la façon dont il t'a parlé.

▶ GÉRONDIF P. 105
▶ PRÉPOSITION *CON* P. 134

Les subordonnées de temps : simultanéité

▶ Expriment la simultanéité les subordonnées introduites par *cuando* (quand), *mientras* (pendant que) et *mientras que* (tandis que).

- Nos vemos **cuando** estoy en Santiago.
  On se voit quand je suis à Santiago.
- Él está viendo la televisión **mientras** yo hablo por teléfono.
  Il regarde la télévision pendant que moi je parle au téléphone.
- Aquí se malgasta el agua potable **mientras que** en muchos lugares ni siquiera existe.
  Ici on gaspille l'eau potable tandis que dans de nombreux endroits elle n'existe même pas.

▶ *Conforme, según* et *a medida que* (à mesure que) expriment une progression simultanée des actions de la principale et de la subordonnée.

- El precio de la vivienda baja **conforme** suben las tasas de interés.
  Le prix de l'immobilier baisse à mesure que les taux d'intérêt augmentent.

◗ On emploie l'**indicatif** dans la subordonnée pour des actions réalisées ou en cours de réalisation et le **subjonctif** pour des actions potentielles. Comparez :

- Lo pasábamos muy bien cuando **viajábamos** juntos.
  On s'amusait bien quand on voyageait ensemble.
- Lo pasaremos muy bien cuando **viajemos** juntos.
  On s'amusera bien quand on voyagera ensemble.

Notez bien
« Quand » + futur équivaut à *cuando* + subjonctif présent.

Les subordonnées de temps : antériorité

◗ L'antériorité de l'action de la principale par rapport à celle de la subordonnée s'exprime avec *cuando, hasta que, antes (de) que* (ou *antes de* + infinitif si le sujet coïncide avec celui de la principale).

- **Cuando** sea verano, ya habrán acabado de construir la nueva piscina.
  Quand ce sera l'été, on aura fini de construire la nouvelle piscine.
- Estamos viviendo aquí **hasta que** nos entreguen el piso.
  On habite ici jusqu'à ce qu'on nous livre notre appartement.
- Ponte corriendo a la cola **antes de que** haya más gente.
  Va vite faire la queue avant qu'il y ait plus de monde.
- Apagad bien todas las luces **antes de** salir.
  Éteignez bien toutes les lumières avant de partir.

◗ On emploie toujours le **subjonctif** ou l'**infinitif** dans ce type de subordonnées temporelles.

Les subordonnées de temps : postériorité

◗ La postériorité immédiate de l'action de la principale par rapport à celle de la subordonnée s'exprime avec *cuando, en cuanto, apenas... (cuando)* (voir p. 358) et *tan pronto como*.

- Se ha puesto contentísimo **cuando** le he dado la noticia.
  Il a été ravi quand je lui ai annoncé la nouvelle.
- **En cuanto** le mando un mail contesta inmediatamente.
  Dès que je lui envoie un mail, elle me répond immédiatement.
- **Tan pronto como** lleguemos, tendremos que irnos.
  Aussitôt arrivés, nous serons obligés de repartir.

GRAMMAIRE — Les subordonnées circonstancielles (1) 35

- La postériorité non immédiate s'exprime avec *después (de) que* (ou *después de* + infinitif + sujet).
  - Se conocieron **después de que** él se hubiera divorciado
    ou **después de** haberse divorciado él.
    Ils se sont connus après qu'il eut divorcé.

  > **Notez bien**
  > On emploie l'indicatif dans la subordonnée pour des actions réalisées ou en cours de réalisation et le subjonctif pour des actions potentielles. Dans les subordonnées avec *después de que*, on retrouve aussi bien l'indicatif que le subjonctif pour des actions réalisées.
  > Él llegó después de que yo me **fuera** ou me **fui**.
  > Il est arrivé après que je suis partie.

Les subordonnées de cause

- Elles sont introduites le plus souvent par *porque, como, ya que, puesto que, dado que, en vista de que*.
  - Me he acordado **porque** lo tenía anotado en la agenda.
    J'y ai pensé parce que je l'avais noté dans mon agenda.
  - **Como** no habla vasco, no ha entendido nada.
    Comme il ne parle pas le basque, il n'a rien compris.
  - **Ya que** sales, compra tú el pan.
    Puisque tu sors, achète le pain.
  - **Puesto que** tenemos prisa, vayamos al grano.
    Puisque nous sommes pressés, allons droit au but.
  - Su candidatura ha sido desestimada **en vista de que**
    ou **dado que** no cumple con los requisitos. [soutenu]
    Sa candidature n'a pas été retenue du fait qu'elle ne remplit pas les conditions requises.

- *Por* + infinitif est aussi fréquent.
  - Esto te pasa **por** no hacer copias de seguridad.
    Ça t'arrive parce que tu ne fais pas de copies de sauvegarde.

- Le mode des propositions causales est l'**indicatif** ou l'**infinitif**. Les causales négatives peuvent aussi se construire au subjonctif.
  - La han nombrado a ella no porque **sea** una mujer, sino porque **es** excelente.
    Elle a été nommée non parce qu'elle est une femme, mais parce qu'elle est excellente.

▶ Emplois du gérondif p. 105

Les subordonnées de but

▶ Elles sont introduites par *para que, a fin de que, con objeto de que* + subjonctif. Si le sujet de la principale et celui de la subordonnée coïncident, on emploie *para, a fin de, con objeto de* + infinitif.

- Me ha dejado su ordenador **para que** le grabe música.
  Il m'a laissé son ordinateur pour que je lui enregistre de la musique.
- Puso una denuncia **a fin de que** le indemnizaran. [soutenu]
  Il a porté plainte afin qu'on l'indemnise.
- Trabajo aquí **para** ganar más dinero.
  Je travaille ici pour gagner plus d'argent.
- Hemos creado esta página web **con objeto de** promocionar nuestros productos. [soutenu]
  Nous avons créé cette page web dans le but de promouvoir nos produits.

▶ *Ir* et *venir (a) que* + subjonctif s'emploient en langue courante avec un sens de but. *Ir* et *venir a* + infinitif sont obligatoires si le sujet de la principale et celui de la subordonnée coïncident.

- Tengo que ir a la peluquería **a que** me corten el pelo.
  Je dois aller chez le coiffeur pour me faire couper les cheveux.
- Ven **que** te dé un beso.
  Viens que je te fasse un bisou.
- Vengo **a pasar** la ITV.
  Je viens faire le contrôle technique.

Traduction express

1. Le vélo de Mónica est toujours *(seguir)* là où elle l'a laissé.
2. J'achèterai mon ordinateur là où il coûtera le moins cher *(más barato)*.
3. Tu trouves normale la façon dont il a réagi *(reaccionar)* ?
4. Certains l'admirent beaucoup alors que d'autres la trouvent quelconque *(mediocre)*.
5. Quand tu connaîtras tes dates de vacances, nous pourrons nous organiser.
6. Il y a beaucoup de monde parce que c'est un jour férié *(festivo)*.
7. Elle est venue me demander conseil.

Corrigé

1. La bicicleta de Mónica sigue donde ella la dejó.
2. Me compraré el ordenador donde cueste más barato.
3. ¿Te parece normal el modo como ha reaccionado?
4. Algunos la admiran mucho, mientras que otros la encuentran mediocre.
5. Cuando sepas tus fechas de vacaciones nos podremos organizar.
6. Hay mucha gente porque es un día festivo ou por ser un día festivo.
7. Ha venido a pedirme consejo.

36 Les subordonnées circonstancielles (2)

→ Savez-vous dire : « S'il appelle, je lui dirai que tu es partie » ?
→ Que signifie *de* + infinitif dans : *Yo de apuntarme a algo, sería a kárate* ?

Les subordonnées de conséquence

▶ Elles sont introduites par *que* ou *como para (que)* qui réfère à un antécédent exprimé dans la principale.

▶ Elles ont différentes valeurs.

Intensité : *tanto, tan, tal… + que + indicatif ou subjonctif*

- Bebieron **tanto que** a la mañana siguiente no se acordaban de nada.
  Ils ont tellement bu que le lendemain matin ils ne se rappelaient plus rien.

- Quizá esté **tan** cansada **que** ya se haya acostado.
  Elle est peut-être tellement fatiguée qu'elle s'est déjà couchée.

- Tiene **tal** despiste **que** se le ha vuelto a olvidar traerme el jersey.
  Il est tellement étourdi qu'il a encore oublié de me rapporter mon pull.

Manière : *de modo, de manera, de forma + que + indicatif ou subjonctif*

- Tocaron **de manera que** cautivaron al público.
  Ils ont joué de telle sorte qu'ils ont captivé le public.

- Exprésate **de forma que** todos te entiendan.
  Exprime-toi de telle sorte que tout le monde te comprenne.

- No nos ha llamado, **de manera que** no sabemos qué tal le va.
  Il ne nous a pas appelés, si bien qu'on ignore comment il va.

Comparaison : indéfinis *tan(to), (lo) bastante, (lo) suficiente, demasiado… + como para que* + subjonctif ou *como para* + infinitif
– si le sujet est le même que dans la principale

- ¿Estás **tan** cansado **como para** no poder conducir?
  Tu es fatigué au point de ne pas pouvoir conduire ?

- Ya es **(lo) bastante** famosa **como para que** la reconozcan por la calle.
  Elle est assez célèbre pour qu'on la reconnaisse dans la rue.

- Ya tenemos **bastantes** problemas así **como para que** ella nos venga ahora con otro más.
  Nous avons déjà assez de problèmes comme ça pour qu'elle ne vienne pas en ajouter encore un.
- Eres **demasiado** inteligente **como para** enfadarte por una cosa así.
  Tu es trop intelligente pour te fâcher pour une chose pareille.

Les subordonnées de condition

▶ Elles sont le plus souvent introduites par la conjonction *si*.

- Si me hacen fijo, me compro un piso.
  Si je passe en CDI, je m'achète un appartement.
- Si llama, le diré que te has ido.
  S'il appelle, je lui dirai que tu es partie.

▶ Elles ont différentes valeurs.

Condition réalisable ou réelle → *si* + indicatif présent
(principale à l'indicatif présent / futur ou à l'impératif)

- Si me **invitan**, **voy**/**iré**.
  Si on m'invite, j'y vais/j'irai.
- Si tanto te **gusta**, **lléva**telo.
  Si ça te plaît tellement, prends-le.

Condition improbable → *si* + subjonctif imparfait
(principale au conditionnel simple ou à l'indicatif imparfait ou à l'impératif)

- Si me **invitaran**, **iría** ou **iba**.
  [Avec l'imparfait, à l'oral, on insiste sur la certitude de la conséquence.]
  Si on m'invitait, j'irais.
- Si te **invitaran**, **ve**.
  Si on t'invite, vas-y.

Condition impossible au moment où l'on parle

- Si **tuviera** 25 años menos, me **mudaría** a Australia.
  Si j'avais 25 ans de moins, je déménagerais en Australie

Condition irréalisée dans le passé → *si* + subjonctif plus-que-parfait
(principale au conditionnel passé ou au subjonctif plus-que-parfait ;
principale au conditionnel simple si elle se réfère au présent ou au futur)

- Si me **hubieran invitado**, **habría ido** ou **hubiera ido**.
  Si on m'avait invitée, j'y serais allée.
- Si me **hubiesen invitado**, ahora **estaría** allí.
  Si on m'avait invitée, j'y serais en ce moment.

▶ **Subjonctifs imparfaits p. 96**

GRAMMAIRE ■ Les subordonnées circonstancielles (2) — 36

> **Notez bien**
> « Si » + **indicatif** imparfait et plus-que-parfait en français correspond à *si* + **subjonctif** imparfait et plus-que-parfait en espagnol.

Autres tournures conditionnelles

▶ Les conjonctions *como* et *cuando* et les locutions *en caso de (que)*, *a condición de que, por si, siempre que*... introduisent d'autres constructions conditionnelles.

- **Como** te muevas no te puedo peinar bien.
  Si tu bouges, je ne peux pas te coiffer correctement.

- **Cuando** él está preocupado es porque pasa algo grave.
  S'il est inquiet, c'est qu'il y a quelque chose de grave.

- No apago el ordenador **por si** lo necesitas.
  Je n'éteins pas l'ordinateur au cas où tu en aurais besoin.

- **En caso de que** os quedéis, dormiréis arriba.
  Dans le cas où vous resteriez, vous dormirez en haut.

- No nos importa que sea de segunda mano, **siempre y cuando** esté en buen estado.
  Ça ne nous dérange pas qu'elle soit d'occasion, à condition qu'elle soit en bon état.

▶ Pour exprimer l'exception, on emploie *salvo que, excepto que, a menos que, a no ser que*...

- Su tren llega a las tres, **a menos que** haya huelga.
  Son train arrive à 3 heures, à moins qu'il n'y ait grève.

▶ *De* + **infinitif** simple s'emploie si la condition est improbable.
De + **infinitif** passé s'emploie si la condition est irréalisée.

- Yo **de apuntar**me a algo, sería a kárate.
  Moi, si je devais m'inscrire à un cours, ce serait au karaté.

- **De haber pintado** él este cuadro, la perspectiva habría estado más lograda.
  Si c'était lui qui avait peint ce tableau, la perspective aurait été plus réussie.

▶ **EMPLOIS DU GÉRONDIF P. 105**
▶ **PRÉPOSITION *CON* P. 134**
▶ **QUE (CONJONCTION) P. 362**

Les subordonnées de concession

▶ Elles expriment une circonstance qui n'empêche pas la réalisation de la principale mais qui normalement aurait dû l'empêcher. Elles sont introduites par *aunque, a pesar de (que), si bien, aun (cuando), por mucho / más que…*

▸ Avoir beau p. 316

- Hoy, **aunque** es domingo, las tiendas están abiertas.
  Aujourd'hui, bien que ce soit dimanche, les magasins sont ouverts.

- Vino a trabajar, **a pesar de que** estuviera enferma.
  Elle est venue travailler alors qu'elle était malade.

- **Por mucho que** lo intentes, no me vas a convencer.
  Tu as beau essayer, tu ne me convaincras pas.

- **Si bien** todos admitieron el error, ninguno rectificó. [soutenu]
  Certes, ils ont tous admis leur erreur, mais aucun ne l'a rectifiée.

▶ Le verbe de la subordonnée est à l'**indicatif** avec une circonstance réelle, introduite comme information nouvelle. Il est au **subjonctif** avec une circonstance réelle déjà connue par les interlocuteurs ou avec une circonstance hypothétique.

- **Aunque vivimos** cerca del mar, casi nunca vamos a la playa.
  [circonstance réelle dont on informe notre interlocuteur]
  Bien que nous habitions près de la mer, nous n'allons presque jamais à la plage.

- **Aunque vivamos** cerca del mar, casi nunca vamos a la playa.
  [circonstance réelle mais déjà connue de l'interlocuteur]
  Même si nous habitons près de la mer, nous n'allons presque jamais à la plage.

- **Aunque llegue** cansado del viaje, seguro que querrá pasar a saludaros.
  [circonstance hypothétique]
  Même s'il arrive fatigué du voyage, je suis sûr qu'il voudra passer vous dire bonjour.

▸ Indicatif ou subjonctif p. 118-119

▶ L'expression de la concession hypothétique admet des degrés : la possibilité (subjonctif présent), l'improbabilité (subjonctif imparfait) ou l'impossibilité au présent (subjonctif imparfait) ou au passé (subjonctif plus-que-parfait).

- Aunque **adelgace** tres kilos, no me **podré** poner este pantalón.
  Même si je perds trois kilos, je ne pourrai pas mettre ce pantalon.

- Aunque **adelgazara** tres kilos, no me **podría** poner este pantalón.
  Même si je perdais trois kilos, je ne pourrais pas mettre ce pantalon.

- Aunque **hubiera adelgazado** tres kilos, no me **habría podido** poner este pantalón.
  Même si j'avais perdu trois kilos, je n'aurais pas pu mettre ce pantalon.

GRAMMAIRE — Les subordonnées circonstancielles (2) — 36

▶ Le verbe de la subordonnée peut être à l'infinitif ou au gérondif après certaines conjonctions.

- **A pesar de tener** mucho tiempo libre, anda siempre con prisa.
  Bien qu'il ait beaucoup de temps libre, il est toujours pressé.

  ▶ Emplois du gérondif et du participe passé p. 105 et 107
  ▶ Préposition *con* p. 134

Traduction express

1. Je n'ai pas économisé *(ahorrar)* assez pour me permettre ce voyage.
2. Si tu suivais mes conseils, tu gagnerais du temps. [deux propositions]
3. S'il avait fait beau hier, nous serions allés faire une randonnée *(hacer senderismo)*. [deux propositions]
4. Je prends un pull au cas où j'aurais froid.
5. Je suis déjà au courant. – Même si tu le sais, ne le dis pas à Juan, c'est une surprise.
6. Même si j'avais des millions, je n'achèterais jamais une voiture pareille.

Corrigé

1. No he ahorrado (lo) bastante como para permitirme este viaje.
2. Si siguieras mis consejos, ganarías tiempo ou De seguir mis consejos ganarías tiempo.
3. Si hubiera hecho bueno ou De haber hecho bueno ayer, hubiéramos salido a hacer senderismo.
4. Cojo un jersey por si tuviera frío.
5. —Ya me he enterado. —Aunque lo sepas, no se lo digas a Juan. Es una sorpresa.
6. Aunque tuviera millones, nunca me compraría un coche como ese.

Yo, de apuntarme a algo, sería a kárate.

TCHAK TCHAK

Communiquer

Abréviations utilisées

qqn : quelqu'un
qqch. : quelque chose

Tous les fichiers audio mp3
sont disponibles sur le site
hatier-clic.fr

1 Me suena tu cara
Saluer, (se) présenter

 En una fiesta

Gloria: –¡Hola Sofía! ¡Cuánto tiempo sin verte! ¿Cómo estás? ¿Qué es de tu vida?
Sofía: –¡Hombre, que alegría, Gloria! Bien, todo bien desde la última vez. Y tú, ¿qué tal?
Gloria: –Fenomenal, mira te presento a Pablo. Es de Buenos Aires, nos conocimos allí el mes pasado y ahora está aquí de vacaciones.
Sofía: –Hola Pablo, encantada de conocerte.
Pablo: –Hola Sofía, el gusto es mío. Y… ¿sabés que me suena muchísimo tu cara? ¿Vos no estabas el otro día en la inauguración de la exposición de Alex?
Sofía: –Sí, ¡el mundo es un pañuelo!

▶ Lors d'une fête
G. – Salut, Sofía! Ça fait longtemps qu'on ne s'est vues! Comment ça va? Qu'est-ce que tu deviens?
S. – Oh, je suis contente de te revoir, Gloria! Bien, tout va bien depuis la dernière fois. Et toi, ça va?
G. – Super, au fait je te présente Pablo. Il est Argentin, de Buenos Aires, on s'est rencontrés là-bas le mois dernier et maintenant il est ici en vacances.
S. – Salut, Pablo, enchantée de faire ta connaissance.
P. – Salut, Sofía, tout le plaisir est pour moi. Mais… tu sais que ton visage m'est très familier? Tu n'étais pas là l'autre jour, lors du vernissage de l'exposition d'Alex?
S. – Si, le monde est vraiment petit!

 En la redacción de un periódico

El director: –Queridas compañeras, queridos compañeros, muy buenos días y bienvenidos a nuestra reunión mensual. Antes de empezar, tengo el gusto de presentaros a nuestra nueva directora de comunicación, Natalia Fernández. Bueno, en realidad Natalia no necesita presentación, todos conocéis ya su brillantísima carrera.
Natalia: –Buenos días a todos y muchas gracias a Julio por sus amables palabras. Estoy encantada de formar parte de vuestro equipo.

▶ Dans la rédaction d'un journal
Le directeur – Chers collègues, bonjour à toutes et à tous et bienvenue à notre réunion mensuelle. Avant de commencer, j'ai le plaisir de vous présenter notre nouvelle directrice de la communication, Natalia Fernández. Bon, en réalité, Natalia n'a pas besoin d'être présentée, vous connaissez tous déjà sa brillante carrière.
N. – Bonjour à tout le monde et merci beaucoup à Julio pour ses mots si gentils. Je suis ravie de faire partie de votre équipe.

COMMUNIQUER ■ *Me suena tu cara*

Structures clés

▶ Saluer

Buenos días. [avant le déjeuner] / **Buenas tardes.** [après le déjeuner]
Bonjour!

Buenas noches. [à partir du dîner]
Bonsoir! / Bonne nuit!

Hola.
Salut / Bonjour

(Muy) buenas. [informel, à tout moment de la journée]
Bonjour.

Adiós. / Hasta luego. [informel]
Au revoir.

Hasta ahora.
À tout de suite.

Hasta la próxima. Hasta pronto.
À la prochaine. À bientôt.

Que pases un buen día.
Je te souhaite une bonne journée.

▶ (Se) présenter

Hola, soy Pedro, soy informático y vivo en Valencia.
Bonjour, je m'appelle Pedro, je suis informaticien et j'habite à Valence.

¿No os han presentado? Lidia, te presento a David. David, Lidia.
On ne vous a pas présentés? Lidia, je te présente David. David, Lidia.

Encantado(-a) de conocerte.
Enchanté(e) de faire ta connaissance.

El gusto es mío.
Tout le plaisir est pour moi.

À vous de parler!

A Saluda a una persona desconocida:
1. A las 15:00: …
2. A las 21:30: …

B Despídete de una persona conocida:
1. Vas a volverla a ver el mismo día: …
2. Vas a volverla a ver dentro de un mes: …

Corrigé

A 1. – Hola, buenas tardes. 2. – Hola, buenas noches.
B 1. – Hasta luego. / Hasta ahora. 2. – Hasta luego, que pases un buen día. / Adiós, hasta pronto. / Hasta la vista.

2 ¿Hay noticias?
Demander, donner des nouvelles

Por la calle

Antonio –¡Hola Paco! ¡Cuánto tiempo sin verte! ¿Qué tal estás?
Paco –¡Hombre, Antonio! Pues bien, todo muy bien.
Antonio –¿Y tu mujer? ¿Cómo está?
Paco –Bien también, gracias. Justamente ahora acaba de cambiar de trabajo y está muy contenta.
Antonio –¡Pues cuánto me alegro! Nosotros también, todos bien. Oye, ¿y qué sabes de Juan?
Paco –¡Puf! Pues casi nada, la verdad. Es que ya no nos vemos, creo que están muy liados, con los niños y el trabajo…
Antonio –Ya, tendríamos que organizar algo, ¿eh?
Paco –Venga, hecho, ¿nos llamamos en un par de semanas?
Antonio –Vale, perfecto.
Paco –Hasta pronto.

▶ **Dans la rue**
A. – Salut Paco! Depuis le temps! Comment tu vas?
P. – Tiens, Antonio! Bien, ça va bien.
A. – Et ta femme, comment va-t-elle?
P. – Bien, bien, merci. Justement, elle vient de changer de travail et elle est très contente.
A. – Ah, c'est une bonne nouvelle! Nous aussi, ça va bien. Et, dis-moi, tu as des nouvelles de Juan?
P. – Bof! Presque rien, en fait. On ne se voit plus, je crois qu'ils sont très pris, avec les enfants, le travail…
A. – Oui, il faut qu'on organise quelque chose, hein?
P. – D'accord, on fait comme ça, on s'appelle dans deux semaines?
A. – OK, parfait.
P. – Allez, à bientôt!

Dos compañeras en el trabajo

Nieves –Rosa, ¿qué pasa? Te veo preocupada. ¿Ocurre algo?
Rosa –No, no, nada grave, es que estoy esperando una llamada importante y no sé qué pasa con mi teléfono, creo que no tengo cobertura.
Nieves –Ah, vaya. Prueba a apagar y encender, a veces funciona.
Rosa –Sí, tienes razón. Oye, ¿hay noticias de la vacante que te interesaba?
Nieves –Nada, todavía no sé nada.
Rosa –Bueno, cuando sepas algo, me avisas, ¿eh?
Nieves –Pues claro.

COMMUNIQUER — ¿Hay noticias?

▶ **Deux collègues au bureau**
N. – Rosa, qu'est-ce qui se passe ? Tu as l'air préoccupée. Il y a un problème ?
R. – Non, rien de grave. J'attends un appel important mais je ne sais pas
ce qu'il y a avec mon téléphone, je crois qu'il n'y a pas de réseau.
N. – Ah, zut. Essaie d'éteindre et de rallumer. Ça marche, parfois.
R. – Oui, tu as raison. Au fait, il y a du nouveau pour le poste qui t'intéressait ?
N. – Non, toujours rien.
R. – Bon, tu me dis dès que tu sais, hein ?
N. – Bien sûr.

Structures clés

▶ **Demander comment ça va**

¡Hola! ¿Cómo estás? ¿Qué tal (estás)? ¿Cómo vas? ¿Cómo te va?
Salut, comment vas-tu ? Ça va ?

¡Cuánto tiempo sin vernos!
Ça fait longtemps qu'on ne s'est vus !

¿Qué hay?
Quoi de neuf ?

Buenos días, ¿cómo está (usted)?
Bonjour, comment allez-vous ?

¿Qué tal está? ¿Cómo le va?
Vous allez bien ?

Bien, muy bien / regular, tirando [informel] **/ no muy bien, mal, fatal.**
Bien, très bien / moyen / pas très bien, mal, très mal.

▶ **Demander / donner des nouvelles**

¿Qué pasa? ¿Pasa / ocurre / sucede algo?
Que se passe-t-il ? Il y a quelque chose ?

No pasa nada.
Rien, il ne se passe rien.

¿Sabes algo de Juan? ¿Tienes noticias suyas?
Que devient Juan ? As-tu de ses nouvelles ?

No, estamos sin noticias suyas.
Non, nous sommes sans nouvelles de lui.

Sí, acabamos de enterarnos de que se casa.
Oui, nous venons d'apprendre qu'il se marie.

¡Cuánto tiempo sin vernos!

À vous de parler!

A Haz una pregunta a varias personas, usando el plural.
1. –Hola, ¿cómo estás? –Bueno, voy tirando.
2. –Buenos días, señora. ¿Cómo está usted? –Bien, gracias, ¿y usted?
3. –¿Cómo le va en el nuevo trabajo? –Regular, me gustaba más el antiguo.

B Pide noticias.
1. De Pedro.
2. De lo ocurrido durante mi ausencia.

Corrigé

A 1. –Hola, ¿cómo estáis? –Bueno, vamos tirando. 2. –Buenos días, señoras, ¿Cómo están ustedes? –Bien, gracias, ¿y ustedes? 3. –¿Cómo les va en el nuevo trabajo? –Regular, nos gustaba más el antiguo.
B 1. ¿Tenéis noticias / Sabéis algo de Pedro? 2. ¿Qué ha pasado durante mi ausencia? Autres possibilités: ¿Qué ha ocurrido / sucedido durante mi ausencia?

3 Oiga, perdone...
Demander, donner une information

En la calle

Turista – Oiga, perdone, ¿sabe dónde queda el hotel "Los madroños"?

Quiosquero – Sí, mire, está muy cerca. Siga por esta calle todo recto y lo encontrará en la segunda perpendicular a la derecha.

Turista – Vale, gracias ¿Y me podría decir también dónde hay un cajero automático por aquí?

Quiosquero – Pues tiene uno exactamente a diez metros de usted. Fíjese, ahí enfrente, no tiene más que cruzar la calle.

¿Dónde queda...? Où se trouve... ? ❖ **cajero automático :** distributeur automatique ❖ **fíjese :** regardez

Dans la rue

Touriste – Bonjour, excusez-moi, vous savez où se trouve l'hôtel « Los madroños » ?
Marchand de journaux – Oui, bien sûr, ce n'est pas loin. Continuez tout droit et vous le trouverez dans la deuxième rue à droite.
T. – D'accord, merci bien. Et vous pourriez me dire aussi où il y a un distributeur automatique par ici ?
M. – Eh bien, vous en avez un exactement à dix mètres. Regardez, là, en face, vous n'avez qu'à traverser la rue.

En el comedor de una empresa

Victoria – Javier, tú que eres de Granada, seguro que me puedes informar sobre las visitas a la Alhambra. Es que vamos a ir a la ciudad el próximo fin de semana y nos han dicho que hay que reservar con mucha antelación, ¿es cierto?

Javier – Sí, los fines de semana suele estar hasta arriba. La reserva se hace por internet, es muy fácil.

Victoria – ¿Y me podrías indicar un par de sitios donde se coma bien?

Javier – Uy, hay muchísimos. Uno de mis preferidos está en el Albaicín. Apunta, apunta...

reservar con (mucha) antelación : réserver (longtemps) à l'avance ❖ **estar hasta arriba :** être bondé(e) ❖ **la reserva :** la réservation ❖ **un par de sitios :** quelques endroits ❖ **apuntar :** noter

Dans la cantine d'une entreprise

V. – Javier, toi qui viens de Grenade, je suis sûre que tu peux me renseigner sur les visites à l'Alhambra. On y va le week-end prochain et on nous a dit qu'il faut réserver longtemps à l'avance. C'est vrai ?
J. – Oui, souvent le week-end, c'est pris d'assaut. La réservation se fait sur Internet, c'est très simple.
V. – Et tu pourrais me donner une ou deux bonnes adresses de restaurants ?
J. – Eh bien, il y en a beaucoup. L'un de mes préférés se trouve dans l'Albaicín. Note, note…

Structures clés

Demander une information

Oiga, perdone, ¿me puede decir dónde está…?
Bonjour, excusez-moi, pourriez-vous me dire où se trouve… ?

Disculpe, estoy buscando el museo de…
Excusez-moi, je cherche le musée de…

¿Sabes dónde queda el mercado de…?
Vous savez où se trouve le marché de… ?

¿Me podría indicar dónde está / cómo llegar?
Pourriez-vous me dire où il se trouve / comment y arriver ?

Perdone, ¿sabe si hay por aquí una parada de metro / autobús / tranvía?
Excusez-moi, vous savez s'il y a par ici un arrêt de métro / de bus / de tram ?

Por favor, ¿a qué hora sale el próximo tren para…?
¿De qué andén?
S'il vous plaît, vous savez à quelle heure part le prochain train pour… ?
De quel quai ?

Donner une information

Siga todo recto y coja la siguiente calle a la izquierda.
Continuez tout droit et prenez la prochaine rue à gauche.

Está a unos 200 metros de aquí.
Ça se trouve à 200 mètres environ d'ici.

La parada más cercana está justo al final de esta calle.
L'arrêt le plus proche est juste à la fin de cette rue.

Tiene que hacer transbordo en la siguiente y después coger la línea 5 hasta el final.
Vous devez changer à la prochaine station, puis prendre la ligne 5 jusqu'au bout.

COMMUNIQUER ▪ *Oiga, perdone...* **3**

À vous de parler!

A Pregunta a alguien por la calle dónde se encuentra:
1. La estación de metro más cercana *(la plus proche)*.
2. Una tintorería *(pressing)*.
3. Correos.
4. Un bar bueno para tomar un aperitivo.

Utiliza para ello las expresiones: Oiga, por favor, / Perdone, buenos días, ¿sabe dónde está... / hay... / queda...?

B ¿Qué respuesta corresponde mejor a cada pregunta?

1. ¿Sabes qué tiempo hará mañana?
2. ¿Sabes si es hoy su cumpleaños?
3. ¿Me puede decir a qué hora es el próximo tren para Bilbao?
4. Perdone, ¿tienen cerveza sin alcohol?
5. Oiga, ¿cuánto cuesta esta pulsera *(bracelet)*?
6. ¿Sabes cómo va el partido?
7. ¿Qué es de tus primos?

a. Sí, a las 15:05 del andén 5.
b. Un momento, que voy a preguntar.
c. Sí, creo que hará muy bueno.
d. Pues bien, están todos bien.
e. No, espera, creo que es mañana.
f. No, no te sé decir.
g. 100 €, es de plata y turquesas.

Corrigé

A 1. Oiga, por favor, ¿sabe dónde está la estación de metro más cercana? 2. Oiga, por favor, ¿sabe dónde hay una tintorería? 3. Perdone, buenos días, ¿sabe dónde está / queda Correos? 4. Oiga, por favor, ¿sabe dónde hay un bar bueno por aquí para tomar un aperitivo?

B 1. c, 2. e, 3. a, 4. b, 5. g, 6. f, 7. d.

Disculpe señor, ¿me puede decir a qué hora es el próximo bus para México?

4 ¿Quedamos?
Fixer un rendez-vous

🔊 Por la calle

Pepa –Hola Ana, hemos quedado esta noche con Manuel para ir al cine, ¿te apuntas?
Ana –Jo, pues es que esta noche me viene fatal, ¿qué tal si nos vemos el sábado todos para cenar?
Pepa –Vale, yo se lo propongo a los chicos y te llamo. ¡Hasta luego!

▶ **Dans la rue**
P. – Salut, Ana ! On a rendez-vous ce soir avec Manuel pour aller au cinéma, ça te dit ?
A. – Mince ! Ce soir, ça ne m'arrange pas du tout, on se voit samedi tous ensemble pour dîner ?
P. – D'accord, je le propose aux garçons et je t'appelle. À plus !

🔊 Por teléfono

Carmen –Hola, buenas tardes, quería pedir hora con el Dr. González.
El secretario –Sí, un momento, miro la agenda. A ver, podría ser el día 15 de mayo a las nueve de la mañana.
Carmen –Pues justo ese día tengo ya otra cita médica y no la puedo cambiar, ¿podría ser el 16 a la misma hora?
El secretario –Sí, es posible, deme su nombre, por favor.

aplazar una cita : décaler un rendez-vous ❖ **una agenda** : un agenda

▶ **Au téléphone**
C. – Bonjour, je voudrais prendre rendez-vous avec le Dr González.
S. – Oui, un instant, je regarde son agenda. Alors… ça pourrait être le 15 mai à neuf heures du matin.
C. – Justement, ce jour-là, j'ai déjà rendez-vous chez un autre médecin et je ne peux pas le modifier. Est-ce que ça peut être le 16 à la même heure ?
S. – Oui, c'est bon, votre nom, s'il vous plaît.

🔊 En el trabajo

Jaime –Antes de nada, os propongo que fijemos la fecha de la próxima reunión. Tendría que ser la semana que viene, ¿qué días os vienen bien?
Esther –Yo lo siento, pero la semana próxima estaré fuera de miércoles a viernes. Pero lunes y martes me van bien.
Roberto –Yo estoy libre toda la semana, cuando queráis.
Jaime –Muy bien, pues si os parece nos vemos aquí mismo el próximo martes a las diez.

Au travail

J. – Tout d'abord, je vous propose de fixer la date de la prochaine réunion. Il faudrait que ce soit la semaine prochaine. Quels jours vous iraient ?
E. – Désolée, mais moi la semaine prochaine, je serai en déplacement de mercredi à vendredi. Mais lundi et mardi, c'est ok.
R. – Je suis libre toute la semaine, quand ça vous arrange.
J. – Très bien, alors si vous êtes d'accord, on se voit ici même mardi prochain à dix heures.

Structures clés

Proposer / demander un rendez-vous

Quería pedir hora con…, para…
Je voulais prendre rendez-vous avec…, pour…

Tenemos que fijar la fecha de… [formel]
Nous devons fixer la date de…

¿Quedamos mañana? [informel]
On se voit demain ?

¿Qué día / A qué hora te viene bien?
Quel jour / À quelle heure est-ce que ça t'arrange ?

Ese día no puedo. ¿Podría ser un día antes?
Ce jour-là, je ne peux pas. Ça pourrait être un jour plus tôt ?

¿Qué tal te viene mañana para quedar?
Ça te va demain pour se voir ?

Répondre

Podría ser…
Ça pourrait être…

este viernes, esta semana.
ce vendredi, cette semaine.

el viernes próximo, la semana que viene.
vendredi prochain, la semaine qui vient.

un día antes, una semana después.
un jour avant, une semaine plus tard.

a las nueve de la mañana, de la tarde / de la noche.
à neuf heures du matin, du soir.

À vous de parler!

A Retrasa *(retarde)* la cita una semana.
1. –¿Nos vemos este lunes? –Prefiero…
2. –¿Quedamos esta semana? –Mejor…

B Pide hora.
1. Hola, … para el oculista.
2. ¿Qué día le viene bien? … (martes, 10h)

C Contesta. ¿Te viene bien quedar esta noche?
1. Sí, …
2. No, …

Corrigé

A 1. Prefiero el lunes que viene / el lunes próximo. 2. Mejor la semana que viene / la próxima semana.
B 1. Hola, quería pedir hora para el oculista. 2. El martes que viene a las diez de la mañana.
C 1. Sí, me viene bien / muy bien. 2. No, me viene mal / fatal *ou* no me viene nada bien.

5 Gracias por tu ayuda
Remercier, s'excuser

Después de una mudanza entre amigos

Iván –Muchísimas gracias a todos por vuestra ayuda.
Gonzalo –De nada, hombre, para eso están los amigos.
Iván –Me he ahorrado tiempo y dinero. En serio, no se cómo agradecéroslo…
Gonzalo –Pues muy fácil, ¡invitándonos a unas cañas ahora mismo!

▶ **Après un déménagement entre amis**
   I. – Merci beaucoup à vous tous pour votre aide.
   G. – Mais de rien ! Les amis sont faits pour ça !
   I. – Ça m'a fait gagner du temps et de l'argent. Sérieusement, je ne sais pas comment vous remercier…
   G. – C'est simple, offre-nous une bière !

En el autobús

Eva –Disculpe, ¿me deja pasar, que me bajo en la próxima?
Pasajero –Sí, ¿cómo no?
Eva –Uy, ¡qué frenazo! Perdone, le he pisado. ¡Lo siento!
Pasajero –Tranquila, no se preocupe, no ha sido nada.

> **No es nada.** Ce n'est pas grave. ❖ **Tranquilo. No te preocupes.** Ne t'inquiète pas.

▶ **Dans le bus**
   E. – Excusez-moi, j'aimerais passer, je descends à la prochaine.
   P. – Mais bien sûr !
   E. – Ouh ! Le coup de frein ! Pardon, je vous ai marché sur le pied. Je suis désolée !
   P. – Ne vous en faites pas, ce n'est rien !

Al teléfono

Tania –Santiago, el adjunto de tu último mail llevaba un virus.
Santiago –¡No me digas!, y ¿te ha afectado?
Tania –Pues sí, mi ordenador se ha apagado y no consigo encenderlo de nuevo.
Santiago –Uf, qué faena, ¡cuánto lo siento! De verdad, perdona, no lo he hecho aposta.
Tania –Hombre, ya me imagino, ¡solo faltaba!

▶ Au téléphone

T. – La pièce jointe de ton dernier mail avait un virus.
S. – C'est pas vrai ! Et tu as eu un problème ?
T. – Eh bien oui, mon ordinateur s'est éteint et je n'arrive pas à le faire redémarrer.
S. – Oh là là ! Quelle poisse, je suis vraiment désolé ! Mille excuses, je ne l'ai pas fait exprès.
T. – J'imagine, il ne manquerait plus que ça !

Structures clés

▶ Remercier

(Muchas) Gracias, muy amable.
Merci (beaucoup), c'est très gentil.

Gracias por tu ayuda. Te lo agradezco mucho.
Merci pour ton aide. Je te remercie beaucoup.

–¡Mil gracias! –¡De nada!
Mille mercis ! – De rien !

▶ S'excuser

Perdona. / Disculpe. No lo he hecho aposta.
Excuse-moi. Je ne l'ai pas fait exprès.

Lo siento (mucho). / Cuánto lo siento.
Je suis désolé(e). / Je suis vraiment désolé(e).

À vous de parler !

A Reformula las siguientes expresiones con *usted*.
1. Disculpa, ¿me prestas *(prêter)* un momentito tu periódico?
2. No sé cómo agradecértelo.
3. Siento haberte molestado.
4. Gracias por acordarte de mi cumpleaños.

B Traduce.
1. Je suis désolé, je te prie de m'excuser.
2. Il m'a dit de te remercier de sa part.
3. Ils nous ont demandé de vous présenter toutes leurs excuses.

Corrigé

A 1. Disculpe, ¿me presta un momentito su periódico? 2. No sé cómo agradecérselo. 3. Siento haberle molestado. 4. Gracias por acordarse de mi cumpleaños.

B 1. Lo siento, te ruego que me perdones. 2. Me ha dicho que me diera las gracias de su parte. *ou* Me dijo que te diera las gracias de su parte. 3. Nos han pedido que les presentemos (a ustedes) todas sus disculpas. *ou* Nos pidieron que les presentáramos todas sus disculpas.

6 ¡Felicidades!
Féliciter, présenter ses vœux

En el trabajo

Patricia –Aitor, me han dicho que hoy es tu cumpleaños, ¡muchas felicidades!
Aitor –Bueno, no es hoy, es mañana, pero de todas maneras, ¡muchas gracias!
Patricia –Ah, entonces te deseo muy feliz cumpleaños mañana. Y a propósito, ¿cuántos cumples?
Aitor –Pues me caen ya 35 añitos.
Patricia –¡Quién los tuviera!

> **cumplir x años:** fêter ses x ans ❖ **celebrar el cumpleaños:** fêter son anniversaire

▶ **Au travail**
P. – Aitor, on m'a dit qu'aujourd'hui c'est ton anniversaire. Bon anniversaire !
A. – En fait, ce n'est pas aujourd'hui, c'est demain, mais de toute façon je te remercie beaucoup !
P. – Alors je te souhaite un très bon anniversaire pour demain. Tu vas avoir quel âge au fait ?
A. – Eh bien 35 ans, ça commence à compter.
P. – J'aimerais bien, moi, avoir 35 ans !

Entre dos amigas

Rosa –Enhorabuena, Nieves, me he enterado de que te han hecho un contrato indefinido en el conservatorio. Te lo mereces y me alegro por ti y por el centro. Debes de estar contentísima, ¿no?
Nieves –Muchísimas gracias. Sí, todavía estoy en una nube.

▶ **Entre deux amies**
R. – Félicitations, Nieves, j'ai appris que tu as eu un CDI au Conservatoire. Tu le mérites et je me réjouis pour toi et pour l'établissement. Tu dois être ravie, non ?
N. – Merci beaucoup. Oui, je suis encore sur un nuage.

Structures clés

▶ **Féliciter**

¡(Muchas) Felicidades!
Bon anniversaire ! Félicitations !

Te felicito.
Je te félicite.

¡Enhorabuena!
Mes félicitations !

¡Mi más sincera enhorabuena!
Toutes mes félicitations !

¡Feliz cumpleaños!
Bon anniversaire !

¡Que cumplas muchos más!
Longue vie à toi !

▶ Présenter ses vœux

¡Feliz año nuevo!
Bonne année !

Te deseo un próspero año nuevo.
Je te souhaite une très heureuse année.

À vous de parler !

A **¿Qué expresión corresponde mejor a cada situación?**

1. A un amigo le han tocado 1000 € en la lotería.
2. Es el cumpleaños de alguien.
3. Un amigo ha tenido un hijo.
4. Un compañero ha conseguido un ascenso *(promotion)* en la empresa.
5. A finales de diciembre.
6. Al ganador de un maratón.
7. A alguien le ha tocado un viaje.

a. ¡Enhorabuena, me alegro mucho!
b. ¡Mi más sincera enhorabuena, te lo mereces!
c. ¡Felicidades!
d. ¡Qué suerte, enhorabuena!
e. Te felicito, tienes mucho mérito.
f. ¡Enhorabuena y que lo disfrutes!
g. Feliz Navidad y próspero año nuevo.

B **Expresa las siguientes felicitaciones a varias personas en vez de a una sola.**

1. ¡Mi más sincera enhorabuena, te lo mereces!
2. ¡Qué suerte tiene usted, enhorabuena!
3. Te felicito, tienes mucho mérito.
4. ¡Enhorabuena y que lo disfrutes!
5. ¡Muchas felicidades por tu cumpleaños y que cumplas muchos más!

Corrigé

A 1. d, 2. c, 3. a, 4. b, 5. g, 6. e, 7. f/d
B 1. ¡Mi más sincera enhorabuena, os lo merecéis! 2. ¡Qué suerte tienen ustedes, enhorabuena! 3. Os felicito, tenéis mucho mérito. 4. ¡Enhorabuena y que lo disfrutéis! 5. ¡Muchas felicidades por vuestro cumpleaños y que cumpláis muchos más!

7 Haciendo planes
Faire des projets

Al teléfono

SOLEDAD —Luz, estaba pensando en ir a veros este verano. ¿Qué planes tenéis?
LUZ —Pues teníamos pensado irnos un par de semanas al campo a primeros de julio, pero ¿cuándo pensabas venir?
SOLEDAD —Bueno, en julio tengo previsto un viaje de trabajo, o sea que sería más bien en agosto, ¿os viene bien?
LUZ —Sí, claro, en agosto no hay problema. ¡Qué ilusión que vengas a pasar unos días con nosotros!

> **Au téléphone**
> S. – Luz, je pensais venir vous voir cet été. Quels sont vos projets?
> L. – On pensait aller deux semaines à la campagne début juillet. Mais quand est-ce que tu voulais venir?
> S. – En fait, en juillet j'ai prévu un voyage pour le travail, donc ce serait plutôt au mois d'août. Est-ce que ça vous irait?
> L. – Oui, bien sûr, en août il n'y a pas de problème. C'est super que tu viennes passer quelques jours avec nous!

En la radio

PRESENTADOR —Iñaki, después del éxito de tu última actuación, nuestros oyentes se preguntan qué proyectos tienes.
IÑAKI —Bueno, pues estoy preparando una nueva obra con la directora María José Alonso, un papel exigente. Si todo va bien, la estrenaremos dentro de tres meses, a finales de septiembre. También estamos organizando con un grupo de actores, escritores y músicos un espectáculo itinerante sobre música y poesía. Un proyecto muy bonito que me hace mucha ilusión. Y claro, sigo teniendo en mente ese viejo proyecto mío de reunir sobre un mismo escenario a Antonio Gutiérrez, María Ríos y Javier Medina, los tres actores de los que más he aprendido en toda mi carrera.

estrenar: donner la première représentation (d'une pièce de théâtre)

▶ À la radio

PRÉSENTATEUR – Iñaki, après le succès de ta dernière interprétation, les auditeurs se demandent quels sont tes projets.
I. – Eh bien, je prépare une nouvelle pièce sous la direction de María José Alonso, un rôle exigeant. Si tout va bien, nous donnerons la première dans trois mois, fin septembre. Nous sommes en train d'organiser aussi avec un groupe d'acteurs, d'écrivains et de musiciens un spectacle itinérant sur la musique et la poésie. Un très beau projet qui me tient vraiment à cœur. Et, bien sûr, j'ai toujours cet autre vieux projet à moi de réunir sur la scène Antonio Gutiérrez, María Ríos et Javier Medina, les trois acteurs dont j'ai le plus appris pendant toute ma carrière.

Structures clés

▶ Faire un projet

Estamos pensando en irnos a vivir a Menorca.
Nous envisageons de partir vivre à Minorque.

Estoy planeando un viaje por el Amazonas.
Je prévois un voyage en Amazonie.

No tienen en mente adelantar su partida.
Ils n'ont pas envisagé d'avancer leur départ.

Algún día me compraré esa casa.
Un jour j'achèterai cette maison.

▶ Décider de le réaliser

Pienso irme de canguro este verano.
J'ai l'intention de partir comme fille au pair cet été.

Tengo pensado buscar un nuevo piso.
J'ai prévu de chercher un nouvel appartement.

Tienen previsto pasar dos meses con nosotros.
Ils ont prévu de passer deux mois avec nous.

▶ Le planifier

Si todo va bien, el mes que viene terminaremos las obras.
Si tout va bien, le mois prochain nous finirons les travaux.

Dentro de dos años, me marcharé a estudiar al extranjero.
Dans deux ans, je partirai faire des études à l'étranger.

En cuanto acabe la carrera, me pondré a trabajar.
Dès que j'aurai fini mes études, je commencerai à travailler.

Nos casamos en abril. Ya está todo organizado.
Nous nous marions en avril. Tout est déjà organisé.

COMMUNIQUER ■ *Haciendo planes* 7

À vous de parler !

A **¿Qué planes tiene Almudena para estas vacaciones?**

Almudena: Estoy planeando irme de vacaciones a Marruecos. He previsto irme en tren hasta Algeciras y luego cogeré un ferry. Tengo pensado quedarme por lo menos tres semanas, porque quiero visitar a mi amiga Layla, que vive en Casablanca, y también viajar un poco por el sur del país.

Almudena……………………………………………………

B **Proyectos para los próximos *(prochains)* cinco años.**

1. L'année prochaine, j'irai travailler en Australie.
2. Dans deux ans, je retournerai en Espagne et j'ouvrirai ma propre entreprise *(crear mi propia empresa)*.
3. Si tout va bien, d'ici cinq ans, je pourrai rembourser mon prêt *(devolver el préstamo)*.

Corrigé

A Almudena **está planeando** irse de vacaciones a Marruecos. **Ha previsto** irse en tren hasta Algeciras y luego coger un ferry. **Tiene pensado** quedarse al menos tres semanas, porque quiere visitar a su amiga Layla, que vive en Casablanca, y también viajar un poco por el sur del país. **B** 1. El año que viene / próximo, me iré a trabajar a Australia. 2. Dentro de dos años, volveré a España y crearé mi propia empresa. 3. Si todo va bien, en cinco años, podré devolver el préstamo.

Estoy planeando un viaje por el Amazonas.

8 Por favor...
Demander, rendre un service

De un coche a otro coche

Roberto –Disculpe, ¿le importaría mover un poco su coche hacia atrás? Le queda un poco de espacio, y así puedo aparcar yo también mi coche.
Victoria –No, claro que no, ahora mismo.
Roberto –Muchísimas gracias, y perdone la molestia.

▶ **D'une voiture à une autre**
R. – Excusez-moi, ça vous dérangerait de reculer un peu ? Il vous reste un peu de place, et comme ça, je pourrais garer ma voiture.
V. – Bien sûr que non, tout de suite.
R. – Merci beaucoup, et désolé de vous avoir dérangée.

Delante del ascensor

Maiol –Pero qué cargado vas, ¿te puedo echar una mano?
Sergio –Muy amable, sí, gracias, tengo que meter todo esto en el ascensor pero no sé si va a caber.

ir cargado : être chargé ❖ **caber** : entrer

▶ **Devant l'ascenseur**
M. – Dis donc, tu es bien chargé ! Je peux te donner un coup de main ?
S. – C'est très gentil, merci. Je dois mettre tout ça dans l'ascenseur mais je ne sais pas si ça va rentrer.

Una nota en el trabajo

Hola Manuel y Silvia, tengo que pediros un favor.
Hace dos semanas se me estropeó la impresora del despacho, ¿os importaría prestarme la vuestra esta tarde? Tengo que terminar un informe. Mil gracias por adelantado.

estropearse : tomber en panne ❖ **una impresora** : une imprimante

▶ **Une note au travail**
Bonjour, Manuel et Silvia, j'ai un service à vous demander. Il y a deux semaines, l'imprimante de mon bureau est tombée en panne. Est-ce que ça vous embêterait de me prêter la vôtre cet après-midi ? J'ai un rapport à terminer. Mille fois merci par avance.

COMMUNIQUER ■ *Por favor...* **8**

🔊 Structures clés

▶ **Demander un service**

Échame una mano, por favor.
Donne-moi un coup de main, s'il te plaît.

Perdona, ¿te importaría ayudarme?
Excuse-moi, pourrais-tu m'aider ?

Disculpe, ¿le importaría ayudarme?
Excusez-moi, pourriez-vous m'aider ?

¿Podría ayudarme, por favor? ¿Le puedo pedir un favor?
Pourriez-vous m'aider, s'il vous plaît ? Puis-je vous demander un service ?

▶ **Accepter / refuser de rendre un service**

¿Le puedo pedir un favor?

Claro que sí. / Cómo no.
Mais bien sûr.

Por supuesto que sí, ahora mismo.
Bien sûr, tout de suite.

Lo siento, ahora no puedo, tengo mucha prisa…
Désolé, je ne peux pas, je suis très pressé…

▶ **Offrir un service**

¿No quieres que te ayude?
Tu veux de l'aide ?

¿Puedo ayudarle? ¿Necesita ayuda? Permítame ayudarle.
Je peux vous aider ? Avez-vous besoin d'aide ? Permettez-moi de vous aider.

À vous de parler !

A **Pide un favor.**
  1. Luisa, tu pourrais téléphoner au médecin ?
  2. Excusez-moi, je peux vous demander un service ?

B **Ofrece tu ayuda :**
  1. A un desconocido *(inconnu)* en la calle : …
  2. A un amigo tuyo : …

Corrigé

A 1. Luisa, ¿te importaría / podrías llamar al médico? 2. Perdone / disculpe, ¿le puedo pedir un favor?
B 1. Permítame ayudarle, señor *ou* Déjeme que le ayude, señor. 2. ¿Te puedo echar una mano? *ou* ¿Te echo una mano?

9 ¡Cuenta conmigo!
Promettre, s'engager

En la radio

ELVIRA –Tengo un problemón, Pedro: Javier acaba de llamar, está con 40 de fiebre y no podrá hacerse cargo de su programa de esta tarde.
PEDRO –Bueno, si me estás pidiendo que lo sustituya, cuenta conmigo, pero no te puedo garantizar que me salga tan bien como a él.
ELVIRA –No te preocupes, te propongo que empecemos a prepararlo juntos ya y te prometo que te echo una mano en antena si fuera necesario

▶ À la radio

E. – J'ai un gros problème, Pedro : Javier vient d'appeler, il a 40 de fièvre et il ne pourra pas assurer son émission de cet après-midi.
P. – Bon, si tu me demandes de le remplacer, compte sur moi, mais je ne peux pas te garantir que je le ferai aussi bien que lui.
P. – Ne t'inquiète pas, je te propose de commencer à la préparer ensemble, toi et moi, tout de suite, et je te promets de te donner un coup de main à l'antenne si nécessaire.

un problemón : un gros problème ❖ **un programa de radio :** une émission de radio ❖ **salirle bien una cosa a alguien :** réussir qqch.

En el colegio

MAESTRA –Sofía y Alonso, ¿ya estáis hablando otra vez?
ALONSO –Es ella, señorita, le juro que no he empezado yo…
SOFÍA –¡Chivato!
MAESTRA –No hace falta jurar. Yo os aseguro que si no estáis atentos ahora, luego no vais a entender nada.
SOFÍA –Vale, ya me callo, prometido.

▶ À l'école

L'INSTITUTRICE – Sofía et Alonso, encore en train de bavarder ?
A. – C'est elle, Madame, je vous jure que ce n'est pas moi qui ai commencé…
S. – Cafteur !
L'INSTITUTRICE – Il n'est pas nécessaire de jurer. Moi, je vous assure que si vous n'êtes pas attentifs maintenant, après vous n'allez rien comprendre.
S. – D'accord, je me tais, c'est promis.

COMMUNIQUER ■ ¡Cuenta conmigo! 9

Structures clés

▶ **Promettre**

Te prometo que lo haré.
Je te promets que je le ferai.

Prometido.
C'est promis.

Te lo juro.
Je te (le) jure.

Te doy mi palabra de que no he sido yo.
Tu as ma parole que ce n'est pas moi.

▶ **S'engager à**

De verdad. / En serio.
Je t'assure. / C'est sérieux.

Cuenta conmigo.
Compte sur moi.

Me comprometo a hacerlo.
Je m'engage à le faire.

Te lo garantizo.
Je te le garantis.

Me ha asegurado que el pedido llegará a tiempo.
Il m'a assuré que la commande arrivera à temps.

À vous de parler !

A ¡Comprométete!
1. ¿Me ayudas este fin de semana con mi mudanza *(déménagement)*?
2. ¿Me juras que no se lo vas a decir a nadie?
3. ¿Seguro, seguro que el pedido *(la commande)* nos llegará antes del viernes?

B Expresa lo contrario siguiendo el modelo.
Te prometo que iré a buscarte.
→ *No te prometo que vaya a buscarte.*
1. Os aseguro que llegaré a tiempo.
2. Te juro que lo haré.
3. Les garantizo que no encontrarán uno más barato.

Corrigé

A Soluciones posibles
1. Claro, cuenta conmigo. 2. Sí, te lo juro. 3. Sí, se lo garantizo.
B 1. No os aseguro que llegue a tiempo. 2. No te juro que lo haga. 3. No les garantizo que no encuentren uno más barato.

10 ¿Se puede?
Demander, donner la permission

🔊 Entre dos compañeros de piso

Alex –¿Se puede?
Fernando –Sí, pasa pasa.
Alex –¿Oye, te importa si mi novia se queda en el piso quince días?
Fernando –No, por mí no hay problema. Pero recuérdale que aquí está prohibido fumar y que tampoco está permitido tener animales.

▶ **Deux colocataires**
A. – Je peux entrer ?
F. – Oui, entre, entre !
A. – Est-ce que ça te gêne si ma copine habite ici quinze jours ?
F. – Pour moi il n'y a pas de problème. Mais rappelle-lui qu'il est interdit de fumer et qu'on n'a pas le droit d'avoir des animaux.

🔊 Madre e hija

Raquel –Mamá, ¿me dejas hacer una fiesta con mis amigos este sábado? ¡Anda, porfa!
Madre –Vale, no me parece mal, pero... ¿cuántos vais a ser?
Raquel –Pues, la pandilla del equipo de baloncesto.
Madre –De acuerdo, pero con la condición de que luego lo dejéis todo limpio.

▶ **Une mère et sa fille**
R. – Maman, tu me laisses faire une fête avec mes amis ce samedi ? Allez, s'il te plaît !
M. – Bon, je ne suis pas contre, mais... vous serez combien ?
R. – Eh bien la bande de l'équipe de basket.
M. – D'accord, mais à la condition que vous nettoyiez tout après.

🔊 Con un guardia de tráfico

Repartidor –Perdone, ya sé que esta calle está cortada por obras, pero tengo que descargar unos electrodomésticos en ese edificio. ¿Me permite el acceso? No tardo nada.
Guardia –Sí, le autorizo a pasar, pero no tarde más de 15 minutos.

obras : travaux ❖ **descargar :** livrer

▶ **Avec un agent de la circulation**
Livreur – Excusez-moi Monsieur, je sais que cette rue est fermée au trafic à cause de travaux, mais je dois livrer du matériel électroménager dans ce bâtiment. Vous me permettez d'y aller ? J'en ai pour deux secondes.
Agent – Oui, je vous autorise à y aller, mais ne mettez pas plus que 15 minutes.

COMMUNIQUER ■ *¿Se puede?* **10**

🔊 Consulta por mail

Querida Elena:
He leído tu última traducción y me ha gustado muchísimo. ¿Me das permiso para que cuelgue un extracto en mi blog? Gracias de antemano por tu respuesta.

colgar un documento en un blog: mettre un document sur un blog

▶ Question par mail

Chère Elena,
J'ai lu ta dernière traduction et elle m'a beaucoup plu. Tu me donnes le droit de mettre un extrait sur mon blog ? Je te remercie beaucoup par avance pour ta réponse.

🔊 Structures clés

▶ Demander la permission

¿Está permitido usar flash?
On a le droit d'utiliser le flash ?

No se permite el uso del flash.
L'utilisation du flash n'est pas autorisée.

¿Me das permiso para…?
Tu me donnes le droit de… ?

¿Te importa si…?/¿Te molesta si…?
Ça te dérange si… ?

¿Me dejas invitar hoy a mí?
Tu me laisses t'inviter aujourd'hui, d'accord ?

Tengo derecho a expresarme, ¿no?
J'ai le droit de m'exprimer, non ?

Antes de usar esa bicicleta, pídele permiso a tu hermana.
Avant d'utiliser ce vélo, demande à ta sœur si elle t'y autorise.

▶ Donner la permission

Sí, te doy permiso / te autorizo.
Oui, je te donne le droit / je t'autorise.

Por mí no hay problema.
Moi, je n'y vois pas d'inconvénient.

Vale. / De acuerdo.
D'accord.

▶ Interdire

No puedo ir, mi madre no me deja.
Je n'ai pas le droit d'y aller, ma mère ne veut pas.

No se permite entrar con perros.
Les chiens sont interdits.

Prohibido aparcar.
Interdiction de stationner.

Me han prohibido verte.
On m'a interdit de te voir.

À vous de parler !

A Contesta a las siguientes preguntas aceptando y rechazando.
1. ¿Te importa si cambio de cadena?
2. ¿Me dejas que te ayude?
3. ¿Puedo utilizar tu ordenador un rato?
4. ¿Me das permiso para llegar hoy un poco más tarde?
5. ¿Me permites que te dé un consejo?

B Transforma las siguientes expresiones según el modelo.
¿Me dejas terminar la frase? → ¿Me dejas que termine la frase?
1. No me permitió pagar nada.
2. Le han prohibido beber alcohol.
3. ¿Está permitido contratar a menores?
4. No me dejó darle un beso.
5. Nos permitió seguir adelante.

Corrigé

A Soluciones posibles
1. No, puedes cambiar si quieres. Sí que me importa, deja ese programa por favor. 2. Ay, sí, muchas gracias. No, gracias, puedo yo solo. 3. Sí, úsalo todo el rato que quieras. No, lo estoy usando yo. 4. Bueno, vale, pero no demasiado. No, ¡ni hablar! (C'est hors de question !) 5. ¿Sí, cómo no? No, no me hacen falta consejos.
B 1. No me permitió que pagara nada. 2. Le han prohibido que beba alcohol. 3. ¿Está permitido que contraten a menores? 4. No me dejó que le diera un beso. 5. Nos permitió que siguiéramos adelante.

11 ¿Aceptas un consejo?
Conseiller, suggérer

En el Centro de orientación de la universidad

Gabriel –Hola, quería matricularme en la universidad el año que viene, en algo relacionado con humanidades, pero estoy un poco perdido. Me gustan mucho los idiomas y también la historia, ¿qué me sugiere?

Mercedes –Bien, pues en ese caso, puedo aconsejarte varias carreras de grado ofertadas en nuestra universidad. ¿Qué te parece si lees primero este fascículo informativo sobre Artes y Humanidades y luego hablamos?

Gabriel –Me parece muy bien, gracias.

> **matricularse:** s'inscrire ❖ **carrera:** cursus universitaire ❖ **grado:** diplôme de niveau L (Bac +3)

▶ **Au Centre d'information de l'université**
G. – Bonjour, je voulais m'inscrire à l'université l'année prochaine, dans un cursus en rapport avec les sciences humaines, mais je suis un peu perdu. J'aime bien les langues et aussi l'histoire. Que me suggérez-vous ?
M. – Alors, dans ce cas, j'aurais à vous conseiller plusieurs diplômes ouverts chez nous. Ça vous dirait de lire d'abord ce fascicule d'information sur les Arts et les Humanités et qu'on en parle ensuite ?
G. – Oui, très bien, merci.

Dos amigos

Fabiana –Insiste, insiste, seguro que no ha oído tu llamada.
Diego –Sí, claro... y si luego ve que la he llamado hoy cuatro veces, pensará que soy un pesado.
Fabiana –Diego, yo, en tu lugar, sería más directo, no hay tiempo que perder.
Diego –¿Tú crees?
Fabiana –Pues sí.

> **ser un pesado:** être lourd

▶ **Deux amis**
F. – Insiste encore, elle n'a certainement pas entendu ton appel.
D. – Oui, c'est ça... et si après elle voit que je l'ai appelée quatre fois aujourd'hui, elle va penser que je suis très lourd.
F. – Diego, moi, à ta place, je serais plus direct, il n'y a pas de temps à perdre.
D. – Tu crois ?
F. – Mais bien sûr.

Structures clés

▶ **Faire une suggestion**

¿Por qué no te matriculas en la universidad?
Pourquoi tu ne t'inscrirais pas à l'université ?

¿Qué te parece si llamamos a Natxo?
Qu'en penses-tu ? On téléphone à Natxo ?

Le sugiero que lea este fascículo.
Je vous suggère de lire ce fascicule.

▶ **Donner un conseil**

Te aconsejo que no pierdas el tiempo.
Je te conseille de ne pas perdre ton temps.

¿Puedo darte / Aceptas un consejo?
Je peux te donner un conseil ?

Si yo fuera tú / Yo que tú / Yo de ti, no lo dudaría.
En tu lugar, yo no lo dudaría.
Si j'étais toi, / À ta place, je n'hésiterais pas.

À vous de parler !

A Haz una sugerencia a un desconocido.
1. Apagar las luces del coche *(éteindre les phares de la voiture)*.
   a. Le sugiero que…
   b. ¿Por qué no…?
2. Desconectar el móvil *(son téléphone portable)*.
   a. Le sugiero que…
   b. ¿Qué le parece si…?

B Aconseja a tu amigo :
1. Para dejar de *(arrêter de)* fumar.
   a. Te aconsejo que…
   b. Si yo fuera tú,…
2. Para pensárselo dos veces *(y réfléchir longuement)*.
   a. Te aconsejo que…
   b. En tu lugar, yo…

Corrigé

A 1. a. Le sugiero que apague las luces del coche? b. ¿Por qué no apaga las luces del coche? 2. a. Le sugiero que desconecte el móvil. b. ¿Qué le parece si desconecta el móvil?
B 1. a. Te aconsejo que dejes de fumar. b. Si yo fuera tú, dejaría de fumar. 2. a. Te aconsejo que te lo pienses dos veces. b. En tu lugar, yo me lo pensaría dos veces.

¡No puede ser!
Être surpris, réagir

Dos amigas

Carla –Valentina, no te lo vas a creer, acabo de ver a Daniela y ha tenido trillizos.
Valentina –¡No me digas! ¡No puede ser! ¿Estás segura de que era ella?
Carla –¡Y tan segura! Nos hemos tomado un café juntas.
Valentina –¡Anda ya, no me lo creo! Estás de broma…
Carla –Que no, que no, que es verdad, es increíble, pero cierto.

Deux amies
C. – Valentina, tu ne vas pas le croire, je viens de voir Daniela et elle a eu des triplés !
V. – Non ! Ce n'est pas vrai ! Tu es sûre que c'était bien elle ?
C. – Oui, tout à fait sûre, nous avons pris un café ensemble.
V. – Je ne te crois pas une seconde ! Tu blagues…
C. – Mais non, c'est vrai, c'est incroyable mais vrai.

Encuentro en el metro

Juan –Hey, ¡hola Andrés!, ¡qué sorpresa!, ¿tú por aquí?
Andrés –Hombre, Juan, ¡vaya casualidad!, me alegro de verte.
Juan –Pero, ¿tú no estabas viviendo en Estados Unidos?
Andrés –Sí, pero he venido porque se estrena aquí mi primera película.
Juan –¿Qué me dices?, me dejas alucinado, ¡campeón ciclista y ahora director de cine!

Rencontre dans le métro
J. – Hé, Andrés, bonjour ! Quelle surprise ! Qu'est-ce qui t'amène par ici ?
A. – Juan, quel hasard ! Je suis content de te voir.
J. – Dis donc, tu n'habitais pas aux États-Unis ?
A. – Si, mais je suis venu parce que mon premier film va sortir ici.
J. – Quoi ?! J'hallucine avec toi : champion cycliste et maintenant réalisateur !

Structures clés

Exprimer sa surprise

¡Vaya, qué sorpresa!
Dis donc, quelle surprise !

¡No puede ser!/¡No me digas!/¿Qué me dices?
Ce n'est pas vrai !

¡Venga ya!
Tu plaisantes !

¡Anda ya, no me lo creo!/¡No me lo puedo creer!
Je n'y crois pas !

¿Pero cómo es posible?
Mais comment est-ce possible ?

¡Estás de broma!/¡Es una broma!
Tu blagues ! / C'est une blague !

¡No puede ser verdad!
Ça ne peut pas être vrai !

¿Estás seguro?
Tu es sûr ?

¿Seguro que no te estás confundiendo de persona?
Tu es sûr que tu ne te trompes pas de personne ?

▶ **Accepter ou non la nouvelle réalité**

¡Qué cosas!
C'est incroyable !

Me dejas alucinado. / Alucino.
J'hallucine.

La realidad supera la ficción.
La réalité dépasse la fiction.

Debe ser un error.
Ça doit être une erreur.

¿Qué te apuestas a que no es verdad?
Combien tu paries que ce n'est pas vrai ?

À vous de parler !

Transforma las siguientes expresiones en otras más emotivas, usando exclamaciones.

1. No me creo que estén saliendo juntos.
2. No me creo que se nos haya hecho tan tarde.
3. No me creo que Jesús haya venido.
4. No me creo que siga insistiendo, es un pesado.
5. No me creo que tengas 57 años, no los aparentas (*tu ne les fais pas*).

Corrigé

1. ¿Qué están saliendo juntos? ¡No me digas! Me dejas alucinada.
2. ¡No puede ser, se nos ha hecho tardísimo!
3. ¡Vaya, qué sorpresa, ha venido Jesús!
4. ¿Pero cómo es posible que siga insistiendo? ¡Qué pesado!
5. ¿Cómo?, ¿que tienes 57 años? ¡No puede ser! ¡No los aparentas!

Por tu culpa...
Faire des reproches

De vuelta en casa

Josu –No me ha parecido bien lo que le has dicho a tu hermano.
Rebeca –¿El qué? ¿Que es un miedica?
Josu –Pues sí, realmente, podrías haber tenido un poco más de tacto.
Rebeca –¡Pero si es la verdad!
Josu –Vale, es la verdad, pero deberías habérselo dicho de una manera más constructiva. ¿No has visto la cara que se le ha quedado?
Rebeca –¡Claro, si encima que me preocupo por él, voy a tener que disculparme!
Josu –¡Eres imposible!

▶ **De retour à la maison**
J. – Je n'ai pas du tout apprécié ce que tu as dit à ton frère.
R. – Quoi? Que c'est une poule mouillée?
J. – Oui, franchement, tu aurais pu être un peu moins directe.
R. – Mais c'est la vérité !
J. – Oui, d'accord, c'est vrai, mais tu aurais dû lui dire d'une façon plus positive. Tu as vu la tête qu'il a fait?
R. – Et voilà, je me fais du souci pour lui, et maintenant il va falloir que je m'excuse !
J. – Tu es impossible !

Al teléfono con la compañía eléctrica

Clienta –Buenos días. Llamo para avisarles de que desde esta mañana estoy sin electricidad en casa.
Empleado –¿Ha realizado usted algún cambio en su contrato recientemente?
Clienta –No, yo no he cambiado nada y estoy al día de la cuota. Esto es un error suyo, sin ninguna duda, y les ruego que lo rectifiquen lo más rápidamente posible. Dese cuenta de que por su culpa no tengo ni calefacción ni agua caliente.
Empleado –Por supuesto. Vamos a hacer las averiguaciones necesarias y la tendremos al corriente.

avisar: informer ❖ **la culpa:** la faute ❖ **la calefacción:** le chauffage

▶ **Au téléphone avec la compagnie d'électricité**

C. – Bonjour. Je vous appelle pour vous informer que depuis ce matin je n'ai pas d'électricité à la maison.
E. – Vous avez changé de contrat récemment ?
C. – Non, je n'ai rien changé et je suis à jour de mes mensualités.
C'est une erreur de votre part, sans aucun doute, et je vous demande de régler le problème le plus rapidement possible. À cause de vous, je suis sans chauffage et sans eau chaude.
E. – Bien sûr, Madame. Nous allons procéder aux vérifications nécessaires et nous vous tiendrons au courant.

Structures clés

▶ **Exprimer des reproches**

No me gusta que hables mal de tu familia.
Je n'aime pas que tu dises du mal de ta famille.

No está bien lo que has hecho.
Ce n'est pas bien, ce que tu as fait.

No me ha parecido bien lo que has hecho.
Je n'ai pas apprécié ce que tu as fait.

No me ha parecido bien que invitaras a Paloma sin consultarme.
Je n'ai pas apprécié que tu invites Paloma sans me consulter.

Por tu culpa, ahora estamos sin calefacción.
Par ta faute, maintenant, nous n'avons pas de chauffage.

No es culpa mía, es culpa tuya.
La culpa no la tengo yo, la tienes tú.
Ce n'est pas ma faute, c'est ta faute.

▶ **Suggérer un autre comportement**

Podrías haber sido un poco más educado.
Tu aurais pu être un peu plus poli.

Habrías podido avisarme.
Tu aurais pu me prévenir.

Deberías haber tenido más cuidado.
Tu aurais dû faire plus attention.

Habrías debido decírmelo antes.
Tu aurais dû me le dire avant.

Tendríais que disculparos.
Vous devriez vous excuser.

COMMUNIQUER — Por tu culpa... 13

À vous de parler!

A **Expresa tu disgusto** *(mécontentement)*.
1. Has comprado esa lámpara *(lampe)* sin consultarme.
   → No me ha parecido bien que…
2. Ha tirado mi regalo *(cadeau)*.
   → No me ha parecido bien que…
3. No sabían cómo me llamo.
   → No me ha parecido bien que…

B **Comportarse de otra manera** *(agir autrement)*.
1. ¡Has hablado demasiado!
   → Deberías … menos.
2. ¡Hemos comido demasiado!
   → Deberíamos … menos.
3. ¡Han salido demasiado tarde!
   → Deberían … antes.
4. ¡Habéis sido muy groseros!
   → Podríais … educados.

Corrigé

A 1. No me ha parecido bien que compraras esa lámpara sin consultarme. **2.** No me ha parecido bien que tirara mi regalo. **3.** No me ha parecido bien que no supieran cómo me llamo.
B 1. Deberías haber hablado menos. **2.** Deberíamos haber comido menos. **3.** Deberían haber salido antes. **4.** Podríais haber sido más educados.

¡Madre mía! ¡No está nada bien lo que habéis hecho, niños!

14 No te preocupes
Rassurer, encourager

🔊 Un nuevo corte de pelo

Marco –Sara, ¿te has cortado el pelo, verdad?
Sara –¡Calla, qué disgusto! Me han dejado fatal…
Marco –¡Qué va! No te queda mal, de verdad.
Sara –¡Pues yo me veo horrorosa!
Marco –¡Qué exagerada eres! No es para tanto, y además el pelo crece.

▶ **Une nouvelle coupe de cheveux**
M. – Sara, tu t'es fait couper les cheveux, non ?
S. – Arrête, je suis furieuse ! C'est complètement raté…
M. – Mais non ! Ça te va bien, je t'assure.
S. – Moi, je me trouve affreuse !
M. – Tu exagères ! Il n'y a pas de quoi fouetter un chat. En plus, les cheveux, ça repousse !

🔊 En el hospital

La comadrona –¡Venga, ánimo! ¡No te preocupes! Ya verás como todo va a ir muy bien.
Ana –Sí, todos decís lo mismo, pero yo estoy asustada.
La comadrona –Sí, eso es normal, entiendo cómo te sientes, pero verás qué pronto pasa todo. ¡Venga, tranquila y sé fuerte!

▶ **À l'hôpital** (Notez le tutoiement dans cette situation en espagnol.)
La sage-femme – Allez, courage ! Ne vous inquiétez pas ! Vous verrez que tout va très bien se passer.
A. – Oui, tout le monde dit la même chose, mais j'ai peur quand même.
La sage-femme – Oui, c'est normal, je vous comprends, mais vous verrez, ce sera vite fini. Allez, du calme et soyez courageuse.

🔊 Structures clés

▶ **Rassurer**

¡No te preocupes! ¡Tranquilo!
Ne t'inquiète pas ! Du calme !

Verás como se soluciona. Todo va a ir / salir bien.
Tu verras, tout va se résoudre. Tout va bien se passer.

▶ **Minimiser les problèmes**

Qué exagerado eres. Tampoco es para tanto.
Tu exagères. Ce n'est pas si grave.

COMMUNIQUER ■ *No te preocupes* 14

▶ **Exprimer son empathie**

Te entiendo perfectamente.
Je te comprends très bien.

Entiendo cómo te sientes.
Je comprends ce que tu ressens.

▶ **Encourager**

¡(Mucho) ánimo!
(Bon) Courage !

¡Sé fuerte!
Sois courageux !

¡Venga, que tú puedes!
Allez, tu peux !

¡Ya queda menos!
C'est bientôt fini !

À vous de parler !

A **¿Qué le dirías a...?**
1. Un amigo a quien le ha dejado su novia.
2. Unos niños que están haciendo los deberes.
3. A tu madre, que se preocupa por tu próximo viaje al desierto.
4. A alguien que acaba de perder un avión.
5. A un amigo que está furioso porque le acaban de poner una multa *(PV)* de 10 €.

B **Completa el siguiente texto con las expresiones propuestas: todo se soluciona – tranquilo – todo mi ánimo – no te preocupes – paciencia.**

Querido Javier:

Sé por tu hermana que estás pasando una mala racha (*mauvaise période*) y te escribo para mandarte …… . Al final …… , pero estos próximos meses todavía vas a necesitar mucha …… . En cuanto a nuestro proyecto, por ahora …… , puede esperar un poco y, …… , que yo me encargo de anunciárselo al resto del equipo.

Corrigé

A 1. Entiendo cómo te sientes, pero no te preocupes, el tiempo lo cura (*guérir*) todo. 2. ¡Venga ánimo, que ya queda menos! 3. ¡Tranquila! Todo va a salir bien, sabes que soy muy prudente. 4. No se preocupe, verá como se soluciona. 5. ¡Qué exagerado eres, tampoco es para tanto!

B Querido Javier:
Sé por tu hermana que estás pasando una mala racha y te escribo para mandarte **todo mi ánimo**. Al final **todo se soluciona**, pero estos próximos meses todavía vas a necesitar mucha **paciencia**. En cuanto a nuestro proyecto, por ahora **no te preocupes / tranquilo**, puede esperar un poco y, **no te preocupes / tranquilo**, que yo me encargo de anunciárselo al resto del equipo.

15 ¡Qué bonito!
Dire qu'on aime, qu'on n'aime pas

 A la salida del cine

José María –¡Qué película tan bonita! ¡Me ha encantado! ¿Verdad que era genial?
Valentina –Bueno, genial, lo que se dice genial… No me ha parecido para tanto. Los diálogos eran un poco penosos por momentos.
José María –Ya, igual tienes razón, ¡pero la fotografía era espectacular!
Valentina –¿Un poco fácil, tal vez?
José María –Bueno, está claro que a ese director no lo tragas.
Valentina –No, hombre, no es eso. Pero en serio, después de haber leído las críticas me esperaba algo impresionante y, la verdad, esta película no es nada del otro mundo.

un director (de cine): un réalisateur ❖ **no tragar a alguien:** ne pas supportar qqn

▶ **À la sortie du cinéma**

J. M. – Quel beau film! J'ai adoré! Il était génial, non?
V. – Bon, génial, génial… Je ne l'ai pas trouvé si génial que ça. Les dialogues étaient un peu pénibles par moments.
J. M. – Oui, tu as peut-être raison, mais la photographie était spectaculaire!
V. – Un peu trop facile, peut-être?
J. M. – Bon, c'est clair que ce réalisateur, tu ne peux pas le sentir.
V. – Non, ce n'est pas ça. Mais sérieusement, après avoir lu les critiques, je m'attendais à quelque chose d'impressionnant, et franchement, ce film n'a rien de spécial.

 Una chupa nueva

Edu –Hala, Fede, cómo mola. ¿De dónde la has sacado?
Fede –De una tienda del rastro, ¿a que es guay? Me ha costado cien pavos.
Edu –Qué pasada, yo también quiero una.

una chupa: un blouson en cuir [argot] ❖ **un pavo:** unité de monnaie (variable selon les époques) [argot] ❖ **el Rastro:** le marché aux puces de Madrid

▶ **Un nouveau blouson**

E. Eh, Fede, c'est top. Tu l'as trouvé où?
F. Aux puces, dans un magasin. C'est super classe, hein? Ça m'a coûté 100 balles.
E. La vache! Moi aussi, j'en veux un.

Structures clés

▶ **Dire qu'on apprécie, qu'on aime**

¡Qué bonito! ¡Cómo mola! [fam.] **¡Qué guay!** [fam.]
Qu'est-ce que c'est beau ! C'est génial ! C'est super !

Me ha gustado mucho, me ha encantado, estoy impresionado (con)…
J'ai beaucoup aimé, j'ai adoré, je suis impressionné…

Es precioso, espectacular, fabuloso…
C'est superbe, spectaculaire, magnifique…

▶ **Dire qu'on n'apprécie pas, qu'on n'aime pas trop ou pas du tout**

¡Qué feo! ¡Vaya porquería! [fam.]
Que c'est moche ! Ce que c'est minable !

¡Menuda birria de ordenador! [fam.]
Ce qu'il est nul, cet ordinateur !

No es para tanto. No es nada del otro mundo / del otro jueves.
Ce n'est pas génial. Ça n'a rien d'extraordinaire.

No me ha gustado nada, me ha parecido horrible.
Je n'ai pas du tout aimé, j'ai trouvé ça horrible.

Estoy decepcionado (de / con)…
Je suis déçu de…

Es penoso, horroroso, patético, bochornoso…
C'est pitoyable, affreux, pathétique, honteux…

À vous de parler !

Tu impresión es la contraria.
1. ¡Me ha encantado este libro!
2. Estamos impresionados con nuestro nuevo jefe.
3. Es una montaña maravillosa.
4. ¡Menuda birria de bicicleta!

Corrigé
1. No me ha gustado nada este libro.
2. Estamos decepcionados con nuestro nuevo jefe.
3. Es una montaña horrorosa *ou* horrible.
4. ¡Qué bicicleta tan bonita! *ou* ¡Qué maravilla de bicicleta!

16 Me da igual
Dire que l'on préfère, que c'est égal

Comparando restaurantes

Isabel –¿A ti cuál te gusta más, el *China King* o el *Mandarín*?
Paula –Hombre, si me dan a elegir, yo prefiero el *Mandarín*. ¿Dónde va a parar? Y que conste que el *China King* no es malo, pero el *Mandarín* tiene una cocina más creativa y el ambiente es más selecto. Vamos, no hay color.
Isabel –Pues fíjate que precisamente por eso a mí me hace más gracia el *China King*, no sé, lo encuentro más auténtico que el *Mandarín*, que me resulta demasiado pijo.

pijo : prétentieux, bourgeois, branché

▶ **En comparant des restaurants**
I. – Toi, lequel tu préfères entre le *China King* et le *Mandarin*?
P. – Eh bien, si on me donne le choix, je préfère le *Mandarin* et de loin. Et attention, le *China King* n'est pas mauvais, mais le *Mandarin* a une cuisine plus créative et l'ambiance est plus chic. Il n'y a pas photo.
I. – Eh bien moi, justement, c'est pour ça que j'aime mieux le *China King*, je ne sais pas, je le trouve plus authentique. Pour moi le *Mandarin*, c'est trop branché.

En una óptica

Pilar –Entonces, ¿qué gafas me llevo, las rojas o las grises?
Mónica –No sé, cualquiera de las dos. Las dos te quedan igual de bien.
Pilar –¿Tú crees?
Mónica –Sí, al menos a mí me gustan por igual.
Pilar –¿Y el color? ¿Las rojas no te parecen demasiado atrevidas?
Mónica –Sí, quizá, pero eso me da igual; la cuestión es si no te vas a hartar más pronto de las rojas que de las grises.

▶ **Chez l'opticien**
P. – Je prends quelles lunettes, alors, les rouges ou les grises?
M. – Je ne sais pas, n'importe lesquelles. Les deux te vont aussi bien.
P. – Tu crois?
M. – Oui, en tout cas, moi, elles me plaisent autant.
P. – Et la couleur? Les rouges ne sont pas trop osées?
M. – Si, peut-être, mais moi, ça m'est égal ; la vraie question, c'est si tu ne te lasseras pas plus vite des rouges que des grises.

COMMUNIQUER ▪ *Me da igual* **16**

Structures clés

▸ Dire qu'on préfère

Prefiero los perros a los gatos.
Je préfère les chiens aux chats.

Me gustan más los perros que los gatos.
Me hacen más gracia los perros que los gatos. [fam.]
J'aime mieux les chiens que les chats.

Si me dieran a elegir, sin duda me quedaría con…
Si on me donnait le choix, sans doute je choisirais…

Lo que más / menos me gusta son sus chistes.
Ce que j'aime le plus / le moins, ce sont ses blagues.

▸ Dire que c'est égal

Me gusta tanto el té como el café.
J'aime autant le thé que le café.

Me da igual entre uno y otro, elige tú / decide tú.
Ça m'est égal, l'un ou l'autre, c'est toi qui décides.

Sinceramente, me da igual uno que otro.
Sincèrement, ça m'est égal, l'un ou l'autre.

À vous de parler !

A Cambia *preferir* por *gustar más* y viceversa.
1. Al final les gustó más la zona del interior que la costa.
2. Preferimos los vinos secos a los dulces.
3. Yo personalmente prefiero los hoteles rurales a los grandes hoteles.
4. Él no dijo que le gustara más ese actor.
5. ¿Preferís los mejillones *(moules)* al vapor o con una salsa?

B Reacciona expresando que a ti te da igual.
1. Yo, desde luego, prefiero el aikido al judo.
2. A nosotros nos hacen más gracia sus primeras películas.
3. ¿Conduces tú o conduzco yo?

Corrigé

A 1. Al final prefirieron la zona del interior a la costa. 2. Nos gustan más los vinos secos que los dulces. 3. A mi personalmente me gustan más los hoteles rurales que los grandes hoteles. 4. Él no dijo que prefiriera a ese actor. 5. ¿Os gustan más los mejillones al vapor o con una salsa?
B 1. Pues a mí me da igual uno u otro. 2. Pues a mí me gustan tanto las primeras como las más recientes. 3. Cualquiera de los dos, decide tú, a mí me da igual.

17 ¡Vale!
Exprimer son accord, son désaccord

En una asamblea de vecinos

Pura –Propongo que ampliemos el horario de calefacción colectiva, y encender a las once en lugar de a las dos.
Roxana –Lo siento, pero ese tema ya se ha discutido en asamblea varias veces, y la mayoría disentimos de esa propuesta. Personalmente, me parecería más sensato ampliar el horario por la tarde, cuando una mayoría de vecinos está en casa.
Emilio –Roxana tiene razón. Yo pienso como ella.
Pedro –Pues yo creo que no se puede tomar ninguna decisión sin un voto.
Pura –Vale. ¿Todo el mundo está de acuerdo en votar?
Emilio –Sí, claro que sí.
Roxana –Por supuesto que sí.
Pedro –Totalmente de acuerdo. Votemos.

disentir: désapprouver ❖ **sensato**: judicieux ❖ **un voto**: un vote, une voix

▶ **Dans une réunion de copropriété**
P. – Je propose d'élargir les horaires du chauffage collectif, et d'allumer à onze heures plutôt qu'à deux heures.
R. – Je suis désolée, mais ce sujet a déjà été discuté plusieurs fois en réunion, et la plupart d'entre nous est en désaccord avec cette proposition. Personnellement, je trouverais plus judicieux d'élargir les horaires le soir, lorsqu'une grande majorité des voisins est à la maison.
E. – Roxana a raison. Je pense comme elle.
P. – Moi, je pense qu'on ne peut rien décider sans un vote.
P. – Très bien. Tout le monde est d'accord pour voter?
E. – Oui, bien sûr.
R. – Évidemment que oui.
P. – Tout à fait d'accord. Votons.

En la oficina

Antonio –Juan, necesito tu opinión. Félix y yo no estamos de acuerdo en cómo ponernos en contacto con los clientes. Él piensa que deberíamos llamarlos por teléfono directamente, y yo no estoy de acuerdo con él. Me parece mejor escribirles un correo electrónico primero informándoles de la oferta y luego llamarles. ¿Qué te parece a ti?
Juan –Yo creo que tienes razón, muchos clientes se han quejado de recibir llamadas no solicitadas. Es mejor avisarles por escrito antes.

una oferta: une promotion ❖ **quejarse**: se plaindre

COMMUNIQUER ▪ ¡Vale! **17**

▶ Au bureau

A. – Juan, j'ai besoin de ton avis. Avec Félix, nous ne sommes pas d'accord sur la manière d'entrer en contact avec les clients. Il pense qu'on devrait leur téléphoner directement, et je ne suis pas d'accord avec lui. Je pense qu'il vaudrait mieux leur écrire un courrier électronique d'abord, en les informant de la promotion, et ensuite les appeler. Qu'en penses-tu ?
J. – Je crois que tu as raison, de nombreux clients se sont plaints d'avoir reçu des appels non souhaités. Il vaut mieux les prévenir par écrit.

Structures clés

▶ Exprimer son accord

Estoy (totalmente) de acuerdo con tu propuesta.
Je suis (complètement) d'accord avec ta proposition.

¿Estáis de acuerdo? ¿Os parece bien? ¿Vale? [informel]
Vous êtes d'accord ? Ça vous semble bien ?

Claro. Sí, claro que sí. Por supuesto que sí.
Bien sûr. Oui, bien sûr que oui. Évidemment que oui.

¡De acuerdo! ¡Vale! [informel]
D'accord !

▶ Exprimer son désaccord

No estoy (en absoluto / nada) de acuerdo con su abogado.
Je ne suis pas (du tout) d'accord avec son avocat.

¿Estás de acuerdo?
Tu es d'accord ?

No, claro que no. Por supuesto que no. En absoluto.
Non, bien sûr que non. Evidemment que non. Pas du tout.

▶ Donner, ne pas donner raison

Tenéis (toda la) razón.
Vous avez (tout à fait) raison.

¡Qué razón tenías!
Tu avais tellement raison !

No tienes razón en no aceptar esa condición.
Tu as tort de ne pas accepter cette condition.

À vous de parler !

A Traduce.
1. Je suis d'accord avec toi.
2. Nous sommes totalement d'accord avec vous.
3. Je regrette, mais je ne suis pas du tout d'accord avec cette décision.
4. D'ac !

B Expresa tu acuerdo o tu desacuerdo con la expresión "tener razón".
1. Estoy de acuerdo con mi abogado.
2. No estoy de acuerdo con ese profesor.
3. Estoy totalmente de acuerdo con vosotros.

Corrige
A 1. Estoy de acuerdo contigo. 2. Estamos totalmente de acuerdo con vosotros / con ustedes. 3. Lo siento, pero no estoy nada de acuerdo con esa decisión. 4. ¡Vale!
B 1. Mi abogado tiene razón. 2. Ese profesor no tiene razón. 3. Tenéis mucha razón.

18 Por supuesto
Défendre une idée, la reformuler

¿Qué regalo?

ALICIA –Seguimos sin decidirnos y Diego y Ángel se casan la semana que viene.

DANIEL –Yo lo tengo clarísimo: la idea del microondas me parece la mejor, es súper práctico.

BEA –Sí, desde luego, pero yo sigo pensando que nuestro regalo además de ser funcional, tendría que tener un poco de gracia, o mejor dicho, debería ser algo también simbólico que representara los buenos ratos que pasamos juntos, ¿no? En cualquier caso, yo lo del microondas no lo veo. No es por llevarte la contraria, pero me parece un regalo sosísimo.

ALICIA –Ya está, ya lo tengo, ¿qué os parece el último modelo de esas cafeteras tan chulas…?

soso: fade, insipide ❖ **Esto no lo veo.** Je ne suis pas convaincue. ❖ **llevar la contraria**: contredire, contrarier ❖ **chulo**: cool, chic

▶ Quel cadeau ?
A. – On n'a encore rien décidé et Diego et Ángel se marient la semaine prochaine.
D. – Pour moi c'est évident : l'idée du micro-ondes me semble la meilleure, c'est super pratique.
B. – Oui, sans doute, mais je pense que notre cadeau, en plus d'être fonctionnel, devrait avoir un supplément d'âme, je veux dire, ça devrait être quelque chose de symbolique aussi, qui représenterait les bons moments qu'on passe ensemble, non ? En tout cas, moi le micro-ondes, ça ne me dit rien du tout. Je ne veux pas te contredire mais je trouve que c'est un cadeau ennuyeux.
A. – Ça y est, j'ai trouvé ! Qu'est-ce que vous pensez d'une super cafetière dernier cri… ?

Un programa radiofónico

PRESENTADORA –Damos por hecho que las nuevas tecnologías nos acercan cada día más, pero según muchos sociólogos y psicólogos, gran parte de estas interacciones son tan narcisistas que no se puede hablar de verdadero intercambio comunicativo. La doctora Litvan defiende este punto de vista.

DOCTORA L. –Por supuesto, hay que reconocer que las nuevas tecnologías representan un avance enorme en la comunicación: es decir, hablamos mucho más con personas lejanas, incluso nos vemos a distancia…

Sin embargo, también es cierto que una parte considerable de estas interacciones tienen como objetivo la exhibición personal. A diario enviamos numerosas fotos, sms y wasaps para impresionar a nuestro interlocutor antes que para interesarnos por él. En otras palabras: con muchos de estos mensajes no nos acercamos, sino, por el contrario, nos alejamos de nuestro interlocutor, demostrándole lo superiores que somos. Por lo tanto ¿se puede llamar a esto comunicación? En mi opinión, es algo discutible.

dar por hecho : être convaincu / considérer que ça va de soi ❖
wasap : WhatsApp ❖ **interesarse por alguien :** s'intéresser à qqn

▶ Une émission radiophonique

ANIMATRICE – Nous sommes convaincus que les nouvelles technologies nous rapprochent davantage chaque jour, mais d'après beaucoup de sociologues et de psychologues, une grande partie de ces interactions sont tellement narcissiques que l'on ne peut pas parler d'une véritable communication. La docteure Litvan défend ce point de vue.
DOCTEURE L. – Évidemment, il faut reconnaître que les nouvelles technologies représentent un très grand progrès pour la communication : c'est-à-dire que nous parlons beaucoup plus avec des personnes lointaines, nous nous voyons même à distance…
Cependant, il est aussi vrai qu'une partie considérable de ces interactions ont pour objectif l'exhibition personnelle. Au quotidien, on envoie de nombreuses photos, sms et WhatsApp pour impressionner notre interlocuteur plutôt que pour nous y intéresser. En d'autres termes, avec beaucoup de ces messages, nous ne nous rapprochons pas, bien au contraire, nous nous éloignons de notre interlocuteur, en lui montrant combien on est supérieur à lui. Par conséquent, peut-on appeler ça de la communication ? À mon avis, ça se discute.

🔊 Structures clés

▶ Défendre une idée

Yo lo tengo claro.
Pour moi, c'est évident.

En mi opinión…
À mon avis…

No hay duda de que… Es evidente que… Está claro que…
C'est évident que…

▶ Appuyer son argumentation

además, encima / aparte / incluso
de plus / par ailleurs / même

por (lo) tanto, así que
par conséquent

en cambio, por el contrario
en revanche

por supuesto, desde luego, claro
bien évidemment, bien sûr

en cualquier caso / de todos modos
en tout cas / de toute façon

en resumen / en conclusión / al fin y al cabo, a fin de cuentas
pour résumer / en conclusion / en fin de compte

Reformuler

Es decir / quiero decir / mejor dicho / en otras palabras…
C'est-à-dire / je veux dire / plutôt / en d'autres termes…

Esto es… por no decir…
Ceci est… voire…

À vous de parler !

Defiende la idea contraria.
1. Sería mejor ir andando.
2. Hay que reconocer que esa es la peor temporada *(saison)* para viajar.
3. Su segundo disco es sin duda el más logrado *(réussi)*.
4. El mercado armamentístico internacional se rige, lógicamente, por las leyes de la oferta y la demanda.

Corrigé
1. En mi opinión deberíamos ir en metro.
2. A mí, en cambio, me parece la mejor.
3. Pues yo, sin embargo, sigo pensando que el primero que sacó es el mejor.
4. Pues a mí me parece que debería regirse además, por no decir sobre todo, por la ética.

¿Se puede llamar a esto comunicación?
En mi opinión, es algo discutible.

¡Qué foto tan chula!

Yo también.

¿No te ha llegado mi último wasap?

19 Tengo una duda...
Exprimer des doutes, hésiter

🔊 Dos amigos

ALEJANDRA –No sé qué hacer. No sé si apuntarme a la maratón de Madrid este año, estoy un poco lesionada. Pero por otro lado, podría ponerme bien con un poco de entrenamiento. Aún quedan dos meses.

CHUS –Pues no sé qué decirte. Tal vez podrías inscribirte y luego, según como lo veas, te presentas o no, no te va a obligar nadie a correr si no estás en forma, ¿no?

ALEJANDRA –No, claro, pero sé que me va a costar renunciar si ya me he inscrito… En fin, no sé, voy a pensármelo un par de días, a ver qué hago.

apuntarse: s'inscrire

▶ **Deux amis**
A. – Je ne sais pas quoi faire. Je ne sais pas si je m'inscris au marathon de Madrid cette année, je suis encore blessée. Mais d'un autre côté, peut-être qu'avec un peu d'entraînement, je pourrais me rétablir. Il reste encore deux mois.
C. – Je ne sais pas trop quoi te dire. Tu pourrais peut-être t'inscrire et après, selon comment tu te sens, tu te présentes ou pas, on ne va pas te forcer à courir si tu ne vas pas bien, si ?
A. – Non, bien sûr, mais je sais que je vais avoir du mal à renoncer si je me suis inscrite… Enfin, je ne sais pas, je vais y réfléchir un jour ou deux, je vais voir ce que je fais.

🔊 En la biblioteca

ITZIAR –Jose, estoy escribiendo una carta y tengo una duda. ¿Tú qué dirías? ¿"Les saluda atentamente" o "los saluda atentamente"?

JOSE –Uy, no lo tengo nada claro, yo con los pronombres esos siempre me hago un lío. Yo diría "les saluda" pero no estoy seguro. ¿Por qué no lo miras en el diccionario?

ITZIAR –Tienes razón. A ver, saludar. Anda, pues aquí pone que se dice "los saluda", pero también se admite "les saluda". ¡Con razón nos liamos!

liarse, hacerse un lío: s'embrouiller

▶ **À la bibliothèque**
I. – Jose, je suis en train d'écrire une lettre et j'ai un doute. Est-ce que tu dirais *Les saluda atentamente* ou *Los saluda atentamente* (« Je vous prie d'agréer mes salutations respectueuses »)?

COMMUNIQUER ■ *Tengo una duda...* **19**

J. – Bof, je n'en sais rien, avec ces pronoms-là, je m'embrouille toujours…
Je dirais *Les saluda* mais je n'en suis pas sûr. Pourquoi tu ne regardes pas dans le dictionnaire ?
I. – Tu as raison. Donc… *saludar*. Tiens ! C'est marqué qu'on peut dire *Los saluda* mais qu'on admet également *Les saluda*. C'est normal si on s'embrouille !

Structures clés

▸ Hésiter

No sé qué hacer.
Je ne sais pas quoi faire.

No sé si llamarle.
Dudo entre llamarle o no llamarle.
J'hésite à lui téléphoner.

¿Qué hago? ¿Le llamo o no?
Qu'est-ce que je fais ? Je l'appelle ou pas ?

▸ Exprimer des doutes

Tal vez él lo sepa/sabe.
Quizás él lo sepa/sabe.
A lo mejor él lo sabe.
Il le sait peut-être.

Tengo una duda. Dudo (de) que lo sepas.
J'ai un doute. Je ne pense pas que tu le saches.

No estoy seguro de su nombre. No estoy segura de que lo sepas.
Je ne suis pas sûr de son nom. Je ne suis pas sûre que tu le saches.

À vous de parler!

A Transforma estas afirmaciones en dudas.
1. Creo que debo comprar otro coche.
2. Mejor bebo otro vino *(un verre de vin)* y no una copa de champán.

B Estar o no estar seguro de algo.
1. Estamos seguros de que lo tenéis vosotros.
   → No estamos seguros…
2. Estoy seguro de que tienes razón.
   → No estoy seguro…
3. Estaba segura de que vendrías.
   → No estaba segura…

C Contesta a las preguntas siguientes con *tal vez, quizás, a lo mejor* con la ayuda de las indicaciones dadas.
1. –¿Sabes dónde venden periódicos en ruso? – estación central
   –No lo sé, tal vez… / a lo mejor…
2. –¿Ha llegado el paquete *(le colis)* que esperabas? – esta mañana
   –No sé, quizás… / a lo mejor…
3. –¿Quién ha llamado por teléfono? – Carmen
   –No estoy segura, tal vez… / a lo mejor…

Corrige

A 1. No sé si debo comprar otro coche. *ou* Quizá debería comprar otro coche. *ou* Dudo si comprar otro coche. 2. Dudo entre beber otro vino o una copa de champán. *ou* No sé si es mejor que beba otro vino o una copa de champán.
B 1. No estamos seguros de que lo tengáis vosotros. 2. No estoy seguro de que tengas razón. 3. No estaba segura de que vinieras.
C 1. –No lo sé, tal vez tienen ou a lo mejor tienen en la estación central. 2. –No sé, quizás ha llegado ou a lo mejor ha llegado esta mañana. 3. –No estoy segura, tal vez fuera *ou* era Carmen / a lo mejor era Carmen.

20 Si insistes...
Insister, faire des concessions

 ¡Aquí tienen la cuenta!

Clara –Que no, que no, que no…
Lorenzo –Que sí, que sí, que sí…
Clara –Que no, hombre, ni hablar, que esta vez me toca a mí.
Lorenzo –Bueno, si insistes tanto… Pero la próxima vez me dejas que te invite yo.

Me toca a mí. C'est mon tour.

Voilà l'addition !
C. – Non, non et non…
L. – Mais si, mais si, mais si…
C. – Mais non, voyons, c'est hors de question, cette fois c'est mon tour.
L. – Bon, puisque tu insistes tellement… Mais la prochaine fois c'est moi qui t'invite.

 En el aeropuerto

José –Susana, vas cargadísima ¿y no te vienen a buscar?
Susana –Pues no, a estas horas no le venía bien a nadie. Pero no pasa nada, cojo el bus y luego el metro.
José –¿Cómo? Te llevo yo, tengo el coche en el párking, justo aquí al lado.
Susana –No, de verdad, que vives en la otra punta. Y a mí no me cuesta nada ir en transporte público.
José –Que no, que no es ninguna molestia, y además a esta hora no hay tráfico.
Susana –Ay no, me da muchísimo apuro…
José –No hay más que hablar, tardo menos en llevarte que en discutir contigo.
Susana –Bueno, vale. ¡Cualquiera te lleva la contraria! Muchísimas gracias.

Rencontre à l'aéroport
J. – Susana, tu es très chargée ! Et on ne vient pas te chercher ?
S. – Eh bien, non, personne ne pouvait à cette heure-ci. Mais ce n'est pas grave, je prends le bus et puis le métro.
J. – Mais non ! Je t'emmène, ma voiture est au parking, juste à côté.
S. – Non, sincèrement, tu vis à l'autre bout de la ville. Et moi, ça ne me coûte rien de prendre les transports en commun.
J. – Mais non ! Ça ne me dérange pas du tout et en plus à cette heure-ci il n'y a pas de circulation.
S. – Non, ça m'ennuie…
J. – On n'en parle plus ! J'ai plus vite fait de t'emmener que de discuter avec toi.
S. – Bon, d'accord. Ce n'est pas facile de te contredire ! Merci beaucoup !

Structures clés

▸ **Insister**

Que sí. / Que no.
Mais oui. Mais si. / Mais non.

No me cuesta nada. / No es ninguna molestia.
Ça ne me coûte rien. / Ça ne me gêne pas.

▸ **Faire des concessions**

Bueno, pero a cambio…
Bon, mais en échange…

Bueno, vale, por esta vez, pase.
Bon, d'accord, ça va pour cette fois.

Si insistes…
Si tu insistes…

No sé decirte que no.
Je ne sais pas te dire non.

Está bien, no insistas, me has convencido.
C'est bon, n'insiste plus, tu m'as convaincu.

À vous de parler !

¿Qué reacciones corresponden mejor a las siguientes insistencias?

1. Anda, quédate el fin de semana, son solo dos días más, así podremos ir juntos a la playa.
2. De verdad, no lo dejes, cómpratelo, te queda como hecho a medida y está rebajadísimo.
3. No os podéis perder este concierto, solo tocan una vez juntos este año y es aquí.
4. Déjame ver la tele un ratito más, papá, te prometo que luego me acuesto sin protestar.
5. No puede ser que lo pagues tú todo, déjame pagar a mí el taxi por lo menos.

a. Bueno, si insistes…
b. Vale, bueno, nos habéis convencido.
c. No sé decirte que no, pero tendré que trabajar un poco.
d. Vale, me has convencido, me lo llevo.
e. Bueno, vale, por esta vez, pase.

Corrigé: 1. c, 2. d, 3. b, 4. e, 5. a.

21 Cambiemos de tema, por favor
Changer de sujet

 En un bar

Pere –Marga, estaba comentándole a Julián lo que te pasó el otro día en la oficina, con ese compañero tuyo que casi te insulta.
Marga –Jo, fue super desagradable, pero mejor cambiemos de tema. No me apetece hablar del asunto. ¿Qué tal os ha ido por La Coruña este finde?
Pere –Pues muy bien, nos ha hecho muy bueno. Ah, casi se me olvida: mira, esto de parte de Esther, te lo ha comprado allí, a ver si te gusta.
Marga –¡Hala, qué bonito! Muchas gracias, dale un beso de mi parte.

apetecer algo: avoir envie de qqch.

▷ **Dans un bar**
P. – Marga, je racontais à Julián ce qui t'est arrivé l'autre jour au bureau, avec ce collègue à toi qui a failli t'insulter.
M. – Pff, c'était hyper désagréable. Mais changeons de sujet, tu veux ? Je n'ai pas envie d'en parler. Comment ça s'est passé à La Corogne ce week-end ?
P. – Très bien, il faisait très beau. Ah, j'oublie presque : tiens, ça, c'est de la part d'Esther, elle l'a acheté pour toi là-bas, ça te plaît ?
M. – Ouah ! C'est super joli ! Merci beaucoup, tu lui fais la bise de ma part.

 En la tele

Presentador –En el programa de hoy, hablaremos de varios asuntos relacionados con la preservación de la naturaleza. Antes de nada, presentaremos a nuestros invitados: la Dra. Concha Hurtado López, bióloga marina, bienvenida a nuestro programa, Dra. Hurtado…
Invitada –Hola, buenas tardes…
Presentador –… y el Dr. José Manuel Ariza, zoólogo, especialista en fauna de los bosques tropicales. Por cierto, Dr. Ariza, llega usted ahora mismo del aeropuerto, ¿quiere decir a nuestros telespectadores de dónde venía?
Invitado –Sí, claro, acabo de llegar de Sumatra, uno de los dos lugares que quedan en el mundo donde todavía viven orangutanes.
Presentador –Una experiencia apasionante, sin duda, de la que hablaremos enseguida para nuestros telespectadores. Pero antes de seguir, demos un pequeño repaso a la actualidad.

un repaso : un rappel, une révision

▸ À la télé

PRÉSENTATEUR – Aujourd'hui, dans notre programme, nous parlerons de plusieurs thèmes en rapport avec la sauvegarde de la nature. Avant tout, je vais vous présenter nos invités : la Dre Concha Hurtado López, docteure en biologie marine, bienvenue à notre programme, Docteure Hurtado…
INVITÉE – Bonjour.
PRÉSENTATEUR – … et le Dr José Manuel Ariza, zoologiste, spécialiste de la faune dans les forêts tropicales. Au fait, Dr Ariza, vous arrivez à l'instant de l'aéroport, voulez-vous dire à nos téléspectateurs d'où vous venez ?
INVITÉ – Oui, bien sûr, je viens de Sumatra, l'un des deux lieux au monde où vivent encore des orangs-outans.
PRÉSENTATEUR – Une expérience passionnante, sans aucun doute, dont nous parlerons tout de suite. Mais avant de continuer, faisons un bref rappel des actualités.

🔊 Structures clés

▸ Pour introduire un sujet de conversation

Antes de nada, hablaremos de…
Tout d'abord, nous parlerons de…

▸ Pour arrêter de parler sur un sujet

Cambiemos de tema, por favor.
Changeons de sujet, s'il vous plaît.

¿Qué tal si hablamos de otra cosa?
Et si on parlait d'autre chose ?

Otra cosa. ¿Sabes qué? [informel]
Autre chose. Tu sais quoi ?

Corramos un tupido velo… [locution]
Passons…

▸ Pour introduire une digression

Antes de seguir, recordaremos…
Avant de continuer, nous rappellerons…

Por lo que respecta a… En cuanto a…
En ce qui concerne… Quant à…

Por cierto, …
Au fait, à ce propos…

Otra cosa. ¿Sabes qué?

COMMUNIQUER ■ *Cambiemos de tema, por favor*

À vous de parler !

Elige el conector adecuado entre los siguientes:
por cierto – por lo que respecta a – antes de seguir – antes de nada.
Una reunión sindical

Como sabéis, la reunión de hoy tiene por objetivo revisar la organización de los turnos de trabajo *(équipes de service)* y plantear *(présenter)* nuevas propuestas, si es necesario.
……, propongo que escuchemos a Emilio, que ha hecho un pequeño resumen de la situación. ……, también ha sido él el que ha elaborado el cuestionario del que hablaremos a continuación.
Pero ……, ¿quién acepta encargarse de redactar el acta *(le compte rendu)* de la reunión? …… a los ausentes *(absents)*, Ana María y Diego llegarán un poco más tarde.

Corrigé

Una reunión sindical
Como sabéis, la reunión de hoy tiene por objetivo revisar la organización de los turnos de trabajo y plantear nuevas propuestas, si es necesario.
Antes de nada, propongo que escuchemos a Emilio, que ha hecho un pequeño resumen de la situación. **Por cierto**, también ha sido él el que ha elaborado el cuestionario del que hablaremos a continuación.
Pero **antes de seguir**, ¿quién acepta encargarse de redactar el acta de la reunión? **Por lo que respecta** a los ausentes, Ana María y Diego llegarán un poco más tarde.

Vocabulaire

Abréviations utilisées

pers. : personne
sing. : singulier
plur. : pluriel
qqn : quelqu'un
qqch. : quelque chose
Amér. : Amérique
Esp. : Espagne
Mex. : Mexique

Le masculin est utilisé comme genre grammaticalement neutre pour les noms et adjectifs. La mention de *[ser]* ou *[estar]* devant un adjectif précise avec lequel de ces deux verbes l'adjectif s'emploie dans le sens indiqué.

Tous les fichiers audio mp3 sont disponibles sur le site
hatier-clic.fr

1 L'identité

 Savez-vous les prononcer ?

el pasaporte ❖ la nacionalidad ❖ la fisionomía ❖ la barba ❖ las lentillas ❖ el comportamiento ❖ el carácter ❖ divorciado ❖ amable ❖ simpático ❖ antipático ❖ silencioso ❖ sociable ❖ insociable

L'état civil

los papeles : les papiers
el DNI (Documento nacional de identidad) : la carte nationale d'identité
un documento de identidad : une pièce d'identité

el nombre : le prénom
el apellido : le nom de famille
un apodo : un surnom
las señas : les coordonnées

la fecha de nacimiento : la date de naissance
nacido en : né à
soltero : célibataire
casado : marié
viudo : veuf

llamarse : s'appeler
apellidarse : porter comme nom de famille

▶ NATIONALITÉS EN PAGES DE GARDE

Abréviations et diminutifs de quelques prénoms très fréquents

[pour une homme]
José → Pepe, Pepito
Francisco → Paco, Paquito
Ignacio → Nacho

[pour une femme]
Dolores → Lola, Lolita
Concepción → Concha, Conchita
Consuelo → Chelo, Chelito

 Un peu de conversation…

- **Documentación, por favor.**
  Vos papiers, s'il vous plaît.

- **—Se me ha caducado el carné de identidad. —¿Por qué no lo renuevas en la comisaría del barrio?**
  Ma pièce d'identité est périmée. – Tu pourrais la faire renouveler dans le commissariat du quartier.

- **El nombre completo de los españoles consta de un nombre de pila y de dos apellidos.**
  Le nom complet des Espagnols se compose d'un prénom et de deux noms de famille.

VOCABULAIRE ■ L'identité 1

- A nuestro hijo le pusimos como a su abuelo materno, Santiago.
  Nous avons donné à notre fils le prénom de son grand-père maternel, Santiago.

- Cuando éramos pequeñas, todas teníamos apodos en el colegio : a mí me llamaban Pecas.
  Quand nous étions enfants, nous avions toutes des surnoms à l'école :
  moi, on m'appelait « Pecas ».

- Soy de Sevilla. Me llamo Dolores, pero todo el mundo me llama Lola.
  Je suis de Séville. Je m'appelle Dolores, mais tout le monde m'appelle Lola.

- Mi compañera de trabajo es de un pueblecito del norte de Galicia.
  Ma collègue de travail vient d'un petit village du nord de la Galice.

- Tienes acento del norte, ¿eres vasca?
  Tu as un accent du nord. Tu es basque ?

L'aspect physique

la figura : la silhouette
la altura, la estatura : la taille
el peso : le poids

el pelo : les cheveux
el bigote : la moustache
las gafas : les lunettes

alto : grand
bajo : petit
gordo : gros
delgado : mince

guapo : beau
feo : moche

fuerte : fort
fornido : musclé
enclenque : chétif

espigado : élancé
rechoncho : trapu
barrigudo : ventru

peludo : poilu
calvo : chauve

largo / corto : long / court
rubio : blond
moreno : brun
castaño : châtain
pelirrojo : roux

engordar : grossir
adelgazar : maigrir
crecer : grandir
medir : mesurer

▶ Le corps p. 232

Un peu de conversation...

- Acabo de ponerme a régimen. ¿Se me nota?
  Je viens de commencer un régime. Ça se voit ?

- ¡Qué buen tipo tiene con cincuenta años! ¡Ni un michelín!
  À cinquante ans, il a vraiment la ligne ! Pas un bourrelet !

- ¡Te queda mucho mejor el pelo rizado!
  Ça te va beaucoup mieux, les cheveux frisés !

- Es alto y delgado, igualito que su padre.
  Il est grand et mince, c'est son père tout craché.

- Este niño va siempre encorvado. ¿Por qué no le apuntas a un curso de natación?
  Cet enfant se tient tout le temps voûté. Tu devrais l'inscrire à un cours de natation.

La personnalité

un defecto: un défaut
una virtud: une qualité
una manía: une manie

alegre: gai
entusiasta [avec ser]: enthousiaste
depresivo [avec ser]: dépressif

servicial: serviable
educado: courtois
grosero: grossier
desagradable: désagréable

egoísta: égoïste
envidioso: envieux

generoso, dadivoso: généreux
despilfarrador, manirroto: dépensier
tacaño: avare
aprovechado: profiteur

sincero: sincère
mentiroso: menteur
hipócrita: hypocrite

hablador, dicharachero: bavard
callado: silencieux
tímido: timide
huraño: asocial

tranquilo: calme
nervioso: nerveux
irascible: colérique
divertido: drôle
atolondrado, despistado: étourdi

comportarse: se comporter
tranquilizarse: se calmer
preocuparse: s'inquiéter
aburrirse: s'ennuyer
deprimirse: déprimer

Un peu de conversation…

- Pepe tiene mucho sentido del humor, aunque no lo parezca.
  Pepe a un grand sens de l'humour, même s'il n'en a pas l'air.

- Siempre anda bromeando, pero no a todo el mundo le hacen gracia sus bromitas.
  Elle blague constamment, mais tout le monde n'apprécie pas ses plaisanteries.

- ¡Qué tímido es! Todo le da vergüenza.
  Qu'il est timide ! Tout le fait rougir.

- Mi compañero de piso es muy nervioso. Enseguida se preocupa si me retraso un poco.
  Mon colocataire est très anxieux. Il s'inquiète dès que j'ai un peu de retard.

- Conozco pocas personas tan dulces y bondadosas como ella.
  Je connais peu de personnes aussi douces et bonnes qu'elle.

- Ese tío es un borde. No le trago.
  Ce type est très antipathique. Je ne peux pas le sentir.

- ¡Eres un imprudente! No vuelvo a ir contigo en coche a ningún lado.
  Tu es vraiment imprudent ! Je n'irai plus nulle part en voiture avec toi.

VOCABULAIRE ■ L'identité 1

Mini quiz

1. Vrai ou faux ? Pour un Espagnol, traditionnellement, le premier nom de famille est celui de la mère, le deuxième celui du père.
2. Nieves Alonso Castro vient de se marier avec José Adrados Martín. Quel est désormais son nom officiel ?
3. Traduisez : —¿*Dónde has nacido?* —*En Granada.*
4. Traduisez : « Je viens du Mexique. Je suis Mexicaine. »
5. *Ser* ou *estar* ?
   … guapa con ese vestido, … la más guapa de las dos hermanas.
6. *Panza* veut dire « ventre ». Que veut dire *panzudo* ? Et *dentudo* ?
7. Formulez la question qui correspond à la réponse suivante :
   —¿…? —*Mido un metro ochenta.*
8. *Ser* ou *estar* ? Pepa … alegre. Pepa … contenta.
9. Complétez : *Miguel gasta mucho, es un …*
10. *Mentiroso* vient de *mentira.* Et *envidioso* ? *Silencioso* ? *Chismoso* ?
11. Traduisez : « Je m'ennuie tellement avec lui ! »
12. Trouvez le contraire de *simpático*, *alegre*, *imprudente* et *tacaño*.

Corrigé

1. **Faux.** Pour un Espagnol, le premier nom de famille est celui du père et le deuxième celui de la mère.
2. Le même qu'avant : *Nieves Alonso Castro.* En Espagne, les femmes ne changent pas de nom après leur mariage.
3. « *¿Où es-tu né(e) ?* – À Grenade. »
4. *Soy de México. Soy mexicana.*
5. **Está** *guapa con ese vestido.* **Es** *la más guapa de las dos hermanas.*
6. *Panzudo* : ventru ; *dentudo* : qui a des dents trop grandes.
7. —¿*Cuánto mides?* — *Mido un metro ochenta.*
8. *Pepa* **es** *alegre.* Pepa **está** gaie.
   Pepa **está** *alegre* ou *contenta.* Pepa est contente.
9. *Miguel gasta mucho, es un despilfarrador* (un manirroto).
10. *Envidioso* ← *envidia* (envie) ; *silencioso* ← *silencio* (silence) ; *chismoso* ← *chisme* (ragot).
11. ¡*Me aburro tanto con él!*
12. *Antipático, triste, prudente et generoso.*

227

2 La famille

🔊 Savez-vous les prononcer ?
la familia ❖ la maternidad ❖ una semana ❖ una época ❖ la Historia ❖ el presente ❖ la Antigüedad ❖ adoptivo ❖ divorciado ❖ adolescente ❖ adulto ❖ moderno

La structure familiale

un pariente : un parent
el padre : le père
la madre : la mère
los padres : les parents
la mujer : la femme
el marido : le mari
un hijo : un fils
una hija : une fille
el hermano : le frère
la hermana : la sœur

el abuelo : le grand-père
la abuela : la grand-mère
un nieto : un petit-fils
una nieta : une petite-fille

un tío : un oncle
una tía : une tante

un sobrino : un neveu
una sobrina : une nièce

un primo : un cousin
una prima : une cousine

la familia política : la belle-famille
la suegra : la belle-mère
el yerno : le beau-fils
la nuera : la belle-fille
el cuñado : le beau-frère
una pareja de hecho : équivalent du PACS

soltero : célibataire
recién casados : jeunes mariés

casarse : se marier
quedarse viudo : devenir veuf

▶ Le nom p. 14

🔊 Un peu de conversation…

- **En total somos cinco hermanos: dos chicas y tres chicos.**
  Nous sommes cinq frères et sœurs au total : deux filles et trois garçons.

- **El mes que viene vamos de boda. Se casa mi sobrina.**
  Le mois prochain, on va à un mariage. Ma nièce se marie.

- **Mis tíos van a hacer 50 años de casados en mayo.**
  Mon oncle et ma tante vont fêter leur 50e année de mariage au mois de mai.

- **Mamá, ¿me dejas el coche esta tarde?**
  Maman, tu me prêtes ta voiture ce soir ?

VOCABULAIRE ■ La famille 2

La famille recomposée

una familia monoparental : une famille monoparentale
un tutor : un tuteur
una tutora : une tutrice
la exmujer : l'ex-femme
el exmarido : l'ex-mari
la custodia de los hijos : la garde des enfants
la custodia compartida : la garde partagée
la pensión alimenticia : la pension alimentaire

reñir (con alguien) : se disputer (avec qqn)
romper (con alguien) : rompre (avec qqn)
separarse (de alguien) : se séparer (de qqn)
divorciarse (de alguien) : divorcer (de qqn)
volverse a casar (con alguien) : se remarier (avec qqn)

Un peu de conversation...

- Los dos mayores son los hijos de mi primer matrimonio, y la pequeña del último.
  Les deux aînés sont nés de mon premier mariage, la cadette du dernier.

- Se divorciaron de mutuo acuerdo y tienen la custodia compartida de la niña.
  Ils ont divorcé par consentement mutuel et ils ont la garde partagée de leur fille.

- Estuvieron diez años de novios hasta que se casaron y al año se divorciaron.
  Ils sont restés fiancés pendant dix ans avant de se marier, puis ils ont divorcé un an plus tard.

- En Navidades nos reunimos toda la familia en casa de mis abuelos.
  À Noël, toute la famille se réunit chez mes grands-parents.

229

Les âges de la vie

un embarazo: une grossesse
el nacimiento: la naissance
un recién nacido: un nouveau-né
un niño: un enfant

la edad: l'âge
el cumpleaños: l'anniversaire

un menor (de edad): un mineur
un adulto: un adulte
una persona mayor: une personne âgée
la tercera edad: le troisième âge
la vejez: la vieillesse

la muerte: la mort

el cementerio: le cimetière
infantil: enfantin
joven: jeune
jovencísimo: très jeune

viejo: vieux
anciano: âgé

nacer: naître
alcanzar la mayoría de edad: atteindre la majorité
envejecer: vieillir
rejuvenecer: rajeunir
morir: mourir
enterrar: enterrer

Le temps qui passe

el tiempo: le temps
un año: une année
un mes: un mois
un día: un jour

una década: une décennie
un siglo: un siècle

el pasado: le passé
el futuro: le futur

la Antigüedad: l'Antiquité
la Edad Media: le Moyen Âge
el Renacimiento: la Renaissance

antiguo: ancien
anticuado: à l'ancienne, démodé
contemporáneo: contemporain
moderno: moderne, à la mode

pasar: passer [en parlant du temps]
retrasarse, demorarse: être en retard
llegar con antelación: arriver en avance
aplazar: ajourner
adelantar: avancer

Un peu de conversation…

- ¡Qué ricura de niño! ¿Qué tiempo tiene?
  Qu'il est mignon, cet enfant ! Quel âge a-t-il ?

- A dormir, chiquitín.
  Fais dodo, mon chéri.

- No sé qué le pasa a María, debe ser que está en la edad del pavo.
  Je ne sais pas ce qui arrive à María, c'est peut-être l'âge ingrat.

- En el trabajo, casi todos mis compañeros rondan los cuarenta.
  Au travail, presque tous mes collègues ont la quarantaine.

- No aparentas los años que tienes, y no lo digo por cumplir.
  Tu ne fais pas ton âge, et je ne dis pas ça pour te flatter.

VOCABULAIRE — La famille 2

- Pertenezco a una asociación que organiza viajes para personas mayores.
  Je fais partie d'une association qui organise des voyages pour les seniors.

- —¿Cuándo es tu cumpleaños? —El diez de febrero.
  C'est quand, ton anniversaire ? – Le dix février.

- Cuando me muera, quiero que me incineren y que echen mis cenizas al mar.
  Quand je mourrai, je veux qu'on m'incinère et qu'on jette mes cendres dans la mer.

Mini quiz

1. Vrai ou faux ? *Mi cuñada es la hermana de mi marido o la mujer de mi hermano.*
2. Quel est l'intrus : *hermano*, *sobrino*, *vecino* ou *primo* ?
3. Traduisez : *¡Viva(n) los novios!*
4. Choisissez la bonne réponse : *Los españoles se casan en el ayuntamiento / en el juzgado / en la oficina de correos más cercana.*
5. Quelles sont les deux traductions françaises de *los padres* ?
6. Quel est l'équivalent français du proverbe : *De tal palo, tal astilla* ?
7. Que veut dire : *No dejar al alcance de los niños* ?
8. *Ser* ou *estar* ? *Mercedes ... embarazada de cuatro meses.*
9. Traduisez « vieux », « vieillir », « vieillissant » et « vieilli ».
10. Donnez un équivalent de : *¡A dormir!*

Corrigé

1. Vrai.
2. L'intrus est *vecino* : voisin.
3. Vivent les mariés !
4. *En el juzgado* : devant le juge.
5. « Les parents » et « les pères ».
6. Tel père, tel fils.
7. Ne pas laisser à la portée des enfants.
8. *Mercedes está embarazada de cuatro meses.*
9. *Viejo, envejecer, envejeciendo, envejecido.*
10. *Duérmete.*

3 Le corps

🔊 **Savez-vous les prononcer ?**
los dientes ❖ los pies ❖ las manos ❖ el desodorante ❖ el maquillaje ❖ el champú ❖ el secador

Les parties du corps

el cuerpo : le corps
la piel : la peau
la tez : le teint
una arruga : une ride

la cabeza : la tête
la cara : le visage
el pelo : les cheveux
los ojos : les yeux
la boca : la bouche
las orejas : les oreilles [extérieur]
los oídos : les oreilles [intérieur]
la nariz, las narices : le nez

el pecho : la poitrine
los pechos : les seins
la cintura : la taille
la tripa, el vientre : le ventre
el sexo : le sexe

la espalda : le dos
el trasero : les fesses

los brazos : les bras
la muñeca : le poignet
los dedos : les doigts

las piernas : les jambes
el muslo : la cuisse
la pantorrilla : le mollet
el tobillo : la cheville

ver : voir
mirar : regarder
oír : entendre
escuchar : écouter
tocar : toucher
acariciar : caresser
oler : sentir [odorat]

▶ L'ASPECT PHYSIQUE P. 225

Les mouvements

andar, caminar : marcher
correr : courir
saltar : sauter
caer(se) : tomber

levantarse : se lever
pararse [Amér.] **:** se mettre debout

sentarse : s'asseoir
ponerse de rodillas : se mettre à genoux
tumbarse : s'allonger
acostarse : se coucher

VOCABULAIRE ■ Le corps   3

 Un peu de conversation…

- ¡Qué mala cara tienes! ¿No te encuentras bien?
  Tu as très mauvaise mine ! Est-ce que ça va ?

- Enseguida se pone morena.
  Elle bronze très vite.

- Me torcí un tobillo bajando las escaleras.
  Je me suis tordu la cheville en descendant les escaliers.

- Esa película me pone la piel de gallina.
  Ce film me donne la chair de poule.

- ¿Me puedes echar una mano?
  Peux-tu me donner un coup de main ?

- Defiende la causa de los clandestinos con uñas y dientes.
  Il défend la cause des clandestins bec et ongles.

- ¡A levantarse! Ya son las diez de la mañana.
  Lève-toi ! Il est déjà dix heures du matin !

- ¡Venga, mueve la cintura!
  Allez, danse !

Les soins quotidiens

el cepillo de dientes : la brosse à dents
la pasta de dientes : le dentifrice
el peine : le peigne
el jabón : le savon
la toalla : la serviette
el albornoz : le peignoir
el secador : le sèche-cheveux
una barra de labios, un pintalabios : un rouge à lèvres

ducharse, darse una ducha : prendre une douche
lavarse las manos : se laver les mains
lavarse los dientes : se brosser les dents
peinarse : se peigner, se coiffer
pintarse : se maquiller
depilarse : s'épiler
afeitarse : se raser

 Un peu de conversation…

- No salgas a la calle con el pelo húmedo, tengo secador.
  Ne sors pas avec les cheveux mouillés, j'ai un sèche-cheveux.

- Voy a echar a lavar las toallas. Coge una limpia del armario de detrás de la puerta.
  Je vais mettre à laver les serviettes. Prends-en une propre dans le placard derrière la porte.

- ¡Enciende el calentador! El agua de la ducha sale helada.
  Allume le chauffe-eau ! L'eau de la douche est gelée.

- Mira, he cambiado de esmalte de uñas. ¿Te gusta?
  Regarde, j'ai changé de vernis à ongles. Ça te plaît ?

233

Mini quiz

1. Traduisez : « Il se lave les mains. » « Il lui lave les mains. »
2. Choisissez la forme correcte :
   ¡Contesta tú al teléfono, yo estoy duchándome / yo me ducho!
3. Trouvez l'équivalent de *sécatelo* pour le vouvoiement.
4. Complétez : *¡Qué bien (oler) … este perfume!*

Corrigé
1. *Se lava las manos. Le lava las manos.*
2. *¡Contesta tú al teléfono, yo estoy duchándome!*
3. *Séqueselo.*
4. *¡Qué bien huele este perfume!*

4 Les sentiments et les émotions

Savez-vous les prononcer?

un sentimiento ❖ el respeto ❖ la emoción ❖ la pasión ❖ la euforia ❖ la tristeza ❖ la satisfacción ❖ la pena ❖ la cólera ❖ la incredulidad ❖ el pánico ❖ el estrés ❖ estresante ❖ hostil ❖ íntimo ❖ afectuoso ❖ apasionante ❖ indignarse

L'amour, l'amitié, la haine

el amor: l'amour
el odio: la haine
la ternura: la tendresse
el afecto: l'affection
la amistad: l'amitié
el novio: le petit ami, le fiancé
el amante: l'amant
un amigo: un ami
el enemigo: l'ennemi
un flechazo: un coup de foudre
una cita: un rendez-vous

la desconfianza: la méfiance
el desprecio: le mépris
los celos: la jalousie

enamorado, aquerenciado [Mex.]**:** amoureux
amistoso: amical
cariñoso: affectueux
celoso: jaloux

enamorarse: tomber amoureux
querer a alguien: aimer qqn
llevarse bien con alguien: bien s'entendre avec qqn
odiar: haïr
salir con alguien: sortir avec qqn
romper, cortar: rompre
desear: désirer
hacer el amor: faire l'amour

Un peu de conversation…

- Me encanta ese chico, tiene una mirada preciosa.
  J'adore ce garçon, il a un regard très beau.

- Mis abuelos se dieron su primera cita en este café.
  Mes grands-parents se sont donné leur premier rendez-vous dans ce café.

- ¡Cariño, cuánto te echo de menos!
  Mon chéri, tu me manques tellement!

- No pienses más en ella, puedes conocer gente estupenda por internet.
  Ne pense plus à elle, tu peux rencontrer des gens supers sur Internet.

- Cortaron hace ya dos meses pero ella le sigue llamando.
  Ils ont rompu il y a deux mois déjà mais elle l'appelle toujours.

La joie, le soulagement, la tristesse

la felicidad : le bonheur
la alegría : la joie
el placer : le plaisir
el alivio : le soulagement

el desaliento : le découragement
el hastío : la lassitude
el asco : le dégoût
el cansancio : la fatigue
el dolor : la douleur

feliz [avec ser et estar] : heureux
contento [avec estar] : content
satisfecho [avec estar] : satisfait
aliviado [avec estar] : soulagé

emocionante : excitant
conmovedor : émouvant
encantador : charmant

herido [avec estar] : blessé
apenado [avec estar] : attristé
infeliz, desgraciado [avec ser] : malheureux

conmoverse : s'émouvoir
alegrar(se) : se réjouir
entristecer(se) : s'attrister
cansar(se) : se fatiguer
hartar(se), estar harto : en avoir assez

La surprise, la colère

la extrañeza : l'étonnement
el estupor : la stupeur
la rabia : la rage

sorprendido [avec estar] : surpris
intrigado [avec estar] : intrigué
boquiabierto [avec estar] : bouche bée
abrumado, apabullado [avec estar] : abasourdi
enfadado [avec estar] : fâché
bravo [Amér.] [avec estar] : fâché

enfurecido [avec estar] : en colère
asombroso [avec ser] : étonnant
inesperado [avec ser] : inattendu
increíble [avec ser] : incroyable
desesperante [avec ser] : exaspérant
escandaloso [avec ser] : scandaleux
chocante [avec ser] : choquant

ponerse nervioso : s'énerver
disgustar(se) : être contrarié
enojar(se) [Amér.] : se fâcher

La peur, l'angoisse, le stress

la angustia : l'angoisse
la ansiedad : l'anxiété
el agobio : le stress
el miedo : la peur

aterrado [avec estar] : épouvanté
horripilante [avec ser] : épouvantable

trastornado [avec estar] : perturbé
intranquilo : inquiet

preocupado [avec estar] : soucieux
tenso : tendu
crispado [avec estar] : crispé

agobiante : stressant

temer : craindre
asustar : faire peur
aterrorizar : terrifier

🔊 Un peu de conversation...

- Nos ha alegrado mucho verte, tienes que venir más a menudo.
  Ça nous a fait grand plaisir de te voir, tu devrais venir plus souvent.

- Lo siento mucho.
  Je suis vraiment désolé.

Vocabulaire — Les sentiments et les émotions 4

- El asombro no le dejaba hablar.
  L'étonnement l'empêchait de parler.

- Me da rabia haberme perdido tu visita.
  Ça m'énerve d'avoir raté ta visite.

- Teresa está furibunda por lo que dijiste la otra noche.
  Teresa est très en colère à cause de ce que tu as dit l'autre soir.

- Esa forma de comportamiento me da asco.
  Ce genre de conduite me dégoûte.

- ¡Qué susto me has dado! Mira cómo tiemblo.
  Tu m'as fait peur ! Regarde, je tremble.

- Cuando oyó la explosión, le entró un ataque de pánico.
  Quand elle a entendu l'explosion, elle a paniqué.

Mini quiz

1. Traduisez : « Je t'aime. »
2. Comment demanderiez-vous un ou une hispanophone en mariage ?
3. *Ser* ou *estar* ? … *mi amante*. … *muy enamorado de ella*.
4. Traduisez : « J'aime le foot. » « J'aime les films d'horreur *(las películas de miedo)*. »
5. *Ser* ou *estar* ? *Algunas personas declaran que … felices y que … satisfechas con su trabajo*.
6. Traduisez : « C'est un film très triste. » « Ne sois pas triste. »
7. Complétez : *apasionante* ← *pasión* ; *emocionante* ← …
8. Complétez : *encantar* → *encantador* ; *aterrar* (terrifier) → …
9. Mettez les pronoms au pluriel : *me da asco, te da miedo, le da rabia*.

Corrigé

1. *Te quiero.*
2. *¿Te quieres casar conmigo?*
3. *Es mi amante.* *Está* (ou *Estoy* ou *Estás*) *muy enamorado de ella.*
4. *Me gusta el fútbol. Me gustan las películas de miedo.*
5. *Algunas personas declaran que son felices y que están satisfechas con su trabajo.*
6. *Es una película muy triste. No estés triste.*
7. *Emoción.*
8. *Aterrador.*
9. *Nos da asco, os da miedo, les da rabia.*

5 Pensée, opinion, croyance

 Savez-vous les prononcer ?
la razón ❖ la imaginación ❖ la memoria ❖ un motivo ❖ una idea
❖ una opinión ❖ una religión ❖ el ateísmo ❖ un monasterio
❖ un templo ❖ la magia ❖ el sermón ❖ profano ❖ agnóstico ❖ pensar

La pensée, l'imagination, la mémoire

el pensamiento : la pensée
la mente : l'esprit
la conciencia : la conscience
el saber : le savoir
el sentido común : le bon sens
la inteligencia : l'intelligence
la estupidez : la stupidité

imaginativo : imaginatif
sabio : savant

ignorante : ignorant
tonto : bête

reflexionar : réfléchir
deducir : déduire
darse cuenta de :
    se rendre compte de
imaginar : imaginer
adivinar : deviner

L'opinion, la conviction

un razonamiento : un raisonnement
un punto de vista : un point de vue
una convicción : une conviction
un prejuicio : un préjugé

una discusión : une discussion,
    une dispute
un argumento : un argument
una conclusión : une conclusion

razonable : raisonnable
sólido : solide

débil : faible
dudoso : douteux

opinar (sobre algo) : donner son
    avis (sur qqch.)
convencer : convaincre

estar de acuerdo (con alguien) :
    être d'accord (avec qqn)
estar a favor de algo :
    être pour qqch.
estar en contra de algo :
    être contre qqch.
disentir (con alguien) :
    être en désaccord (avec qqn)
discutir (con alguien) :
    se disputer (avec qqn)

tener razón : avoir raison
estar seguro de : être sûr de
dudar de : douter de

acordarse de : se souvenir de
recordar : se rappeler
olvidar : oublier

Vocabulaire — Pensée, opinion, croyance 5

Un peu de conversation...

- Te voy a tener que dar la razón.
  Je vais être obligé de te donner raison.

- Sé a ciencia cierta que van a reducir la plantilla.
  Je sais de bonne source qu'on va diminuer les effectifs.

- Hemos pesado los pros y los contras y hemos tomado una decisión.
  Nous avons pesé le pour et le contre et nous avons pris une décision.

- Déjame pensarlo esta semana y te llamo con lo que sea.
  Laisse-moi réfléchir cette semaine et je t'appelle pour te donner ma réponse.

- Seguro que ya te has enterado, ¿me equivoco?
  Je suis sûr que tu es déjà au courant, ou je me trompe ?

- ¡Esto no tiene sentido!
  Ça n'a pas de sens !

- ¡Pues claro! Ya te lo decía yo.
  Mais bien sûr ! Je te l'avais dit.

La croyance, la foi

una creencia : une croyance
la fe : la foi
la mística : la mystique
la libertad de cultos : la liberté religieuse

el judaísmo : le judaïsme
el cristianismo : le christianisme
el islam : l'islam

la brujería : la sorcellerie
un sortilegio : un sort
el mal de ojo : le mauvais œil

un rabino : un rabbin
un cura : un curé
un imán : un imam
un sacerdote : un prêtre

una sinagoga : une synagogue
una iglesia : une église
una mezquita : une mosquée

la Biblia : la Bible
el Corán : le Coran

el pecado : le péché
el cielo : le paradis
el infierno : l'enfer

la Pascua judía : la Pâque juive
Janucá : Hanouka

Semana Santa : Pâques
Pentecostés : la Pentecôte

el Ramadán : le Ramadan
la fiesta del Cordero : l'Aïd-el-Kébir
[la fête du sacrifice]

sagrado : sacré

creyente : croyant
beato : bigot
laico : laïque
ateo : athée

creer en : croire en
rezar : prier
convertirse a : se convertir à
hechizar : jeter un sort

Un peu d'histoire

la España musulmana : l'Espagne musulmane
la Reconquista : la Reconquête
las Cruzadas : les Croisades

los moros : les Arabes
los conversos : les juifs et les musulmans convertis au christianisme
los moriscos : les musulmans en territoire chrétien
los mozárabes : les chrétiens en territoire musulman
los infieles : les infidèles

 Un peu de conversation...

- **En la España de hoy existe la libertad de cultos.**
  En Espagne, aujourd'hui, la liberté religieuse existe.

- **Toledo es la ciudad de las tres religiones.**
  Tolède est la ville des trois religions.

- **A Dios rogando y con el mazo dando.**
  Aide-toi, le Ciel t'aidera.

- **¡Dios mío! ¡Qué desastre!**
  Mon Dieu ! Quelle catastrophe !

- **Me sentía en la gloria.**
  J'étais aux anges.

Mini quiz

1. Trouvez un synonyme de *recordar algo*.
2. Choisissez la forme verbale qui convient :
   Es imposible que viene / venga.
3. Mettez la phrase suivante à la forme négative :
   Creo que se llama Ignacio.
4. Quel est l'intrus : *hurí*, *reyes magos*, *virgen* ou *niño Jesús* ?
5. Vrai ou faux ? Au Moyen Âge, les *mozarabes* étaient des Arabes convertis au christianisme.
6. Traduisez : « Nous passerons les fêtes de Noël chez mes petits-enfants. »

Corrigé

1. *Acordarse de algo.*
2. *Es imposible que venga.* [*venga* : subjonctif]
3. *No creo que se llame Ignacio.* [*se llame* : subjonctif]
4. *Hurí* (houri) : beauté céleste promise au croyant dans le paradis musulman. Les autres termes appartiennent à la religion chrétienne.
5. Faux. C'était des chrétiens habitant en territoire musulman.
6. *Pasaremos las Navidades en casa de mis nietos.*

6 La cuisine et les repas

🔊 Savez-vous les prononcer ?
los cereales ❖ el maíz ❖ una fresa ❖ un tomate ❖ una patata ❖ la fruta ❖ el chorizo ❖ las gambas ❖ el papel de aluminio

Les aliments de base

la harina : la farine
el pan : le pain
el arroz : le riz
la pasta : les pâtes
el aceite de oliva : l'huile d'olive

el azúcar : le sucre
la leche : le lait
la mantequilla : le beurre
el queso : le fromage
los huevos : les œufs

Les fruits et légumes

una naranja : une orange
un limón : un citron
un pomelo : un pamplemousse

un plátano : une banane
un melocotón : une pêche
un albaricoque : un abricot
una ciruela : une prune
un racimo de uvas : une grappe de raisin
las frambuesas : les framboises

la(s) verdura(s) : les légumes
un calabacín : une courgette
un pimiento : un poivron
una berenjena : une aubergine
una lechuga : une laitue
un tomate : une tomate
un aguacate : un avocat

una cebolla : un oignon
un (diente de) ajo : une gousse d'ail

las acelgas : les blettes
las espinacas : les épinards
una zanahoria : une carotte
un puerro : un poireau
el apio : le céleri
la coliflor : le chou-fleur
los guisantes, las arvejas [Amér.] : les petits pois

las legumbres : les légumes secs
las lentejas : les lentilles
los garbanzos : les pois chiches
las judías, los frijoles [Amér.] : les haricots

maduro : mûr
verde : vert

La viande, le poisson, les coquillages

la carne : la viande
la carne de vaca / de cerdo :
 du bœuf / du porc
la carne de cordero / de pollo :
 de l'agneau / du poulet

un asado : un rôti
un filete : un steak
una chuleta : une côtelette
una salchicha : une saucisse
un pincho moruno : une brochette

el fiambre, el embutido :
 la charcuterie
el salchichón : le saucisson

el jamón serrano : le jambon
 de montagne

el pescado : le poisson
la lubina : le bar
el atún : le thon
la merluza : le colin
el bacalao seco : la morue
el bacalao fresco : le cabillaud

los mariscos : les fruits de mer
una gamba : une crevette
un langostino : une gambas
una cigala : une langoustine
un mejillón : une moule
los chipirones : les encornets

Les condiments

las especias : les épices

la sal : le sel
la pimienta : le poivre
el comino : le cumin
el azafrán : le safran
el pimentón : le piment doux

la guindilla, el chile [Mex.] **:**
 le piment
el tomillo : le thym
el laurel : le laurier
el romero : le romarin
las finas hierbas : les fines herbes

Un peu de conversation...

- El Ministerio de Sanidad aconseja comer cinco frutas y verduras al día.
 Le ministère de la Santé conseille de manger cinq fruits et légumes par jour.

- En este mercado el marisco es muy fresco.
 Dans ce marché, les fruits de mer sont très frais.

- ¿Me pone un kilo de tomates y medio de zanahorias?
 Je voudrais un kilo de tomates et une livre de carottes.

- El carnicero me ha troceado el pollo.
 Le boucher m'a coupé le poulet en morceaux.

- —¿Queda pescado? —Debe haber un poco de merluza, mira en el congelador.
 Il reste du poisson ? – Il doit y avoir un peu de colin, regarde dans le congélateur.

VOCABULAIRE — La cuisine et les repas 6

La cuisine

una fuente : un plat
un cuenco : un bol
un cazo : une louche
una escurridera : une passoire
una sartén : une poêle
una cacerola : une casserole
una tapadera : un couvercle

un sacacorchos : un tire-bouchon
un abrelatas : un ouvre-boîtes
un trapo : un torchon

rebozado : pané
dorado : rissolé
tostado : grillé [pain]
crudo : cru, pas assez cuit
pegado : collé
quemado : brûlé

caliente : chaud
templado : tiède
fresco : frais
frío : froid

cocinar : cuisiner
pelar : éplucher
cortar : couper
rallar : râper
picar : hacher
mezclar : mélanger
batir : battre

cocer : cuire
hervir : bouillir
asar : rôtir
freír : frire
(re)calentar : (ré)chauffer

Les repas

los cubiertos : les couverts
un cuchillo : un couteau
un tenedor : une fourchette
una cuchara : une cuillère
una cucharilla : une petite cuillère

un plato : une assiette
un vaso : un verre
una copa : un verre à pied

una servilleta : une serviette
el mantel : la nappe

un desayuno : un petit déjeuner

una comida : un repas, un déjeuner
una merienda : un goûter, un repas [Amér.]
una cena : un dîner

poner la mesa : mettre la table
quitar la mesa : débarrasser
servirse : se servir
repetir : se resservir

desayunar : prendre un petit déjeuner
comer : manger, déjeuner
cenar : dîner

▶ Au restaurant p. 277

🔊 Un peu de conversation…

- Pon a hervir el agua y ve echando los tomates uno a uno.
  Fais bouillir de l'eau et plonge dedans les tomates une par une.

- ¡Por hablar contigo por teléfono se me ha pegado el arroz!
  Je parlais au téléphone avec toi et voilà, maintenant le riz est tout collé !

- Se te ha ido la mano con la sal.
  Tu as eu la main lourde avec le sel.

- Puedes echarle una morcilla y un chorizo a las lentejas.
  Tu peux mettre un boudin noir et un chorizo dans les lentilles.

- ¿Quieres probar estos pimientos rellenos de bacalao?
  Tu veux goûter ces poivrons farcis à la morue ?

- Algunos grandes cocineros españoles han alcanzado renombre internacional.
  Certains grands chefs espagnols ont gagné une réputation internationale.

- Solo le gustan los huevos fritos con patatas.
  Il n'aime que les œufs au plat avec des frites.

> **Mini quiz**
>
> 1. *Ser* ou *estar*? *Esos plátanos ... verdes.*
> 2. Quel est l'intrus : *lentejas, garbanzos, chipirones* ou *judías* ?
> 3. Quelle est la différence entre *una especia* et *una especie* ?
> 4. Quelle est la différence entre *la pimienta*, *el pimiento* et *el pimentón* ?
> 5. Traduisez : « Épluche les carottes et coupe-les en petits morceaux. »
>   « Épluchez les carottes et coupez-les en petits morceaux. »
> 6. *Ser* ou *estar*? *La carne ... quemada. Las patatas ... crudas.*
> 7. Traduisez : « L'eau est bouillante. »
> 8. Traduisez : « Fais cuire les œufs quatre minutes. »
> 9. Quel est le participe passé le plus employé de *freír* ?
>
> **Corrigé**
> 1. *Esos plátanos están verdes.*
> 2. *Chipirones* : ce n'est pas le nom d'un légume sec.
> 3. *Una especia* : une épice ; *una especie* : une espèce.
> 4. *La pimienta* : le poivre ; *el pimiento* : le poivron ; *el pimentón* : le paprika.
> 5. *Pela las zanahorias y córtalas en pedazos (trocéalas).*
>   *Pele las zanahorias y córtelas en pedazos (trocéelas).*
> 6. *La carne está quemada. Las patatas están crudas.*
> 7. *El agua está hirviendo.*
> 8. *Cuece los huevos durante cuatro minutos.*
> 9. *Frito* (voir *frito, freído* p. 106).

7 La maison

 Savez-vous les prononcer ?

un propietario ❖ el garaje ❖ el salón ❖ el balcón ❖ la terraza ❖ un sofá ❖ una cómoda ❖ una moqueta ❖ un lavabo ❖ un váter ❖ liso ❖ profundo ❖ claro ❖ oscuro ❖ blanco ❖ construir ❖ decorar

Les types d'habitation

una casa : une maison
un apartamento, un departamento [Amér.] : un appartement
un piso : un appartement, un étage

el sótano : le sous-sol
el trastero : la cave
un bajo : un appartement au rez-de-chaussée
el primero, el primer piso : le premier étage
el altillo : la mezzanine
un ático : un appartement au dernier étage
el desván : le grenier
el tejado : le toit

una agencia immobiliaria : une agence immobilière
el contrato de compra-venta : le contrat de vente
el inventario : l'état des lieux
un inquilino : un locataire
el propietario : le propriétaire
una señal : un acompte
el alquiler : le loyer

alquilar : louer
comprar : acheter
hacer obra : faire (faire) des travaux
arreglar : (faire) réparer
mudarse : déménager
instalarse : emménager

Un peu de conversation…

- El precio del metro cuadrado en Barcelona ha subido un diez por ciento este año.
  Le prix du mètre carré à Barcelone a augmenté de 10 % cette année.

- En Cuba, las casas no se compran ni se venden, se permutan.
  À Cuba, les maisons ne s'achètent ni se vendent, elles s'échangent.

- Se vende piso céntrico, tercero exterior, cuatro dormitorios, buen estado.
  Vend appartement dans centre ville, troisième étage sur rue, quatre chambres, bon état.

- He visto un anuncio de un piso en venta en tu barrio, ¿me acompañas a visitarlo?
  J'ai vu une annonce d'appartement à vendre dans ton quartier. Tu viens avec moi le visiter?

- ¿Cuánto pide de alquiler mensual? ¿Están incluidos los gastos?
  Quel est le loyer mensuel? Est-ce que les charges sont comprises?

- El camión de la mudanza llega mañana a las siete en punto de la mañana.
  Le camion de déménagement sera là demain, pile à sept heures du matin.

- Me han llegado las facturas del gas, de la luz y del teléfono.
  J'ai reçu les factures du gaz, de l'électricité et du téléphone.

Les pièces

el hogar: le foyer
mi casa: chez moi

la sala de estar: le séjour
el comedor: la salle à manger
un dormitorio: une chambre
la cocina: la cuisine
el cuarto de baño: la salle de bains
la ventana: la fenêtre

los cristales: les carreaux
el techo: le plafond
el suelo: le sol

la calefacción: le chauffage
los radiadores: les radiateurs
el aire acondicionado: l'air conditionné

L'ameublement

un sillón: un fauteuil
una alfombra: un tapis
una librería: une bibliothèque
una estantería: une étagère

una cama: un lit
un colchón: un matelas
una almohada: un oreiller
las sábanas: les draps
una manta, una frazada [Amér.]: une couverture

una mesilla de noche: une table de chevet

un armario ropero: un placard
un cajón: un tiroir

una cortina: un rideau
un visillo: un voilage

una bañera: une baignoire
una ducha: une douche
un váter: des WC, des toilettes

un toallero: un porte-serviettes

una lámpara: une lampe, un lampadaire
un flexo: une lampe de bureau

un enchufe: une prise de courant
una bombilla: une ampoule

acogedor: douillet
amplio: spacieux
impoluto: parfaitement propre
sucio: sale
desordenado: en désordre

amueblar: meubler
empapelar: tapisser

limpiar: nettoyer
pasar el aspirador: passer l'aspirateur
fregar: laver [vaisselle]
lavar: laver [linge]
planchar: repasser

VOCABULAIRE ■ La maison 7

L'électroménager

una nevera : un frigidaire
un congelador : un congélateur
un horno : un four
un microondas : un four à micro-ondes
una cocina : une cuisinière

un lavavajillas, un lavaplatos : un lave-vaisselle
una lavadora : une machine à laver le linge
un aspirador : un aspirateur

Un peu de conversation…

- Espérame en casa.
  Attends-moi à la maison.

- Nuestro dormitorio da a una calle muy tranquila, sin tráfico.
  Notre chambre donne sur une rue très calme, sans circulation.

- Estas sábanas eran de mi abuela, están bordadas a mano.
  Ces draps appartenaient à ma grand-mère, ils sont brodés à la main.

- Hay que cambiar la bombilla del cuarto de baño, no hay luz.
  Il faut changer l'ampoule de la salle de bains, il n'y a pas de lumière.

- Acaba de contratar a una señora de la limpieza.
  Elle vient d'embaucher une femme de ménage.

- Hemos hecho obras en casa para cambiar la bañera por una ducha.
  Nous avons fait faire des travaux chez nous pour changer la baignoire pour une douche.

- ¿El baño, por favor?
  Où sont les toilettes, s'il vous plaît ?

- No te olvides de comprar el detergente de la lavadora y el papel higiénico.
  N'oublie pas d'acheter de la lessive et du papier toilette.

Les formes, les matières, les couleurs

la altura : la hauteur
el largo : la longueur
el ancho : la largeur
la profundidad : la profondeur
el peso : le poids

la punta : la pointe
el borde : le bord

el hierro : le fer
el acero : l'acier
la piedra : la pierre
el mármol : le marbre
la madera : le bois
el cemento : le béton
el cristal : le verre

cuadrado : carré
redondo : rond
triangular : triangulaire
recto : droit

espeso : épais
suave : doux

blando : mou
duro : dur
rugoso : rugueux
ligero : léger
profundo : profond

de colores : en couleurs
rojo : rouge
amarillo : jaune
azul : bleu
verde : vert
marrón : brun
rosa : rose
naranja : orange
negro, prieto [Amér.] **:** noir
blanco : blanc

claro : clair
oscuro : sombre

medir : mesurer
pesar : peser
pintar : peindre

 ## Un peu de conversation…

- **La fachada trasera de nuestra casa es de cristal y hierro, la diseñó un arquitecto.**
  La façade arrière de notre maison est en verre et en fer, elle a été dessinée par un architecte.

- **Mide bien el alto y el largo de la estantería antes de comprarla.**
  Mesure bien la hauteur et la longueur de l'étagère avant de l'acheter.

- **Han pintado las paredes del salón de un rojo muy vivo.**
  Ils ont peint les murs de leur salon en rouge très vif.

VOCABULAIRE ■ **La maison** **7**

Mini quiz

1. Traduisez : « Loue appartement cinq pièces. »
2. Quelle est la différence entre *prestar* et *tomar prestado* ?
3. Quel est l'équivalent espagnol de l'américain *departamento* ?
4. Traduisez : « Nous avons fait réparer le chauffage. »
5. *Un fregaplatos* en Amérique s'appelle en Espagne un …
6. Traduisez « je construis », « nous construisons » et « ils construisent ».
7. Choisissez *lavar* ou *fregar* : Estoy … los platos. Estoy … la ropa.
8. Traduisez : « Nous étions dans la maison. » « Nous étions chez nous. »
9. Traduisez « rouge foncé » et « vert clair ».
10. Trouvez le contraire de : *rugoso*, *suave* et *duro*.
11. *Ser* ou *estar* ? El armario … marrón. La piedra … pesada.
12. Traduisez : « Ça pèse combien ? »

Corrigé

1. *Se alquila apartamento de cuatro dormitorios.* [En Espagne, on précise davantage le nombre de chambres.]
2. *Prestar* : prêter ; *tomar prestado* : emprunter.
3. *Piso* ou *apartamento*. *Apartamento* désigne un petit appartement en ville ou un appartement de vacances.
4. *Hemos arreglado la calefacción.*
5. *Un lavaplatos* ou *un lavavajillas.*
6. *Construyo, construimos, construyen.*
7. *Estoy fregando los platos. Estoy lavando la ropa.*
8. *Estábamos en la casa. Estábamos en casa.*
9. *Rojo oscuro et verde claro.*
10. *Liso, áspero et blando.*
11. *El armario es marrón. La piedra es pesada.*
12. *¿Cuánto pesa?*

8 Les courses

🔊 **Savez-vous les prononcer ?**
un centro comercial ❖ una boutique ❖ un cliente ❖ la etiqueta
❖ una marca ❖ unas botas ❖ un jersey ❖ un pijama

Les types de magasins

un gran almacén : un grand magasin
las tiendas : les magasins
un (super)mercado : un (super)marché
el rastro : les puces
una boutique : un magasin de vêtements
una zapatería : un magasin de chaussures

el tinte, la tintorería : le pressing
una lavandería : une laverie automatique
una sección : un rayon
un vendedor : un vendeur
un producto : un produit
un descuento : un rabais
las rebajas : les soldes
ir de compras : faire les magasins
ir a la compra : faire les courses

🔊 Un peu de conversation…

- Guarde bien el tique de compra si piensa hacer algún cambio.
  Gardez bien le ticket de caisse si vous pensez faire un échange.

- Ve a coger un carro, que tenemos que hacer mucha compra.
  Va prendre un chariot, on doit faire de gros achats.

- Las cajas están a tope, ¿vamos a la caja automática?
  Les caisses sont prises d'assaut, on passe à la caisse automatique ?

- La sección de productos bio está justo a la entrada del supermercado.
  Le rayon des produits bio est juste à l'entrée du supermarché.

- ¿Te vienes de rebajas conmigo?
  Tu viens faire les soldes avec moi ?

Vocabulaire — Les courses 8

Les vêtements

la ropa : les vêtements
un abrigo : un manteau
una chaqueta, un saco [Amér.] **:** une veste
una falda, una pollera [Amér.] **:** une jupe
un vestido : une robe
un pantalón, unos pantalones : un pantalon
unos vaqueros : un jean
un traje : un costume
una camisa : une chemise
un jersey : un pull
una corbata : une cravate
una bufanda : une écharpe
un cinturón : une ceinture
los zapatos : les chaussures
unas zapatillas : des chaussons
unas zapatillas de deporte : des baskets
unas sandalias : des sandales
unas chanclas ou chancletas : des tongs
la ropa interior : le linge de corps
unas bragas : une culotte
un tanga, una tanga [Amér.] **:** un string

un sujetador, un sostén : un soutien-gorge
unos calzoncillos : un caleçon, un slip
los calcetines : les chaussettes
las medias : les collants
un bañador, un traje de baño [Amér.] **:** un maillot de bain

elegante : élégant
a la última : branché
bien / mal vestido : bien / mal habillé
pasado : démodé
hortera : de mauvais goût
descuidado : débraillé

amplio : ample
ancho : large
estrecho : serré
ceñido : moulant

(zapatos) planos / de tacón : (chaussures) plates / à talon

vestirse, alistarse [Amér.] **:** s'habiller
desnudarse : se déshabiller
(des)calzarse : se (dé)chausser

probar : essayer
sentar bien / mal : aller bien / mal

¡ME ESTÁ ENORME! ¿NO QUEDA OTRA TALLA MÁS PEQUEÑA?

BRAGAS

Un peu de conversation...

- Ahí está el probador.
  Voilà la cabine d'essayage.

- ¿Qué talla usa?
  Quelle est votre taille ?

- Ese pantalón no te sienta bien, pruébate mejor aquella falda.
  Ce pantalon ne te va pas bien, essaye plutôt cette jupe.

- Los zapatos nuevos me aprietan, tengo una rozadura en cada pie.
  Mes nouvelles chaussures me font mal, j'ai un début d'ampoule à chaque pied.

- Por favor, ¿por cuánto sale el traje azul marino con el descuento?
  S'il vous plaît, quel est le prix du costume bleu marine avec la remise ?

- ¡Me está enorme! ¿No queda otra talla más pequeña?
  C'est trop grand pour moi ! Avez-vous une taille plus petite ?

- En esta planta se vende solo ropa de marca.
  À cet étage, on vend seulement des vêtements de marque.

- Llévese tres camisetas y pague solo dos.
  Achetez trois T-shirts pour le prix de deux.

Mini quiz

1. Traduisez : « Ça ne me va pas bien. »
2. Je vais au marché. Dois-je dire : *Voy a la compra* ou *Voy de compras* ?
3. *Ser* ou *estar* ? *La falda ... ancha. La falda me ... ancha.*
4. Traduisez : « Combien ça coûte ? »

Corrigé
1. *No me queda bien.* (*No me sienta bien.*)
2. *Voy a la compra.*
3. *La falda es ancha. La falda me está ancha.*
4. *¿Cuánto cuesta?*

9 La ville

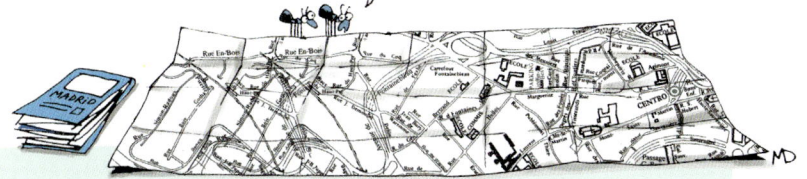

Savez-vous les prononcer ?

el asfalto ❖ el centro ❖ una avenida ❖ una plaza ❖ un jardín ❖ un túnel
❖ un taxi ❖ una escalera mecánica

La rue

la ciudad : la ville
el casco histórico : le centre historique
la zona monumental : les sites touristiques
las afueras : la banlieue

la calle : la rue
la acera : le trottoir
el bordillo : la bordure [trottoir]

el alumbrado : l'éclairage
una farola : un réverbère

una boca de riego : une prise d'eau
el alcantarillado : les égouts

un cartel : une affiche
un anuncio : un panneau publicitaire

un barrendero : un balayeur
un basurero : un éboueur

un barrio : un quartier
una manzana : un pâté de maisons
un edificio : un immeuble
el portal : l'entrée [d'immeuble]
el portero : le gardien

ruidoso : bruyant
tranquilo : calme
animado : vivant
luminoso : clair
oscuro : sombre
bien / mal comunicado : bien / mal desservi

caminar : marcher
cruzarse con alguien : croiser qqn
perderse : se perdre
consultar un mapa : regarder un plan
preguntar : demander [des renseignements]

Les espaces verts

un parque : un parc
una fuente : une fontaine
el césped : la pelouse
un columpio : une balançoire
un banco : un banc
una papelera : une poubelle
una paloma : un pigeon

un gorrión : un moineau
un jardinero : un jardinier
un paseante : un promeneur

pasear : se promener
jugar : jouer
sentarse : s'asseoir
regar : arroser

Les transports

una boca de metro : une bouche de métro
una estación de tren : une gare
una parada de autobús : un arrêt de bus
una marquesina : un abribus
un conductor : un chauffeur
un peatón : un piéton
un paso de cebra : un passage pour piétons
una zona peatonal : une zone piétonne
el semáforo : le feu tricolore

un atasco : un bouchon
una glorieta, una rotonda : un rond-point
un cruce : un carrefour
la hora punta : l'heure de pointe
conducir : conduire
coger el metro, el autobús : prendre le métro, le bus
hacer transbordo : prendre une correspondance
parar un taxi : héler un taxi
comunicar : desservir

▶ **Les voyages p. 274**

Les services

el ayuntamiento : la mairie
la oficina de Hacienda : le centre des impôts
la comisaría : le commissariat
una oficina de Correos : un bureau de poste
el cartero : le facteur

los bomberos : les pompiers
un banco : une banque
un cajero automático : un distributeur automatique
hacer cola : faire la queue
pedir la vez : demander son tour
sacar dinero : retirer de l'argent

▶ **Les courses p. 250**

Un peu de conversation...

- A estas horas las calles están desiertas.
  À cette heure-ci les rues sont désertes.

- Vivimos enfrente del parque del Retiro.
  Nous habitons en face du parc du Retiro.

- ¿Te vienes a dar una vuelta por el centro?
  Tu viens faire un tour au centre-ville ?

- El alcalde ha aprobado el nuevo plan urbanístico.
  Le maire a approuvé le nouveau projet urbanistique.

- Para Hacienda, tiene que cruzar la calle y coger la primera a la derecha.
  Pour aller au centre des impôts, vous devez traverser la rue et prendre la première à droite.

- Vivimos en las afueras, pero estamos a veinte minutos del centro en tren de cercanías.
  Nous habitons en banlieue, mais nous sommes à vingt minutes du centre-ville par le train.

VOCABULAIRE — La ville 9

- En Barcelona hay un servicio de transporte público en bicicleta y cada vez hay más carriles bici.
  À Barcelone, il y a un service de transport public à vélo et il y a de plus en plus de pistes cyclables.

- Me encanta tu barrio: es el que más ambiente tiene de la ciudad.
  J'adore ton quartier : c'est le plus animé de toute la ville.

Mini quiz

1. Où pouvons-nous trouver la phrase suivante : *Teclee su código secreto*?
2. Demandez où se trouve la banque la plus proche.
3. Traduisez : « Les quartiers de la rive droite sont très mal desservis. »
4. *Ser* ou *estar*? ¡ … perdida!

Corrigé
1. Sur un écran de distributeur automatique (*cajero automático*) : « Saisissez votre code secret. »
2. *Por favor, ¿me puede indicar dónde hay un banco por aquí cerca?*
3. *Los barrios de la margen derecha están muy mal comunicados.*
4. *¡Estoy perdida!*

10 Les techniques de communication

 Savez-vous les prononcer ?
el teléfono ✣ una cabina telefónica ✣ el número telefónico
✣ el teléfono móvil ✣ el destinatario ✣ un portal ✣ un correo electrónico
✣ un CD ✣ un DVD ✣ un disco duro externo ✣ una llave USB
✣ un (anti)virus ✣ urgente ✣ telefonear ✣ copiar ✣ imprimir

Le téléphone

el prefijo internacional : l'indicatif international
un (teléfono) fijo : un téléphone fixe
un (teléfono) móvil : un portable
un contrato : un abonnement
el saldo : le crédit
una tarjeta de prepago : une carte prépayée
el cargador : le chargeur
la cobertura : le réseau
el contestador automático : le répondeur
un SMS, un mensaje : un SMS

un mensaje de voz : un message audio
una videollamada : un appel vidéo
llamar (por teléfono) : appeler
hacer una llamada perdida : faire un appel en absence
descolgar : décrocher
marcar : composer
colgar : raccrocher
cortarse : couper
darse de alta : s'abonner
darse de baja : résilier un abonnement
recargar : recharger

Voici des abréviations qui s'emploient pour les sms et les messages *whatsapp* ou *wasap* (pl. *wasaps*, pour *wasapear*).
+ : *más* (plus) ; **tmb** : *también* (aussi) ; **tp** : *tampoco* (non plus) ;
q : *que* (que) ; **xa, pa** : *para* (pour) ; **xaq** : *para que* (afin que) ;
xo : *pero* (mais) ; **x** : *por* (pour, par) ; **xq, xk** : *por qué* (pourquoi), *porque* (parce que).

 Un peu de conversation…

- —¿Diga? —¿Sí?
  Allô ? – Oui ?

- Hola, buenas tardes. ¿Me pone con el Señor Martínez?
  De parte de Jesús Puente.
  Bonjour. Je pourrais parler à M. Martínez, s'il vous plaît ? C'est de la part de Jesús Puente.

Vocabulaire — Les techniques de communication 10

- —¿Puedo hablar con Julio? —Soy yo, ¿con quién hablo?
  Pouvez-vous me passer Julio? – C'est lui-même. Qui est à l'appareil?

- He llamado a Ana pero no contesta. Habrá salido.
  J'ai téléphoné à Ana mais elle ne répond pas. Elle est peut-être sortie.

- ¡Tu padre sigue comunicando! ¿Lo habrá dejado descolgado?
  Le téléphone de ton père sonne encore occupé ! Il a peut-être mal raccroché ?

- Se me está acabando la batería, se va a cortar.
  Je n'ai presque plus de batterie, ça va couper.

- El número marcado no existe.
  Le numéro que vous avez demandé n'est pas attribué.

- Sergio no me coge el teléfono, parece que está fuera de cobertura.
  Sergio ne me répond pas au téléphone, apparemment il n'a pas de réseau.

Écrire une lettre

▶ S'adresser à son correspondant

Informel	Formel
(Mi) querida Ana: ¡Hola Anita! ¡Hola chicos!	Apreciado señor: Estimado señor: Distinguido cliente: Muy señor mío / nuestro:

▶ Commencer une lettre

Informel	Formel
¿Cómo estás?	Por la presente le informamos de que…
Te escribo desde mi despacho…	Tenemos el placer de comunicarle que…
Llevo siglos sin noticias tuyas… Siento no haberte contestado antes pero… Me dio mucha alegría tu carta…	Le escribo con motivo de… Le agradecemos su carta del 3 de mayo… En respuesta a su carta…

▶ Terminer une lettre

Informel	Formel
Cuídate mucho	Agradeciéndole de antemano su respuesta…
Recuerdos a todos Contéstame pronto	Gracias por su interés Deseando haberle sido útil…

> **Formules de politesse**

Informel	Formel
Te mando muchos saludos	En espera de sus noticias…
Un fuerte abrazo	Saludos cordiales
Muchos besos	Reciba un cordial *ou* atento saludo de
Besos y abrazos	Se despide atentamente
Besazos *ou* besitos	Cordialmente le saluda

Le courrier postal

Correos: la Poste
un buzón: une boîte aux lettres
el cartero: le facteur
el reparto: la distribution
el apartado de correos: la poste restante
una carta: une lettre
un paquete: un colis
un giro postal: un mandat postal
una postal: une carte postale
un correo certificado: une lettre recommandée
un acuse de recibo: un accusé de réception
un sobre: une enveloppe
un sello: un timbre

el remitente: l'expéditeur
la dirección: l'adresse
el código postal: le code postal
el membrete: l'en-tête
la despedida: les formules de politesse
la firma: la signature
la postdata: le post-scriptum
voluminoso: encombrant
registrado: enregistré
extraviado: égaré
franquear: affranchir
enviar: envoyer
recibir: recevoir
cartearse: correspondre

Un peu de conversation…

- Las cartas certificadas se entregan en mano.
  Les lettres recommandées sont remises en mains propres.

- ¿Sabes a qué hora cierra Correos los sábados?
  Tu sais à quelle heure ferme la Poste le samedi ?

- Es tan despistado que echa las cartas al correo sin acordarse del sello.
  Il est si distrait qu'il poste les lettres sans penser à mettre un timbre.

- Le rogamos contestación a vuelta de correo.
  Nous vous prions de nous répondre par retour de courrier.

- Te agradezco de antemano tu respuesta. Un abrazo.
  Je te remercie par avance pour ta réponse. Je t'embrasse.

- En espera de sus noticias, le saluda muy atentamente, LPR.
  Dans l'attente de vos nouvelles, je vous prie d'agréer l'expression de mes salutations distinguées. LPR.

VOCABULAIRE — Les techniques de communication 10

E-mails et Internet

la red: la toile
un servidor: un serveur
una videoconferencia: une visioconférence
un boletín electrónico: une newsletter
una página web: une page web
un enlace: un lien
la dirección electrónica: l'adresse e-mail
un ordenador, una computadora [Amér.]**:** un ordinateur
la pantalla: l'écran
el teclado: le clavier
el ratón: la souris
una tableta: une tablette
una llave USB, un pen: une clé USB
un programa: un logiciel

un fichero adjunto: un fichier joint
una copia de seguridad: une copie de sauvegarde
(des)conectado [avec *estar*]**:** (dé)connecté
encendido [avec *estar*]**:** allumé
apagado [avec *estar*]**:** éteint
infectado [avec *estar*]**:** infecté
estropeado [avec *estar*]**:** en panne

cortar: couper
pegar: coller
pinchar: cliquer
grabar: enregistrer
chatear: chatter
poner en línea: mettre en ligne
navegar por internet: surfer sur Internet
descargar: télécharger

Un peu de conversation...

- **Enciende el ordenador y conecta la impresora en cuanto llegues.**
  Allume l'ordinateur et branche l'imprimante dès que tu arrives.

- **Se pasa las tardes chateando con unos amigos que nunca ha visto.**
  Elle passe ses après-midi à discuter sur Internet avec des amis qu'elle n'a jamais vus.

- **Deberías actualizar tu antivirus.**
  Tu devrais mettre à jour ton programme antivirus.

- **Para entrar en esa página web necesitas un nombre de usuario y una contraseña.**
  Pour avoir accès à cette page web, tu as besoin d'un nom d'usager et d'un mot de passe.

- **Mi dirección electrónica es: eme hache arroba lana punto com.**
  Mon adresse e-mail est: mh@lana.com.

- **No lo vuelvas a escribir todo, puedes hacer un copia y pega.**
  Ne ressaisis pas tout, tu peux faire un copier-coller.

- **Ha creado un blog para colgar su diario de a bordo y sus fotos de viaje.**
  Il a créé un blog pour y mettre son carnet de bord et ses photos de voyage.

Mini quiz

1. Lisez en espagnol le numéro de téléphone suivant : 91 532 83 09.
2. Le numéro auquel vous téléphonez ne répond pas. Que dites-vous à la personne qui vous accompagne ?
3. Traduisez : « Composez un autre numéro ou raccrochez. »
4. Écrivez en toutes lettres la date suivante : 5-5-2022.
5. Quelle est l'adresse correcte : *25, calle del río* ou *Calle del río, 25* ?
6. Traduisez : « Lettre recommandée avec accusé de réception ».
7. Écrivez en toutes lettres : *Correos abre a las 8:30 y cierra a las 14:45.*
8. Épelez les adresses suivantes : *carioca@hotmail.es* et *http://www.carioca-dos*.
9. Traduisez : « Je ne peux pas ouvrir le fichier joint de ton dernier message. »
10. Trouvez le contraire de : *entrar en una página web, conectarse a una página web, recibir un mensaje electrónico.*
11. Décodez puis traduisez ce SMS : *q tal wapa? kdms x la nxe? te ape un japo? Bss*
12. Décodez puis traduisez ce SMS : *lo sto, no pdo xq toy ddo knsda, lo djmos xal finde?*

Corrigé

1. Noventa y uno, cinco treinta y dos, ochenta y tres, cero nueve.
2. No contestan ou No lo cogen.
3. Marque otro número o cuelgue.
4. Cinco de mayo de dos mil veintidós.
5. Calle del río, 25.
6. Carta certificada con acuse de recibo.
7. Correos abre a las ocho y media y cierra a las tres menos cuarto.
8. Ce a erre i o ce a arroba hotmail punto e ese. Hache te te pe de dos puntos doble barra uve doble uve doble punto carioca guion dos.
9. No puedo abrir el fichero adjunto de tu último mensaje.
10. Salir de una página web ; desconectarse de una página web ; enviar un mensaje electrónico.
11. ¿Qué tal, guapa? ¿Te apetece un restaurante japonés? Besos. « Ça va, ma belle ? On se voit ce soir ? Ça te dit un japonais ? Bises. »
12. Lo siento, no puedo porque estoy demasiado cansada, ¿lo dejamos para el fin de semana? « Désolée, je suis trop fatiguée, on fait ça ce week-end ? »

11 Les médias

🔊 Savez-vous les prononcer ?

un artículo ❖ un título ❖ el editorial ❖ la publicidad ❖ la actualidad ❖ un fotógrafo ❖ un reportaje ❖ el micrófono ❖ la FM ❖ la televisión ❖ una antena parabólica ❖ un presentador ❖ el público ❖ un telespectador ❖ mensual ❖ radiofónico ❖ en directo ❖ emitir

La presse écrite

los medios (de comunicación) : les médias
un periódico, un diario : un journal
una revista : une revue
un número especial : un numéro hors-série
un quiosco de prensa : un kiosque à journaux

la prensa del corazón / amarilla : la presse *people* / à sensation

la portada : la couverture
los titulares : les gros titres
el editorial : l'éditorial
una columna : une rubrique
un anuncio : une petite annonce
un chiste gráfico : un dessin humoristique
la página de sucesos : la page des faits divers

la cartelera : la page des spectacles
una entrevista : une interview
una noticia : une information
una fuente : une source
una investigación : une enquête

un periodista, un reportero [Amér.] **:** un journaliste
un crítico de arte / de cine : un critique d'art / de cinéma
un dibujante : un dessinateur

semanal : hebdomadaire
sensacionalista : à scandale
acusador : accusateur
imparcial : neutre

citar : citer
entrevistar : faire une interview

🔊 Un peu de conversation…

- Es una periodista muy famosa, tiene una columna de opinión en *El Mundo*.
  C'est une journaliste très célèbre, elle publie une chronique dans *El Mundo*.

- Cada edición regional de *El País* publica una sección con las actualidades locales.
  Chaque édition régionale de *El País* publie des pages d'actualités locales.

- —¿Has visto la prensa de hoy? —Sí, el huracán está en todas las portadas.
  As-tu vu la presse d'aujourd'hui ? – Oui, le cyclone fait la une de tous les journaux.

- En ese periódico solo son imparciales las crónicas deportivas, y no siempre.
  Dans ce journal, il n'y a que la rubrique des sports qui soit impartiale, et encore.

- —¿Te apetece que vayamos al cine? —Bueno, mira en la cartelera a ver qué dan hoy.
  Ça te dit d'aller au cinéma ? – D'accord, regarde dans la page des spectacles ce qui passe aujourd'hui.

- ¿Vas a la calle? ¿Me puedes comprar el periódico en el quiosco de la esquina?
  Tu sors ? Tu peux m'acheter le journal dans le kiosque au coin de la rue ?

- Con esos titulares seguro que han aumentado la tirada en varios miles de ejemplares.
  Avec ce genre de gros titres, c'est sûr qu'ils ont augmenté le tirage de plusieurs milliers d'exemplaires.

- Estamos abonados a una revista del corazón porque nos encantan los cotilleos.
  Nous sommes abonnés à une revue *people* parce qu'on adore les potins.

La radio

una emisora de radio: une station de radio
un programa: une émission
un pódcast: un podcast
un transistor: un poste de radio
el dial: la fréquence
las ondas: les ondes
un locutor: un journaliste radio

un radioyente, un radioescucha [Amér.]**:** un auditeur
las noticias, el noticiero [Amér.]**:** le bulletin d'information, les nouvelles
estar en el aire: être sur les ondes, avoir l'antenne
subir / bajar el sonido: augmenter / baisser le volume

Un peu de conversation...

- La emisora que buscas está en el 97.2, en FM (frecuencia modulada).
  La station que tu cherches est sur 97.2 FM.

- ¡Sube la radio! Quisiera saber si hay atascos.
  Monte le volume de la radio ! Je voudrais savoir s'il y a des bouchons.

- En la tertulia de esta mañana había cuatro invitados muy discutidores.
  Au débat de ce matin, il y avait quatre invités qui aimaient polémiquer.

VOCABULAIRE — Les médias 11

- ¡Me encantó el grito del comentador deportivo cuando marcaron el gol!
  J'ai adoré le hurlement du commentateur sportif au moment du goal !

- Hoy en internet puedes escuchar pódcast de cualquier radio extranjera.
  Aujourd'hui sur Internet tu peux écouter des podcasts de n'importe quelle radio étrangère.

La télévision

un canal, una cadena : une chaîne
una cadena de pago : une chaîne à péage
la televisión digital : la télévision numérique
un lector de DVD : un lecteur de DVD
el mando a distancia : la télécommande

la programación : le programme
el programa : l'émission
el telediario : le journal télévisé
un concurso : un jeu-concours
un culebrón, una novela [Amér.] **:** un feuilleton télévisé

un documental : un documentaire
una película : un film
una serie : une série
un anuncio : un spot publicitaire
un televidente : un téléspectateur
entretenido : distrayant
en vivo : en direct
en diferido : en différé

ver la tele : regarder la TV
estar pegado a la tele : rester collé devant la TV
cambiar de cadena : changer de chaîne
grabar : enregistrer
retransmitir : diffuser
redifundir : rediffuser

Un peu de conversation…

- ¡Vaya programita! ¿No echan nada más interesante esta noche?
  Quelle drôle d'émission ! Il n'y a rien de plus intéressant à la télé ce soir ?

- No cambies de cadena, empieza una serie muy buena que nunca me pierdo.
  Ne change pas de chaîne, maintenant commence une série très intéressante que je ne rate jamais.

- Es un canal autonómico, retransmite en euskera.
  C'est une chaîne régionale, le programme est en basque.

- Anuncios y más anuncios, ya no se puede ver una película entera sin cortes publicitarios.
  Une pub après l'autre ! On ne peut plus regarder un film en entier sans coupure publicitaire.

- A mi vecino le ha tocado la lotería y ha salido en la tele.
  Mon voisin a gagné au loto et il est passé à la télé.

- Hace ya cinco años que no tengo tele.
  Ça fait déjà cinq ans que je n'ai plus de télé.

- Cuando te acuestes, apaga la televisión y desenchúfala. Va a haber tormenta.
  Quand tu iras te coucher, éteins la télévision et débranche-la. Il va y avoir un orage.

Mini quiz

1. Traduisez : *La prensa sensacionalista vende más que nunca.*
2. Quel est le féminin de *fotógrafo* et de *periodista* ?
3. *Ser* ou *estar* ? *La noticia ... en todas las portadas.*
4. Complétez : *Un dibujante es un autor de ...*
5. Quel est le contraire de *sube el volumen* et de *enciende la radio* ?
6. Lisez à haute voix : *97.2 FM.*
7. Complétez : *Un radioescucha escucha la radio. Un radioyente ...*
8. Traduisez : « Silence ! Nous avons l'antenne ! »
9. Quel est le contraire de : *Apaga la televisión.*
10. Traduisez : « Change de chaîne ! »
11. Lisez : *La película empieza a las 9:45 de la noche.*
12. *Ser* ou *estar* ? *Me gusta esa serie, ... muy entretenida.*

Corrigé

1. La presse à sensation vend plus que jamais.
2. *Una fotógrafa ; una periodista* (voir p. 14).
3. *La noticia está en todas las portadas.*
4. *Un dibujante es un autor de dibujos y de chistes gráficos.*
5. *Baja el volumen et apaga la radio.*
6. *Noventa y siete punto dos FM.*
7. *Un radioyente oye la radio.*
8. *¡Silencio! ¡Estamos en el aire!*
9. *Enciende la televisión.*
10. *Cambio de cadena.*
11. *La película empieza a las diez menos cuarto de la noche.*
12. *Me gusta esa serie, es muy entretenida.*

12 Le sport et la santé

 Savez-vous les prononcer ?

el estadio ❖ una pista de atletismo ❖ la piscina cubierta ❖ el tenis ❖ el fútbol ❖ un hospital ❖ una clínica ❖ una ambulancia ❖ una enfermera ❖ un ginecólogo ❖ un dentista ❖ la farmacia ❖ un analgésico ❖ el dolor ❖ un cáncer ❖ una diarrea ❖ una migraña ❖ el insomnio ❖ la tensión ❖ hacer footing ❖ cicatrizar ❖ tener fiebre

Faire du sport

el deporte : le sport
un gimnasio : une salle de sports, un club de gymnastique
una pista de tenis : un court de tennis
una bicicleta estática : un vélo d'appartement
una pelota : une balle
un balón : un ballon
una clase de natación : un cours de natación
un largo : une longueur
el vestuario : le vestiaire
un bañador : un maillot de bain
deportista : sportif

ágil : agile
musculoso : musclé
flexible : souple
mantenerse en forma : garder la forme
hacer pesas : faire des haltères
montar en bici : faire du vélo
montar a caballo : monter à cheval
jugar al baloncesto : jouer au basket
meter un gol : marquer un but
encestar : marquer un panier
nadar a braza : nager la brasse
nadar a mariposa : nager la brasse papillon

 Un peu de conversation...

- Los médicos recomiendan practicar algún deporte a cualquier edad. ¿Tú prácticas alguno?
  Les médecins conseillent de faire du sport à tout âge. Tu en fais, toi ?

- ¿Por qué no nos apuntamos a un gimnasio? Nos vendría muy bien.
  Pourquoi on ne s'inscrit pas à un club de gym ? Ça nous ferait du bien.

- Le dio un calambre mientras nadaba en el mar y estuvo a punto de ahogarse.
  Il a eu une crampe pendant qu'il nageait en mer et il a failli se noyer.
- A mi hijo le encantan los deportes de equipo.
  Mon fils adore les sports d'équipe.
- ¡Hemos ganado el campeonato de balonmano!
  Nous avons gagné le championnat de handball !
- Después de dos horas de juego, han empatado.
  Après deux heures de jeu, ils ont fait match nul.
- Estuvimos en España en septiembre pasado y vimos pasar la Vuelta.
  Nous étions en Espagne en septembre dernier et nous avons vu la *Vuelta*.
  [Tour d'Espagne cycliste]
- Los controles antidopaje son cada vez más frecuentes.
  Les contrôles antidopage sont de plus en plus fréquents.
- Los cinco anillos olímpicos simbolizan los cinco continentes.
  Les cinq anneaux olympiques symbolisent les cinq continents.

Se soigner

la salud : la santé
la enfermedad : la maladie

el ambulatorio : le centre de santé
un consultorio : un cabinet de consultation
Urgencias : le service des urgences

el médico de cabecera : le médecin de famille
un oculista : un ophtalmologue
un cirujano : un chirurgien
el farmacéutico : le pharmacien

una receta : une ordonnance
las medicinas : les médicaments
las pastillas : les cachets
una vacuna : un vaccin
una inyección : une piqûre
una tirita : un pansement adhésif
una mascarilla : un masque

una herida : une blessure
una quemadura : une brûlure
un resfriado, un constipado : un rhume

una gripe : une grippe
una migraña, una jaqueca : une migraine
una caries : une carie

saludable : en bonne santé, bon pour la santé
enfermo : malade
enfermizo : maladif

cuidar la salud : entretenir sa santé
tener buena salud : avoir une bonne santé

toser : tousser
estornudar : éternuer
vomitar : vomir
sangrar : saigner
sentirse mal : se sentir mal
marearse : avoir la tête qui tourne
enfermar : tomber malade
acatarrarse : s'enrhumer
doler : faire mal
curar : soigner
sanar, curarse : guérir

VOCABULAIRE ■ **Le sport et la santé**

Un peu de conversation…

- Tenemos un ambulatorio justo enfrente de casa.
  Il y a un centre de santé juste en face de chez nous.

- ¿A qué horas pasa consulta el doctor Jiménez?
  Quels sont les horaires de consultation du docteur Jiménez?

- Lo siento, pero para ese medicamento necesita usted una receta.
  Désolé, mais pour ce médicament il vous faut une ordonnance.

- El médico le ha tomado el pulso y le ha medido la tensión. Todo era normal.
  Le médecin a pris son pouls et mesuré sa tension. Tout était normal.

Mini quiz

1. Comment dit-on « faire match nul » ?
2. Quel est le contraire de *ganar* ?
3. Traduisez : « Le médecin m'a conseillé de pratiquer régulièrement un sport. »
4. Complétez la phrase suivante avec le verbe *encantar* :
   A mis hijos les … el hockey sobre hielo.
5. Traduisez : « Ils ont gagné par deux buts à un. »
6. Conjuguez les verbes :
   (sentirse, yo) … mal ; (llamar, ustedes) … a un médico, por favor.
7. Comment demanderiez-vous un remède contre le rhume dans une pharmacie ?
8. Complétez en choisissant le verbe qui convient :
   Los médicos … a los enfermos.
9. Traduisez : « J'ai mal à la tête. » « J'ai mal aux yeux. »
10. Choisissez la bonne réponse : *Nunca se pone enfermo, tiene una salud de hierro / de acero / de piedra.*

Corrigé

1. *Empatar un partido.*
2. *Perder.*
3. *El médico me ha recomendado practicar asiduamente un deporte.*
4. *A mis hijos les encanta el hockey sobre hielo.*
5. *Ganaron por dos goles a uno.*
6. *Me siento mal; llamen a un médico, por favor.*
7. *¿Me puede dar algo contra el resfriado ou el catarro ou el constipado, por favor?*
8. *Los médicos curan a los enfermos.*
9. *Me duele la cabeza. Me duelen los ojos.* [sujets : *la cabeza, los ojos*]
10. *Nunca se pone enfermo, tiene una salud de hierro.*

13 Les loisirs

Savez-vous les prononcer ?

un espectador ❖ la cámara ❖ los efectos especiales ❖ el montaje ❖ el público ❖ el guion ❖ un diálogo ❖ el decorado ❖ una ópera ❖ la música ❖ la melodía ❖ un violín ❖ un pianista ❖ cinematográfico ❖ trágico ❖ clásico ❖ cómico ❖ dramático ❖ melómano ❖ doblar ❖ interpretar ❖ representar ❖ restaurar ❖ el título ❖ una página ❖ un personaje ❖ un poeta ❖ una galería ❖ una instalación ❖ un museo

Le cinéma

el cine : le cinéma, la salle de cinéma
la pantalla : l'écran
las butacas : les sièges
la salida de emergencia : la sortie de secours
el productor : le producteur
el director : le réalisateur
el guionista : le scénariste
el guion : le scénario
los actores : les acteurs
un papel : un rôle
un extra : un figurant
una película : un film
un documental : un documentaire
un musical : une comédie musicale

la banda sonora : la bande-son
los subtítulos : les sous-titres
un primer plano : un plan rapproché
un primerísimo plano : un gros plan
el estreno : la première
un premio : un prix
mudo : muet
en blanco y negro : en noir et blanc
en color : en couleurs
galardonado : primé
de arte y ensayo : d'art et d'essai
enfocar : faire la mise au point
rodar : tourner
actuar : jouer
interpretar : jouer un rôle

Un peu de conversation…

- **En la filmoteca echan un ciclo de Arturo Ripstein, ya he sacado entradas para los dos.**
  Il y a un cycle d'Arturo Ripstein à la cinémathèque, j'ai déjà pris des entrées pour tous les deux.

- **Volvimos a llegar tarde. La película ya estaba empezada.**
  Nous sommes arrivés en retard une fois de plus. Le film était déjà commencé.

VOCABULAIRE • Les loisirs

- ¿Cuál era el título de aquel musical americano que te gustaba tanto?
  Quel était le titre de cette comédie musicale américaine que tu aimais tant?

- Es una actriz con mucho talento, llegará lejos.
  C'est une actrice qui a beaucoup de talent, elle ira loin.

- El documental empieza con un plano general de la ciudad y del río.
  Le documentaire commence par un plan d'ensemble de la ville et du fleuve.

- Su primera película ganó tres Goyas y fue nominada para los Óscar en 2021.
  Son premier film a reçu trois Goyas [équivalent espagnol des Césars] et il a été nominé pour les Oscars en 2021.

Le théâtre

el escenario : la scène
el telón : le rideau
el patio de butacas : le parterre
un palco : une loge
las bambalinas : les coulisses

un dramaturgo, un autor : un auteur de théâtre
el director : le metteur en scène
una compañía : une troupe
la temporada : la saison

una obra de teatro : une pièce
una escena : une scène
el ensayo general : la générale
el vestuario : les costumes
la iluminación : l'éclairage

dramático : dramatique

componer : écrire une pièce
ensayar : répéter
estrenar : représenter pour la 1re fois

Un peu de conversation…

- Se abrió el telón al tiempo que se apagaron las luces.
  Le rideau s'est levé et en même temps les lumières se sont éteintes.

- Nuestro asiento está en el patio de butacas, tercera fila. Veremos muy bien el escenario.
  Notre place est au parterre, troisième rang. Nous verrons très bien la scène.

- Hay un entreacto de veinte minutos.
  Il y a un entracte de vingt minutes.

- No se admite la entrada al público tras el inicio de la representación.
  Le public ne sera pas admis après le début du spectacle.

- En la época de Calderón, las obras de teatro se representaban en los corrales de comedias.
  À l'époque de Calderón, les pièces de théâtre étaient jouées dans les *corrales de comedias* [maisons ou patios qui servaient pour la représentation].

- Tengo un amigo director de teatro y voy con frecuencia a los ensayos de sus espectáculos.
  J'ai un ami metteur en scène et je vais souvent aux répétitions de ses spectacles.

La musique

un concierto : un concert
un compositor : un compositeur
un director de orquesta : un chef d'orchestre

un músico : un musicien
un solista : un soliste
un cantante : un chanteur

un cantaor : un chanteur flamenco
las palmas : les battements de mains
el cante jondo : le chant flamenco

un cantautor : un auteur-interprète de chansons
un rapero : un rappeur
un rockero : un rockeur

las notas : les notes
un acorde : un accord

una canción : une chanson
una zarzuela : une opérette [espagnole]
una voz : une voix
una lista de reproducción : une playlist

grave : grave
agudo : aigu
alto : fort
bajo : bas

afinado : juste, accordé
desafinado : faux, désaccordé

tocar : jouer [d'un instrument]
tocar las palmas : battre des mains
cantar : chanter

Un peu de conversation…

- No hemos podido conseguir entradas para ir a escuchar a ese grupo de rock.
  Nous n'avons pas pu obtenir de billets pour aller écouter ce groupe de rock.

- Los cantautores están pasados de moda, ahora lo que triunfa son los raperos.
  La chanson d'auteur n'est plus à la mode, maintenant ce sont les rappeurs qui ont du succès.

- He estudiado solfeo en el conservatorio, pero no sé tocar ningún instrumento.
  J'ai fait des études de solfège au conservatoire, mais je ne sais jouer d'aucun instrument.

- Por favor, ¿puedes poner la música más baja? Me duele la cabeza.
  Tu peux baisser la musique, s'il te plaît? J'ai mal à la tête.

- ¡Cómo desafinas! Tienes muy mal oído, es una pena.
  Ce que tu chantes faux! Tu n'as pas l'oreille musicale, dommage!

VOCABULAIRE — Les loisirs 13

Mini quiz

1. Formez le féminin de *actor*, *director* et *guionista*.
2. Corrigez : *Me encantan las películas en negro y blanco.*
3. Complétez avec le verbe manquant :
   Ya he … las entradas. Ya he … esa película tres veces.
4. Traduisez : « Le film a reçu un prix au Festival de San Sebastián. »
5. Traduisez : « C'est une pièce en un seul acte. »
6. Quelles sont les deux traductions possibles du verbe « jouer » dans ces deux expressions : « jouer à un jeu » et « jouer un rôle » ?
7. Quel est l'intrus : *palco, balcón, butaca, sillón, telón* ?
8. Mettez au féminin les groupes soulignés :
   Un pianista ruso va a acompañar al cantante.
9. Complétez avec un adjectif :
   Una soprano tiene la voz …, un bajo tiene la voz …
10. Traduisez : « Pour accompagner le chanteur flamenco, il faut battre des mains. »

Corrigé

1. *Actriz, directora, guionista* (voir p. 14).
2. *Me encantan las películas en blanco y negro.*
3. *Ya he sacado (comprado) las entradas. Ya he visto esa película tres veces.*
4. *La película ha sido galardonada en el Festival de San Sebastián.*
5. *Es una obra en un único acto.*
6. Jouer à un jeu : *jugar*; Jouer un rôle : *interpretar*.
7. *Sillón* (voir p. 246).
8. *Una pianista rusa va a acompañar a la cantante* (voir p. 14).
9. *Una soprano tiene la voz aguda, un bajo tiene la voz grave.*
10. *Para acompañar al cantaor flamenco, hay que tocar las palmas.*

La lecture

la lectura : la lecture
un libro : un livre

la librería : la librairie
una biblioteca : une bibliothèque

la portada : la couverture
la contraportada : la quatrième de couverture
la (casa) editorial : la maison d'édition

un escritor : un écrivain
un novelista : un romancier
un ensayista : un essayiste
un poeta : un poète

una novela : un roman
un relato : un récit
un cuento : une nouvelle, un conte
un ensayo : un essai

el estilo : le style
el género : le genre
la intriga : la trame

el final : la fin
la moraleja : la morale

el protagonista : le protagoniste
el narrador : le narrateur

el capítulo : le chapitre
un párrafo : un paragraphe
una línea : une ligne

una estrofa : une strophe
un verso : un vers
una rima : une rime

literario : littéraire
policiaco : policier
de misterio : à énigme
rosa : à l'eau de rose
de acción : d'aventures

(re)leer : (re)lire
titularse : avoir pour titre
sacar prestado : emprunter
publicar : publier

 ### Un peu de conversation…

- **Encontrará el libro que busca en la sección de novedades.**
  Le livre que vous cherchez est au rayon nouveautés.

- **Este libro ha ganado el Premio Nacional de Ensayo.**
  Ce livre a gagné le Prix national de l'Essai.

- **No me acuerdo del título de la novela, pero sé que tenía una portada azul claro.**
  Je ne me souviens plus du titre du roman, mais je sais que la couverture était bleu clair.

- **La novelista está escribiendo su autobiografía para una editorial argentina.**
  La romancière écrit son autobiographie pour une maison d'édition argentine.

VOCABULAIRE — **Les loisirs** **13**

Les musées

el arte : l'art
las bellas artes : les beaux-arts
una obra maestra : un chef-d'œuvre
una pintura, un cuadro, un lienzo : un tableau
una escultura : une sculpture
un fresco : une fresque
un grabado : une gravure

un retrato : un portrait
un bodegón : une nature morte
un óleo : une peinture à l'huile

una acuarela : une aquarelle
un pintor : un artiste-peintre
un escultor : un sculpteur

arqueológico : archéologique
arquitectónico : architectural
pictórico : pictural
escultórico : sculptural

pintar : peindre
esculpir : sculpter
exponer : exposer
restaurar : restaurer

Un peu de conversation…

- Voy a una inauguración de un amigo pintor, ¿me acompañas?
  Je vais au vernissage d'un ami peintre, tu viens avec moi ?

- En el museo está prohibido sacar fotos con flash y tocar las obras de arte.
  Au musée, il est interdit de prendre des photos avec flash et de toucher les œuvres d'art.

- Mi hijo estudia Bellas Artes en la Universidad de Barcelona.
  Mon fils étudie les beaux-arts à l'Université de Barcelone.

- ¿Qué pinceles me aconsejas para pintar acuarelas?
  Quels pinceaux me conseilles-tu pour peindre des aquarelles ?

Mini quiz

1. Mettez au pluriel : *el arte contempóraneo*.
2. Trouvez deux synonymes de *cuadro*.
3. Traduisez : « Nous allons à un vernissage. »
4. Choisissez la forme du verbe qui convient : *Leo / Estoy leyendo una novela de aventuras*.
5. Posez la même question avec une autre tournure : *¿Cuál es el título de ese ensayo?*
6. Traduisez : Caperucita roja *es el título de un cuento infantil*.

Corrigé
1. *Las artes contemporáneas* (voir p. 17).
2. *Una pintura, un lienzo.*
3. *Vamos a una inauguración.*
4. *Estoy leyendo una novela de aventuras* (voir p. 112).
5. *¿Cómo se titula ese ensayo?*
6. *Le Petit Chaperon rouge* est le titre d'un conte pour enfants.

14 Les voyages et les sorties

🔊 Savez-vous les prononcer ?
el avión ❖ un pasaporte ❖ el autocar ❖ el volante ❖ los frenos ❖ la recepción ❖ un camping ❖ un turista ❖ el restaurante ❖ un aperitivo ❖ una cafetería ❖ un café ❖ un bar ❖ un té ❖ una infusión ❖ rápido ❖ frito ❖ conducir ❖ invitar

Les moyens de transport

un viajero : un voyageur
un viaje organizado : un voyage organisé
el tren : le train
el barco : le bateau
el autobús : l'autobus, le car
la estación : la gare
el andén : le quai de gare, de métro
un transbordo : une correspondance
el aeropuerto : l'aéroport
la puerta de embarque : la porte d'embarquement
el puerto : le port
un billete, un pasaje [Amér.] : un billet

el coche : la voiture
las ruedas : les roues
el asiento : le siège
el cinturón de seguridad : la ceinture de sécurité
los faros : les phares
el maletero : le coffre
la carretera : la route
la autopista : l'autoroute

la autovía : la voie rapide
una gasolinera : une station-service
las señales de tráfico : les signalisations routières
el arcén : la bande d'arrêt d'urgence

un visado : un visa
la frontera : la frontière
la aduana : la douane
el equipaje : les bagages
las maletas, las valijas [Amér.] : les valises

largo : long
cansado : fatigant, fatigué
peligroso : dangereux
arriesgado : risqué

embarcar : embarquer [avion, bateau]
facturar : enregistrer [des bagages]
despegar : décoller
aterrizar : atterrir
volar : voler
echar gasolina, repostar : prendre de l'essence
pinchar(se) : crever [un pneu]

▶ LES TRANSPORTS P. 254

VOCABULAIRE ▪ Les voyages et les sorties 14

Un peu de conversation…

- Ya han abierto el último tramo de la línea de alta velocidad Madrid-Granada.
  On a ouvert le dernier tronçon de la ligne à grande vitesse Madrid-Grenade.

- Aún no hemos reservado nuestro vuelo, no sé si vamos a encontrar billetes.
  Nous n'avons pas encore réservé notre vol, je ne sais pas si nous trouverons des billets.

- Estamos atravesando una zona de turbulencias. Por favor, mantengan abrochados los cinturones.
  Nous traversons une zone de turbulences. Nous vous prions de garder vos ceintures attachées.

- Es piloto de línea, hace con frecuencia la ruta México-Tokio.
  Elle est pilote de ligne, elle fait souvent la liaison Mexico-Tokyo.

- Sus hijos les han regalado un crucero por el Mediterráneo por su aniversario de boda.
  Leurs enfants leur ont offert une croisière en Méditerranée pour leur anniversaire de mariage.

- ¿Me venís a buscar a la estación de autobuses? Llego a las tres de la tarde.
  Vous viendrez me chercher à la gare routière ? J'arrive à trois heures de l'après-midi.

- Conduzca con prudencia y respete los límites de velocidad.
  Conduisez prudemment et respectez les limitations de vitesse.

- De aquí a Atocha tienes dos transbordos.
  D'ici à Atocha tu as deux correspondances.

- Nos quedamos sin gasolina en Yucatán.
  On est tombées en panne d'essence dans le Yucatán.

Le logement

un hotel cuatro estrellas : un hôtel quatre étoiles
una pensión : une pension
una casa rural : un gîte rural
un albergue : une auberge de jeunesse

un huésped : un hôte
la llave : la clé
la factura : la note

una habitación doble / individual : une chambre double / simple
una cama de matrimonio : un lit double

el baño : la salle de bains
una ducha : une douche
una bañera : une baignoire

limpio : propre
sucio : sale
tranquilo : calme
ruidoso : bruyant
bien comunicado : bien desservi

alojarse : se loger
reservar : réserver
anular una reserva : annuler une réservation
acampar : camper

▶ LA MAISON P. 245

275

Un peu de conversation…

- La agencia nos ha aconsejado un paquete de viaje más hotel con media pensión.
  L'agence nous a conseillé une formule « voyage + hôtel en demi-pension ».

- —Hola, ¿les queda alguna habitación libre para esta noche?
  —Sí, una doble con baño.
  Bonjour, avez-vous une chambre pour ce soir ? – Oui, une double avec salle de bains.

- Buenas tardes, quisiera confirmar la reserva de habitación a nombre de Sánchez para el próximo día quince.
  Bonjour, je souhaite confirmer la réservation d'une chambre au nom de Sánchez pour le quinze.

- El precio de la habitación incluye desayuno.
  Le prix de la chambre inclut le petit déjeuner.

- Se han alojado en una antigua pensión que estaba muy bien de precio.
  Elles ont logé dans une vieille pension pour un prix très intéressant.

- Los paradores nacionales son hoteles de lujo en monumentos históricos del Estado español.
  Les *paradores nacionales* sont des hôtels de luxe aménagés dans des monuments historiques appartenant à l'État espagnol.

- Mis amigos van a viajar por Escandinavia con mochila y tienda de campaña.
  Mes copains partent en voyage en Scandinavie avec sacs à dos et tentes.

Mini quiz

1. Mettez le verbe au passé simple : *Conduzco con estas gafas*.
2. Traduisez : « Nous atterrirons dans vingt minutes environ. »
3. Remplacez le groupe souligné par un adjectif :
   Les gustan los viajes <u>con mucho riesgo</u>.
4. *Ser* ou *estar* ? *Se ha pinchado una rueda. La rueda … pinchada.*
5. Lisez à haute voix : *La habitación cuesta 97,50 euros más IVA* (TVA).
6. Mettez le groupe souligné au féminin pluriel :
   Reservado para <u>el huésped</u> del hotel.
7. Traduisez : « Avez-vous une chambre double pour ce week-end ? »

Corrigé

1. Conduje con estas gafas.
2. Aterrizaremos dentro de unos veinte minutos.
3. Les gustan los viajes muy arriesgados.
4. La rueda está pinchada.
5. La habitación cuesta noventa y siete euros con cincuenta más IVA [iba].
6. Reservado para las huéspedes del hotel (voir p. 14).
7. ¿Les queda una habitación doble para este fin de semana?

VOCABULAIRE — Les voyages et les sorties 14

Au restaurant

el menú del día: le menu du jour
el primer plato, el entrante: l'entrée
el segundo plato: le plat principal
el postre: le dessert
una bebida: une boisson

la cuenta: l'addition
la propina: le pourboire
la vuelta: la monnaie

el camarero: le serveur
el cocinero: le cuisinier
el chef: le chef
el pinche: l'aide-cuisinier

la comida rápida: la restauration rapide
la comida basura: la nourriture industrielle

casero: fait maison
tradicional: traditionnel
exquisito: exquis
sabroso: savoureux
regular: moyen
insípido, soso: sans goût, fade
malo: mauvais
grasiento: gras, lourd

muy hecho: bien cuit
en su punto: à point
poco hecho: saignant
crudo: cru, bleu
a la plancha: à la plancha
  [sans matière grasse]
al vapor: à la vapeur

comer fuera: manger au restaurant
saborear: savourer

▶ **Dans les bars p. 278**
▶ **La cuisine p. 241**

Un peu de conversation…

- —¿Quedamos para cenar el sábado? —Vale, ¿tú invitas?
  On se voit samedi pour dîner? – D'accord, tu m'invites?

- Llama al restaurante y reserva una mesa para seis.
  Appelle le restaurant et réserve une table pour six.

- Llamaba para reservar una mesa para cuatro a las 9, si es posible en la terraza.
  Je voudrais réserver une table pour quatre personnes pour 9 heures, si possible en terrasse.

- No os aconsejo ese sitio. A nosotros nos tuvieron esperando casi hora y media antes de servirnos.
  Je ne vous conseille pas cet endroit. Nous avons attendu près d'une heure et demie avant d'être servis.

- Entre semana, solo sirven cenas frías.
  En semaine, on ne sert que des dîners froids.

- —¿Ha elegido ya? —Sí, de primero, una ensalada. Y de segundo, calamares en su tinta.
  Avez-vous choisi? – Oui, en entrée, une salade. Et comme plat principal, des calamars à l'encre.

- ¿Nos trae dos cafés solos y un cortado? Y la cuenta cuando pueda, por favor.
  Pouvons-nous avoir deux express et un café noisette? Et l'addition en même temps, s'il vous plaît.

- —Son veintiséis euros con ochenta. —Aquí tiene, y quédese la vuelta.
  Ça fait vingt-six euros quatre-vingts. – Voilà, et gardez la monnaie.

- La cocina con productos locales y de temporada está arrasando en este momento.
  La cuisine avec des produits locaux et de saison a un succès fou en ce moment.

Dans les bars

una bodega: un bar à vins
la barra: le comptoir
la terraza: la terrasse
una consumición: une consommation

una cerveza: une bière
una caña: une bière pression
una clara: un panaché
una sidra: un cidre
un chato: un petit verre de vin
un vaso / una jarra de agua: un verre / une carafe d'eau
la carta de vinos: la carte des vins
un zumo de piña, un jugo [Amér.]: un jus d'ananas
un agua con gas / sin gas: une eau minérale gazeuse / plate
un café solo: un café
un café cortado: un café noisette

un café con leche: un café au lait
un chocolate con churros: un chocolat avec des beignets

una tapa, un pincho: un amuse-gueule
una ración: une assiette à partager
una tabla de quesos: une assiette de fromages
un bollo: une pâtisserie
unos frutos secos: des fruits secs
unas aceitunas: des olives
un bocadillo: un sandwich

tinto: rouge [vin]
rosado: rosé [vin]
blanco: blanc [vin]

beber, tomar [Amér.]: boire
comer: manger
picar: grignoter

Ir de tapas
Il est habituel dans les bars espagnols de servir un petit accompagnement avec les boissons. Ce sont les *tapas* (la première, assez simple, est fréquemment gratuite) ou les *pinchos* (généralement payants). On se rencontre souvent pour *tapear* dans les bars. *Ir de copas* se fait plutôt après le dîner, *ir de tapas* ou *de bares* après le travail ou en fin de semaine.

Un peu de conversation…

- Por favor, ¿nos pone dos cañas y un zumo de naranja natural?
  Deux bières pression et un jus d'orange pressé, s'il vous plaît.

- ¿Nos sentamos o nos quedamos en la barra?
  On s'assoit ou on reste au comptoir ?

- La cosecha de ese año dio un Rioja excelente.
  La récolte de cette année-là a donné un excellent vin de Rioja.

- Nos llevó a un bar de mala muerte que está cerca de su casa.
  Il nous a emmenés dans un boui-boui près de chez lui.

VOCABULAIRE — Les voyages et les sorties 14

- Anoche fuimos de tapas por la plaza Santa Ana y después de copas por Huertas.
  Hier soir on est allés manger des tapas place Santa Ana, puis boire un verre dans Huertas [quartier de Madrid].

Mini quiz

1. Complétez avec *ser* ou *estar* : *El exceso de alcohol … malo para la salud. Este cocido* (pot-au-feu) *… muy malo.*
2. Demandez au serveur de vous apporter l'addition.
3. Mettez au pluriel : *¿Qué va a tomar?*
4. Traduisez : « Voulez-vous la viande à point, bien cuite ou saignante ? »
5. Comment feriez-vous appel à un serveur dans un bar ?
6. Demandez un sandwich au fromage.
7. Traduisez : *Esta mesa está reservada.*

Corrigé

1. *El exceso de alcohol es malo para la salud. Este cocido está muy malo.*
2. *Camarero, por favor, ¿me trae la cuenta?*
3. *¿Qué van a tomar?*
4. *¿Cómo quiere la carne, en su punto, muy hecha o poco hecha?*
5. Il y a bien sûr plusieurs possibilités : *¡Oiga!, ¡Por favor!, ¡Camarero!*
6. *Por favor, quería un bocadillo de queso.*
7. Cette table est réservée.

15 L'éducation

 Savez-vous les prononcer ?
el profesor ❖ la universidad ❖ las matemáticas ❖ la física ❖ la filosofía ❖ el boletín de notas ❖ estudiar

L'enseignement

la enseñanza : l'enseignement
los estudios : les études
un estudiante : un étudiant
un alumno : un élève
el maestro : le professeur des écoles
el personal docente : le corps enseignant

la asignatura : la matière
la lengua materna : la langue maternelle
los idiomas : les langues étrangères

el colegio, la escuela : l'école
el instituto : le lycée
una carrera : des études universitaires
una beca : une bourse
un intercambio : un échange
una convalidación : une équivalence

una convocatoria de examen : une convocation à un examen
una oposición : un concours
la selectividad : l'examen d'entrée à l'université
un aprobado : une note égale ou au-dessus de la moyenne
un suspenso : une note en dessous de la moyenne
un diploma, un título : un diplôme

una licenciatura, una maestría [Amér.] **:** un diplôme universitaire [bac + 4 ou 5]
un diploma de grado : une licence universitaire [L du LMD]
un (diploma de) posgrado : un master [M du LMD]
un doctorado : un doctorat [D du LMD]

optativo : optionnel
obligatorio : obligatoire
cuatrimestral : d'une durée de quatre mois
anual : annuel
presencial : présentiel

la enseñanza primaria : le primaire
la enseñanza secundaria : le secondaire
la enseñanza superior : le supérieur

repasar : réviser
tomar apuntes : prendre des notes
sacar buenas / malas notas : avoir de bonnes / de mauvaises notes
evaluar : noter
graduarse, recibirse [Amér.] **:** obtenir un diplôme
aprobar : réussir
suspender, aplazar [Amér.] **:** échouer
repetir : redoubler

On appelle *clase de lengua* le cours d'espagnol (qui correspond au cours de français en France) et *clase de idiomas* le cours de langue étrangère.

Vocabulaire — L'éducation 15

Un peu de conversation…

- **El plazo de matrícula se cierra el día ocho de septiembre a las tres de la tarde.**
  La clôture des inscriptions est fixée au 8 septembre à trois heures de l'après-midi.

- **He pedido una beca para realizar una estancia de investigación en el extranjero.**
  J'ai demandé une bourse pour faire un séjour de recherche à l'étranger.

- **El hermano de Miguel está preparando las oposiciones de magisterio, está muy motivado.**
  Le frère de Miguel prépare le concours de professeur des écoles, il est très motivé.

- **Una compañera coge los apuntes y me los presta para ayudarme a repasar los exámenes.**
  Une copine prend des notes et elle me les prête pour m'aider à réviser les examens.

- **—¿Te vienes al cine? — No, mañana tengo un examen.**
  Tu viens au cinéma ? – Non, j'ai un examen demain.

- **Ha estudiado dos carreras y sacó muy buenas notas.**
  Il a fait un double cursus et il a obtenu beaucoup de mentions.

La classe

el aula : la salle de cours
la clase : le cours, la salle de cours, la classe
el curso : l'année scolaire

un compañero : un camarade

un pupitre : une table
una fila : un rang
la pizarra : le tableau
la tiza : la craie

un diccionario : un dictionnaire
un libro de texto : un manuel

un cuaderno : un cahier
un archivador : un classeur
una chuleta : une antisèche

una cartera : un cartable
un bolígrafo : un stylo à bille
un rotulador : un feutre
un lápiz : un crayon à papier
una goma, un borrador : une gomme

el timbre : la sonnerie

los deberes : les devoirs
un ejercicio : un exercice

(des)motivado : (dé)motivé
atento : attentif
interesado : intéressé
interesante : intéressant
(des)concentrado : (dé)concentré
charlatán : bavard
estudioso : studieux

(des)obediente : (dés)obéissant
(mal)educado : (im)poli

explicar : expliquer

entender : comprendre
progresar : faire des progrès
copiarse : copier

corregir : corriger
expulsar : exclure

Un peu de conversation…

- **Siéntate en la primera fila, así verás mejor la pizarra.**
  Assieds-toi au premier rang, tu verras mieux le tableau.

- **Abrid el libro por la página treinta y cuatro. Vamos a corregir los ejercicios.**
  Ouvrez le livre à la page 34. Nous allons corriger les exercices.

- **Nos han mandado buscar información por internet para el lunes.**
  On nous a donné des recherches à faire sur Internet pour lundi.

- **A Carlos le pilló el profesor con una chuleta en el examen.**
  Le professeur a attrapé Carlos avec une antisèche pendant l'examen.

- **Este curso casi nunca tengo clase los viernes.**
  Cette année je n'ai presque jamais cours le vendredi.

Mini quiz

1. Traduisez : « J'ai eu de très bonnes notes cette année. »
2. Traduisez : « Il m'a prêté ses notes de cours. »
3. Choisissez la forme correcte : *Pepa ha tenido un suspenso / un suspendido en historia. Pepa ha suspenso / ha suspendido la historia.*
4. Trouvez le contraire de : *educado*, *obediente* et *motivado*.
5. Traduisez : *Tengo clase de matemáticas. Los alumnos esperaban al profesor fuera de la clase.*
6. *Ser* ou *estar* ? *Francisco … muy estudioso, y suele … atento en clase.*

Corrigé
1. He sacado muy buenas notas este año.
2. Me ha prestado sus apuntes.
3. Pepa ha tenido un suspenso en historia. Pepa ha suspendido la historia.
4. Maleducado, desobediente et desmotivado.
5. J'ai un cours de mathématiques. Les élèves attendaient le professeur à l'extérieur de la salle de cours.
6. Francisco es muy estudioso, y suele estar atento en clase.

16 Le travail

🔊 Savez-vous les prononcer ?

una profesión ❖ un artesano ❖ un ingeniero ❖ el patrón ❖ una compañía ❖ una sociedad anónima ❖ la materia prima ❖ la producción ❖ el horario ❖ mecanizado ❖ manual ❖ manufacturado ❖ producir ❖ fabricar

Les professions

el trabajo : le travail
un oficio : un métier
una carrera : une carrière

un campesino : un paysan
un pescador : un pêcheur

un fontanero : un plombier
un electricista : un électricien
un albañil : un maçon

un tendero : un commerçant
un dependiente : un vendeur
un panadero : un boulanger
un carnicero : un boucher
un pescadero : un poissonnier

un abogado : un avocat
un arquitecto : un architecte
un médico : un médecin

un investigador : un chercheur
un profesor : un enseignant

un militar : un militaire
un policía : un policier

un informático : un informaticien
un vendedor : un commercial

laboral : relatif au travail
profesional : professionnel
en activo : en activité
jubilado : retraité

trabajar : travailler
cobrar : toucher [un salaire]
ejercer una profesión : exercer une profession
jubilarse, retirarse : partir à la retraite

▶ L'ÉDUCATION P. 280

🔊 Un peu de conversation...

● Un personaje de esa película es juez por el día y cantante por la noche.
Un des personnages de ce film est magistrat le jour et chanteur la nuit.

● ¿Quién ha dado las instrucciones a los albañiles de la obra?
Qui a donné des instructions aux maçons du chantier ?

- En España y en Francia no siempre coinciden los días laborables y festivos.
  En Espagne et en France, les jours ouvrés et fériés ne sont pas toujours les mêmes.

- En muchos países de América Latina sigue habiendo un servicio militar obligatorio.
  Dans nombre de pays d'Amérique latine existe encore un service militaire obligatoire.

Le monde de l'entreprise

el dueño : le propriétaire
un industrial : un industriel
un empresario : un chef d'entreprise
un jefe : un chef
un directivo : un cadre
un encargado : un responsable
un empleado : un employé
un obrero : un ouvrier

un trabajador : un travailleur
un asalariado : un salarié
la plantilla : le personnel

una oficina : un bureau
la sede : le siège
una empresa : une entreprise
las pyme (pequeñas y medianas empresas) : les PME (petites et moyennes entreprises)

un polígono industrial : une zone industrielle
una fábrica : une usine
una nave : un hangar
una planta : une unité de production

un parque tecnológico : un technopôle
la maquinaria : les machines
el mantenimiento : la maintenance

un invento : une invention
una patente : un brevet
el espionaje industrial : l'espionnage industriel
un proyecto I + D + I (investigación, desarrollo e innovación) : un projet R & D (recherche et développement)
una industria puntera : une industrie de pointe
una tecnología punta : une technologie de pointe

innovador : innovant
avanzado : en avance
atrasado : en retard

patentar : breveter
fomentar : promouvoir
quebrar : faire faillite

Un peu de conversation...

- El Ministerio de Economía fomenta la creación de pequeñas empresas por medio de ventajas fiscales.
  Le ministère de l'Économie encourage la création de petites entreprises par des avantages fiscaux.

- Las Reales Fábricas eran manufacturas creadas en España a iniciativa de los Borbones.
  Les Fabriques royales étaient des manufactures créées en Espagne à l'initiative des Bourbons.

VOCABULAIRE ■ **Le travail** **16**

- Con la crisis económica galopante, muchas pyme están al borde de la quiebra.
  À cause de la crise économique croissante, beaucoup de PME sont au bord de la faillite.

- He realizado unas prácticas en una fábrica de calzado, llevaba la contabilidad.
  J'ai effectué un stage dans une usine de chaussures, je m'occupais de la comptabilité.

- Están buscando bioquímicos para el nuevo parque tecnológico de Málaga, ¿por qué no te presentas?
  On recherche des biochimistes pour le nouveau technopôle de Málaga, tu pourrais te présenter.

Les conditions de travail

un empleo : un emploi
la paga : la paie
el sueldo, el salario : le salaire
el salario mínimo interprofesional : le SMIC
la nómina : la fiche de paie
un contrato fijo, de duración indefinida : un CDI
un contrato temporal, a plazo fijo : un CDD
un contrato de obra y servicio : un contrat au forfait
un contrato de prácticas : un stage
el paro, el desempleo : le chômage
el (subsidio de) paro : l'indemnité de chômage
un parado : un chômeur
el SEPE (Servicio Público de Empleo Estatal) : [équivalent espagnol de Pôle emploi]
una agencia de empleo temporal : une agence d'intérim
una bolsa de trabajo : une bourse aux emplois
una oferta de empleo : une offre d'emploi
la jornada laboral : la journée de travail
una jornada completa / a tiempo parcial : un travail à temps complet / à temps partiel

horas extraordinarias : des heures supplémentaires
el teletrabajo : le télétravail
una baja por enfermedad / maternidad : un congé de maladie / de maternité
un año sabático : une année sabbatique
las vacaciones : les vacances
un cursillista : un stagiaire
un becario : un boursier
un interino : un intérimaire
un despido improcedente : un licenciement abusif
el trabajo en negro : le travail au noir
un conflicto social : un conflit social
una huelga : une grève
una manifestación : une manifestation
un enfrentamiento : un affrontement
contratado : embauché
despedido : licencié
combativo : combatif
comprometido : engagé
contratar : embaucher
despedir : licencier
buscar trabajo : chercher un emploi
encontrar trabajo : trouver un emploi
luchar : lutter
reivindicar : revendiquer

Un peu de conversation...

- **Se ofrece una vacante en el área profesional de recursos humanos. Contrato fijo.**
  Offrons emploi en ressources humaines. Contrat à durée indéterminée.

- **Entramos a trabajar a las ocho y salimos a las tres, con veinte minutos de descanso a las once.**
  Nous commençons le travail à huit heures et nous terminons à trois heures, avec vingt minutes de pause à onze heures.

- **Nuestro portero está de baja de paternidad, una agencia de empleo temporal nos ha enviado una suplente.**
  Notre gardien est en congé de paternité, une agence d'intérim nous a envoyé une remplaçante.

- **Está enfermo, pero ha venido a trabajar.**
  Il est malade, mais il est venu au travail.

- **Mi prima se ha quedado sin trabajo y todavía no cobra el paro.**
  Ma cousine a perdu son emploi mais elle ne touche pas encore le chômage.

- **Trabajar a destajo puede tener consecuencias negativas para la salud del trabajador.**
  Le travail à la pièce peut avoir des conséquences négatives sur la santé des travailleurs.

- **Se ha convocado una manifestación en apoyo de los huelguistas.**
  On appelle à manifester en soutien aux grévistes.

VOCABULAIRE — Le travail 16

Mini quiz

1. Si *cerrojo* veut dire « serrure », que veut dire *cerrajero* ?
2. Mettez au féminin *un militar*, *un médico*, *un guardia*.
3. Quel est l'intrus : *fontanero, pescadero, carnicero, frutero, panadero* ?
4. Conjuguez *quebrar* à l'indicatif présent.
5. Placez ces qualificatifs de *tecnología* devant ou derrière le nom, selon les cas : *nueva, punta, alta, atrasada, avanzada*.
6. Formez le pluriel de *un proyecto I + D + I* et de *una pyme*.
7. *Ser* ou *estar* ? … *(yo) despedido*.
8. Que veut savoir quelqu'un qui vous demande : *¿Cuánto cobras?*
9. Chassez l'intrus : *un empleado, un parado, un titulado, un suplente*.

Corrigé

1. Serrurier.
2. *Una mujer militar, una médico* ou *una médica, una guardia* (voir p. 14).
3. *Fontanero* (plombier).
4. *Quiebro, quiebras, quiebra, quebramos, quebráis, quiebran* (voir p. 76).
5. Devant le nom : *nueva tecnología, alta tecnología*. Derrière le nom : *tecnología punta, atrasada, avanzada*.
6. *Unos proyectos I + D + I* ; *unas pyme*.
7. *Estoy despedido*.
8. Votre salaire *(la paga o el sueldo)*.
9. *Un titulado* (un diplômé).

17 La vie en société

Savez-vous les prononcer ?
la sociedad de clases ❖ la movilidad vertical ❖ la discriminación ❖ la xenofobia ❖ el racismo ❖ el narcotráfico ❖ una víctima ❖ una sentencia ❖ una pena ❖ violento ❖ racista ❖ privilegiado ❖ culpable ❖ inocente ❖ organizarse ❖ denunciar ❖ acusar ❖ defender

Les composantes sociales

la ciudadanía : les citoyens
un ciudadano : un citoyen
la escala social : l'échelle sociale

la jerarquización : la hiérarchisation
el estatus : le statut
un privilegio : un privilège

la clase obrera : la classe ouvrière
la clase media : la classe moyenne
la alta burguesía : la grande bourgeoisie
la clase dirigente : la classe dirigeante
un alto funcionario : un haut fonctionnaire

un propietario : un propriétaire
un terrateniente, un latifundista : un grand propriétaire terrien

una casta : une caste
una minoría : une minorité
el mestizaje : le métissage
la mezcla : la mixité
el ascenso social : l'ascension sociale

rural : rural
urbano : urbain
desfavorecido : défavorisé

relacionarse con : entretenir des relations avec, fréquenter
estar en contacto con : être en contact avec
depender de : dépendre de
ascender : gravir les échelons
mezclarse con : se mêler à
convivir con : cohabiter avec

Un peu de conversation...

- Mis padres y mis hermanos son obreros, yo soy la única de la familia con estudios universitarios.
  Mes parents et mes frères et sœurs sont ouvriers, je suis la seule de la famille à avoir fait des études à l'université.

VOCABULAIRE — La vie en société

- En la América colonial, la división en castas se fundaba en el color de piel.
  Dans l'Amérique coloniale, la division en castes était fondée sur la couleur de la peau.

- En México, casi todos somos mestizos de españoles e indios.
  Au Mexique, nous sommes pour la plupart des métis d'Espagnols et d'Indiens.

- En nuestro colegio queremos promover la mezcla social y étnica.
  Dans notre école, nous cherchons à favoriser la mixité sociale et ethnique.

Les problèmes sociaux

un centro de acogida : un centre d'accueil
un teléfono de asistencia : un numéro d'aide sociale
los servicios sociales : les services sociaux
un asistente social : un assistant social
el clasismo : la discrimination sociale
la violencia de género : la violence conjugale
los malos tratos : les mauvais traitements
la xenofobia : la xénophobie
la homofobia : l'homophobie
el acoso : le harcèlement
el feminicidio : le féminicide

una pandilla : un gang
un pandillero : un membre de gang
la droga : la drogue
un porro : un joint
el narcotráfico : le trafic de drogues
un narcotraficante : un trafiquant de drogues
un drogadicto : un drogué
un alcohólico : un alcoolique
una cura de desintoxicación : une cure de désintoxication
machista : machiste
denunciar : dénoncer
desintoxicarse : se désintoxiquer
asistir : assister, aider
arbitrar : arbitrer

Un peu de conversation…

- ¡No te dejes maltratar! Llama al centro de asistencia social más cercano.
  Ne tolère pas les mauvais traitements! Téléphone au centre d'aide sociale le plus proche.

- Cada año mueren en España decenas de mujeres víctimas de la violencia de género.
  Chaque année, en Espagne, des dizaines de femmes meurent à cause de la violence conjugale.

- Nuestra asociación lucha contra los prejuicios raciales por medio de la educación y la concienciación.
  Notre association combat les préjugés racistes par l'éducation et la prise de conscience.

- La policía ha desmontado una red de pedofilia por internet.
  La police a démantelé un réseau de pédophilie sur Internet.

La justice

el derecho : le droit
la ley : la loi
el código civil/penal : le code civil/pénal
un bufete : un cabinet
un tribunal : un tribunal [les personnes]
un juzgado : un tribunal [le lieu]
el Tribunal Constitucional/Supremo : la Cour constitutionnelle/suprême
un juicio : un procès, un jugement
un juez : un juge
un abogado defensor : un avocat de la défense
un procurador : un avoué
el acusado : l'accusé
un testigo : un témoin
una condena : une peine
la cárcel, la prisión : la prison
la libertad provisional : la liberté conditionnelle
una fianza : une caution

una multa : une amende
la cadena perpetua : la réclusion à perpétuité
arrestado, detenido : arrêté
absuelto : innocenté
condenado : condamné
encarcelado : emprisonné
agredir, atracar : agresser
robar : voler, cambrioler
secuestrar : kidnapper
violar : violer
matar : tuer
asesinar : assassiner
poner una denuncia : porter plainte
testificar : témoigner
acusar : accuser
defender : défendre
juzgar : juger
recurrir : faire appel
cumplir una condena : purger une peine
liberar : libérer

Un peu de conversation…

- He estudiado derecho y ahora busco trabajo en algún despacho de abogados.
  J'ai fait des études de droit et maintenant je cherche du travail dans un cabinet d'avocats.

- ¡Soy inocente! ¡Nunca he hecho daño a nadie!
  Je suis innocent ! Je n'ai jamais fait de mal à personne !

- Mañana nos vemos a la puerta del juzgado.
  On se retrouve demain à l'entrée du tribunal.

- El juez dictó sentencia después de oír a todos los testigos.
  Le juge a rendu sa sentence après avoir entendu tous les témoins.

- Queda usted detenido.
  Vous êtes en état d'arrestation.

- Mi novia milita en una asociación en defensa de los derechos humanos y contra la pena de muerte.
  Ma copine milite dans une association pour la défense des droits de l'homme et contre la peine de mort.

VOCABULAIRE — La vie en société

Mini quiz

1. Conjuguez *ascender* à l'indicatif présent.
2. Trouvez un mot de la même racine que *mestizaje* et que *desfavorecido*.
3. *Mejorar* est le contraire de …
4. Trouvez la préposition qui manque : *En su trabajo, Ana está en contacto … personas de todas las categorías sociales.*
5. Complétez : *Un drogadicto es una persona adicta a …*
6. Indiquez si l'accord entre le nom, l'adjectif et le déterminant est correct dans les cas suivants : *un hombre víctima de malos tratos, una asistente social muy competente, unos jóvenes racistas.*
7. Traduisez :
   Si necesitas ayuda, llama al centro de asistencia más cercano.
8. Traduisez : *Está en libertad bajo fianza.*
9. *Ser* ou *estar* ? *… usted culpable. … usted inocente. … usted absuelta.*
10. Formez un verbe à partir du nom *cárcel*.

Corrigé

1. *Asciendo, asciendes, asciende, ascendemos, ascendéis, ascienden.*
2. *Mestizaje* : mestizo ; *desfavorecido* : favor, favorecido. (voir p. 76)
3. *Empeorar.*
4. *En su trabajo, Ana está en contacto con personas de todas las categorías sociales.*
5. *Un drogadicto es una persona adicta a las drogas.*
6. Oui, dans les trois cas (voir p. 14).
7. *Si tu as besoin d'aide, appelle le centre d'aide sociale le plus proche.*
8. Il a été libéré sous caution.
9. *Es usted culpable. Es usted inocente. Está usted absuelta.*
10. *Encarcelar.*

18 La politique

Savez-vous les prononcer ?

un régimen político ❖ la monarquía ❖ la dinastía ❖ la reina ❖ la democracia ❖ la Constitución ❖ un ministerio ❖ la represión ❖ los diputados ❖ los senadores ❖ la abstención ❖ la ideología ❖ una campaña electoral ❖ un candidato ❖ monárquico ❖ democrático ❖ comunista ❖ federal ❖ político ❖ anarquista ❖ demagógico

L'État

el Estado : l'État
el Gobierno : le gouvernement
el poder : le pouvoir
la soberanía : la souveraineté
la democracia : la démocratie
la Constitución : la Constitution

un jefe de Estado : un chef d'État
el rey : le roi
el presidente del Gobierno : le Premier ministre
el presidente de la República : le président de la République
el portavoz : le porte-parole
un ministro : un ministre

una dictadura : une dictature
un dictador : un dictateur
un golpe de Estado : un coup d'État
la censura : la censure

una revolución : une révolution
una guerra : une guerre

una tregua : une trêve

un genocidio : un génocide
el terrorismo : le terrorisme

ejecutivo : exécutif
legislativo : législatif
judicial : judiciaire
constituyente : constituant

republicano : républicain
demócrata : démocrate
(contra)revolucionario : (contre-)révolutionnaire
comunista : communiste
totalitario : totalitaire
(anti)terrorista : (anti)terroriste

gobernar : gouverner
reinar : régner
reprimir : réprimer
dirigir : diriger
estallar : éclater
[en parlant d'une guerre, d'une bombe]

VOCABULAIRE — La politique 18

Un peu de conversation…

- **El periodo entre la dictadura franquista y el régimen democrático se conoce como la Transición.**
  La période entre la dictature franquiste et le régime démocratique est connue sous le nom de Transition.

- **La próxima legislatura tendremos un gobierno de coalición.**
  La prochaine législature, on aura un gouvernement de coalition.

- **Han detenido a los golpistas a tiempo.**
  On a arrêté les putschistes à temps.

- **Mi abuelo estaba en La Habana cuando triunfó la revolución.**
  Mon grand-père était à La Havane au moment où la révolution a triomphé.

- **La banda terrorista ha sido desarticulada.**
  L'organisation terroriste a été démantelée.

Les institutions

las Cortes : le Parlement
el Congreso : l'Assemblée nationale
un eurodiputado : un député européen
el Senado : le Sénat
el defensor del pueblo [Esp.] **:** le défenseur du peuple [médiateur institutionnel]

la votación : le vote
un voto : une voix
un escaño : un siège

un decreto : un arrêté
una directiva : une directive

las Comunidades Autónomas [Esp.] **:** les Régions autonomes
el Parlamento autonómico [Esp.] **:** le Parlement régional
una subdelegación del gobierno : une préfecture

un ayuntamiento : une mairie
el alcalde : le maire
el concejal : le conseiller municipal

el Ejército, las Fuerzas Armadas : l'armée

la Policía Nacional : la police nationale
la Policía Municipal : la police municipale
un guardia civil [Esp.] **:** un gendarme
un guardia de tráfico : un agent de la circulation
un antidisturbios : un CRS

las elecciones generales : les élections générales
las elecciones autonómicas : les élections régionales
las elecciones municipales : les élections municipales
el sufragio universal : le suffrage universel
un voto en blanco : un bulletin blanc
un voto nulo : un bulletin nul
legislar : légiférer
legalizar : légaliser
celebrar elecciones : convoquer des élections

Un peu de conversation...

- Vimos al presidente de la Generalitat cenando sin escolta en un restaurante.
  Nous avons vu le président de la Generalitat [Gouvernement de la région autonome de Catalogne] dîner sans escorte dans un restaurant.

- Muchos emigrantes no pudieron acudir a las urnas para el último referéndum mexicano.
  Beaucoup d'émigrants n'ont pas pu se rendre aux urnes lors du dernier référendum mexicain.

- Las Cortes aprobaron una ley por la que se autoriza el matrimonio entre personas del mismo sexo.
  Le Parlement a approuvé une nouvelle loi autorisant le mariage homosexuel.

- Nuestra alcaldesa ha sido reelegida por mayoría absoluta.
  Notre maire a été réélue à la majorité absolue.

Les partis

un **partido**: un parti
la **derecha**: la droite
la **ultraderecha**: l'extrême droite
el **centro**: le centre
la **izquierda**: la gauche
la **extrema izquierda**: l'extrême gauche

la **oposición**: l'opposition
la **financiación**: le financement
los **valores**: les valeurs
un **compromiso**: un engagement

un **congreso**: un congrès
un **político**: un homme politique
un **candidato**: un candidat
un **líder**: un dirigeant
el **secretario general**: le premier secrétaire
un **militante**: un militant

un **discurso**: un discours
una **intervención parlamentaria**: une intervention au Parlement

un **turno de réplica**: un tour de parole
un **mitin**: un meeting

conservador: conservateur
liberal: libéral
moderado: modéré
verde: vert
socialista: socialiste
afiliado: adhérent

convincente: convaincant
sincero: sincère
falso: hypocrite
agresivo: agressif
transparente: transparent
opaco: opaque

liderar: diriger
afiliarse: adhérer
criticar: critiquer
apoyar: soutenir
proponer: proposer
debatir: débattre

Un peu de conversation...

- Durante la campaña, los dos candidatos se enfrentaron en un debate televisado.
  Pendant la campagne, les deux candidats se sont affrontés lors d'un débat télévisé.

VOCABULAIRE ▪ **La politique**

- Me parece que la oposición no tiene nada que proponer, solo busca atacar.
  Il me semble que l'opposition n'a rien à proposer, elle ne cherche qu'à contredire.

- Nómbrame algún político que haya respetado sus compromisos.
  Donne-moi le nom d'un homme politique qui ait respecté ses engagements.

- El partido socialista ha emitido un comunicado contra el racismo y la xenofobia.
  Le parti socialiste a publié un communiqué contre le racisme et la xénophobie.

Mini quiz

1. Le mot *democrata* est-il écrit correctement ? Lisez-le à haute voix après avoir repéré la syllabe tonique.
2. Formez le pluriel de *el Borbón*, *el rey* et *el régimen*.
3. Trouvez deux mots de la même racine que *represivo* (répressif) et *gobernante* (gouvernant).
4. Traduisez : *La bomba estalló sin causar heridos*.
5. Complétez avec *voto* ou *votación* :
   Ha habido diez … nulos. Pasemos a la …
6. De quelle manière désigne-t-on le parlement espagnol ?
7. Traduisez *alto* dans les expressions suivantes :
   cámara alta, *mujer alta*, *precio alto*, *en voz alta*.
8. Quelles sont les deux traductions possibles de *político* ?
9. Trouvez le contraire de *transparente*, *conservador* et *falso*.
10. Quelle est la différence entre *debate televisado* et *debate televisivo* ?

Corrigé

1. Non. La forme correcte est : *demócrata*.
2. *Los Borbón* ou *Los Borbones, los reyes, los regímenes* (voir p. 11 et 17).
3. *Reprimir, represión* et *gobierno, gobernar*.
4. *La bombe a éclaté sans faire de blessés.*
5. *Ha habido diez votos nulos. Pasemos a la votación.*
6. *Las Cortes.*
7. Chambre haute, femme grande, prix élevé, à haute voix.
8. « Politique » et « politicien ».
9. *Opaco, liberal* et *sincero.*
10. *Debate televisado* : débat retransmis par la télévision ; *debate televisivo* : débat télévisuel.

19 Richesse et pauvreté

Savez-vous les prononcer ?
un billete ❖ un cheque ❖ un euro ❖ un céntimo ❖ un dólar ❖ un banco ❖ el capital ❖ las finanzas ❖ la crisis ❖ la inflación ❖ un economista ❖ una acción ❖ la injusticia ❖ clandestino ❖ vender ❖ importar ❖ exportar

L'argent

el dinero, la plata [Amér.] : l'argent
una moneda : une pièce de monnaie
el suelto : de la monnaie
un talón, un cheque : un chèque
un cheque de viaje : un chèque de voyage
una tarjeta de crédito : une carte de crédit
un cajero automático : un distributeur automatique
una divisa : une divise
el cambio : le change
una caja de ahorros : une caisse d'épargne
una cuenta corriente : un compte courant
una cartilla : un livret
un préstamo al consumo : un emprunt à la consommation
el interés : l'intérêt

una deuda : une dette
un ingreso : un dépôt d'argent
una transferencia : un virement
el precio : le prix
una subida / una bajada de precios : une augmentation / une diminution des prix
los ingresos : le revenu
un gasto : une dépense

(in)solvente : (non) solvable
(im)pagado : (im)payé
caro : cher
barato : bon marché
asequible : abordable

pagar en metálico, en efectivo : payer en espèces
reembolsar : rembourser
ahorrar : épargner
prestar : prêter
tomar prestado : emprunter
deber : devoir

▶ LA MAISON P. 245

Vocabulaire — Richesse et pauvreté 19

 Un peu de conversation…

- Acabo de abrir una cuenta en un banco on-line que no cobra comisiones de servicios.
  Je viens d'ouvrir un compte dans une banque en ligne qui ne prend pas de frais de gestion.

- ¿Me prestas algo de dinero hasta mañana? No llevo nada encima.
  Peux-tu me prêter un peu d'argent jusqu'à demain ? Je n'ai rien sur moi.

- He tenido tantos gastos que he acabado el mes en números rojos.
  J'ai eu tellement de dépenses que j'ai fini le mois à découvert.

- Me han devuelto la transferencia que te hice. ¿Puedes volver a darme tu número de cuenta?
  On m'a retourné le virement que j'ai fait sur ton compte. Tu peux me redonner ton RIB ?

- Para tu viaje al extranjero, llévate una parte del dinero en metálico y lo demás en cheques de viaje.
  Pour ton voyage à l'étranger, prends une partie de l'argent en espèces et le reste en chèques de voyage.

- En los lugares concurridos, presten atención a sus bolsos y carteras.
  Dans les endroits très fréquentés, soyez attentifs à vos sacs et portefeuilles.

L'économie

el desarrollo económico : le développement économique
la aceleración : l'accélération
la desaceleración : le ralentissement
los negocios : les affaires

el consumo : la consommation
el consumidor : le consommateur
el poder adquisitivo : le pouvoir d'achat
la competencia : la concurrence

un contable : un comptable
una auditoría : un audit

la bolsa : la bourse
el Ibex 35 [équivalent espagnol du CAC 40]
una tasa : une taxe

un impuesto : un impôt
la declaración de la renta : la déclaration d'impôts
un contribuyente : un contribuable

la economía sumergida : l'économie souterraine
el dinero negro : l'argent sale
el mercado emergente : le marché emergent

bursátil : boursier
endeudado : endetté
globalizado : globalisé
invertir : investir
blanquear : blanchir [de l'argent]

297

Un peu de conversation…

- Están realizando una auditoría en mi empresa y anda todo el mundo nerviosísimo.
  On est en train de réaliser un audit dans mon entreprise et tout le monde est très nerveux.

- ¡Eres un consumista! Solo piensas en comprar…
  Tu es un consommateur compulsif ! Tu ne penses qu'à acheter…

- El precio del carburante en las gasolineras no siempre refleja el aumento del precio del barril de crudo.
  Le prix du carburant à la pompe ne suit pas toujours le cours du baril de pétrole brut.

- La fuga de capitales a los paraísos fiscales supone una pérdida financiera importante para los Estados.
  La fuite des capitaux vers les paradis fiscaux représente une perte financière importante pour les États.

Les inégalités et l'exclusion

un sin techo : un sans-abri
un sin papeles : un sans-papiers
un marginado : un exclu
un refugiado : un réfugié

el analfabetismo : l'analphabétisme
el hambre : la faim

una chabola : un taudis
un barrio de chabolas : un bidonville
una barriada [Amér.] **:** un quartier pauvre
un arrabal : une banlieue pauvre

la injusticia : l'injustice
la desigualdad : l'inégalité

el comercio justo : le commerce équitable
(i)legal : (il)légal
rico : riche
pobre : pauvre
(archi)millonario : (multi)milliardaire
equitativo : équitable
subdesarrollado : sous-développé

especular : spéculer
enriquecerse : s'enrichir
empobrecerse : s'appauvrir
arruinarse : se ruiner
mendigar : mendier

Un peu de conversation…

- Nuestro abuelo se casó con una rica heredera y dilapidó su fortuna en pocos años.
  Notre grand-père s'est marié avec une riche héritière et a dilapidé sa fortune en quelques années.

- En ese pasadizo duerme un sin techo desde hace dos años.
  Un sans-abri dort dans ce passage souterrain depuis deux ans.

- El alcalde ha ordenado la destrucción de las chabolas pero los habitantes se han enfrentado con la policía.
  Le maire a ordonné la destruction du bidonville mais les habitants se sont opposés à la police.

VOCABULAIRE ■ Richesse et pauvreté 19

- Muchos inmigrantes clandestinos procedentes de África se dejan la vida intentando cruzar el océano en cayuco para llegar a España.
  Grand nombre d'immigrants clandestins venant d'Afrique perdent la vie en essayant de traverser l'océan dans des embarcations de fortune pour se rendre en Espagne.

- En este pueblo, el comercio justo ha permitido la creación de una escuela rural.
  Dans cette commune, le commerce équitable a permis la création d'une école rurale.

Mini quiz

1. Traduisez de deux manières différentes : « J'ai emprunté mille euros. »
2. Traduisez : *Esta máquina devuelve cambio.*
3. Comment peut-on payer une note de vingt euros ?
4. Complétez : *Un monedero sirve para guardar …*
5. Traduisez « la société de consommation » et « le pouvoir d'achat ».
6. Complétez : *Una persona con deudas es una persona …*
7. « Investir » est à « investissement » ce qu'*invertir* est à …
8. Choisissez le mot qui convient : *El aumento del precio de la luz afectará a todos los consumidores / consumistas.*
9. Corrigez l'accord entre le déterminant, le nom et l'adjectif, si c'est nécessaire : *un hambre canina* (une faim de loup).
10. Formez un verbe avec l'adjectif *pobre* et un autre avec l'adjectif *rico*.
11. Traduisez « pays sous-développé » et « pays en voie de développement ».

Corrigé

1. He tomado prestados mil euros. Me han prestado mil euros.
2. Cet appareil rend la monnaie.
3. En metálico, con suelto (con monedas o en billetes) o con tarjeta.
4. Un monedero sirve para guardar las monedas.
5. La sociedad de consumo et el poder adquisitivo.
6. Una persona con deudas es una persona endeudada.
7. Inversión.
8. El aumento del precio de la luz afectará a todos los consumidores.
9. L'accord est correct (voir p. 19).
10. Empobrecerse, enriquecerse.
11. País subdesarrollado et país en vías de desarrollo.

20 L'environnement

🔊 Savez-vous les prononcer ?
la atmósfera ❖ el termómetro ❖ un anticiclón ❖ una inundación ❖ una montaña ❖ un valle ❖ un volcán ❖ la vegetación ❖ una serpiente ❖ una araña ❖ una ballena ❖ un delfín ❖ la biodiversidad ❖ la ecología ❖ un parque natural ❖ un combustible fósil ❖ un residuo ❖ una catástrofe ❖ oceánico ❖ mediterráneo ❖ doméstico ❖ transgénico

Le climat

el tiempo : la météo
el clima : le climat

la estación : la saison
la primavera : le printemps
el verano : l'été
el otoño : l'automne
el invierno : l'hiver

el calor : la chaleur
el frío : le froid
la lluvia : la pluie
el granizo : la grêle
la nieve : la neige
el hielo : la glace

una borrasca : une tempête
una tormenta : un orage
un huracán : un ouragan
un trueno : un coup de tonnerre
el rayo : la foudre

un relámpago : un éclair
el arcoíris : l'arc-en-ciel

una corriente marina : un courant marin
una riada : une crue

cálido : chaud
templado : tempéré
frío : froid
polar : polaire

húmedo : humide
nublado : nuageux
despejado : dégagé
soleado : ensoleillé

llover : pleuvoir
nevar : neiger
helar : geler
granizar : grêler
escampar : cesser de pleuvoir

VOCABULAIRE ■ L'environnement **20**

 Un peu de conversation…

- **En esta época siempre tenemos sol y buen tiempo.**
  En cette période, nous avons toujours du soleil et du beau temps.
- **Está muy nublado, pero no llueve.**
  Le ciel est très couvert, mais il ne pleut pas.
- **El hombre del tiempo acaba de anunciar sol para todo el fin de semana.**
  La météo vient d'annoncer du soleil pour tout le week-end.
- **Abrígate para salir, estamos a bajo cero.**
  Couvre-toi pour sortir, les températures sont au-dessous de zéro.
- **Las repetidas heladas han destruido las plantaciones de tomates.**
  Les gelées répétées ont détruit les plantations de tomates.
- **Santo Domingo está en alerta máxima, se acerca un viento huracanado de más de 130 km por hora.**
  Saint-Domingue est en état d'alerte maximale, un vent violent s'approche à plus de 130 km à l'heure.

Nature et paysage

el mar : la mer
la costa : la côte
una bahía : une baie
la playa : la plage

un río : un fleuve
un lago : un lac
un embalse : un barrage

una sierra : une chaîne de montagnes
una cima : un sommet
una meseta : un plateau

una llanura : une plaine
un desierto : un désert

escarpado : escarpé
erosionado : érodé

caudaloso : de grand débit
profundo : profond
ancho : large
tranquilo : calme

recorrer : parcourir
escalar : escalader

La végétation

el bosque : le bois, la forêt
la selva : la jungle
un árbol : un arbre
un pino : un pin
un olivo : un olivier
un roble : un chêne
una encina : un chêne vert

la hoja : la feuille

una flor : une fleur
la rama : la branche
la raíz : la racine

frondoso : touffu
silvestre : sauvage

salir : germer
crecer : pousser
florecer : fleurir

Les animaux

un ave : un oiseau
un águila : un aigle
un cuervo : un corbeau

un oso : un ours
un lobo : un loup
un toro : un taureau
una vaca : une vache
un perro : un chien
un gato : un chat
un cerdo : un cochon
un caballo : un cheval
una yegua : une jument

un pez : un poisson
una trucha : une truite
un salmón : un saumon
una caballa : un maquereau

una rana : une grenouille
un sapo : un crapaud
una lagartija : un lézard

una hormiga : une fourmi
una mosca : une mouche
un mosquito : un moustique
una mariposa : un papillon

salvaje : sauvage
peligroso : dangereux
inofensivo : inoffensif

ladrar : aboyer
maullar : miauler
relinchar : hennir

cazar : chasser
pescar : pêcher

▶ LA VILLE P. 253

Un peu de conversation…

- La vista sobre el puerto y la bahía es espléndida.
  La vue sur le port et la baie est magnifique.

- La selva amazónica es el pulmón del planeta.
  La forêt amazonienne est le poumon de la planète.

- Nos vamos de escalada a la sierra de Córdoba.
  Nous partons faire de l'escalade dans les montagnes à proximité de Cordoue.

- Lo que más les impresionó de su viaje a los Andes fueron los volcanes.
  Ce qui les a le plus impressionnés pendant leur voyage dans les Andes, ce sont les volcans.

- En primavera el campo se pone precioso, lleno de flores silvestres.
  Au printemps, la campagne devient très belle, elle est pleine de fleurs sauvages.

- Esta foto de un oso polar sobre un pedazo de hielo a la deriva ha dado la vuelta al mundo.
  Cette photo d'un ours polaire sur un morceau de banquise à la dérive a fait le tour du monde.

- Apaga la luz y cierra la ventana, que van a entrar mosquitos.
  Éteins la lumière et ferme la fenêtre, sinon des moustiques vont entrer.

VOCABULAIRE — L'environnement — 20

Les enjeux environnementaux

el medio ambiente : l'environnement
la naturaleza : la nature
los recursos naturales : les ressources naturelles
la capa de ozono : la couche d'ozone
una fuente de energía : une source d'énergie
la energía renovable : l'énergie renouvelable
la sostenibilidad : la durabilité
el cambio climático : le changement climatique
el recalentamiento del planeta : le réchauffement de la planète
un gas invernadero : un gaz à effet de serre
la licuación, la fusión de los hielos polares : la fonte des glaces polaires
una especie en peligro : une espèce en danger
una especie en vías de extinción : une espèce en voie de disparition
la preservación de las especies : la sauvegarde des espèces
la contaminación : la pollution
los residuos : les déchets
el vertido tóxico : le rejet de substances toxiques
la deforestación : la déforestation

un incendio provocado : un incendie volontaire
el agua potable : l'eau potable
una planta desalinizadora : une usine de désalinisation
la lluvia ácida : les pluies acides
la gota fría : la goutte froide
la sequía : la sécheresse
la desertización : la désertification
una marea negra : une marée noire
la agricultura biológica : l'agriculture biologique
la agricultura intensiva : l'agriculture intensive
un pesticida : un pesticide

transgénico : transgénique
ecológico : écologique
contaminado : pollué
contaminante : polluant
devastado : dévasté
medioambiental : environnemental
radioactivo : radioactif
eólico : éolien
sostenible : durable

(des)contaminar : (dé)polluer
limpiar tanques : dégazer
arrojar vertidos : rejeter des déchets
malgastar : gaspiller
degradar : dégrader
destruir : détruire
separar : trier
reciclar : recycler, réutiliser

Un peu de conversation…

- Los equilibrios naturales del planeta han sido modificados.
  Les équilibres naturels de la planète ont été modifiés.

- En casa tenemos tres cubos diferentes para separar la basura.
  Nous avons à la maison trois poubelles différentes pour le tri des ordures.

- En algunas zonas costeras ya es visible el aumento del nivel del mar como consecuencia del recalentamiento climático.
  Dans certaines régions côtières, l'élévation du niveau de la mer due au réchauffement climatique est déjà visible.

- Este año ha habido menos incendios que el pasado, pero la mayoría siguen siendo provocados.
  Cette année, il y a eu moins d'incendies que l'an passé, mais la plupart d'entre eux sont encore des incendies volontaires.

- El Gobierno español está haciendo esfuerzos para incrementar la instalación de parques eólicos.
  Le gouvernement espagnol fait des efforts pour agrandir le parc éolien.

- No malgastes el agua. Es un bien que escasea cada vez más.
  Ne gaspille pas l'eau. C'est un bien de plus en plus rare.

Mini quiz

1. Traduisez : « Il pleut, il neige, il grêle. »
2. Comment dit-on le contraire de : *hace bueno*, *hace sol*, *ha llovido* ?
3. *Ser* ou *estar* ? En el norte de España, el clima ... oceánico; cuando no llueve ... chispeando (bruiner).
4. *Caballa* est-il le féminin de *caballo* ?
5. Traduisez « les plantes sauvages » et « les animaux sauvages ».
6. Choisissez la forme qui convient :
   El mercurio es un producto contaminado / contaminante.
7. Chassez l'intrus : *eólico*, *nuclear*, *fósil*, *potable*, *solar*.
8. Traduisez : « À cause du réchauffement climatique, nous aurons de plus en plus d'inondations et de périodes de sécheresse. »

Corrigé

1. *Llueve, nieva, graniza* (voir p. 147).
2. *Hace malo, está nublado, ha escampado.*
3. *En el norte de España, el clima es oceánico; cuando no llueve está chispeando.*
4. Non, c'est *yegua*. *Caballa* est un type de poisson (le maquereau).
5. *Las plantas silvestres* et *los animales salvajes*.
6. *Contaminante.*
7. *Potable.*
8. *A causa del recalentamiento climático, tendremos cada vez más inundaciones y sequías.*

EN ALGUNAS ZONAS COSTERAS YA ES VISIBLE EL AUMENTO DEL NIVEL DEL MAR COMO CONSECUENCIA DEL RECALENTAMIENTO CLIMÁTICO.

Traduction
Trouver le mot juste

Abréviations utilisées

qqn : quelqu'un
qqch. : quelque chose
pers. : personne
sing. : singulier

plur. : pluriel
indic. : indicatif
subj. : subjonctif
inf. : infinitif

À (lieu)

▶ **à + lieu où l'on va → *a***

- Elle allait à la bibliothèque.
  Iba **a** la biblioteca.
- Il fera un voyage à Bordeaux en septembre.
  Hará un viaje **a** Burdeos en septiembre.
- Ils ont déménagé à Barcelone.
  Se han mudado **a** Barcelona.

▶ **à + lieu où l'on est → *en***

- Tu es à Cadix ?
  ¿Estás **en** Cádiz?
- Ils habitent au Chili, à Valparaíso.
  Viven **en** Chile, **en** Valparaíso.
- Ils l'ont vu au même endroit.
  Lo han visto **en** el mismo sitio.

> **Notez bien**
> Les emplois de *a* et *en* diffèrent avec les points cardinaux.
> Tolède est au sud de Madrid.
> Toledo está **al** sur de Madrid.
> [On situe un lieu par rapport à un autre.]
>
> Santander est dans le nord de l'Espagne.
> Santander está **en** el norte de España.

▶ **Les prépositions *a*, *en* et *con* p. 131**

À (temps)

▶ **à + heure → *a la(s)* + cardinal**

- Il arrive à une heure ou à deux heures ?
  ¿Llega **a la una** o **a las dos**?

▶ **à + nom de fête → *en***

- À Noël, ils viennent chez nous et à Pâques, nous allons chez eux.
  En Navidad ellos vienen a casa y **en Semana Santa** vamos nosotros a la suya.

▶ **à + siècle → *en el siglo***

- Christophe Colomb découvrit l'Amérique au XVe siècle.
  Cristóbal Colón descubrió América **en** el siglo XV.

▶ **Les prépositions *a*, *en* et *con* p. 131**

TRADUCTION ■ À (lieu)   A

À différent de a

▶ **à (localisation dans l'espace) → en**

- Elle est actuellement à New York, mais elle ne veut pas vivre toute sa vie aux États-Unis.
  Está ahora **en** Nueva York, pero no quiere vivir toda su vida **en** Estados Unidos.

▶ **à (possession) → de, possessif**

- Cet imperméable est à Juan, mais ce parapluie ne peut pas être à lui.
  Esta gabardina es **de** Juan, pero este paraguas no puede ser **de** él *ou* **suyo**.

▶ **à (caractéristique) → de, con**

- Tu vois le garçon au pull vert ?
  ¿Ves al chico **del** jersey verde *ou* **con** el jersey verde?

- S'il vous plaît, je pourrais avoir un café au lait et un morceau de tarte aux pommes ?
  Por favor, ¿me pone un café **con** leche y un trozo de tarta **de** manzana?

> **Notez bien**
>
> – COD de personne → **a** + COD de personne
>
> Ils ont choisi cette fille avant de connaître les autres candidats.
> Eligieron **a** aquella chica antes de conocer **a** los demás candidatos.
>
> – verbe de mouvement + inf. → verbe de mouvement + ***a*** + inf.
>
> Je vais l'appeler pour lui dire que je ne peux pas passer le chercher.
> Voy **a** llamarlo para decirle que no puedo pasar **a** buscarlo.
>
> – verbe de mouvement + préposition → verbe de mouvement + ***a***
>
> Juste quand tu arrives en France, je repars au Mexique.
> Justo cuando tú llegas **a** Francia, yo me vuelvo **a** México.

Aimer

▶ **« plaire » → *gustar***

- Tu aimes les chansons ou la chanteuse ?
  ¿**Te gustan** las canciones o **te gusta** la cantante?

- J'aimerais voyager en train.
  Me gustaría viajar en tren.

▶ **aimer beaucoup** → *encantar, gustar mucho*

- Elle **aime** beaucoup les chevaux.
  Le encantan los caballos.
- Avant tu **aimais** beaucoup sortir le soir.
  Antes **te gustaba mucho** salir por la noche.

> **Notez bien**
>
> – *Gustar* et *encantar* se construisent comme «plaire», mais le sujet se place généralement derrière le verbe.
>
> Ce film me plaît.   Ces films me plaisent.
> Me gusta esta película.   Me gusta**n** estas películas.
>
> – Ne confondez pas *me gusto* (je m'aime) et *me gusta(n)* (j'aime).

▶ **«éprouver de l'amour»** → *querer, amar*

- Il **aime** beaucoup ses enfants.
  Quiere mucho a sus hijos.
- Il existe une façon d'**aimer** très possessive.
  Existe una manera de **amar** muy posesiva. [soutenu]

▶ **Vouloir p. 374**

Aller

▶ **aller (mouvement)** → *ir a*

- Il **va** souvent en Argentine, plus précisément à Cordoue.
  Va a menudo **a** Argentina, concretamente **a** Córdoba.
- Je **vais chez** ma mère.
  Voy a casa de mi madre.
- J'**irai** la chercher à l'école dans deux heures.
  Iré a buscarla **al** colegio dentro de dos horas.

> **Notez bien**
>
> – «Aller en» + nom de lieu se dit toujours *ir a*.
>
> – Retenez les expressions idiomatiques avec *ir de*.
>
> aller en vacances : ir de vacaciones
> faire une excursion : ir de excursión
> faire la tournée des bars : ir de bares, de tapas, de copas

▶ **Dans les bars p. 278**

▶ **aller + inf. (futur proche)** → *ir a + inf.*

- Attends, je **vais** t'aider.
  Espera, te **voy a** ayudar.
- Nous **allons** lui dire la vérité.
  Le **vamos a** decir la verdad.

TRADUCTION ▪ **Aller**   **A**

- Il **va** participer à un semi-marathon cet automne.
  Va a participar en un medio maratón este otoño.
  ▶ Les périphrases verbales (2) p. 111

▶ **Comment (ça) va ? → ¿Qué tal?, ¿Cómo te va?**

- Comment ça va ?
  ¿Qué tal?
- Comment vas-tu ?
  ¿Qué tal? *ou* **¿Qué tal** estás?
  ¿Qué tal te va? *ou* **¿Cómo te va?**

▶ **Allez ! → ¡Venga!, ¡Vamos!, ¡Anda!**

- Allez, dépêche-toi !
  ¡Venga *ou* **Vamos**, date prisa!
- Allez, reste un peu plus longtemps !
  ¡Anda, quédate un poco más!
- On prend une bière ensemble ? – Allez !
  —¿Nos tomamos una cerveza juntos? —**¡Venga!**

Apprendre

▶ **« acquérir un savoir » → *aprender***

- J'ai suivi un stage pour **apprendre** à utiliser ce nouveau logiciel.
  He seguido un cursillo para **aprender** a utilizar este nuevo programa.

▶ **« transmettre un savoir » → *enseñar***

- Un jour tu devrais m'**apprendre** à danser le tango !
  ¡Un día tendrías que **enseñar**me a bailar el tango!

▶ **« prendre connaissance de » → *saber (que), enterarse de (que)***

- Vous **apprendrez** la nouvelle avant nous.
  Sabréis la noticia antes que nosotros.
- J'**ai appris** qu'il quitte l'entreprise.
  Me **he enterado** de que se va de la empresa.

> **Notez bien**
>
> *Enterarse de algo* veut aussi dire « comprendre quelque chose ».
> Attends, je n'ai pas **compris**, tu peux me le répéter ?
> Espera, no **me he enterado**, ¿puedes repetírmelo?

▶ « transmettre une information » → *decir (que), informar de (que)*

- Ta mère m'a **appris** que tu étais malade.
  Tu madre me **ha dicho** que estabas enfermo.
- L'hôtesse nous a **appris** que nous aurions une heure de retard.
  La azafata nos **informó** de que tendríamos una hora de retraso.

Après

▶ « plus tard » → *después, luego, más tarde*

- Que s'est-il passé **après** ?
  ¿Qué pasó **después**?
- On se voit **après** ?
  ¿Nos vemos **luego**?

▶ après + nom / pronom → *después de* + *nom / pronom*

- Nous dînerons **après** le cinéma / **après** lui.
  Cenaremos **después del** cine / **después de** él.

▶ nom + après → *nom + después, más tarde*

- Ils se sont connus des années **après**.
  Se conocieron años **después**.

▶ après + inf. → *después de* + *inf.*

- Tu pourras juger le roman **après** l'avoir lu entièrement.
  Podrás juzgar la novela **después de** haberla leído entera.

▶ après que → *después de que*

- Il arrive toujours **après** que nous sommes partis.
  Siempre llega **después de que** nos hayamos ido.

▶ **Les subordonnées de temps p. 161**

> **Notez bien**
>
> *Antes* (avant) s'utilise avec les mêmes structures que *después* sauf pour la structure *antes que* + nom/pronom (avant + nom/pronom).
> Nous sommes arrivés avant Pedro/avant lui.
> Llegamos **antes que** Pedro/**antes que** él.

Après (d'après)

▶ d'après + pronom → *según* + *pronom, en mi / tu... opinión, a mi / tu... parecer*

- D'après eux, cela vaut le coup.
  Según ellos, merece la pena.

TRADUCTION ■ **Après** **A**

- D'après moi, il a triché.
  En mi opinión, ha hecho trampa.
- C'est son meilleur roman **d'après** vous ?
  ¿Esta es su mejor novela, **a su parecer**? [soutenu]

> **Notez bien**
> Pour la 1re personne, on emploie plus souvent dans la langue parlée
> *en mi opinión*, *en nuestra opinión*, et pour les autres personnes *según*.

▶ d'après + nom → *en opinión de* + nom, *según* + nom
- D'après les syndicats, la grève générale est inévitable.
  En opinión de los sindicatos, la huelga general es inevitable.

Arrêter

▶ arrêter + nom → *dejar* + nom
- Il a arrêté le sport.
  Ha dejado el deporte.

▶ arrêter de + inf. → *dejar de* ou *parar de* + inf.
- Arrête de te plaindre !
  ¡Deja de quejarte!
- Il a arrêté de pleuvoir.
  Ha parado de llover.

▶ s'arrêter pour + inf. → *pararse a* ou *para* + inf.
- Je me suis arrêté pour faire quelques courses.
  Me **he parado a** *ou* **para** hacer algunas compras.

Attention

▶ « écoute attentive » → *la atención*
- Je vous remercie de votre **attention**.
  Muchas gracias por su **atención**.
- Votre **attention** s'il vous plaît, le prochain train partira de la voie 2.
  Atención, atención, el próximo tren saldrá de la vía 2.

▶ « geste attentionné » → *una atención, un detalle*
- Que d'**attentions** dans cet hôtel !
  ¡Cuántas **atenciones** tienen en este hotel!
- Elle a eu mille **attentions** pour moi.
  Ha tenido mil **detalles** conmigo.

311

▶ **Attention !** → *¡Cuidado!, ¡Ojo!*

- Attention, ça glisse !
  ¡Cuidado, que resbala!
- Attention, aujourd'hui il est de très mauvaise humeur !
  ¡Ojo, hoy está de muy mal humor! [familier]

> **Notez bien**
>
> « Attention à » se traduit par *cuidado con*.
> Attention à ton sac.
> **Cuidado con** el bolso.

▶ **faire attention à (prendre garde à)** → *tener cuidado con* + nom, *tener cuidado de* + inf.

- Il faut **faire** très **attention** au soleil en plein été.
  Hay que **tener** mucho **cuidado con** el sol en pleno verano.
- Ils ont **fait** très **attention** à ne pas nous réveiller.
  Tuvieron mucho **cuidado de** no despertarnos.

▶ **faire attention à (remarquer)** → *fijarse en* + nom, *hacer caso de* + nom

- Tu as **fait attention** à la robe qu'elle portait ?
  ¿Te **has fijado** en el vestido que llevaba?
- Ne **fais** pas **attention** à ce qu'il t'a dit l'autre jour, il était en colère.
  No hagas caso de lo que te dijo el otro día, estaba enfadado.

Aussi (que)

▶ **« également »** → *también*

- Tu es fatiguée et moi **aussi**.
  Estás cansada y yo **también**.
- Achetez du pain et **aussi** des tomates.
  Comprad pan y **también** tomates.

▶ **« tellement »** → *tan*

- Il n'est pas facile de travailler par une **aussi** forte chaleur.
  No es fácil trabajar con un calor **tan** fuerte.
- Je n'avais jamais vu une araignée **aussi** grosse.
  Nunca había visto una araña **tan** gorda.

▶ **aussi... que** → *tan... como*

- Sa fille est **aussi** courageuse **que** toi.
  Su hija es **tan** valiente **como** tú.

TRADUCTION ■ **Aussi (que)**

- Les trois sœurs sont **aussi** grandes **que** leur mère.
  Las tres hermanas son **tan** altas **como** su madre.
- Ce n'est pas **aussi** loin **que** je le pensais.
  No está **tan** lejos **como** yo pensaba.

> **Notez bien**
> – L'apocope de *tanto* en *tan* est systématique devant les adjectifs et les adverbes (voir p. 63).
>
> – Ne confondez pas « aussi… que » = *tan(to)… como…* (comparaison, voir p. 63) avec « si… que » = *tan(to)… que* (conséquence, voir p. 163).

Autant (de / que)

▶ **autant (que) → *tanto (como)***

- Ce n'est pas bon de manger **autant**.
  No es bueno comer **tanto**.
- Ils ne sortent pas **autant** que nous.
  No salen **tanto como** nosotros.

▶ **autant de + nom (que) → *tanto(s) / tanta(s)* + nom (*como*)**

- Quelle folie d'avoir construit **autant** d'immeubles !
  ¡Qué locura haber construido **tantos** edificios!
- Tu as **autant** de possibilités **que** lui.
  Tienes **tantas** posibilidades **como** él.

▶ **LA COMPARAISON P. 63**

▶ **autant… autant → *tanto… como, así como, igual que***

- **Autant** elle aime les pâtes, **autant** elle déteste les légumes.
  Le gusta **tanto** la pasta **como** odia la verdura.
  Así como *ou* **Igual que** le gusta la pasta, odia la verdura.

▶ **expressions**

j'aime autant	en dire autant
prefiero	decir lo mismo
autant que possible	en faire autant
lo más posible	hacer otro tanto

Autant (d'autant plus / moins que)

▶ *tanto más / menos... cuanto que* (soutenu)

- Il faut **d'autant plus** économiser l'eau **que** nous sommes dans une région désertique.
  Hay que ahorrar agua, **tanto más cuanto que** estamos en una región desértica.
- Je sais **d'autant moins** ce qu'il veut **qu'**il est imprévisible.
  No sé qué quiere, **tanto menos cuanto que** es imprevisible.

▶ (superlatif +) *sobre todo porque*

- Je suis **d'autant plus** content de te voir **que** j'ai un tas de choses à te raconter.
  Estoy **contentísimo** de verte, **sobre todo porque** tengo un montón de cosas que contarte.

▶ PLUS / MOINS P. 360

Autre(s)

▶ (un) autre / (d')autres → *otro(s) / otra(s)*

- Ils veulent **un autre** enfant.
  Quieren **otro** hijo.
- Ils en veulent **un autre**.
  Quieren **otro**.
- Vois-tu **d'autres** possibilités ?
  ¿Ves **otras** posibilidades?

> **Notez bien**
> *Otro* n'est **jamais** précédé de l'article indéfini. Il peut être précédé d'un article défini, d'un possessif ou d'un démonstratif.
> L'autre maison/Son autre maison/Cette autre maison était plus grande.
> **La otra** casa/**Su otra** casa/**Aquella otra** casa era más grande.

▶ quantifieur + autre → *otro* + quantifieur, quantifieur + *más*

- Vous devez engager **trois autres** employés.
  Tiene que contratar a **otros tres** empleados
  ou a **tres** empleados **más**.

▶ l'autre / les autres (par opposition à un premier élément)
→ *el otro / los otros / otros*

- Achète ces bottes si tu veux, mais moi, sincèrement, je préfère **les autres**.
  Cómprate esas botas si quieres, pero yo, sinceramente, prefiero **las otras**.

▶ LES INDÉFINIS P. 48

TRADUCTION ■ **Autant (d'autant plus / moins que)** A

> **Notez bien**
> *Los demás* signifie « les autres » dans le sens de « le reste ».
> *Lo demás* signifie « le reste ».
>
> J'emporte juste cette revue, tu peux garder **les autres**.
> Me llevo solo esta revista, te puedes quedar tú **las demás**.
>
> Je veux savoir s'il est bien arrivé ; **le reste** m'est égal.
> Quiero saber si ha llegado bien y **lo demás** no me importa.

▶ **l'un… l'autre / les uns… les autres** → *(el) uno… (el) otro / (los) unos… (los) otros*

- **L'un** m'a dit une chose et **l'autre** son contraire.
  Uno me dijo una cosa y **otro** lo contrario.
  (El) uno me dijo una cosa y **el otro** lo contrario.

▶ **des autres, d'autrui** → *ajeno(s) / ajena(s)*

- Il faut respecter les opinions **des autres**.
  Hay que respetar las opiniones **ajenas**.

Avoir

▶ **avoir + participe passé** → *haber + participe passé*

- Tu **as reçu** un paquet.
  Has recibido un paquete.

> **Notez bien**
> Les temps composés en espagnol se construisent **toujours** avec *haber* et le participe passé ne s'accorde pas.
>
> Il n'a pas encore **lu** la lettre que je lui **ai écrite**.
> Todavía no **ha leído** la carta que le **he escrito**.
>
> María **est arrivée** en retard.
> María **ha llegado** tarde.

▶ **« posséder »** → *tener*

- Ils **ont** deux voitures.
  Tienen dos coches.

> **Notez bien**
> *Tener* apparaît parfois avec un participe passé accordé (voir p. 113).
>
> Nous **avons résolu** presque tous les problèmes techniques.
> **Tenemos resueltos** casi todos los problemas técnicos.

Avoir beau

▶ *por más* ou *mucho que* + indic. ou subj.

- J'ai beau frotter, la tache ne part pas.
  Por más que *ou* **Por mucho que** froto, la mancha no se va.
- Tu auras beau insister, ça ne servira à rien.
  Por mucho que insistas, no servirá de nada.

▶ **Indicatif ou subjonctif p. 115**
▶ **Les subordonnées de concession p. 166**

▶ *por (muy)* + adjectif / adverbe + *que* + subj.

- Un voyage en train a beau être cher, il reste abordable.
  Un viaje en tren, **por (muy) caro que sea**, es asequible.
- Ça a beau être loin, nous y retournons tous les ans.
  Por (muy) lejos que esté, volvemos cada año.

▶ *por mucho(s) / mucha(s)* ou *por más* + nom + *que* + indic. ou subj.

- Tu auras beau gagner beaucoup d'argent, tu ne pourras jamais te payer ce yacht.
  Por más dinero **que** ganes, nunca podrás pagarte ese yate.
- J'ai beau en avoir très envie, il vaut mieux que je n'y aille pas.
  Por muchas ganas **que** tenga, es mejor que no vaya.

▶ **Indicatif ou subjonctif p. 115**

> **Notez bien**
>
> Si le sens de ces propositions est négatif, on remplace *mucho(s) / mucha(s)* par *poco(s) / poca(s)* et *más* par *poco*.
>
> Il a beau dépenser peu, il est toujours à découvert à la fin du mois.
> **Por poco que** gaste, siempre está en números rojos a final de mes.
>
> J'ai beau avoir peu de connaissances en physique, ça, quand même, je le sais.
> **Por poca** física **que** sepa, eso sí que lo sé.

▶ **Les subordonnées de concession p. 166**

Avoir besoin de / que

▶ avoir besoin de → *necesitar* ou *hacer falta* + nom

- Tu as besoin de vacances.
  Necesitas unas vacaciones.
- Ils avaient besoin de plus d'aide humanitaire.
  Les hacía falta más ayuda humanitaria.

▶ avoir besoin que → *necesitar que* + subj., *hacer falta que* + subj.

- J'ai besoin qu'on me dise la vérité.
  Necesito que me digan la verdad.

TRADUCTION ■ **Avoir beau** **A**

- Nous, nous **n'avons pas besoin** que tu viennes.
  A nosotros no **nos hace falta** que vengas.
  ► FALLOIR (IL FAUT) P. 346

Bien

▶ **par opposition à « mal »** → *bien*

- Ça me semble **bien**.
  Me parece **bien**.
- Tu t'es **bien** débrouillé.
  Te las has arreglado **bien**.

▶ **bien + adjectif (« très »)** → *muy, bien* (valeur expressive)

- Nous sommes **bien** contents de te voir.
  Estamos **muy** contentos de verte.
- Il est **bien** bon ce gâteau.
  Está **muy** bueno *ou* Está **bien** bueno este pastel.

▶ **bien + adjectif / nom (« beaucoup »)** → *mucho* + adjectif, *mucho(s) / mucha(s)* + nom

- Cette bière est **bien** meilleure que l'autre.
  Esta cerveza es **mucho** mejor que la otra.
- Je le lui ai dit **bien** des fois.
  Se lo he dicho **muchas** veces.

▶ **bien + verbe (emphatique)** → *ya*

- Je l'avais **bien** senti.
  Ya lo había notado yo.
- On verra **bien**.
  Ya veremos.

▶ **eh bien** → *pues* (*bien* ou *bueno*)

- Tu vois la fille là-bas ? **Eh bien**, c'est la copine de mon frère.
  ¿Ves a aquella chica? **Pues (bien)**, es la novia de mi hermano.

C'est moi / toi...

- Tu peux ouvrir, c'est nous.
  Puedes abrir, **somos nosotros**.
- Sur cette photo je ne te reconnais pas. C'est vraiment toi ?
  En esta foto no te reconozco. ¿**Eres tú** de verdad?

> **Notez bien**
>
> Le verbe *ser* se conjugue à toutes les personnes *(soy yo / eres tú / es él / somos nosotros / sois vosotros / son ellos)* et aux différents temps.
>
> Vous ne l'avez pas reconnue ? C'était elle !
> ¿No la habéis reconocido? ¡**Era** ella!
>
> Le prochain président, ce sera toi.
> El próximo presidente **serás tú**.

C'est… qui

▶ *ser* + nom / pronom + *quien* (personnes)

- C'est toi qui l'as trouvé.
  Eres tú **quien** lo ha(s) encontrado.

- Ce sont eux qui nous ont invités la dernière fois.
  Fueron ellos **quienes** nos invitaron la última vez.
  [Concordance de *ser* au passé.]

▶ *ser* + nom / pronom + *el que / la que* (personnes et choses), *lo que* (choses)

- C'est moi qui la connais mieux que personne.
  Soy yo **la que** la conozco *ou* la conoce mejor que nadie.

- C'est ton portable qui sonne ?
  ¿**Es** tu móvil **el que** suena?

- C'est la curiosité qui m'a toujours guidée.
  La curiosidad **es lo que** siempre me ha guiado.

> **Notez bien**
>
> – Traduction de « c'est » : *ser* s'accorde avec le sujet *(soy yo / eres tú / es ella…)* et se conjugue à tous les temps. Le sujet se place devant ou derrière le verbe *(soy yo* ou *yo soy…)*.
>
> – Traduction de « qui » : *quien(es)* ou *el que / los que / la(s) que* pour les personnes et *el que / los que / la(s) que / lo que* pour les choses.
>
> – Traduction du verbe de la subordonnée : il peut s'accorder avec le sujet de la principale ou avec le pronom relatif (pour les personnes du singulier).
>
> Eres **tú** quien lo **has** encontrado *ou* lo **ha** encontrado.
> Soy **yo** quien la **conozco** *ou* la **conoce**.

TRADUCTION ■ C'est... qui   C

C'est... que

▶ **antécédent COD ou COI (personnes)** → *es (era/será)... a quien* ou *al que*

- C'est toi qu'il regarde, Ana.
  Es a ti **a quien** *ou* **a la que** está mirando, Ana.
- C'est nous qu'ils attendaient.
  Era a nosotros **a quienes** *ou* **a los que** estaban esperando.
  [Concordance de *ser* au passé.]
- C'est à María qu'il faut donner l'argent ?
  ¿A María **es a la que** *ou* **a quien** hay que dar el dinero?

▶ **antécédent COD ou COI (choses)** → *es (era/será)... el que* (COD) / *al que* (COI)

- C'est le steak le moins cuit que je préfère.
  Es el filete menos hecho **el que** prefiero.
- C'est à ce livre qu'il manquait deux pages ?
  ¿**Era** a este libro **al que** le faltaban dos páginas?

> **Notez bien**
>
> – Traduction de « c'est » : *ser* est toujours à la 3ᵉ personne du singulier *(es/era/será)* car il n'est pas ici suivi de son sujet, mais d'un complément.
>
> – Traduction de « que » : *quien(es)* ou *el que/los que/la(s) que* pour les personnes et *el que/los que/la(s) que/lo que* pour les choses.
>
> – Attention à l'emploi de *a* devant le COD et le COI de personne dans la principale et dans la subordonnée (voir p. 68 et 131).
>
> Es **a** ti **a** quien está mirando.
> ¿Es **a** ella **a** quien hay que dar el dinero?

▶ **antécédent complément circonstanciel** → *es por eso por lo que / fue entonces cuando / es ahí donde / es así como*

- C'est pour ça que je me fâche.
  Es por eso **por lo que** me enfado.
  [cause : « que » = *por lo que*]
- C'est en 2020 que nous nous sommes connus.
  Fue en 2020 **cuando** nos conocimos.
  [temps : « que » = *cuando*]
- C'est ici qu'on mange tous les midis.
  Aquí **es donde** comemos siempre a medio día.
  [lieu où l'on est : « que » = *donde*]
- C'est de Montevideo qu'il rentre.
  Es de Montevideo **de donde** vuelve.
  [lieu d'où l'on vient : « que » = *de donde*]

- C'est par l'intermédiaire de Juan **que** nous avons fait connaissance.
  Fue por mediación de Juan **como** nos conocimos.
  [moyen et manière : « que » = *como*]

> **En Amérique**
> Cette structure est souvent plus simple, comme en français.
> Es por eso que me enojo.
> Fue en 2020 que nos conocimos.
> Fue por mediación de Juan que nos conocimos.

Ce qui, ce que, ce dont

▶ **ce qui / ce que (relatif)** → *lo que* + proposition, *lo* + participe passé ou adjectif

- **Ce qui** me fascine, c'est sa créativité.
  Lo que me fascina es su creatividad.

- Dis-moi clairement **ce que** tu veux.
  Dime claramente **lo que** quieres.

- **Ce qui** est soldé est marqué d'un point rouge.
  Lo que está rebajado *ou* **Lo rebajado** está señalado con un punto rojo.

- **Ce qui** surprend, c'est sa patience dans cette affaire.
  Lo que sorprende *ou* **Lo sorprendente** es su paciencia en este asunto.

> **Notez bien**
> On emploie le démonstratif au lieu de l'article *lo* pour insister.
> Ce qui est en plein milieu, là, c'est à qui ?
> **Esto que** está aquí en medio, ¿de quién es ?
> Ce que tu es en train de dire, c'est tout à fait vrai.
> **Eso que** estás diciendo es una gran verdad.

▶ **ce qui / ce que (exclamatif)** → *lo que, cuánto* ou *cómo* + proposition

- Oh là là ! **Ce qui** nous reste encore à faire !
  Uf, ¡**lo que** nos queda aún por hacer!

- **Ce qu'**elle a grandi, cette petite !
  ¡**Cuánto** *ou* **Cómo** ha crecido esta niña!

▶ **ce dont** → (préposition +) *lo que*

- **Ce dont** il est fier, c'est de la bonne entente de son équipe.
  De lo que está orgulloso es del buen entendimiento de su equipo.

TRADUCTION ■ **Ce qui, ce que, ce dont**

- Naturellement, **ce dont** elle rêve, c'est d'un appartement au dernier étage avec terrasse.
  Naturalmente **con lo que** sueña es con un ático con terraza.
- **Ce dont** on a besoin, c'est d'un peu plus de temps.
  Lo que necesitamos es un poco más de tiempo.

▶ L'ARTICLE *LO* P. 28-29

Celui

▶ **celui + de → article défini + *de***

- Tu as acheté le journal ? – Non, je lis **celui** d'hier.
  —¿Has comprado el periódico? —No, estoy leyendo **el de** ayer.
- Les deux fenêtres avec de la lumière sont **celles** d'Alfonso.
  Las dos ventanas encendidas son **las de** Alfonso.

▶ **celui + autre préposition → démonstratif + préposition, *el que* + *tener*, *el de***

- De toutes les maisons, sans hésiter, je préfère **celle avec** jardin.
  De todas las casas, sin dudarlo, prefiero **aquella con** jardín.
  [~~la con jardín~~]
- Elle a eu la meilleure chambre, **celle avec** vue sur la mer, et moi la pire, **celle sans** fenêtre.
  A ella le tocó la mejor habitación, **la que tenía** vista al mar, y a mí la peor, **la que no tenía** ventana.
- Les billets de train sont déjà chers, mais **ceux pour** le week-end le sont encore plus.
  Los billetes de tren ya son caros, pero **los del fin** de semana lo son aún más.

▶ **celui qui ou que → (préposition +) *el que*, *quien***

- Ana est **celle qui** a le plus convaincu.
  Ana es **quien** ha gustado más.
- Ce cours est ouvert à (celui) **qui** le souhaite.
  Esta clase está abierta **a quien** *ou* **al que** lo desee.
- **Celle que** je préfère est la plus simple.
  La que prefiero es la más sencilla.
- **Celui que** j'ai reconnu tout de suite, c'est ton frère.
  Al que *ou* **A quien** he reconocido enseguida es a tu hermano.

> **Notez bien**
> On emploie le démonstratif au lieu de l'article pour insister.
> Non, pas celle-là, prends **celle de** derrière, **celle qui** a le manche en bois.
> No, esa no, coge **esa de** detrás, **esa que** tiene el mango de madera.

▶ **celui dont → article ou démonstratif (+ préposition) + pronom relatif**
- Celui dont on parlait hier ne s'est pas encore vendu.
  El *ou* **Ese del que** hablábamos ayer todavía no se ha vendido.
- La plus célèbre, c'est **celle dont** le refrain est : « Moi, pour être heureux, je veux un camion. »
  La más famosa es **aquella cuyo** estribillo es "Yo para ser feliz quiero un camión". [~~la cuyo~~]

Chance

▶ **« bonne fortune » →** *(buena) suerte*
- Quelle **chance**, le bus arrive juste !
  ¡Qué **(buena) suerte**, justo llega el autobús!

▶ **« probabilité » →** *probabilidad, posibilidad*
- Quelles sont ses **chances** d'arriver en finale ?
  ¿Qué **probabilidades** tiene de llegar a la final?

▶ **« opportunité » →** *oportunidad*
- Tout le monde a droit à une seconde **chance**.
  Todo el mundo se merece una segunda **oportunidad**.

▶ **avoir de la chance / ne pas avoir de chance →** *tener (buena) suerte / no tener suerte, tener mala suerte*
- Elle a toujours de la **chance** aux jeux de cartes.
  Siempre **tiene (buena) suerte** jugando a las cartas.
- Il n'a pas eu de **chance** aux concours.
  No ha tenido suerte *ou* **Ha tenido mala suerte** en las oposiciones.

Chercher, faire des recherches

▶ **chercher qqch. / qqn →** *buscar algo / a alguien*
- Nous **cherchons** une place de parking.
  Estamos buscando un aparcamiento.

▶ **chercher à faire qqch. →** *intentar + verbe*
- Il **cherche** à te joindre depuis hier.
  Está intentando localizarte desde ayer.

▶ **faire des recherches →** *investigar*
- Elle **fait des recherches** sur l'histoire préromaine.
  Investiga sobre la historia prerromana.

TRADUCTION ■ Chance C

Chez (à la maison de)

▶ **chez qqn → *a / en / de / por casa de***

- Nous étions **chez** Eduardo.
  Estábamos **en casa de** Eduardo.
- Ils viennent **de chez** leur mère.
  Vienen **de casa de** su madre.

▶ **chez moi / toi… → *a / en / de / por (mi / tu…) casa***

- Tu viens **chez moi** ou je vais **chez toi** ?
  ¿Vienes tú **a mi casa** o voy yo **a la tuya** ?

> **Notez bien**
> Quand il n'y a pas d'ambiguïté, on omet le possessif.
> Je serai **chez moi** toute la soirée.
> Estaré **en casa** toda la tarde.

Chez (autres cas)

▶ **chez le médecin / le coiffeur… → *a / en / de / por* + article + nom de métier ou de commerce**

- Je vais **chez le médecin** le moins possible, mais quand même une fois par an **chez le dentiste**.
  Voy **al médico** lo menos posible, pero sí una vez al año **al dentista**.
- Elle sortait **de chez le coiffeur**.
  Salía **de la peluquería**.

▶ **« territoire » (pays / région…) → *a / en / de / por* + possessif + *país / región…***

- Quel climat fait-il **chez vous** ?
  ¿Qué clima hay **en vuestra región** ?
- Les étrangers qui viennent **chez nous** sont étonnés que nous ayons quatre langues officielles.
  Los extranjeros que vienen **a nuestro país** se sorprenden de que tengamos cuatro lenguas oficiales.

▶ **« parmi » → *entre***

- Il a eu un succès fou **chez** les jeunes.
  Ha tenido un éxito enorme **entre** los jóvenes.
- C'était une pratique habituelle **chez** les Aztèques.
  Era una práctica habitual **entre** los aztecas.

323

▶ « dans l'œuvre de » → *en*
- La lune est un symbole très fréquent **chez** García Lorca.
  La luna es un símbolo muy frecuente **en** García Lorca.

▶ « dans le caractère de » → *en, de*
- Ce que j'apprécie le plus, **chez** lui, c'est sa sincérité.
  Lo que más aprecio **en él** *ou* **de él**, es su sinceridad.
- Cette réaction m'étonne **chez** lui.
  Esa reacción me extraña **en** él.

Combien

▶ combien → *cuánto*
- **Combien** coûtent les huîtres ?
  ¿**Cuánto** cuestan las ostras?
- Je ne sais pas **combien** il lui reste à faire.
  No sé **cuánto** le queda por hacer.

▶ combien de + nom → *cuánto(s) / cuánta(s)* + nom
- **Combien de** temps met-on pour aller à Séville depuis Madrid ?
  ¿**Cuánto** (tiempo) se tarda en ir a Sevilla desde Madrid?
- **Combien de** mails reçois-tu par jour ?
  ¿**Cuántos** mails recibes al día?
  ▶ LES INTERROGATIFS P. 72

▶ tous les combien → *cada cuánto*
- **Tous les combien** voyage-t-il en Amérique du Sud ?
  ¿**Cada cuánto** viaja a Sudamérica?

▶ « à quel point » → *cuánto, cómo, lo que*
- Tu n'imagines pas **combien** il me manque.
  No te imaginas **cuánto** lo echo de menos *ou* **lo que** lo echo de menos.
  ▶ LES EXCLAMATIFS P. 74

Comme

▶ comparaison → *como, igual que*
- Tu parles **comme** lui.
  Hablas **como** *ou* **igual que** él.

▶ cause → *como*
- **Comme** je suis arrivé en retard, je ne sais pas si on a traité ce sujet.
  Como he llegado tarde, no sé si se ha tratado ese tema.

TRADUCTION ■ Combien

▶ **temps** → *cuando* + verbe conjugué, *al* + inf.
- **Comme** nous sortions du restaurant, il s'est mis à pleuvoir.
  Cuando salimos *ou* **Al salir** del restaurante se puso a llover.

▶ **exclamation** → *qué, cuánto, cómo, lo... que*
- **Comme** il fait froid ici et **comme** il pleut !
  ¡**Qué** frío hace aquí y **cuánto** llueve!
- Tu as vu **comme** il est grand, cet enfant, et **comme** il ressemble à sa mère ?
  ¿Has visto **lo** alto **que** está este niño y **cómo** se parece *ou* **lo** mucho **que** se parece a su madre?

Dans (lieu)

▶ **dans + lieu ou situation où l'on se trouve** → *en*
- On est **dans** le quartier mexicain, **dans** un restaurant. Tu viens ?
  Estamos **en** el barrio mexicano, **en** un restaurante. ¿Vienes?
- Elle est **dans** une situation très délicate.
  Está **en** una situación muy delicada.

▶ **verbe de mouvement + dans** → *a*
- Il est venu **dans** mon bureau juste au pire moment.
  Ha venido **a** mi despacho justo en el peor momento.
- Ils sont arrivés **dans** ce quartier il y a peu de temps.
  Han llegado **a** este barrio hace poco.
- Nous aimerions déménager **dans** un autre pays.
  Nos gustaría mudarnos **a** otro país.

> **Notez bien**
>
> Avec certaines expressions de mouvement, on peut employer les prépositions *en* et *a*.
>
> Nous **sommes entrés dans** le musée au bout d'une heure de queue.
> **Entramos en** el *ou* **al** museo al cabo de una hora de cola.
>
> Nous venons juste de **monter dans** le train.
> Acabamos justo de **subir(nos) al** *ou* **en** el tren.
>
> Monte vite **dans** la voiture !
> ¡**Móntate** rápido **en** el *ou* **al** coche!

▶ **mouvement à l'intérieur d'un espace** → *por*
- Je cours **dans** le parc trois fois par semaine.
  Corro **por** el parque tres veces a la semana.

Dans (temps)

▶ **dans un délai de** → *en, dentro de*

- Dépêche-toi, ils seront là **dans** cinq minutes.
  Date prisa, estarán aquí **en** *ou* **dentro de** cinco minutos.
- Vous recevrez une réponse **dans** peu de temps.
  Recibirá una respuesta **en** *ou* **dentro de** poco tiempo.

> **Notez bien**
> Pour exprimer un délai maximum, on emploie uniquement *en*.
> Elle recevra une réponse **dans** les 24 heures.
> Recibirá una respuesta **en** 24 horas.

▶ **dans + période de temps** → *en, durante*

- La *Movida* a commencé à Madrid **dans** les années 80.
  La Movida empezó en Madrid **en** los años 80.
- **Dans** ces années-là, on travaillait souvent ensemble.
  Durante aquellos años, trabajábamos juntos a menudo.

De

▶ **de / du / de la / des (article partitif)** → ∅

- Il n'a pas **de** patience avec les enfants.
  No tiene paciencia con los niños.
- Je vais acheter **du** poisson pour le dîner.
  Voy a comprar pescado para la cena.

> **Notez bien**
> On peut aussi parfois employer un partitif (voir p. 21).
> On peut boire de l'eau du robinet ?
> ¿Se puede beber **del** agua del grifo?

▶ **provenance, origine** → *de*

- Paco arrive **de** l'aéroport à l'instant.
  Paco acaba de llegar **del** aeropuerto.
- Ma femme est **de** Palma de Majorque.
  Mi mujer es **de** Palma de Mallorca.

▶ **point de départ temporel** → *de, desde*

- Il travaille tous les jours **de** neuf à quatorze heures.
  Trabaja todos los días **de** nueve a dos.
- J'ai pris des vacances **du** 3 au 15 avril.
  He cogido vacaciones **desde** el tres de abril hasta el quince.

TRADUCTION ■ **Dans (temps)**

> **Notez bien**
> On dit *de… a* mais *desde… hasta*.

▶ **durée → *en todo* + nom**
- Je n'ai rien pu faire **de** la journée.
  No he podido hacer nada **en todo** el día.

▶ **moyen ou manière → *con***
- L'agent de police me fait un signe **de** la main.
  El guardia de tráfico me está haciendo una señal **con** la mano.
- Il l'aime **de** tout son cœur.
  La quiere **con** toda su alma.

▶ **mesure → ∅**
- Notre colocataire a avancé son départ **de** trois jours.
  Nuestra compañera de piso ha adelantado tres días su partida.
- La voiture avait reculé **de** trois mètres.
  El coche había retrocedido tres metros.

▶ **de + inf. → inf.**
- Il est important **de** le rappeler.
  Es importante **recordar**lo.

▸ Les prépositions *de*, *por* et *para* p. 135
▸ Les subordonnées de condition p. 164

Déjà

▶ **réalisation d'une action → *ya***
- Il est **déjà** parti.
  Ya se ha ido.

▶ **accomplissement d'une expérience → *alguna vez***
- Tu as **déjà** assisté à un match de basket ?
  ¿**Alguna vez** has ido a un partido de baloncesto?

▶ **pour faire répéter → imparfait**
- Comment elle s'appelle **déjà** ?
  ¿Cómo se **llamaba**?

Demander

▶ **« poser une question » → *preguntar***
- **Demande**-lui quand arrive son frère.
  Pregúntale cuándo llega su hermano.

327

- Je me **demande** si je finirai à temps.
  Me **pregunto** si acabaré a tiempo.

▶ « solliciter » → *pedir*
- Il m'a **demandé** cent euros.
  Me **ha pedido** cien euros.

▶ demander de + inf. → *pedir que* + subj. (présent ou imparfait)
- Il m'a **demandé** de lui prêter cent euros.
  Me **ha pedido que** le preste cien euros.

> **Notez bien**
> « Demander de + infinitif » se traduit par *pedir que* + subjonctif, en respectant la concordance des temps (voir p. 97).
> Il lui demande de se taire.
> Le **pide** que se **calle**.
> Il lui a demandé de se taire.
> Le **pidió** que se **callara**.

Depuis (que)

▶ depuis + lieu → *desde*
- **Depuis** le rivage, on a vu le bateau se retourner.
  Desde la orilla vimos volcar el barco.

▶ depuis + date / moment du début de l'action → *desde*
- Elle t'attend **depuis** ce matin.
  Te está esperando **desde** esta mañana.
- J'occupe ce poste **depuis** février.
  Ocupo este puesto **desde** febrero.

▶ depuis + durée de l'action → *desde hace / hacía*
- Il t'attend **depuis** très longtemps.
  Te está esperando **desde hace** mucho tiempo.
- J'occupe ce poste **depuis** cinq mois.
  Ocupo este puesto **desde hace** cinco meses.
- Ils se connaissent **depuis** vingt ans.
  Se conocen **desde hace** veinte años.
- Ils se connaissaient **depuis** vingt ans.
  Se conocían **desde hacía** veinte años.

TRADUCTION ■ **Depuis (que)**

▶ depuis (en fin de phrase) → *desde entonces, desde esa fecha, desde aquel momento*
- J'ai été engagée dans l'entreprise en février et j'occupe ce poste **depuis**.
  Me contrataron en la empresa en febrero y ocupo este puesto **desde entonces**.

▶ depuis que → *desde que* + indic.
- Je ne l'ai plus revue **depuis qu**'elle est partie vivre à Las Palmas.
  No la he vuelto a ver **desde que** se fue a vivir a Las Palmas.

Depuis combien de temps ?

▶ *¿cuánto tiempo hace / hacía que?* ou *¿desde hace / hacía cuánto?* + verbe conjugué
- Depuis combien de temps vous connaissez-vous ?
  ¿Cuánto tiempo hace que os conocéis?
  ¿Desde hace cuánto (tiempo) os conocéis?
- Depuis combien de temps on ne s'était pas vus ?
  ¿Cuánto tiempo hacía que no nos veíamos?
  ¿Desde hacía cuánto (tiempo) no nos veíamos?

▶ *¿cuánto tiempo?* + *llevar* conjugué
- Depuis combien de temps êtes-vous ici ?
  ¿Cuánto tiempo lleváis aquí?
- Depuis combien de temps êtes-vous mariés ?
  ¿Cuánto tiempo lleváis casados?
- Depuis combien de temps travailles-tu à ton compte ?
  ¿Cuánto tiempo llevas trabajando como autónomo?

▶ **LES PÉRIPHRASES VERBALES (2) P. 112**

Deux

▶ numéral → *dos* (cardinal), *segundo* (ordinal)
- Ils ont **deux** filles.
  Tienen **dos** niñas.
- Philippe II était le fils de Charles V.
  Felipe **segundo** era el hijo de Carlos quinto.

▶ **LES CARDINAUX P. 38**
▶ **LES ORDINAUX P. 42**

▶ « l'un et l'autre », tous deux → *ambos, los dos*

- Tous deux étaient très satisfaits.
  Los dos estaban muy satisfechos.
  Ambos estaban muy satisfechos. [soutenu]

> **Notez bien**
> *Ambos* fonctionne comme adjectif ou comme pronom.
> Existe-t-il un lien entre les **deux** phénomènes?
> ¿Existe alguna relación entre **ambos** fenómenos?
> Existe-t-il un lien entre les **deux**?
> ¿Existe alguna relación entre **ambos**?

▶ à deux → *entre dos, dos*

- Il est plus simple de faire un lit **à deux**.
  Es más fácil hacer una cama **entre dos**.
- Voyager **à deux** coûte souvent moins cher que de voyager seul.
  Viajar **dos** a menudo cuesta más barato que viajar solo.

▶ pour désigner deux éléments d'une même catégorie → *un par de*

- Il sera de retour dans **deux** jours.
  Estará de vuelta en **un par de** días.
- Nous avons invité seulement **deux** copains.
  Hemos invitado solamente a **un par de** amigos.

▶ un sur deux → *uno / una de cada dos, cada dos*

- «Pratiquement **un** couple **sur deux** divorce ici? – Oui, **un sur deux**.»
  —¿Prácticamente **una** pareja **de cada dos** se divorcia aquí?
  —Sí, **una de cada dos**.
- Ce festival a lieu **un** an **sur deux** (tous les deux ans).
  Este festival tiene lugar **cada dos años**.

▶ entre deux + nom (intervalle) → *entre* + nom + *y* + nom

- **Entre deux** conférences, ils ont le temps de faire un peu de tourisme.
  Entre conferencia **y** conferencia, les da tiempo a hacer un poco de turismo.

▶ expressions

un jour sur deux	deux fois deux
un día sí y otro no	dos por dos
deux par deux	de deux choses l'une
de dos en dos	una de dos

TRADUCTION ■ Devant

Devant

▶ **devant → *delante***
- Il s'est assis **devant**.
  Se sentó **delante**.

▶ **devant + nom concret → *delante de***
- La Poste est **devant** la mairie.
  Correos está **delante del** ayuntamiento.
- Ce monsieur était **devant** moi.
  Este señor estaba **delante de** mí.

▶ **devant + nom abstrait → *ante***
- Il s'est révolté **devant** autant d'injustice.
  Se rebeló **ante** tanta injusticia.
- Ils sont unis **devant** la loi.
  Están unidos **ante** la ley.

▶ **passer devant → *pasar (por) delante de***
- Nous **passons** assez souvent **devant** le magasin de sport.
  Pasamos bastante a menudo (**por**) **delante de** la tienda de deportes.

▶ **être devant (être en tête) → *estar por delante, sacar ventaja***
- L'autre candidat est encore loin **devant** dans les sondages.
  El otro candidato **está** todavía muy **por delante** en los sondeos.
- L'athlète sud-africaine est loin **devant** les autres.
  La atleta sudafricana **saca** mucha **ventaja** a las demás.

Devenir

▶ **transformation involontaire et durable → *volverse***
- Il **devient** de plus en plus maniaque.
  Se está volviendo cada vez más maniático.
- Je **suis devenue** plus ordonnée avec l'âge.
  Me he vuelto más ordenada con la edad.

▶ **transformation volontaire et durable (professionnelle, idéologique) → *hacerse***
- À la fin elle est devenue écrivain.
  Al final **se ha hecho** escritora.

- Ana est devenue bouddhiste et végétarienne.
  Ana **se ha hecho** budista y vegetariana.

> **Notez bien**
>
> – Avec certains adjectifs, on peut utiliser aussi bien *volverse* que *hacerse*.
> Elle est devenue écologiste.
> **Se ha vuelto** *ou* **Se ha hecho** ecologista.
>
> – *Hacerse* s'emploie pour l'âge.
> Les enfants deviennent grands très vite.
> Los niños **se hacen** mayores en seguida.

▶ **état résultant de la transformation → *quedarse***

- Malheureusement, il devient chauve.
  Por desgracia, **se está quedando** calvo.
- Ce T-shirt est devenu rose au lavage.
  Esta camiseta **se ha quedado** rosa al lavarla.

> **Notez bien**
>
> *Quedarse* se trouve dans des expressions qui impliquent le résultat d'une transformation.
> Elle sera rassurée si tu l'appelles en arrivant.
> **Se quedará** más tranquila si la llamas al llegar.
> Je n'ai plus de crédit sur mon portable.
> **Me he quedado** sin saldo en el móvil.

▶ **transformation soudaine et passagère → *ponerse***

- L'essence est devenue très chère.
  La gasolina **se ha puesto** carísima.
- Il devient très nerveux quand il parle en public.
  Se pone muy nervioso cuando habla en público.

▶ **aboutissement d'un processus → *llegar a ser***

- Un jour, elle deviendra présidente de l'Université.
  Un día **llegará a ser** rectora de la Universidad.
- Il est devenu un physicien reconnu internationalement.
  Ha llegado a ser un físico reconocido internacionalmente.

▶ **pour insister sur le processus de transformation → *transformarse en, convertirse en***

- L'ancienne église est devenue une salle de concerts.
  La antigua iglesia **se ha transformado** *ou* **se ha convertido** en una sala de conciertos.
- Ce vieux projet est enfin devenu une réalité.
  Este antiguo proyecto por fin **se ha convertido** en realidad.

TRADUCTION ■ **Devoir**

▶ Qu'est-ce qu'il devient ? → *¿Qué es de él?*
- Que **sont devenus** tes amis chiliens ?
  ¿Qué **ha sido de** tus amigos chilenos?

> **Notez bien**
> Parfois « devenir + adjectif » correspond à un verbe en espagnol.
> devenir vieux, vieillir : envejecer
> devenir rouge, rougir : enrojecer
> devenir fou : enloquecer

▶ RENDRE P. 363

Devoir

▶ « avoir une dette » → *deber*
- Nous **devons** encore cent mille euros d'intérêts à la banque.
  Aún **debemos** cien mil euros de intereses al banco.

▶ devoir (action imposée) → *tener que* + inf.
- Je **dois** finir ce rapport pour demain.
  Tengo que acabar este informe para mañana.

▶ devoir (norme de conduite, conseil) → *deber* + inf., *haber de* + inf.
- Tu **dois** bien y réfléchir avant de prendre cette décision.
  Debes pensártelo mucho antes de tomar esa decisión.
- Nous **devons** prendre en compte toutes les possibilités.
  Hemos de tener en cuenta todas las posibilidades. [soutenu]

▶ devoir (supposition) → *deber (de)* + inf.
- Il **doit** être cinq heures.
  Deben de ser las cinco.
- Il n'y a pas de lumière chez eux, ils **doivent** être partis en vacances.
  No hay luz en su casa, **deben** haberse ido de vacaciones.

▶ LES PÉRIPHRASES VERBALES (1) P. 109-110

Dire que / de

▶ dire que + indic. → *decir que* + indic.
- Il **a dit** qu'il appellera plus tard.
  Ha dicho que llamará más tarde.
- Elle **dit** qu'elle dîne avec nous.
  Dice que cena con nosotros.

▶ **dire de + inf.** → *decir que + subj. (présent ou imparfait)*

- Il nous **dit** toujours de venir lui rendre visite.
  Siempre nos **dice que vengamos** a visitarlo.
  [Concordance des temps au présent.]

- La dernière fois il nous **a dit de** venir lui rendre visite.
  La última vez nos **dijo que viniéramos** a visitarlo.
  [Concordance des temps au passé.]

▶ **LA CONCORDANCE DES TEMPS P. 97**

▶ **expressions**

dire bonjour	dire merci
decir buenos días, saludar	dar las gracias, agradecer
dire au revoir	
despedirse, decir adiós	

- C'est difficile à dire.
  Es difícil de decir *ou* Cuesta decirlo.

Dire (on dit)

▶ **on m'a / t'a... dit que** → *me / te... han dicho que*

- On m'a dit qu'il y aura une coupure de courant à partir de 11 h.
  Me han dicho que van a cortar la luz a partir de las once.

- On lui a dit que ce sport était très en vogue aux USA.
  Le han dicho que ese deporte está muy de moda en EE. UU.

▶ **on dit que** → *se dice que, dicen que, la gente dice que*

- On dit que le prix de l'essence va encore augmenter.
  Se dice que *ou* **Dicen que** el precio de la gasolina seguirá subiendo.

- On dit qu'ils vont se marier.
  Dicen que *ou* **La gente dice que** se van a casar.

▶ **ON P. 354**

▶ **à ce qu'on dit** → *según dicen*

- À ce qu'on dit, cette maison de disques va fermer.
  Según dicen esta casa discográfica va a cerrar.

▶ **on dirait du...** → *parece (que), se diría que*

- On dirait du cuir.
  Parece cuero *ou* **Se diría que** es cuero.

- On aurait dit qu'ils se connaissaient déjà.
  Parecía que ya se conocían.

TRADUCTION ■ Dire (on dit) **D**

Donc

▶ « par conséquent » → *así que, por lo tanto, luego*

- Il pleut encore, on ne pourra **donc** pas faire un barbecue.
  Sigue lloviendo, **así que** no vamos a poder hacer una barbacoa.
- Il n'a pas rappelé ; **donc** il ne doit plus être intéressé.
  No ha vuelto a llamar, **por lo tanto** ya no debe de estar interesado.
- Je pense, **donc** je suis.
  Pienso, **luego** existo.

> **Notez bien**
> *Por lo tanto* n'est pas l'équivalent de « pourtant » qui se dit *sin embargo*.

▶ LES SUBORDONNÉES DE CONSÉQUENCE P. 163

▶ pour conclure (connecteur en début ou en fin de phrase) → *entonces*

- **Donc** je vous dis au revoir.
  Entonces me despido de vosotros.
- Tu ne viens pas au cinéma, **donc** ?
  ¿No vienes al cine, **entonces** ?

▶ dis donc → *oye, jo*

- **Dis donc**, Pedro, tu as pensé à mettre les boissons au frais ?
  Oye, Pedro, ¿te has acordado de meter las bebidas en la nevera?
  [L'interlocuteur est réellement interpellé.]
- **Dis donc**, qu'est-ce qu'il a grandi, cet enfant !
  ¡**Jo**, cuánto ha crecido este niño! [familier]

Dont

▶ complément d'un verbe ou d'un adjectif → préposition (+ article) + pronom relatif

- Le sujet **dont** tu parles m'intéresse énormément.
  El tema **del que** hablas me interesa muchísimo.
  [parler **de** : hablar **de**]
- Il m'a présenté la fille **dont** il est amoureux.
  Me ha presentado a la chica **de la que** está enamorado.
  [amoureux **de** : enamorado **de**]
- J'ai enfin trouvé la maison **dont** je rêvais.
  Por fin he encontrado la casa **con la que** soñaba.
  [rêver **de** : soñar **con**]

> **Notez bien**
>
> – Si l'antécédent est précédé d'un article **défini**, *que* peut ne pas être précédé d'un article.
> El tema **de que** hablas me interesa muchísimo.
>
> – Si l'antécédent est précédé d'un article **indéfini**, *que* est obligatoirement précédé de l'article **défini**.
> C'est **un** sujet **dont** on parle beaucoup.
> Es **un** tema **del que** se habla mucho.
>
> – *El cual / la cual…* ou *quien…*, plus soutenus, peuvent remplacer *el / la que…*

▸ **complément d'un nom précédé d'un article défini → *cuyo(s) / cuya(s)***

- J'ai un ami **dont** la sœur est ministre.
  Tengo un amigo **cuya hermana** es ministra.
- C'est un artiste **dont les** photographies ont fait le tour du monde.
  Es un artista **cuyas fotografías** han dado la vuelta al mundo.

> **Notez bien**
>
> – *Cuyo* n'est pas suivi de l'article et s'accorde avec le nom qui le suit :
> *cuya hermana / cuyas fotografías*.
>
> – Entre *cuyo* et le nom qui le suit peut s'interposer un adjectif mais **jamais** un verbe.
> Voilà le réalisateur dont le dernier film a fait un tabac.
> Mira, ese es el director **cuya última película** ha tenido tanto éxito.
> À quoi bon rappeler cette histoire dont tu connais la fin ?
> ¿Para qué recordar esa historia **cuyo final conoces**?

▸ **complément d'un nom précédé d'un article indéfini → *del / de la…* + pronom relatif, pronom relatif + périphrase avec *tener***

- Apporte le manteau **dont** tu as perdu **un** bouton.
  Je vais te le recoudre.
  Trae que te cosa el abrigo **del que** se te ha caído **un** botón.
- J'ai un ami **dont une** sœur est ministre.
  Tengo un amigo **que tiene una** hermana ministra.

▸ **complément d'un quantifieur → quantifieur + *de los / las cuales***

- J'ai fait la connaissance de trois de ses cousins, **dont deux** étaient Péruviens.
  He conocido a tres primos suyos, **dos de los cuales** eran peruanos.

TRADUCTION ■ **En (préposition)**   **E**

- J'ai reçu une cinquantaine de mails, **dont la moitié** étaient des spams.
  He recibido unos cincuenta mails, **la mitad de los cuales** eran spams.

> **Notez bien**
> Le quantifieur peut aussi suivre le relatif, auquel cas *de los/las que* est possible.
> He conocido a tres primos suyos, **de los cuales** *ou* **de los que** dos eran peruanos.
> He recibido unos cincuenta mails, **de los cuales** *ou* **de los que la mitad** eran spams.

▸ « la façon dont » → *el modo en que* ou *como* + verbe conjugué, *mi/tu/su... modo de* + inf.

- Je n'ai pas du tout apprécié **la façon dont** il a agi.
  No me ha gustado nada **el modo en que** ha actuado *ou* **su modo** de actuar.

▶ **LES RELATIFS P. 66**

En (préposition)

▸ **localisation dans l'espace ou le temps → *en***

- Elles ont habité la moitié de leur vie **en** Colombie.
  Han vivido la mitad de su vida **en** Colombia.

- Elle a écrit son roman **en** un mois.
  Escribió su novela **en** un mes.

▸ **en + verbe de mouvement → *a***

- Ils vont en vacances **en** Espagne tous les ans.
  Van de vacaciones **a** España todos los años.

- Quel jour tu arrives **en** Corse ?
  ¿Qué día llegas **a** Córcega?

▸ **en + matière → *de***

- Dans ce magasin, on ne donne plus de sacs **en** plastique.
  En esta tienda ya no dan bolsas **de** plástico.

- Cette chemise est **en** coton ou **en** lin ?
  ¿Esta camisa es **de** algodón o **de** lino?

▸ **en + moyen de transport → *en***

- Il vient toujours au travail **en** métro, jamais **en** voiture.
  Siempre viene al trabajo **en** metro, nunca **en** coche.

En (adverbe ou pronom)

▶ « de là » → *de aquí / de ahí / de allí* (selon la distance)

- Il s'**en** va pour refaire sa vie ailleurs.
  Se va **de aquí** para rehacer su vida en otra parte.

- J'**en** viens.
  Vengo **de allí**.

▶ Les adverbes p. 126

> **Notez bien**
> Si le sens de la phrase est clair, on omet en espagnol le complément.
> Je suis rentrée dans le bar mais j'**en** suis ressortie aussitôt à cause du monde.
> Entré en el bar, pero **salí** inmediatamente por la de gente que había.

▶ reprise d'un partitif → généralement Ø

- J'ai vu des cerises magnifiques au marché. – Tu **en** as acheté ?
  —He visto unas cerezas riquísimas en el mercado.
  —¿Has comprado?

- De vrais amis, j'**en** ai trois.
  Amigos de verdad, tengo tres.

▶ complément d'un verbe + de → préposition (selon le verbe) + pronom, pronom

- On **en** reparlera plus tard.
  Ya hablaremos **de eso** más tarde.
  Ya **lo** hablaremos más tarde.

- Il **en** rêve depuis tout petit.
  Sueña **con ello** desde bien pequeño.

> **Notez bien**
> Si le sens de la phrase est clair, on omet en espagnol le complément.
> Voilà Silvia. – Tu t'**en** souviens ? – Mais bien sûr que je m'**en** souviens.
> —Ahí está Silvia. —¿Te acuerdas **de ella**? —Pues claro que me acuerdo.

▶ complément d'un adjectif + de → préposition (selon l'adjectif) + pronom

- Il a une vieille voiture mais il **en** est très satisfait.
  Tiene un coche viejo, pero está muy satisfecho **de él**.

▶ complément d'un nom → possessif, Ø

- Avant d'acheter un tapis, il faut **en** négocier le prix.
  Antes de comprar una alfombra hay que negociar **su** precio
  ou **el** precio.

TRADUCTION ■ **En (adverbe ou pronom)** **E**

> **expressions**

ne t'en fais pas	j'en ai assez
no te preocupes	estoy harto

▶ Il y a p. 348

En + gérondif

> **manière → gérondif**

- Il me l'a annoncé **en contenant** son émotion.
  Me lo anunció **conteniendo** su emoción.

> **moyen → gérondif**

- Ils s'amusent beaucoup **en jouant** aux échecs.
  Se lo pasan muy bien **jugando** al ajedrez.

> **simultanéité → al + inf., gérondif**

- Je l'ai croisé **en entrant** dans l'immeuble.
  Me he cruzado con él **al entrar** en el edificio.

- Il est interdit de téléphoner **en conduisant**.
  Está prohibido llamar por teléfono **conduciendo**.

> **Notez bien**
> Avec *al* + infinitif, les deux actions ont la même durée. Avec le gérondif, l'action peut avoir une durée plus longue que celle de la principale.

▶ Infinitif, gérondif et participe p. 103

Encore (quantité)

> **« davantage » → *más***

- Vous en avez **encore** ?
  ¿Tiene **más** ? *ou* ¿Le quedan **más** ?

- Il veut **encore** du lait.
  Quiere **más** leche.

> **encore plus → *aún más, todavía más***

- Je le trouve **encore plus** convaincant dans son dernier film.
  Lo encuentro **aún más** convincente en su última película.

- Il voyage **encore plus** qu'avant.
  Viaja **todavía más** que antes.

> **« de plus » (nombre précis) → *uno / dos… / algunos más, otro / otros* + numéral (+ *más*)**

- Je prendrais bien **encore** un ou deux chocolats.
  Me tomaría con gusto **uno o dos** bombones **más**.

339

- Prépare-toi : ils arrivent avec **encore** quatre personnes.
  Prepárate: llegan con **otras cuatro** personas.

▶ **pour demander de répéter une action** → *más, seguir* à l'impératif

- Recule ; encore, encore, encore.
  Haz marcha atrás; **más, más, más** *ou* **sigue, sigue, sigue**.

Encore (temps)

▶ « **toujours** » (action qui se prolonge) → *todavía, aún, seguir* + gérondif

- As-tu **encore** mal ?
  ¿**Todavía** te duele? *ou* ¿**Aún** te duele?
  ¿Te **sigue doliendo**?

▶ **pas encore** → *no... todavía, no... aún, seguir sin* + inf.

- Ils ne le lui ont **pas encore** dit.
  No se lo han dicho **todavía** *ou* **aún**.
  Siguen **sin decírselo**.

> **Notez bien**
> La réponse « pas encore » correspond à *todavía no, aún no*.
> Est-il déjà au courant ? – Non, **pas encore**.
> —¿Está ya al corriente? —No, **todavía no** *ou* **aún no**.

▶ « **une fois de plus** » → *otra vez, una vez más, volver a* + inf.

- Zut ! Je suis **encore** dans le rouge.
  ¡Ostras! Estoy **otra vez** *ou* **una vez más** en números rojos.
  Vuelvo a estar en números rojos.

Enfin

▶ « **finalement** » (après avoir surmonté tous les obstacles) → *por fin, al fin*

- Il a **enfin** fini ses études universitaires.
  Por fin ha acabado la carrera.
- Nous voilà seuls **enfin** !
  ¡**Al fin** solos!

▶ « **en dernier lieu** » → *al final, por último, finalmente*

- Ils sont allés en Andalousie, puis à Madrid et **enfin** à Barcelone.
  Fueron a Andalucía, luego a Madrid y **al final** *ou* **por último** a Barcelona.

TRADUCTION ■ **Encore (temps)**

▶ « bref » → *en fin, vamos*
- Le public était ravi et les critiques ont été très élogieuses.
  Enfin, ça a été un grand succès.
  El público estaba encantado y las críticas fueron muy elogiosas.
  En fin, ha sido todo un éxito.
  Vamos, ha sido todo un éxito. [langue parlée]

> **Notez bien**
> *En fin* s'écrit en deux mots en espagnol.

▶ mais enfin → *pero bueno*
- Mais enfin, qu'est-ce qu'il lui arrive ?
  ¿**Pero bueno**, qué le pasa?

Ennuyer, s'ennuyer

▶ ennuyer / s'ennuyer → *aburrir / aburrirse*
- Ma grand-mère **s'ennuie** l'après-midi.
  Mi abuela **se aburre** por las tardes.

▶ « préoccuper » → *preocupar*
- Ça m'**ennuie** qu'il ne m'ait pas répondu.
  Me **preocupa** que no me haya contestado.

▶ « déranger » (demande polie) → *importar, molestar*
- Ça vous **ennuierait** de me donner un coup de main ?
  ¿Os **importaría** echarme una mano?
- Si ça ne t'**ennuie** pas, je vais changer de chaîne.
  Si no te **molesta**, voy a cambiar de cadena.

▶ « gêner » → *molestar*
- Ça m'**ennuie** que les voisins mettent la musique si fort.
  Me **molesta** que los vecinos pongan la música tan alta.

▶ « fatiguer » → *dar la lata, fastidiar*
- Arrête de nous **ennuyer** !
  ¡Deja ya de **dar**nos **la lata**!

Essayer

▶ « tester » → *probar*
- Tu me laisses **essayer** ton nouveau vélo ?
  ¿Me dejas **probar** tu nueva bicicleta?

▶ **essayer un vêtement** → *probarse*
- Je voudrais **essayer** cette jupe.
  Querría **probarme** esta falda.

▶ «**faire une tentative**» → *intentar, probar a*
- As-tu **essayé** de l'appeler sur son portable ?
  ¿**Has intentado** llamarlo *ou* **Has probado a** llamarlo al móvil?
- **Essaye** avec cet autre tournevis.
  Prueba con este otro destornillador.

▶ «**faire un effort**» → *intentar, tratar de, procurar*
- Elle **essaye** de contenter tout le monde.
  Intenta contentar *ou* **Trata de** contentar a todos.
- Nous **essayons** de faire le tri sélectif des ordures et de recycler le plus possible.
  Intentamos *ou* **Procuramos** separar las basuras y reciclar lo más posible.

Étranger

▶ «**inconnu**» → *desconocido*
- Son visage m'est complètement **étranger**.
  Su cara me es totalmente **desconocida**.

▶ «**qui vient d'ailleurs**» → *extranjero (nom et adjectif)*
- Elle va se marier avec un **étranger**.
  Se va a casar con un **extranjero**.
- Il a un don pour les langues **étrangères**.
  Tiene un don para las lenguas **extranjeras**.

▶ **à l'étranger** → *en el extranjero, al extranjero*
- Elle rêve de faire carrière à l'**étranger**.
  Sueña con hacer carrera **en el extranjero**.
- Nous envisageons de partir vivre à l'**étranger**.
  Nos planteamos irnos **al extranjero** a vivir.

▶ «**extérieur**» → *ajeno*
- Usage interdit à toute personne **étrangère** au service.
  Prohibido el uso a toda persona **ajena** al servicio.

Être + participe passé

▶ **passif avec agent → *ser* + participe passé + *por***

- La maison **a été détruite par** l'incendie.
  La casa **ha sido destruida por** el incendio.
- Les trois livres **ont été écrits par** le même auteur.
  Los tres libros **han sido escritos por** el mismo autor.

> **Notez bien**
> La voix passive avec *ser* (« être ») est moins employée en espagnol qu'en français. Elle est rare sans complément d'agent.

▶ **passif sans agent → *se* + verbe actif**

- Les trois appartements de l'annonce **ont été vendus**.
  Se han vendido los tres apartamentos del anuncio.
- Douze chefs d'État **sont attendus** cette semaine à Pékin.
  Esta semana en Pequín **se espera** a doce jefes de Estado.
  ▶ La phrase impersonnelle p. 147
  ▶ La phrase passive p. 145

▶ **passif exprimant le résultat → *estar* + participe passé**

- Son père **a été emprisonné** pendant la guerre.
  Su padre **estuvo encarcelado** durante la guerra.
  [Il a passé du temps en prison.]
  ≠
  Su padre **fue encarcelado** durante la guerra.
  [Il a été mis en prison.]
  ▶ La phrase passive p. 145

Facile / difficile (à / de)

▶ **facile / difficile à faire → *fácil / difícil de hacer***

- Cette écharpe est très **difficile à faire**.
  Esta bufanda es muy **difícil de hacer**.

▶ **il est facile / difficile de faire qqch. → *es fácil / difícil hacer algo***

- Il est **facile de se tromper** sur cette route.
  Es fácil equivocarse en esta carretera.

Faillir

▶ ***por poco, casi* + indic. présent**

- L'année dernière au ski, il **a failli se casser** une jambe.
  El año pasado esquiando **casi** *ou* **por poco** se rompe una pierna.

- J'ai failli oublier son anniversaire !
  ¡**Casi** *ou* **Por poco** me olvido de su cumpleaños!

▶ *estar a punto de* + inf.

El año pasado esquiando **estuvo a punto de** romperse una pierna.
¡**He estado a punto de** olvidarme de su cumpleaños!

Faire + nom

▶ **faire (action)** → *hacer*

- J'ai beaucoup de choses à **faire**.
  Tengo muchas cosas que **hacer**.

▶ **faire : expressions sans *hacer***

faire du bien (soulager) sentar bien	faire un cauchemar tener una pesadilla
faire du mal perjudicar	faire une plaisanterie gastar una broma
faire mal doler	faire des études d'histoire estudiar Historia
faire la cuisine cocinar	faire du cheval/du vélo montar a caballo/en bicicleta
faire la vaisselle fregar los platos	faire du ski esquiar
faire le ménage limpiar la casa	faire du tennis jugar al tenis
faire les courses ir a la compra	faire du piano tocar el piano
faire les magasins, les soldes ir de compras, de rebajas	faire une gaffe meter la pata
faire un rêve soñar, tener un sueño	se faire du souci preocuparse

- Que **faites**-vous dans la vie ?
  ¿A qué **se dedica**?
- Cette sieste m'a **fait du bien**.
  Esta siesta me **ha sentado bien**.
- Ça me **fait mal** quand je mords.
  Me duele cuando muerdo.

TRADUCTION ▪ **Faire + nom**   F

▶ **faire : expressions avec *dar***

faire de la peine dar pena	faire demi-tour dar media vuelta
faire pitié dar lástima	faire plaisir dar gusto, dar alegría
faire peur dar miedo	se faire plaisir darse el gusto, darse un gusto
faire honte dar vergüenza	faire un pas en avant/en arrière dar un paso adelante/atrás
faire un tour dar una vuelta, dar un paseo	(se) faire connaître dar(se) a conocer

- Ça **fait plaisir** de le voir.
  Da gusto verlo.

Faire + verbe

▶ **faire + inf. → *hacer* + inf., *hacer que* + subj.**

- C'est lui qui nous **a fait découvrir** cet endroit.
  Fue él quien nos **hizo descubrir** este lugar.
  Fue él quien **hizo que descubriéramos** este lugar.

- Enfin, ce professeur **me fait comprendre** les maths.
  Por fin, este profesor **hace que entienda** las matemáticas.

▶ **faire bien de + inf. → *hacer bien en* + inf., *hacer bien* + gérondif**

- Tu **as bien fait** d'annuler ce rendez-vous.
  Has hecho bien en anular *ou* **anulando** esa cita.

▶ **se faire + inf. → verbe réfléchi**

- Je **me suis fait couper** les cheveux très courts.
  Me he cortado el pelo muy corto.

- Elle **s'est fait faire** une robe magnifique.
  Se ha hecho un traje precioso.

> **Notez bien**
> Quand l'action est involontaire, au lieu d'un verbe réfléchi, on emploie la 3ᵉ personne du pluriel.
>
> Il s'est fait renvoyer de son travail.
> **Lo han echado** del trabajo.
>
> Je me suis fait avoir.
> **Me han tomado** el pelo.

▶ On p. 354

▶ « obliger qqn à faire qqch. » → *hacer hacer algo a alguien, obligar a hacer algo a alguien*

- Il leur **fait** apprendre leurs leçons par cœur.
  Les **hace aprender** *ou* Les **obliga a aprender** las lecciones de memoria.
- Ma mère me **faisait** toujours **faire** mon lit avant d'aller à l'école.
  Mi madre me **obligaba a hacer** la cama siempre antes de ir al colegio.

Fait (le fait de / que)

▶ le fait de + inf. → *el hecho de* + inf., *(el +) inf.*

- Le **fait d'avoir** le métro aussi près est un grand avantage.
  El hecho de tener *ou* **(El) tener** el metro tan cerca es una gran ventaja.

▶ le fait que + subj. → *el hecho de que* ou *(el) que* + subj.

- Le **fait que** vous ayez le métro aussi près est un grand avantage.
  El hecho de que tengáis *ou* **(El) que tengáis** el metro tan cerca es una gran ventaja.

Falloir (il faut)

▶ il faut + nom → *hace falta* ou *se necesita* + nom

- Pour l'Europe, **il faut** un timbre un peu plus cher.
  Para Europa **hace falta** *ou* **se necesita** un sello un poco más caro.
- Dans ce quartier, **il faudrait** plus de garderies.
  En este barrio, **harían falta** *ou* **se necesitarían** más guarderías.

> **Notez bien**
> *Hacer* et *necesitar* s'accordent avec le nom qui suit.

▶ il me/te... faut + nom → *necesito/necesitas...* ou *me/te... hace falta* + nom

- **Il te faut** du repos.
  Necesitas *ou* **Te hace falta** reposo.
- **Il me faut** des ciseaux.
  Necesito *ou* **Me hacen falta** unas tijeras.

> **Notez bien**
> *Hacer* s'accorde avec le nom qui suit.

▶ Avoir besoin de p. 316

TRADUCTION ■ **Fait (le fait de / que)**

▶ **il faut que je / tu… + subj.** → *tengo / tienes que… + inf., hace falta que, es preciso* ou *necesario que + subj.*

- Il faut que tu le saches.
  Tienes que saberlo.
  Es preciso que lo sepas.

- Il faut absolument que je vienne ?
  ¿**Hace falta que** yo vaya obligatoriamente?
  ¿**Es** absolutamente **necesario** que yo vaya?

▶ **il faut + inf.** → *hay que, hace falta, es preciso* ou *necesario + inf.*

- Il faut s'inscrire avant la fin du mois.
  Hay que matricularse antes de finales de mes.

- Pour ce poste, il faut maîtriser parfaitement le chinois.
  Para este puesto, **hace falta** dominar perfectamente el chino.
  Para este puesto **es preciso** *ou* **necesario** dominar perfectamente el chino.

  ▶ Les périphrases verbales (1) p. 109

Finir

▶ « **terminer** » **(de + inf.)** → *acabar* ou *terminar (de + inf.)*

- Nous avons enfin fini les travaux à la maison.
  Por fin **hemos acabado** las obras en casa.

- Il n'a pas encore fini de ranger la cuisine.
  Todavía no **ha terminado de** recoger la cocina.

▶ « **s'achever** » → *acabar(se), terminar(se)*

- Quand finissent les soldes ?
  ¿Cuándo **(se) acaban** *ou* **(se) terminan** las rebajas?

▶ « **cesser de** » **+ inf.** → *dejar de* ou *parar de + inf.*

- On ne finit jamais d'apprendre.
  Nunca se **deja de** *ou* se **para de** aprender.

▶ **pour finir** → *para acabar, para terminar*

- Pour finir, je voudrais remercier le professeur García.
  Para acabar, querría dar las gracias al profesor García.

Habitude

▸ **avoir l'habitude de + nom** → *estar acostumbrado a + nom*

- Vous, en Amérique, **vous avez l'habitude des** voitures automatiques.
  Vosotros, en América, **estáis acostumbrados a** los coches automáticos.

▸ **avoir l'habitude de + inf.** → *soler* ou *tener (la) costumbre de + inf.*

- Je n'ai pas l'habitude de dire du mal des autres en leur absence.
  No suelo hablar mal de los demás en su ausencia.
- Il avait l'habitude de se promener chaque après-midi.
  Tenía costumbre de pasearse cada tarde.

▸ **d'habitude** → *soler + inf., de costumbre, normalmente*

- En été d'habitude nous faisions une sieste.
  En verano **solíamos** dormir la siesta.
- D'habitude ça ne m'arrive pas.
  Esto no me **suele** pasar.
  Esto **de costumbre** ou **normalmente** no me pasa.

▸ **s'habituer à** → *acostumbrarse a*

- Nous commençons à **nous habituer** à l'horaire espagnol.
  Estamos empezando a **acostumbrarnos** al horario español.

Il y a

▸ **il y a (existence) + nom** → *hay (había / habrá / habría...) + nom*

- Maman, **il y a** deux messieurs qui veulent te voir.
  Mamá, **hay** dos señores que quieren verte.
- Si nous avions bien arrosé le jardin, **il y aurait** plein de fraises maintenant.
  Si hubiéramos regado bastante el jardín, ahora **habría** un montón de fresas.

> **Notez bien**
>
> Quand « il y a » est suivi d'un nom propre ou d'un nom précédé d'un article défini, d'un démonstratif ou d'un possessif, on emploie *estar* conjugué.
> Il y aura aussi Sandra et Esteban ?
> ¿**Estarán** también Sandra y Esteban ?
> Sur la commode, il y a son porte-feuille et il y a aussi les clés de la maison.
> Encima de la cómoda **está** su monedero y también **están** las llaves de la casa.

TRADUCTION ■ **Habitude** **H**

▶ **il y a (se passer)** → *pasar*
- Qu'est-ce qu'il y a encore ?
  ¿Qué **pasa** ahora?

▶ **il y en a** → **(pronom)** *hay*
- Des problèmes, il y en aura toujours.
  Problemas siempre **(los) habrá**.

▶ **il y en a qui** → *los hay que* + verbe au plur., *hay quien* + verbe au sing.
- Il y en a qui pensent qu'il réussira.
  Los hay que piensan que lo conseguirá.
  Hay quien piensa que lo conseguirá.

▶ **il y a... que (intervalle temporel)** → *hace (hacía / hará / haría)... que*
- Il y a deux ans qu'Esteban a arrêté de fumer.
  Hace dos años **que** Esteban ha dejado de fumar.

> **Notez bien**
>
> Comme « il y a » en français, *hay* et *hace* sont toujours au singulier en espagnol et se conjuguent à tous les temps.
>
> Il y avait une abeille/deux abeilles sur cette fenêtre.
> **Había** una abeja/dos abejas en esa ventana.
>
> Demain il y aura une semaine/deux semaines que Pablo est né.
> Mañana **hará** una semana/dos semanas que ha nacido Pablo.

Jamais

▶ **« à aucun moment »** → *(no) nunca, jamás* (expressif), *nunca jamás* (emphatique)
- Nous n'avions jamais vu ce film.
  No habíamos visto **nunca** esa película.
  Nunca habíamos visto esa película.
- Ne me dis plus jamais ça.
  No vuelvas a decirme eso **jamás**.
- As-tu déjà fait du parachutisme ? – Jamais de la vie !
  —¿Has hecho alguna vez paracaidismo? —¡**Nunca jamás**!

> **Notez bien**
>
> Lorsque *nunca* ou *jamás* sont placés devant le verbe principal, *no* ne s'emploie pas.
>
> Prends le parapluie, on ne sait jamais…
> Coge el paraguas, **nunca** se sabe…

▶ **LA PHRASE NÉGATIVE P. 141**

▶ « un jour » → *algún día, un día*

- Qui sait si je l'oublierai jamais.
  Quién sabe si **algún día** lo olvidaré.

▶ si jamais → *si (por casualidad)*

- **Si jamais** tu avais faim, il y a une omelette dans le frigo.
  Si por casualidad tuvieras hambre, hay una tortilla en la nevera.

▶ LES SUBORDONNÉES DE CONDITION P. 164

Jouer

▶ « s'amuser », « pratiquer un jeu » → *jugar (a)*

- Les enfants **jouaient** dans la cour de l'école.
  Los niños **estaban jugando** en el patio del colegio.
- Mon mari aime **jouer** au tennis.
  A mi marido le gusta **jugar a**l tenis.

▶ « exercer le métier d'acteur » → *actuar*

- Pendant qu'ils **jouaient**, quelqu'un dans le public a fait sonner son portable.
  Mientras estaban **actuando**, a alguien en el público le ha sonado el móvil.

▶ « pratiquer un instrument », « interpréter » → *tocar*

- J'ai toujours voulu **jouer** du violon.
  Siempre he querido **tocar** el violín.
- L'orchestre **a joué** la cinquième symphonie de Beethoven sans grand enthousiasme.
  La orquesta **ha tocado** la quinta sinfonía de Beethoven sin mucho entusiasmo.

▶ « se moquer de » → *reírse de, burlarse de*

- Il s'est bien **joué** de nous !
  ¡Cómo **se ha reído** de nosotros!

Mais

▶ pour contredire l'idée impliquée par l'énoncé précédent → *pero*

- Nous rêvons d'un voyage en Égypte, **mais** on manque d'argent.
  Soñamos con hacer un viaje a Egipto, **pero** no tenemos bastante dinero.
- Il ne mange pas beaucoup, **mais** il grossit.
  No come mucho, **pero** engorda.

TRADUCTION ■ Jouer **J**

▶ **pour rectifier l'énoncé négatif précédent →** *sino (que)*
- Non, je ne porte pas des lunettes **mais** des lentilles.
  No, no uso gafas **sino** lentillas.
- Finalement, je ne suis pas allée sur la côte andalouse **mais** je suis partie faire une randonnée en montagne.
  Al final no he ido a la costa andaluza **sino que** me he marchado a la montaña a hacer senderismo.

▶ LA COORDINATION P. 149

Même

▶ **le même (identité) →** *mismo(s) / misma(s) (que)*
- Il habite la **même** rue qu'avant.
  Vive en la **misma** calle **que** antes.
- Il a le **même** visage que son père.
  Tiene la **misma** cara **que** su padre.

▶ **même (insistance) →** *mismo(s) / misma(s)*
- Attends-moi ici **même**, je reviens à l'instant.
  Espérame aquí **mismo**, ahora **mismo** vuelvo.
- Il habite la rue **même**, il est SDF.
  Vive en la calle **misma**, es un sin techo.

▶ **« y compris » →** *incluso, hasta, aun*
- Ceci est valable pour tout le monde, **même** pour toi.
  Esto es válido para todo el mundo, **incluso** para ti.
- **Même** les enfants le savent.
  Hasta los niños lo saben.

▶ **ne... même pas →** *ni siquiera*
- Nous n'avons **même** pas de lait.
  Ni siquiera tenemos leche.

▶ **même si →** *aunque*
- Ce n'est pas moi qui ai cassé la porte, **même si** tu crois le contraire.
  No soy yo quien ha roto la puerta, **aunque** creas lo contrario.

▶ LES SUBORDONNÉES DE CONCESSION P. 166

Milliard

▶ **« mille millions » →** *mil millones*
- L'État a investi deux **milliards** dans l'équipement des hôpitaux.
  El Estado ha invertido dos **mil millones** en equipamiento para los hospitales.

351

- « un très grand nombre de » → *miles de, millones (de)*
  - Il dépense **des milliards** sans compter.
    Gasta **millones** sin preocuparse.

Moins (à moins de / que)

- à moins de + inf. → *excepto si* ou *salvo si* + indic., *salvo que* ou *a menos que* + subj., *a menos de* + inf.
  - Il est impossible d'habiter dans ce quartier, à **moins d'être** très riche.
    Es imposible vivir en ese barrio, **excepto si** *ou* **salvo si** se es muy rico.
  - On n'y arrivera jamais à **moins d'y** aller en taxi.
    No vamos a llegar nunca **a menos de** coger *ou* **a menos que** cojamos un taxi.

- à moins que + verbe conjugué → *excepto si* ou *salvo si* + indic., *a menos que* ou *a no ser que* + subj.
  - Tu ne pourras pas courir le marathon à **moins que** tu ne t'entraînes deux heures par jour.
    No podrás correr el maratón **excepto si** *ou* **salvo si** te entrenas dos horas al día.
    No podrás correr el maratón **a menos que** *ou* **a no ser que** te entrenes dos horas al día.

- **expressions**

de moins en moins cada vez menos	au moins, du moins por lo menos, al menos

▶ Plus p. 360

Mon / ton / son

- **possessif espagnol**
  - D'habitude **leur** chat sort se promener sur le toit.
    Su gato suele salir a pasear por el tejado.
  - Où as-tu laissé **mes** clefs ? Je ne les trouve pas.
    ¿Dónde has dejado **mis** llaves? No las encuentro.

TRADUCTION ■ **Moins (à moins de / que)** **M**

▶ **article défini en espagnol (possesseur évident)**
- N'oublie pas **ton** chapeau.
  No te olvides **el** sombrero.
- Il l'a vue avec **son** mari.
  La ha visto con **el** marido.

► L'ARTICLE DÉFINI P. 23
► LES POSSESSIFS P. 36

Ne... plus

▶ « désormais ne... pas » → *ya no, no... ya, dejar de* + inf., *no seguir* + gérondif
- À cette heure-ci, il n'y a **plus** personne dans la rue.
  A estas horas, **ya no** hay nadie por la calle.
  A estas horas, **no** hay nadie **ya** por la calle.
- Vous ne m'écoutez pas, alors je **ne** parle **plus**.
  No me estáis escuchando, así que **no sigo hablando** *ou* **dejo de hablar**.

> **Notez bien**
> *No seguir* + gérondif s'emploie avec une action qui dure.
> Il est très tard, je ne l'attends plus.
> Es muy tarde, **no** lo **sigo esperando**.

▶ « pas davantage » → *(ya) no... más*
- Non, merci, je n'en veux **plus**.
  No, gracias, **(ya) no** quiero **más**.

Ne... que

▶ « seulement » → *no... más que, no... sino, solo*
- Il **ne** s'entend **qu'**avec son chien.
  No se lleva bien **más que** con su perro.
- Je **ne** te demande **que** ton avis.
  No te pido **sino** tu opinión.
- Ta mère **ne** cherche **que** ton bien.
  Tu madre **solo** quiere tu bien.

► LA PHRASE NÉGATIVE P. 141

▶ « seulement alors » → *no... hasta, no... antes de*
- Les nouveaux locataires **n'**arrivent **que** dimanche.
  Los nuevos inquilinos **no** llegan **hasta** el domingo.

Ni... ni...

▶ **nie deux termes** → *no... (ni...) ni, ni... ni*

- Tu ne sembles **ni** fatiguée **ni** malade.
  No pareces **(ni)** cansada **ni** enferma.
- Nous n'avons vu **ni** Ana **ni** sa sœur.
  No hemos visto **(ni)** a Ana **ni** a su hermana.
- **Ni** lui **ni** elle n'avaient obéi à l'ordre.
  Ni él **ni** ella habían obedecido la orden.

> **Notez bien**
> Quand *ni... ni...* précède le verbe, *no* ne s'emploie pas.

▶ **nie deux propositions** → *no... ni, ni... ni*

- Le naufragé n'a **ni** bu **ni** mangé pendant quatre jours.
  El naúfrago **no** ha bebido **ni** ha comido durante cuatro días.
- Je **ne** peux **ni** ne veux le faire.
  Ni puedo **ni** quiero hacerlo.

▶ LA PHRASE NÉGATIVE P. 141

On

▶ **personne indéterminée distincte du locuteur** → 3ᵉ pers. du plur., *la gente* + 3ᵉ pers. du sing.

- **On** vient réparer le chauffe-eau aujourd'hui.
  Hoy **vienen** a arreglar el calentador.
- Ne crois pas tout ce qu'**on** dit.
  No te creas todo lo que **la gente** va diciendo.

▶ **personne indéterminée pouvant inclure le locuteur** → *se* + 3ᵉ pers.

- **On** ne vit qu'une fois.
  Solo **se vive** una vez.
- **On** a découvert de nouveaux remèdes contre le paludisme.
  Se han descubierto nuevos medicamentos contra la malaria.

▶ LA PHRASE PASSIVE P. 146
▶ LA PHRASE IMPERSONNELLE P. 147

▶ **personne indéterminée à laquelle le locuteur s'identifie** → *uno / una* + 3ᵉ pers. du sing.

- **On** a beau essayer de ne pas se disputer avec les voisins, il y a des gens impossibles.
  Por mucho que **uno** intente no discutir con los vecinos, hay personas insoportables.

TRADUCTION ■ Ni... ni... **N**

- Aujourd'hui, **on** se marie et **on** divorce plus facilement qu'il y a cinquante ans.
  Hoy, **uno** se casa y se divorcia más fácilmente que hace cincuenta años.

▶ « nous » → (*nosotros* +) 1ʳᵉ pers. du plur.

- On se connaît depuis dix ans.
  Nos conocemos desde hace diez años.
- On y va !
  ¡Vamos!

▶ « tu », « vous » → 1ʳᵉ pers. du plur.

- Alors, comme ça, **on** s'en va sans dire au revoir ?
  ¿Así que **nos vamos** sin despedir**nos**?

Ou

▶ introduit un choix → *o*

- Nous avons pensé à préparer des pâtes **ou** du riz pour le dîner.
  Hemos pensado preparar algo de pasta **o** de arroz para la cena.
- **Ou** elle **ou** moi, à toi de choisir.
  O ella **o** yo, tú eliges.

▶ introduit une explication → *o, o sea, es decir*

- Le bar **ou** loup de mer est délicieux en croûte de sel.
  El róbalo **o** lubina es delicioso a la sal.

> **Notez bien**
> Lorsque le mot qui suit commence par *o-* ou *ho-*, la conjonction se transforme en *u*.
> Tu préfères des moules ou des huîtres ?
> ¿Prefieres mejillones **u** ostras?

▶ **LA COORDINATION P. 150**

Où

▶ où (lieu) → *en (el) que, en el cual,* (préposition +) *donde*

- Nous n'avons pas voulu rester dans la ville **où** nous sommes nés.
  No hemos querido quedarnos en la ciudad **en la que** nacimos.
- Il n'y a aucun magasin là **où** il habite.
  Donde vive no hay ni una tienda.
- C'est la place **où** j'ai croisé Antonio.
  Esa es la plaza **en donde** me encontré con Antonio.

> **Notez bien**
> Lorsque le nom du lieu n'est pas spécifié, seul (préposition +) *donde* est possible.
>
> Elle ira travailler **où** on lui dira.
> Irá a trabajar **adonde** le digan.

- **où (temps)** → *en (el) que, en el cual, durante el que, durante el cual*
  - Nous finissons toujours par parler du temps **où** nous nous sommes rencontrés.
    Siempre acabamos hablando de la época **en que** nos conocimos.
  - Ils se sont mariés l'été **où** il a fait si mauvais.
    Se casaron el verano **durante el que** hizo tan malo.

> **Notez bien**
> *En que*, *en el que* et *en el cual* peuvent exprimer une idée de lieu ou de temps. *Donde* ne peut exprimer qu'une idée de lieu.

- **où ? (lieu)** → *(préposition +) dónde*
  - Où vous êtes-vous garés ?
    ¿**Dónde** habéis aparcado?
  - Sais-tu d'**où** je viens ?
    ¿Sabes **de dónde** vengo?
  - Il ne sait **où** aller.
    No sabe **adónde** ir.

Oublier

- *olvidarse de algo*
  - N'**oublie pas** le virement pour les impôts.
    No **te olvides de**l ingreso para Hacienda.

- *olvidar algo* (plus soutenu)
  - Nous n'**oublierons** jamais votre soutien.
    Nunca **olvidaremos** vuestro apoyo.

- *olvidarse algo* (à l'oral)
  - Tu as oublié le pain, je parie.
    ¿A que **te has olvidado** el pan?

▶ Se souvenir p. 366

TRADUCTION ■ Oublier

Par

● « à travers » (lieu) → *por*
  - Nous sommes allés en Allemagne en passant **par** la Hollande.
    Hemos ido a Alemania pasando **por** Holanda.

● fréquence (temps) → *al, por*
  - La mairie nettoie ce quartier plusieurs fois **par** jour.
    El ayuntamiento limpia este barrio varias veces **al** día.
  - Nous emmenons Jorge à la garderie deux jours **par** semaine.
    Llevamos a Jorge a la guardería dos días **por** semana.

● valeur distributive → *por, en*
  - Nous avons prévu une bouteille **par** personne.
    Hemos previsto una botella **por** persona.
  - Les collégiens marchaient **par** groupes de dix.
    Los colegiales caminaban **en** grupos de diez.

● dans un complément d'agent ou de cause → *por*
  - La nouvelle est diffusée **par** toutes les radios nationales.
    La noticia está siendo difundida **por** todas las radios nacionales.
  - L'été dernier, la pinède a été ravagée **par** un incendie volontaire.
    El verano pasado, el pinar fue destruido **por** un incendio provocado.
  - Nous avons raté le train **par** sa faute.
    Perdimos el tren **por** su culpa.

▶ **Pour p. 361**

Passer, se passer

● passer → *pasar(se)*
  - Les jours **passent** et je n'ai pas encore terminé mon livre.
    Pasan los días y aún no he acabado el libro.
  - L'été, c'est **passé** !
    ¡Ya **se ha pasado** el verano !

● se passer → *pasar*
  - Que s'est-il **passé** ? – Rien de grave, ne t'inquiète pas.
    —¿Qué **ha pasado** ? —Nada grave, no te preocupes.
  - L'histoire **se** passe à Acapulco.
    La historia **pasa** en Acapulco.

- **se passer de** → *pasar(se) sin, estar(se) sin*
  - Ma fille Sofía ne peut pas **se passer de** son petit ami.
    Mi hija Sofía no puede **pasarse sin** su chico.

Peine (à peine)

- **à peine (presque pas)** → *no* + verbe + *apenas, casi no* + verbe
  - Elle a **à peine** mangé.
    No comió **apenas**.
  - On se connaît **à peine**.
    Casi no nos conocemos.

> **Notez bien**
> *Apenas* peut figurer en tête de phrase, auquel cas *no* ne s'emploie p
> **Apenas** comió.

- **à peine… que** → *apenas… (cuando)* + indic., *nada más* + inf.
  - À **peine** est-il parti **que** vous êtes arrivés.
    Apenas se fue él, **(cuando)** llegasteis vosotros.
    Nada más irse él, llegasteis vosotros.

> **Notez bien**
> *Apenas* peut être suivi d'un infinitif et d'un pronom personnel sujet.
> **Apenas** irse él, llegasteis vosotros.

▶ Les subordonnées de temps p. 160

Peine (autres emplois)

- **faire de la peine** → *dar pena*
  - Ce pauvre chien me **fait de la peine**.
    Ese pobre perro me **da pena**.

- **valoir la peine** → *merecer la pena* ou *valer la pena*
  - Cette exposition en **vaut** vraiment **la peine**.
    Esta exposición **merece** *ou* **vale** realmente **la pena**.

- **avoir de la peine à + inf.** → *costarle a alguien* + inf.
  - Il parle bien le français mais il **a de la peine à** l'écrire.
    Habla bien el francés, pero **le cuesta** escribirlo.

- **ce n'est pas la peine que** → *no hace falta que*
  - Ce n'était pas **la peine que** tu m'accompagnes.
    No hacía falta que me acompañaras.

TRADUCTION ■ **Peine (à peine)**   **P**

▷ **se donner la peine de + inf.** → *tomarse la molestia de* + inf.
- Elle **s'est donné la peine de** me chercher un autre hôtel.
  Se ha tomado la molestia de buscarme otro hotel.

Peu (un peu plus / moins de)

▷ *un poco más / menos de* + nom indénombrable
- Je te sers **un peu plus de** vin ?
  ¿Te sirvo **un poco más de** vino ?
  [mais : ¿Te sirvo **más** vino?]

▷ *unos pocos* + nom dénombrable au pluriel + *más / menos*
- Tu veux encore **un peu plus d'**asperges ?
  ¿Quieres **unos pocos** espárragos **más** ?
- Chaque jour il me reste **un peu moins de** pages à lire.
  Cada día me quedan **unas pocas** páginas **menos** por leer.

Peut-être

▷ **doute faible** → *quizá(s), a lo mejor, igual, tal vez, acaso* + indic.
- Demande à Juan. **Peut-être** bien qu'il le sait, lui.
  Pregúntale a Juan. **A lo mejor** lo sabe él.

▷ **doute fort** → *quizá(s), tal vez, acaso* + subj.
- Il n'est pas venu ? Il est **peut-être** malade.
  ¿No ha venido? **Quizás** esté enfermo.

> **Notez bien**
> Lorsque ces adverbes sont placés derrière le verbe, seul l'indicatif est possible.
> Le tremblement de terre a peut-être détruit la ville.
> El terremoto **ha destruido tal vez** la ciudad.
> El terremoto **tal vez ha** ou **haya destruido** la ciudad.
>
> En Amérique, on emploie aussi *capaz que* suivi de l'indicatif.
> Il y a de la lumière chez eux. Ils sont peut-être arrivés.
> Hay luz en su casa. **Capaz que** han llegado.

▷ **ironie** → *acaso* + indic., indic. + *quizá(s), tal vez* (en fin de phrase)
- Tu n'étais pas au courant qu'on t'attendait, **peut-être** ?
  ¿**Acaso** no sabías que te estábamos esperando ?
- Je parle trop, **peut-être** ?
  ¿Hablo demasiado, **tal vez** ?

Plus / moins, le plus / le moins

▶ **plus... / moins... que + nom / pronom** → *más / menos... que + nom / pronom*

- Nous habitons ici depuis **moins** longtemps **que** ta sœur.
  Llevamos viviendo aquí **menos** tiempo **que** tu hermana.
- Ma prochaine voiture sera **plus** écologique **que** celle-ci.
  Mi próximo coche será **más** ecológico **que** este.

▶ **plus / moins... que + proposition** → *más / menos... de + proposition*

- Pepe est **plus** âgé **qu'**il n'y paraît.
  Pepe tiene **más** años **de** los que aparenta.
- Tu as **plus de** disques **que** je ne pensais.
  Tienes **más** discos **de** los que yo pensaba.
- Je suis **moins** patient **que** tu ne le crois.
  Soy **menos** paciente **de** lo que tú te crees.

▶ **plus / moins... plus / moins** → *cuanto más / menos... (tanto) más / menos*

- **Plus** il me téléphone et **moins** j'ai envie de lui parler.
  Cuanto más me llama, **menos** me apetece hablar con él.

> **Notez bien**
> *Cuanto* est suivi du subjonctif pour faire référence au futur.
> Plus tôt on partira et moins il y aura de circulation.
> Cuanto antes **salgamos**, menos tráfico habrá.

▶ **le plus / le moins... de / que** → *el más / el menos... de / que*

- Devine qui est **la plus** maline **des** trois.
  Adivina cuál es **la más lista de** las tres.
- C'est la blague **la moins** drôle **que** j'aie jamais entendue !
  ¡Es **el** chiste **menos gracioso que** he oído nunca!

▶ Très p. 371
▶ Comparatifs et superlatifs p. 62

Plutôt (que)

▶ **plutôt (préférence)** → *más bien*

- Il aime **plutôt** les romans policiers.
  Le gustan **más bien** las novelas policiacas.
- Sa sœur est **plutôt** grande et brune.
  Su hermana es **más bien** alta y morena.

TRADUCTION ■ **Plus / moins, le plus / le moins**

▶ **plutôt que → *antes que, más vale* ou *mejor que... y no que***
- Tout **plutôt que** de retourner travailler là-bas.
  Cualquier cosa **antes que** volver a trabajar allí.
- Il vaut mieux que ce soit toi qui le lui dises **plutôt qu'**il ne l'apprenne par d'autres.
  Mejor que *ou* Más vale que se lo digas tú **y no que** se entere por otros.

▶ **ou plutôt → *o más bien, o mejor dicho***
- On s'appelle, ou plutôt on essaye de se voir.
  Nos llamamos, o más bien intentamos vernos.
- À la maison, nous parlons français et espagnol, **ou plutôt** fragnol.
  En casa hablamos francés y español, **o mejor dicho** frañol.

Pour

▶ **destinataire, but, direction → *para (que), a***
- Tiens, cette lettre est **pour** toi.
  Toma, esta carta es **para** ti.
- Vous avez une minute **pour** passer me voir ?
  ¿Tenéis un minuto **para** pasar a verme?
- Il est venu **pour** me rendre la tondeuse.
  Ha venido **a** devolverme el cortacésped.
- Ma copine Clara a pris le premier vol **pour** Londres.
  Mi amiga Clara ha cogido el primer vuelo **para** Londres.

> **Notez bien**
> ***Por*** s'emploie parfois aussi comme ***para*** pour exprimer le but.
> Je n'ai rien dit à ma mère **pour** ne pas l'inquiéter.
> No le dije nada a mi madre **por** *ou* **para** no preocuparla.

▶ **LES PRÉPOSITIONS *DE*, *POR* ET *PARA* P. 137-138**

▶ **cause → *por***
- Elle prétend qu'elle a accepté ce travail **pour** moi.
  Pretende que ha aceptado ese trabajo **por** mí.
- Merci **pour** tout !
  ¡Gracias **por** todo!
- Je peux te parler de ce livre **pour** l'avoir lu récemment.
  Te puedo hablar de ese libro **por** haberlo leído hace poco.

▶ « en échange de », « à la place de » → *por*

- Nous avons acheté trois bottes de fleurs **pour** sept euros.
  Hemos comprado tres ramos de flores **por** siete euros.
- Votre femme peut signer **pour** vous.
  Su mujer puede firmar **por** usted.

▶ proportion → *por*

- Le chômage a baissé de cinq **pour** cent cette année.
  El paro ha bajado un cinco **por** ciento este año.

▶ équivalence → *por*

- Ton fils me prend **pour** un idiot.
  Tu hijo me toma **por** tonto.

▶ « à l'égard de », « en faveur de » → *por*

- Notre voisin a une véritable passion **pour** les promenades nocturnes.
  Nuestro vecino tiene verdadera pasión **por** los paseos nocturnos.
- Tu vas voter **pour** lui ?
  ¿Vas a votar **por** él?

Que (conjonction)

▶ introduit une complétive → *que*

- Sa voisine lui a dit **que** le facteur a sonné chez lui ce matin.
  Su vecina le ha dicho **que** el cartero ha llamado a su casa esta mañana.
- Qu'il pleuve en cette période de l'année est étrange.
  Es raro **que** llueva en esta época del año.

▶ **Les subordonnées complétives p. 154**

▶ exprime le but, la condition → *que* + subj.

- Viens **que** je te parle.
  Ven **que** te diga una cosa.
- Qu'elle m'aide d'abord et je l'aiderai ensuite.
  Que me ayude ella primero y yo la ayudaré después.

▶ **Les subordonnées de but p. 162**
▶ **Les subordonnées de condition p. 164**

▶ exprime la concession → *aunque*

- Il me le dirait **que** je ne le croirais pas.
  Aunque me lo dijera, no lo creería.

▶ **Les subordonnées de concession p. 166**

TRADUCTION ■ Que (conjonction) Q

▷ reprend une autre conjonction → pas de conjonction
- Quand j'ai chaud et **que** je veux un peu d'air, je sors sur la terrasse.
Cuando tengo calor y quiero un poco de fresco, salgo a la terraza.

Regretter

▷ regretter l'absence, la perte de → *echar de menos, echar en falta, añorar*
- Juana **regrette** la mer quand elle est à Paris.
Juana **echa de menos** el mar cuando está en París.
- Nous t'**avons** beaucoup **regretté** pendant notre voyage.
¡Cuánto te **hemos echado en falta** durante nuestro viaje!
- On ne peut pas vivre en **regrettant** toujours le passé.
No se puede vivir siempre **añorando** el pasado.

▷ se repentir → *arrepentirse de, lamentar*
- Est-ce que tu **regrettes** ta décision ?
¿**Lamentas** tu decisión?
- Je ne **regrette** rien.
No me **arrepiento** de nada.

▷ s'excuser → *sentirlo, lamentar*
- La place de Rome, s'il vous plaît ? – Je **regrette**, je ne suis pas du quartier.
—¿La plaza de Roma, por favor? —**Lo siento**, no soy del barrio.
- Nous **regrettons** cet incident et vous prions d'accepter nos excuses.
Lamentamos el incidente y les rogamos que acepten nuestras disculpas.

Rendre

▷ rendre qqch. → *devolver algo*
- Je ne lui **ai** pas encore **rendu** sa perceuse.
Todavía no le **he devuelto** su taladradora.

▷ « faire devenir » → *volver, hacer, poner*
- Autant de travail me **rend** folle.
Tanto trabajo **me vuelve** loca.

363

- Ces situations **le rendent** malade.
  Estas situaciones **lo ponen** enfermo.
- Cet homme **la rend** heureuse.
  Este hombre **la hace** feliz.

▶ **Devenir p. 331**

Rester (demeurer)

▶ « ne pas partir », « ne pas bouger » → *quedarse*

- Nous **resterons** à Bogota cet été.
  Este verano **nos quedaremos** en Bogotá.
- Il **est resté** au lit pendant toute la matinée.
  Se ha quedado en la cama toda la mañana.

▶ « passer du temps à » → *quedarse* ou *pasar(se)* + gérondif

- La nuit, je **reste** à lire jusqu'à très tard.
  Por las noches, **me quedo leyendo** hasta las tantas.
- Ils **restaient** des heures et des heures à regarder les étoiles.
  (Se) pasaban horas y horas **mirando** las estrellas.

▶ « demeurer » → *seguir, seguir siendo, seguir estando*

- Rien n'a changé, tout **est resté** pareil.
  Nada ha cambiado, todo **sigue** igual.
- Es-tu **restée** en contact avec ton ex-mari ?
  ¿Has **seguido** en contacto con tu ex marido?
- Elle **reste** fidèle à elle-même.
  Sigue siendo la misma de siempre.
- Après trente ans de mariage, nous **restons** très amoureux l'un de l'autre.
  Después de treinta años de casados, **seguimos** (estando) muy enamorados.

Rester (il reste)

▶ il reste → *quedar*

- Il nous **reste** cent euros pour finir le mois.
  Nos **quedan** cien euros para acabar el mes.
- Est-ce qu'il **reste** du café ?
  ¿**Queda** café?

▶ il reste + expression temporelle → *faltar* (compte à rebours)

- Il **reste** trois jours d'ici la fin de l'année.
  Faltan tres días de aquí a fin de año.

TRADUCTION ■ **Rester (demeurer)** **R**

> **Notez bien**
> *Quedar* et *faltar* s'accordent avec l'expression qui les suit.

▶ **il reste à + inf.** → *quedar (por) + inf.*

- Tu sais ce qu'il te **reste** à faire.
  Ya sabes lo que te **queda por** hacer.
- J'ai presque fini, il ne me **reste** plus qu'à ranger un peu la chambre.
  Ya casi he acabado, solo me **queda** ordenar un poco la habitación.

> **Notez bien**
> Avec *quedar por* + infinitif, le verbe s'accorde avec le nom sujet qui le suit. Avec *quedar* + infinitif, le verbe est toujours au singulier.
> Il (me) reste deux livres à ranger.
> **(Me) quedan** dos libros **por** colocar.
> Il me reste à lire deux livres.
> **Me queda** leer dos libros.

Réussir

▶ « **avoir du succès** », « **mener à bien** » → *salirle* ou *irle bien algo a alguien, salir adelante*

- Tu as vraiment **réussi** l'omelette !
  ¡Qué **bien** te **ha salido** la tortilla!
- Leurs vacances étaient très **réussies**.
  Les **han ido** muy **bien** las vacaciones.
- Nous voulons tous que nos enfants **réussissent** dans la vie.
  Todos queremos que nuestros hijos **salgan adelante** en la vida.

▶ « **être reçu à un examen** » → *aprobar*

- Cristina a **réussi** son examen de chimie.
  Cristina **ha aprobado** el examen de química.

▶ « **parvenir à** » → *lograr, conseguir*

- Même ses amis ne **réussissent** pas à le comprendre.
  Ni siquiera sus amigos **logran** comprenderlo.
- Elle a **réussi** à dénicher un appartement pas cher dans ce quartier.
  Ha conseguido encontrar un apartamento barato en ese barrio.

▶ « convenir à » → *sentarle bien algo a alguien, convenir, venirle bien*
- Ce régime lui a **réussi**.
  Ese régimen le **ha sentado** muy **bien**.
- Ce climat ne me **réussit** pas.
  Este clima no me **conviene** *ou* no me **viene bien**.

Se souvenir de

▶ *acordarse de algo*
- Tu ne **te souviens** pas de moi ?
  ¿No **te acuerdas** de mí?
- Vous ne vous en **souvenez** pas. Vous étiez trop petits.
  Vosotros no **os acordáis**. Erais demasiado pequeños.
- Il s'est **souvenu** qu'il n'avait pas payé ses impôts.
  Se ha acordado de que no había pagado a Hacienda.

▶ *recordar algo* (plus expressif)
- Je ne **me souviens** que des bons moments de ce voyage.
  Solo **recuerdo** los buenos momentos de aquel viaje.
- Ma grand-mère a beaucoup vieilli. Elle ne **se souvient** pas de nos prénoms.
  Mi abuela está muy mayor. No **recuerda** nuestros nombres.

> **Notez bien**
> Ne confondez pas les deux constructions :
> *recordar algo* et *acordarse de algo*.

▶ Oublier p. 356

Sembler

▶ « paraître » → *parecer, tener (un) aspecto* + adjectif
- Cette enfant **semble** fatiguée. Il faut qu'elle dorme davantage.
  Esta niña **parece** cansada. Tiene que dormir más.
- Ils **semblent** être très amoureux.
  Parecen estar muy enamorados.
- Ce poisson **semble** excellent !
  ¡Ese pescado **tiene un aspecto** estupendo!

▶ **il (me) semble que** → *(me) parece que*
- Il me **semble que** demain les magasins ferment plus tôt.
  Me parece que mañana las tiendas cierran antes.

- Il semble que les deux romanciers **sont** *ou* **soient** amis.
  Parece que los dos novelistas **son** *ou* **sean** amigos.
- Il semble que les gouvernements des deux pays soient parvenus à un accord.
  Parece que los gobiernos de los dos países han llegado a un acuerdo.
- Il ne me semble pas que le restaurant soit fermé.
  No me parece que el restaurante esté cerrado.

Si (conjonction)

▶ si (condition) → *si, como*

- Si Pablo téléphone, dis-lui de rappeler à 20 heures.
  Si llama Pablo, dile que vuelva a llamar a las ocho.
- Si tu ne te dépêches pas, tu vas rater ton train.
  Como no te des prisa, vas a perder el tren.
- S'il le savait, il me l'aurait dit.
  Si lo supiera, me lo habría dicho.
- Si nous l'avions trouvée, nous vous l'aurions rendue.
  Si la hubiésemos encontrado, se la habríamos devuelto.

▶ LES SUBORDONNÉES DE CONDITION P. 164

▶ comme si → *como si* + subj.

- Je le connais comme si je l'avais fait.
  Lo conozco **como si** lo hubiera parido.

▶ si (interrogation indirecte) → *si* + indic.

- On m'a demandé si j'accepterais de travailler le samedi.
  Me han preguntado **si** aceptaría trabajar los sábados.
- Personne ne sait s'il aime la corrida.
  Nadie sabe **si** le gustan los toros.

▶ si (concession) → *si* ou *aunque* + indic.

- Si j'avais le droit de sortir, je n'avais pas pour autant le droit de rentrer à n'importe quelle heure.
  Si *ou* **Aunque** tenía permiso para salir, eso no me daba derecho a volver a cualquier hora.

Si (adverbe)

▶ « aussi » → *tan*

- Le noir te va **si** bien !
  ¡El negro te sienta **tan** bien!
- À quarante ans, il n'est plus **si** jeune.
  Con cuarenta años, ya no es **tan** joven. ▶ AUSSI P. 312

▶ si… que (conséquence) → *tan… que, tan… como para (que)* + inf.

- Elle s'est couchée **si** tard **qu'**elle n'a pas entendu le réveil sonner.
  Se acostó **tan** tarde **que** no oyó sonar el despertador.
- Il n'est pas si riche qu'il puisse s'arrêter de travailler.
  No es **tan** rico **como para** permitirse dejar de trabajar.
  ▶ LES SUBORDONNÉES DE CONSÉQUENCE P. 163

▶ si… que (concession) → *por muy ou mucho… que* + subj.

- **Si** bizarre **que** ça paraisse, je ne l'ai jamais rencontrée.
  Por muy raro que parezca no la he visto nunca.
  ▶ AVOIR BEAU P. 316

Sinon

▶ « sauf » → *excepto, salvo*

- Cette semaine, mon fils n'a aucun jour libre **sinon** le vendredi.
  Esta semana mi hijo no tiene ningún día libre **salvo** *ou* **excepto** el viernes.

▶ « à défaut de » → *si no*

- Soutiens-moi, **sinon** par conviction, au moins par solidarité.
  Apóyame, **si no** por convicción, al menos por solidaridad.

▶ « autrement » → *si no*

- N'oubliez pas de lui rendre les clés, **sinon** il ne pourra pas entrer cette nuit.
  No os olvidéis de devolverle las llaves, **si no** no podrá entrar esta noche.

> **Notez bien**
>
> Ne confondez pas *sino* en un seul mot (« mais ») avec *si no* en deux mots (« sinon »).

▶ MAIS P. 350

Sortir

▶ « aller à l'extérieur d'un lieu » → *salir*

- Je l'ai vue **sortir** du métro.
  La he visto **salir** del metro.

TRADUCTION ■ **Sinon**

- Ils n'ouvrent pas. Ils doivent être **sortis**.
  No abren. Habrán **salido**.
- Avec un bébé, on peut rarement **sortir** le soir.
  Con un bebé no se puede **salir** mucho por la noche.

▶ « mettre dehors » → *sacar(se)*

- Va **sortir** le chien, il devient fou !
  Vete a **sacar** al perro, ¡se está volviendo loco!
- Il **a sorti** un mouchoir de sa poche.
  Se ha sacado un pañuelo del bolsillo.
- Personne ne peut le **sortir** de là.
  No hay quien lo **saque** de ahí.

▶ expressions

- Pedro et María sortent ensemble depuis deux mois.
  Pedro y María **salen juntos** desde hace dos meses.
- Elle vient de sortir son cinquième roman.
  Acaba de **sacar** su quinta novela.
- Je ne m'en sors plus !
  ¡No **doy abasto**!
- Faites-les sortir !
  ¡**Échen**los!

Sous, en dessous

▶ sous + nom concret → *bajo, debajo de*

- Il a oublié sa casquette **sous** un arbre.
  Ha olvidado la gorra **bajo** un árbol.
- J'ai rangé les sacs poubelle **sous** l'évier.
  He puesto las bolsas de basura **debajo de** la pila.

▶ sous + nom abstrait → *bajo*

- Tout est **sous** contrôle.
  Todo está **bajo** control.
- **Sous** des apparences inoffensives, c'était un vrai lion.
  Bajo una apariencia inofensiva, era una verdadera fiera.

▶ dessous, au-dessous → *debajo, abajo*

- Je ne trouve pas mes chaussures. – Regarde là-**dessous**.
  —No encuentro los zapatos. —Mira ahí **debajo**.
- Tu vois ce couple ? Ce sont mes voisins du **dessous**.
  ¿Ves esa pareja? Son mis vecinos de **abajo**.

▶ **en dessous (de)** → *por debajo (de)*
- J'ai dû vendre mon appartement **en dessous de** sa valeur.
  He tenido que vender mi piso **por debajo de** su valor.

Sur, au-dessus

▶ **sur** → *sobre, encima de*
- Le café est **sur** la table de la cuisine.
  El café está **encima de** la mesa de la cocina.
- Pour commencer, pose tes doigts **sur** les touches du piano.
  Para empezar, pon los dedos **sobre** las teclas del piano.

▶ **« à un endroit »** → *en, por*
- Il y a plus d'un million d'espèces animales **sur** la terre.
  Hay más de un millón de especies animales **en** la tierra.
- Tous les matins, je marche une demi-heure **sur** la plage.
  Cada mañana camino media hora **por** la playa.

▶ **« à propos de »** → *sobre*
- Je ne connais rien **sur** ce sujet.
  No sé nada **sobre** ese tema.

▶ **(au-)dessus (de)** → *(por) encima (de), arriba*
- Où sont mes lunettes ? – Tu es assis **dessus**.
  —¿Dónde están mis gafas? —Estás sentado **encima**.
- L'avion est passé **au-dessus des** Pyrénées.
  El avion pasó **por encima de** los Pirineos.
- Il se croit **au-dessus des** lois.
  Se cree que está **por encima de** la ley.
- L'armoire est pleine, mets ta valise **au-dessus**.
  El armario está lleno, deja tu maleta **arriba** *ou* **encima**.

Tel (que)

▶ **un tel / une telle (intensité)** → *tal ou semejante + nom,
article + nom + tal ou semejante*
- Je ressens **un tel** découragement…
  Siento **tal** desánimo…
- D'où sors-tu **une telle** idée ?
  ¿De dónde te sacas **semejante** idea?
- Tu n'a jamais eu **une telle** chance.
  Nunca has tenido una oportunidad **tal** *ou* **semejante**.

TRADUCTION ■ **Tel (que)** **T**

▶ **tel que → *tal y como, así como***

- Après l'accident, la voiture est restée **telle** que tu la vois.
  Después del accidente, el coche se ha quedado **tal y como** lo ves.

▶ **tel quel → *tal cual***

- Elle a trouvé les lits défaits et elle les a laissés **tels quels**.
  Se ha encontrado las camas deshechas y las ha dejado **tal cual**.

> **Notez bien**
> *Tal cual* est invariable.

▶ **un tel / une telle → *fulano, fulanito***

- J'ai rencontré **un tel**.
  He visto a **fulanito**.

Toujours

▶ **« constamment » → *siempre***

- La porte de son bureau est **toujours** ouverte.
  La puerta de su despacho está **siempre** abierta.

▶ **« encore » → *seguir* + gérondif, *todavía, aún***

- Tu vois **toujours** María ?
  ¿**Sigues viendo** a María?
- Il attend **toujours** ta réponse.
  Aún está esperando tu respuesta.

▶ **« quand même » → *de todos modos, igual***

- On est un peu débordés en ce moment, mais appelle **toujours**…
  Estamos un poco liados en este momento, pero llámanos **de todos modos** *ou* **igual** llámanos. [Américain]

▶ **toujours est-il que → *el caso es que, lo cierto es que***

- **Toujours est-il que** Federico est parti de chez ses parents.
  El caso es que Federico se ha ido de casa de sus padres.

Très

▶ **très → *muy* + adjectif, base de l'adjectif + *-ísimo***

- Elle est **très** indépendante.
  Es **muy** independiente.

- Tu es **très** beau aujourd'hui !
  ¡Estás **guapísimo** hoy!

> **Notez bien**
> Il existe des superlatifs irréguliers.
> Sa femme est toujours très aimable.
> Su mujer es siempre **muy amable** *ou* **amabilísima**.
> Cette église est ancienne, très ancienne.
> Esa iglesia es antigua, **antiquísima**.

◗ très très → *muy muy, re-, requete-, super-* (familier)

- Hmm ! Ce dîner était **très très** bon !
  ¡Mmm! ¡Qué cena tan **requetebuena**!
- Il est **très très** fatigué.
  Está **supercansado**.

▶ **Les superlatifs p. 64**

Venir (de)

◗ venir (mouvement) → *venir a*

- Ils **viennent** en Europe deux fois par an.
  Vienen a Europa dos veces al año.

> **Notez bien**
> « Venir en » + nom de lieu se dit toujours *venir a*.

- Tu **viens** chez nous ce soir ?
  ¿**Vienes a** casa esta noche?
- Ils **venaient** toujours se balader dans cette forêt.
  Siempre **venían a** pasear por este bosque.

> **Notez bien**
> *Venir* s'utilise uniquement en espagnol pour un déplacement vers le lieu où se trouve la personne qui parle. *Ir* s'utilise dans les autres cas. Cela ne correspond pas toujours au français.
> Tu es déjà chez toi ? Tu veux que je vienne t'aider ?
> ¿Ya estás en tu casa? ¿Quieres que **vaya** a ayudarte?
> Maman ! – Oui, un instant, je viens !
> —¡Mamá! —Sí, un momento, ¡ya **voy**!

◗ venir de + inf. → *acabar de* + inf.

- Elle **vient de** partir à l'instant.
  Acaba de irse ahora mismo.
- Je **venais** d'avoir 20 ans.
  Acababa de cumplir 20 años.

TRADUCTION ■ Venir (de) **V**

Voici, voilà

▶ **présente un objet, une personne, un élément du discours** → *este es, aquí está, he aquí* (soutenu)

- Voici enfin l'été !
  ¡Aquí está ya el verano!
- Voici ma fille.
  Esta es mi hija.
- Voici la raison de son refus.
  He aquí la razón de su negativa.

▶ **indique un état** → *estar ya, tener ahí*

- Te **voilà** revenue.
  Ya estás de vuelta.
- Le **voilà** encore fâché !
  ¡Ahí lo tienes enfadado otra vez!

▶ **indique une durée** → *hacer ya + expression de durée*

- **Voilà** trois ans que nous habitons cette maison.
  Hace ya tres años que vivimos en esta casa.

▶ **voilà (conclusion)** → *nada más, ¡(y) punto!, ¡y no se hable más!, ¡eso es todo!*

- Je voulais seulement te faire plaisir. **Voilà**.
  Solo quería agradarte. **Nada más** *ou* **Eso es todo**.
- Tu vas aider ton père cet après-midi. Et **voilà**.
  Vas a ayudar a tu padre esta tarde. **Y punto** *ou* **Y no se hable más**.

Votre, vôtre

▶ **correspondant à** *vosotros* → *vuestro(s) / vuestra(s)*

- Je viens de voir **vos** filles qui traversaient la rue.
  Acabo de ver a **vuestras** hijas cruzando la calle.
- Ana, Lola, avez-vous déconnecté **vos** portables ?
  Ana, Lola, ¿habéis desconectado **vuestros** móviles?

▶ **correspondant à** *usted / ustedes* → *su(s), suyo(s) / suya(s)*

- Monsieur, vous oubliez **votre** portefeuille.
  Señor, se olvida **su** cartera.
- **Vos** clefs, s'il vous plaît.
  Sus llaves, por favor.

- Excusez-moi, je crois que cette place n'est pas la **vôtre**.
  Disculpe, pero creo que este asiento no es el **suyo**.

> **Notez bien**
>
> *Su(s)/suyo(s)/suya(s)* servent aussi à indiquer la possession avec la 3ᵉ personne.
> Je n'ai pas vu sa maison. [la maison de Marie]
> Je n'ai pas vu votre maison.
> No he visto **su** casa.

▶ Les possessifs p. 35
▶ Les formes américaines p. 378

Vouloir

▶ désirer, souhaiter, exiger → *querer*

- Elle **voulait** un VTT pour son anniversaire.
  Quería una bicicleta de montaña para su cumpleaños.
- Je ne **veux** pas te déranger.
  No **quiero** molestarte.
- Je **veux** que tu sois là à cinq heures précises.
  Quiero que estés aquí a las cinco en punto.

▶ je voudrais (demande polie) → *quería, quisiera, querría*

- Je **voudrais** deux baguettes et un croissant.
  Quería dos barras de pan y un cruasán.
- Cet été nous **voudrions** louer un gîte rural.
  Este verano **quisiéramos** alquilar una casa rural.
- Je ne **voudrais** pas qu'elle se fâche.
  No **querría** que se enfadara.

▶ L'imparfait p. 82, 91 et 98

Vous

▶ tutoiement pluriel → *vosotros*

- Tu sais quand **vous** arriverez ?
  ¿Sabes cuándo llegaréis **vosotros** ?

▶ vouvoiement singulier → *usted*

- Pouvez-**vous** fermer en sortant, M. Ibáñez, s'il vous plaît ?
  ¿Puede **usted** cerrar al salir, Sr. Ibáñez, por favor ?

TRADUCTION ■ **Vouloir** · V

▶ **vouvoiement pluriel → ustedes**

- Chers clients, **vous** trouverez tous les articles pour la plage au rayon « bain ».
  Estimados clientes: encontrarán **ustedes** todos los artículos para la playa en la sección de baño.

  ► LES PRONOMS PERSONNELS P. 55
  ► LES FORMES AMÉRICAINES P. 378
  ► CONJUGAISON P. 385-419

Y (adverbe ou pronom)

▶ **« ici » / « là » / « là-bas » → aquí / ahí / allí ou en él / en ella**

- J'y suis, j'y reste.
  Aquí estoy, **aquí** me quedo.
- Où est la salle 220 ? – Vous y êtes.
  —¿Dónde está el aula 220? —Está usted **en ella.**
- Nous y allons en vacances depuis dix ans.
  Vamos **allí** de vacaciones desde hace diez años.

> **Notez bien**
>
> Avec *ir*, le complément de lieu est souvent omis.
> Vas-y demain.
> Ve mañana.
> J'y vais tous les jours.
> Voy todos los días.

▶ **« à » + nom → préposition (selon le verbe) + pronom, pronom**

- Il y pense sans arrêt.
  Piensa **en ello** todo el tiempo.
- Pourquoi y as-tu renoncé ?
  ¿Por qué has renunciado **a ello**?
- N'y touche pas, c'est fragile.
  No **lo** toques, es frágil.

▶ **expressions**

y compris	Nous y voilà !
incluido(s)/incluida(s)	¡Ya estamos!

► IL Y A P. 348

Faux amis

batir : battre
(unas) cadenas : (des) chaînes
(un) clavel : (un) œillet
colar : filtrer
constipado : enrhumé
(la) concurrencia : (l')assistance
demandar : poursuivre en justice
después : après
discutir : se disputer
(una) década : (une) décennie
abrazar : serrer dans ses bras
embarazada : enceinte
enfermar : tomber malade
entender : comprendre
(una) inversión :
(un) investissement/(une) inversion
largo : long
meter : mettre
[seulement dans le sens d'introduire]
(un) nombre : (un) nom, (un) prénom
partir : diviser [aussi partir]
(un) placer : un plaisir
por (lo) tanto : par conséquent
prender : allumer
pues : donc, eh bien
quitar : enlever
raro : bizarre
restar : soustraire
salir : sortir
(un) sillón : (un) fauteuil
soñar : rêver
(el) sol : (le) soleil
(una) sombra : (une) ombre
subir : monter
tanto : tant, autant, tellement
volar : voler [avec des ailes]
(la) espalda : (le) dos
(un) equipaje : (des) bagages

bâtir : construir
(un) cadenas : (un) candado
(un) clavier : (un) teclado
coller : pegar (con pegamento)
constipé : estreñido
(la) concurrence : (la) competencia
demander : pedir, preguntar
depuis : desde (hace)
discuter : hablar
(une) décade : (un) periodo de 10 días
embrasser : besar, abarcar
embarrassé : molesto, confuso
enfermer : encerrar
entendre : oír
(une) inversion : (una) inversión

large : ancho
mettre [autres sens] : poner

(un) nombre : (un) número
partir : irse
placer : poner, colocar
pourtant : sin embargo
prendre : coger, agarrar
puis : después
quitter : dejar
rare : escaso
rester : quedarse
salir : ensuciar
(un) sillon : (un) surco
soigner : cuidar
(le) sol : (el) suelo
sombre : oscuro
subir : sufrir
tantôt : unas veces
voler [dérober] : robar
(l')épaule : el hombro
(l')équipage : (la) tripulación

TRADUCTION ■ Faux amis

L'espagnol en Espagne et en Amérique

L'espagnol est langue officielle dans 21 pays. Il est parlé par plus de 500 millions de locuteurs. Des différences de prononciation, de grammaire et lexicales, surtout, existent entre les divers dialectes de l'espagnol parlés dans la péninsule et dans le continent américain.

Ces différences sont dues au développement historique : l'espagnol américain possède de nombreux traits des dialectes méridionaux péninsulaires et a subi une influence des langues amérindiennes (le nahuatl, le maya, le quéchua, le guarani...).

Les hispanophones se comprennent tout en parlant des dialectes partiellement différents. Par ailleurs, certains dialectes d'Espagne, tels l'andalou et le canarien, sont plus proches des dialectes américains que du « castillan », parlé dans le centre-nord de la péninsule.

Prononciation

Le son [θ] se confond avec [s] en Andalousie, dans les Canaries et en Amérique : *corazón* [korasón]. On parle alors de ***seseo***. Par ailleurs, le [s] américain ressemble au [s] français. En revanche, le [s] castillan est légèrement chuintant.

Le son [x] se prononce aspiré [h] en Andalousie, dans les Canaries, les Antilles, l'Amérique Centrale, en Colombie... : *caja* [káxa] ou [káha].

L'aspiration de -*s* en fin de syllabe ou en fin de mot est très fréquente en Uruguay, au Chili, à Cuba... Elle disparaît sur les côtes de Colombie ou du Vénézuela, à Saint Domingue ou Porto Rico.
Pour un même mot, on peut donc entendre (parfois chez un même locuteur) : *amigos* [amíɣos], [amíɣoh] ou [amíɣo] .

La plupart des hispanophones prononcent de la même façon *y* et *ll*. La prononciation de [j] (écrit *y* ou *ll*) ressemble en Argentine et en Uruguay à celle d'un *j* français [ʒ]. À Montevideo et Buenos Aires, elle tend actuellement à se rapprocher du *ch* français [ʃ] : *yo* [ʒó] ou [ʃó], *llamó* [ʒamó] ou [ʃamó].

■ Différences grammaticales

▶ Pour le tutoiement au singulier, on emploie *tú*, comme en Espagne, aux Antilles, au Mexique, au Pérou et dans le sud de la Bolivie. Ailleurs, on a recours au *voseo*, exclusivement ou en alternance avec *tú*.

- ¿**Tú tienes** dinero para pagar esto? [Espagne]
  ¿**Vos tenés** plata para pagar esto? [Amérique]
  Tu as de l'argent pour payer ça ?

- No **pienses** más en eso. [Espagne]
  No **pensés** más en eso. [Amérique]
  N'y pense plus.

▶ **Pronoms personnels p. 54**
▶ **Conjugaison p. 385-419**

▶ Pour la deuxième personne du pluriel, on a la possibilité en Espagne de tutoyer avec *vosotros* + verbe à la 2ᵉ personne du pluriel ou de vouvoyer avec *ustedes* + verbe à la 3ᵉ personne du pluriel. **Partout en Amérique et dans les Canaries**, seul le pronom *ustedes* est employé pour tutoyer ou vouvoyer indistinctement.

- Chicos, venid conmigo.
  [tutoiement pluriel en Espagne]

- Muchachos, vengan conmigo.
  [tutoiement pluriel en Amérique]
  Les gars, venez avec moi.

▶ **Pronoms personnels p. 54**
▶ **Conjugaison p. 385-419**

▶ De manière générale, le passé composé s'emploie en Espagne pour une période de temps qui relève encore du présent du locuteur (voir p. 86).
En Amérique, le passé simple peut aussi avoir cette valeur.

- Se **han divorciado** este año. / Se divorciaron el año pasado.
  [Espagne]
  Se **divorciaron** este año / el año pasado.
  [Amérique]
  Ils ont divorcé cette année / l'année dernière.

▶ En Amérique, le passé composé exprime une action qui a lieu ou peut avoir lieu à d'autres reprises, le passé simple exprime une action terminée qui ne peut plus se produire.

- El nadador **ganó** dos medallas de oro.
  Le nageur a gagné deux médailles d'or.
  [Il ne pourra plus en gagner : il est à la retraite.]

- El nadador **ha ganado** dos medallas de oro.
  Le nageur a gagné deux médailles d'or.
  [Il peut en gagner d'autres.]

Traduction ■ **L'espagnol en Espagne et en Amérique**

▮ Lexique

Les différences de vocabulaire entre l'Espagne et l'Amérique sont de trois types : termes abandonnés en Espagne mais conservés en Amérique, termes techniques de la navigation qui ont pris un sens général en Amérique, et emprunts spécifiques d'Amérique aux langues amérindiennes et à l'anglais, principalement.

Amérique	Espagne	
el acuerdo	la reunión	la réunion
alzar	recoger	ramasser
avante	adelante	en avant
un bajío	un arroyo	un ruisseau
un boleto	un billete	un ticket
botar	tirar	jeter
bravo	enfadado	fâché
los cachetes	las mejillas	les joues
la candela	la lumbre	le feu (du foyer)
el carro	el coche	la voiture
un chancho	un cerdo	un cochon
correr	echar	renvoyer
la chequera	el talonario	le carnet de chèques
un chícharo	un guisante	un petit pois
demorar, dilatar	tardar	avoir du retard
un durazno	un melocotón	une pêche
una estampilla	un sello	un timbre postal
una frazada	una manta	une couverture
un frijol	una judía	un haricot
un jugo	un zumo	un jus de fruits
la licencia	el carné	le permis de conduire
lindo	bonito	mignon
la manzana	la nuez	la pomme d'Adam
manejar	conducir	conduire
la papa	la patata	la pomme de terre
pararse	ponerse de pie	se mettre debout
una pieza	una habitación	une chambre
la placa	la matrícula	la plaque d'immatriculation
la plata	el dinero	l'argent
una pollera	una falda	une jupe
recordarse	despertarse	se réveiller
el tanque	el depósito	le réservoir
una valija	una maleta	une valise
la vitrina	el escaparate	la vitrine
zonzo	tonto	stupide

	Amérique	Espagne
catar	voir, examiner	goûter
navegar	souffrir	naviguer
un pasajero	un voyageur	un passager

Les diminutifs

▶ L'emploi des suffixes diminutifs est assez courant et peut, outre la notion de petitesse, exprimer l'affectivité ou servir à la persuasion quand il accompagne une demande, ou encore être une marque de politesse.

- Laura colecciona cajitas.
  Laura collectionne de petites boîtes. [petitesse]
- ¡Qué comidita tan buena!
  Quel bon petit repas! [affectivité]
- Juanillo, guapo, ¿me echas una mano?
  Juan chéri, peux-tu me donner un coup de main? [affectivité persuasive]
- Espere un momentito.
  Attendez un petit instant. [marque de politesse]

▶ Il existe plusieurs suffixes diminutifs, leur variation dépendant des régions (*-ito*, *-illo*, *-ico*, *-ete*, *-iño*). Le plus général en Espagne et en Amérique est *-ito(s)/-a(s)* : *árbol* (arbre) ➔ *arbolito*.

Ce suffixe diminutif peut prendre les formes *-cito(s)/-a(s)* et *-ecito(s)/-a(s)* : *hombre* (homme) ➔ *hombrecito*, *mujer* (femme) ➔ *mujercita*, *tren* (train) ➔ *trenecito*.

Certains noms ont plusieurs formes diminutives : *cafecito*, *cafetito*, *cafelito*.

▶ Les suffixes diminutifs s'appliquent aussi à certains adjectifs et à un petit groupe d'adverbes et de gérondifs.

solito : tout seul lueguito : plus tard
prontito : tôt callandito : en silence

En Amérique

L'emploi des diminutifs est particulièrement fréquent dans la langue parlée. Certaines formes sont typiquement américaines, comme les appellatifs *mamacita* (maman), *mijito* (de *mi hijo*, mon fils) ou les adverbes *adiosito* (au revoir) ou *ahorita* (maintenant). *Ahora* est fréquent aussi avec un double suffixe diminutif (*ahoritita/ahoritica*), que l'on retrouve dans d'autres formes comme *chiquitico* ou *hijitico*. Les habitants du Costa Rica utilisant très souvent ce type de diminutifs doubles, on les appelle les « Ticos ».

▶ Il existe aussi des suffixes augmentatifs, dont le plus fréquent est *-azo*.

- En este momento, tengo un trabajazo increíble.
  En ce moment j'ai un travail monstrueux.
- ¡Qué calorazo!
  Quelle grosse chaleur!

TRADUCTION ■ **Les diminutifs**

Verbes et adjectifs + préposition

▶ **Verbes + préposition ou Ø**

avoir confiance en : fiarse de / confiar en
avoir le goût de : saber a
  [Ça a le goût du citron. *Sabe a limón.*]
augmenter de : aumentar (en)
  [Leurs ventes ont augmenté de 40 %. *Sus ventas han aumentado (en) un 40 %.*]
commencer à / de : empezar a
compter sur : contar con
concerner Ø : concernir a
convenir de : acordar Ø / quedar en
croiser Ø : cruzarse con
  [J'ai croisé Marta. *Me he cruzado con Marta.*]
décider de : decidir Ø
dire au revoir à : despedirse de
donner sur : dar a
  [Mon bureau donne sur le jardin. *Mi despacho da al jardín.*]
diminuer de : disminuir (en)
  [Le chômage a diminué de 20 %. *El paro ha disminuido (en) un 20 %.*]
enregistrer sur : grabar en
finir par : acabar por
fréquenter Ø : alternar con / mezclarse con
fuir Ø : huir de
garder Ø : quedarse con
grossir de (kilos) : engordar Ø
  [J'ai grossi de 3 kg. *He engordado 3 kg.*]
influencer Ø : influir en
insister sur : insistir en
maigrir de (kilos) : adelgazar Ø
  [Il a maigri de 10 kg. *Ha adelgazado 10 kg.*]
oser Ø : atreverse a
participer à : participar en
penser à : pensar en
permettre de : permitir Ø
précéder Ø : preceder a
refuser de : negarse a
rencontrer Ø : encontrarse con
rêver de : soñar con
s'approcher de : acercarse a
s'asseoir sur : sentarse en
s'efforcer de : esforzarse en / por
s'entêter à : empeñarse en
s'inquiéter de : preocuparse por
s'intéresser à : interesarse en / por

satisfaire à : cumplir con
se contenter de : contentarse con / conformarse con
se déguiser en : disfrazarse de
se fâcher contre / avec : enfadarse con
se fonder sur : basarse en / fundarse en
se mêler de : meterse en
se promener dans : pasearse por
se rendre compte que : darse cuenta de que
   [Je me suis rendu compte qu'il était impatient.
   Me he dado cuenta de que estaba impaciente.]
se satisfaire de : contentarse con
sentir Ø (une odeur) : oler a
   [Ça sent la lavande. Huele a lavanda.]
suffire de : bastar con
tarder à : tardar en
tenir (une promesse, un objectif...) : cumplir con
tomber sur : dar con
traduire en : traducir a
travailler comme : estar de / hacer de / trabajar de
   [Il travaille comme secouriste. Está de / Hace de / Trabaja de socorrista.]
trébucher sur : tropezar con / contra

▶ Adjectifs + préposition ou Ø

accroché à : colgado de / en
amateur de : aficionado a
comparé à : comparado con
conforme à : conforme con
curieux de : curioso por
fou de : loco por
   [Je suis folle de lui. Estoy loca por él.]
habile à : hábil en / con
impatient de : impaciente por / de
impossible à : imposible de
   [impossible à installer : imposible de instalar]
   mais
   [Il est impossible de le savoir. Es imposible saberlo.]
intéressé à / par : interesado en / por
long à : largo de
obligé à / de : obligado a
passionné de : apasionado por
proche de : cercano a

Conjugaison

Abréviations utilisées

pers. : personne
sing. : singulier
plur. : pluriel

CONJUGAISON — Les verbes en Espagne et en Amérique

Les verbes en Espagne et en Amérique

La conjugaison présente quelques différences entre l'Espagne et l'Amérique.

▶ La 2ᵉ personne du singulier en Amérique

De nombreuses régions américaines (Argentine, Uruguay, Paraguay, Amérique Centrale...) ont recours au **voseo** pour exprimer la 2ᵉ personne du singulier : le pronom *vos* s'emploie à la place du pronom *tú*, et il est suivi dans certains pays d'une forme verbale spéciale à l'indicatif présent et à l'impératif. Comparez :

tú cantas [Espagne]   ≠   vos cantás [Amérique] : tu chantes
canta (tú) [Espagne]   ≠   cantá (vos) [Amérique] : chante

Ces variantes vous sont indiquées systématiquement dans les tableaux qui suivent.

▶ Usted

On emploie en Espagne comme en Amérique *usted* + 3ᵉ personne du singulier pour le vouvoiement.

▶ Ustedes

En Espagne, *ustedes* + 3ᵉ personne de pluriel s'utilise pour vouvoyer un interlocuteur pluriel. En Amérique, la 2ᵉ personne du pluriel s'exprime toujours avec *ustedes*, *vosotros* et la forme verbale correspondante ne s'emploient jamais.

▶ **Pronoms possessifs et personnels p. 35 et 54**

Haber, ser et estar ▸ TENER, TABLEAU 31

1 Haber (avoir)

▶ Formes non personnelles

	SIMPLES	COMPOSÉES
infinitif	haber	haber habido
gérondif	habiendo	habiendo habido
participe	habido	

▶ Indicatif

	PRÉSENT *	IMPARFAIT	PASSÉ SIMPLE
yo	he	había	hube
tú	has	habías	hubiste
él, ella	ha	había	hubo
nosotros	hemos	habíamos	hubimos
vosotros	habéis	habíais	hubisteis
ellos, ellas	han	habían	hubieron

* En Amérique, 2e pers. sing. : *tú has* ou *vos has*.

	FUTUR	CONDITIONNEL
yo	habré	habría
tú	habrás	habrías
él, ella	habrá	habría
nosotros	habremos	habríamos
vosotros	habréis	habríais
ellos, ellas	habrán	habrían

Formes composées
Passé composé : *he habido*…
Plus-que-parfait : *había habido*…
Passé antérieur : *hube habido*…
Futur antérieur : *habré habido*…
Conditionnel passé : *habría habido*…

CONJUGAISON ◼ *Haber* (avoir)

▶ Subjonctif

	PRÉSENT	IMPARFAIT
yo	haya	hubiera *ou* hubiese
tú	hayas	hubieras *ou* hubieses
él, ella	haya	hubiera *ou* hubiese
nosotros	hayamos	hubiéramos *ou* hubiésemos
vosotros	hayáis	hubierais *ou* hubieseis
ellos, ellas	hayan	hubieran *ou* hubiesen

Formes composées
Passé composé : *haya habido…*
Plus-que-parfait : *hubiera* ou *hubiese habido…*

▶ Impératif

PRÉSENT *
he (tú)
habed (vosotros)
* En Amérique, 2ᵉ pers. sing. : *he (tú)* ou *he (vos)*.

387

2 Ser (être)

Formes non personnelles

	SIMPLES	COMPOSÉES
infinitif	ser	haber sido
gérondif	siendo	habiendo sido
participe	sido	

Indicatif

	PRÉSENT *	PASSÉ COMPOSÉ
yo	soy	he sido
tú	eres	has sido
él, ella	es	ha sido
nosotros	somos	hemos sido
vosotros	sois	habéis sido
ellos, ellas	son	han sido

* En Amérique, 2ᵉ pers. sing. : *tú eres* ou *vos sos*.

	IMPARFAIT	PLUS-QUE-PARFAIT
yo	era	había sido
tú	eras	habías sido
él, ella	era	había sido
nosotros	éramos	habíamos sido
vosotros	erais	habíais sido
ellos, ellas	eran	habían sido

	PASSÉ SIMPLE	PASSÉ ANTÉRIEUR
yo	fui	hube sido
tú	fuiste	hubiste sido
él, ella	fue	hubo sido
nosotros	fuimos	hubimos sido
vosotros	fuisteis	hubisteis sido
ellos, ellas	fueron	hubieron sido

	FUTUR	FUTUR ANTÉRIEUR
yo	seré	habré sido
tú	serás	habrás sido
él, ella	será	habrá sido
nosotros	seremos	habremos sido
vosotros	seréis	habréis sido
ellos, ellas	serán	habrán sido

	CONDITIONNEL	CONDITIONNEL PASSÉ
yo	sería	habría sido
tú	serías	habrías sido
él, ella	sería	habría sido
nosotros	seríamos	habríamos sido
vosotros	seríais	habríais sido
ellos, ellas	serían	habrían sido

CONJUGAISON — *Ser* (être)

> ## Subjonctif

	PRÉSENT		PASSÉ COMPOSÉ
yo	sea		haya sido
tú	seas		hayas sido
él, ella	sea		haya sido
nosotros	seamos		hayamos sido
vosotros	seáis		hayáis sido
ellos, ellas	sean		hayan sido

	IMPARFAIT	PLUS-QUE-PARFAIT
yo	fuera *ou* fuese	hubiera *ou* hubiese sido
tú	fueras *ou* fueses	hubieras *ou* hubieses sido
él, ella	fuera *ou* fuese	hubiera *ou* hubiese sido
nosotros	fuéramos *ou* fuésemos	hubiéramos *ou* hubiésemos sido
vosotros	fuerais *ou* fueseis	hubierais *ou* hubieseis sido
ellos, ellas	fueran *ou* fuesen	hubieran *ou* hubiesen sido

> ## Impératif

PRÉSENT *
sé (tú)
sed (vosotros)
* En Amérique, 2ᵉ pers. sing. : sé *(tú)* ou sé *(vos)*.

3 Estar (être)

▶ Formes non personnelles

	SIMPLES	COMPOSÉES
infinitif	estar	haber estado
gérondif	estando	habiendo estado
participe	estado	

▶ Indicatif

	PRÉSENT *	PASSÉ COMPOSÉ
yo	estoy	he estado
tú	estás	has estado
él, ella	está	ha estado
nosotros	estamos	hemos estado
vosotros	estáis	habéis estado
ellos, ellas	están	han estado

* En Amérique, 2ᵉ pers. sing. : *tú estás* ou *vos estás*.

	IMPARFAIT	PLUS-QUE-PARFAIT
yo	estaba	había estado
tú	estabas	habías estado
él, ella	estaba	había estado
nosotros	estábamos	habíamos estado
vosotros	estabais	habíais estado
ellos, ellas	estaban	habían estado

	PASSÉ SIMPLE	PASSÉ ANTÉRIEUR
yo	estuve	hube estado
tú	estuviste	hubiste estado
él, ella	estuvo	hubo estado
nosotros	estuvimos	hubimos estado
vosotros	estuvisteis	hubisteis estado
ellos, ellas	estuvieron	hubieron estado

	FUTUR	FUTUR ANTÉRIEUR
yo	estaré	habré estado
tú	estarás	habrás estado
él, ella	estará	habrá estado
nosotros	estaremos	habremos estado
vosotros	estaréis	habréis estado
ellos, ellas	estarán	habrán estado

	CONDITIONNEL	CONDITIONNEL PASSÉ
yo	estaría	habría estado
tú	estarías	habrías estado
él, ella	estaría	habría estado
nosotros	estaríamos	habríamos estado
vosotros	estaríais	habríais estado
ellos, ellas	estarían	habrían estado

CONJUGAISON ▪ *Estar* (être)

▶ **Subjonctif**

	PRÉSENT	PASSÉ COMPOSÉ
yo	esté	haya estado
tú	estés	hayas estado
él, ella	esté	haya estado
nosotros	estemos	hayamos estado
vosotros	estéis	hayáis estado
ellos, ellas	estén	hayan estado

	IMPARFAIT	PLUS-QUE-PARFAIT
yo	estuviera *ou* estuviese	hubiera *ou* hubiese estado
tú	estuvieras *ou* estuvieses	hubieras *ou* hubieses estado
él, ella	estuviera *ou* estuviese	hubiera *ou* hubiese estado
nosotros	estuviéramos *ou* estuviésemos	hubiéramos *ou* hubiésemos estado
vosotros	estuvierais *ou* estuvieseis	hubierais *ou* hubieseis estado
ellos, ellas	estuvieran *ou* estuviesen	hubieran *ou* hubiesen estado

▶ **Impératif**

PRÉSENT *
está (tú)
estad (vosotros)

* En Amérique, 2ᵉ pers. sing. : *está (tú)* ou *está (vos)*.

Verbes réguliers

4 Amar (aimer) : 1ᵉʳ groupe

▸ Formes non personnelles

	SIMPLES	COMPOSÉES
infinitif	amar	haber amado
gérondif	amando	habiendo amado
participe	amado	

▸ Indicatif

	PRÉSENT *	PASSÉ COMPOSÉ
yo	amo	he amado
tú	amas	has amado
él, ella	ama	ha amado
nosotros	amamos	hemos amado
vosotros	amáis	habéis amado
ellos, ellas	aman	han amado

* En Amérique, 2ᵉ pers. sing. : *tú amas* ou *vos amás*.

	IMPARFAIT	PLUS-QUE-PARFAIT
yo	amaba	había amado
tú	amabas	habías amado
él, ella	amaba	había amado
nosotros	amábamos	habíamos amado
vosotros	amabais	habíais amado
ellos, ellas	amaban	habían amado

	PASSÉ SIMPLE	PASSÉ ANTÉRIEUR
yo	amé	hube amado
tú	amaste	hubiste amado
él, ella	amó	hubo amado
nosotros	amamos	hubimos amado
vosotros	amasteis	hubisteis amado
ellos, ellas	amaron	hubieron amado

	FUTUR	FUTUR ANTÉRIEUR
yo	amaré	habré amado
tú	amarás	habrás amado
él, ella	amará	habrá amado
nosotros	amaremos	habremos amado
vosotros	amaréis	habréis amado
ellos, ellas	amarán	habrán amado

CONJUGAISON ■ *Amar* (aimer) : 1er groupe

	CONDITIONNEL	CONDITIONNEL PASSÉ
yo	amaría	habría amado
tú	amarías	habrías amado
él, ella	amaría	habría amado
nosotros	amaríamos	habríamos amado
vosotros	amaríais	habríais amado
ellos, ellas	amarían	habrían amado

▶ Subjonctif

	PRÉSENT	PASSÉ COMPOSÉ
yo	ame	haya amado
tú	ames	hayas amado
él, ella	ame	haya amado
nosotros	amemos	hayamos amado
vosotros	améis	hayáis amado
ellos, ellas	amen	hayan amado

	IMPARFAIT	PLUS-QUE-PARFAIT
yo	amara *ou* amase	hubiera *ou* hubiese amado
tú	amaras *ou* amases	hubieras *ou* hubieses amado
él, ella	amara *ou* amase	hubiera *ou* hubiese amado
nosotros	amáramos *ou* amásemos	hubiéramos *ou* hubiésemos amado
vosotros	amarais *ou* amaseis	hubierais *ou* hubieseis amado
ellos, ellas	amaran *ou* amasen	hubieran *ou* hubiesen amado

▶ Impératif

PRÉSENT *

ama (tú)
amad (vosotros)

* En Amérique, 2e pers. sing. : *ama (tú)* ou *amá (vos)*.

5 *Beber* (boire) : 2ᵉ groupe

▸ Formes non personnelles

	SIMPLES	COMPOSÉES
infinitif	beber	haber bebido
gérondif	bebiendo	habiendo bebido
participe	bebido	

▸ Indicatif

	PRÉSENT *	PASSÉ COMPOSÉ
yo	bebo	he bebido
tú	bebes	has bebido
él, ella	bebe	ha bebido
nosotros	bebemos	hemos bebido
vosotros	bebéis	habéis bebido
ellos, ellas	beben	han bebido

* En Amérique, 2ᵉ pers. sing. : *tú bebes* ou *vos bebés*.

	IMPARFAIT	PLUS-QUE-PARFAIT
yo	bebía	había bebido
tú	bebías	habías bebido
él, ella	bebía	había bebido
nosotros	bebíamos	habíamos bebido
vosotros	bebíais	habíais bebido
ellos, ellas	bebían	habían bebido

	PASSÉ SIMPLE	PASSÉ ANTÉRIEUR
yo	bebí	hube bebido
tú	bebiste	hubiste bebido
él, ella	bebió	hubo bebido
nosotros	bebimos	hubimos bebido
vosotros	bebisteis	hubisteis bebido
ellos, ellas	bebieron	hubieron bebido

	FUTUR	FUTUR ANTÉRIEUR
yo	beberé	habré bebido
tú	beberás	habrás bebido
él, ella	beberá	habrá bebido
nosotros	beberemos	habremos bebido
vosotros	beberéis	habréis bebido
ellos, ellas	beberán	habrán bebido

	CONDITIONNEL	CONDITIONNEL PASSÉ
yo	bebería	habría bebido
tú	beberías	habrías bebido
él, ella	bebería	habría bebido
nosotros	beberíamos	habríamos bebido
vosotros	beberíais	habríais bebido
ellos, ellas	beberían	habrían bebido

CONJUGAISON ■ *Beber* (boire) : 2ᵉ groupe

▶ Subjonctif

	PRÉSENT	PASSÉ COMPOSÉ
yo	beba	haya bebido
tú	bebas	hayas bebido
él, ella	beba	haya bebido
nosotros	bebamos	hayamos bebido
vosotros	bebáis	hayáis bebido
ellos, ellas	beban	hayan bebido

	IMPARFAIT	PLUS-QUE-PARFAIT
yo	bebiera *ou* bebiese	hubiera *ou* hubiese bebido
tú	bebieras *ou* bebieses	hubieras *ou* hubieses bebido
él, ella	bebiera *ou* bebiese	hubiera *ou* hubiese bebido
nosotros	bebiéramos *ou* bebiésemos	hubiéramos *ou* hubiésemos bebido
vosotros	bebierais *ou* bebieseis	hubierais *ou* hubieseis bebido
ellos, ellas	bebieran *ou* bebiesen	hubieran *ou* hubiesen bebido

▶ Impératif

PRÉSENT *
bebe (tú)
bebed (vosotros)
* En Amérique, 2ᵉ pers. sing. : bebe (tú) ou bebé (vos).

6 Vivir (vivre) : 3ᵉ groupe

▸ Formes non personnelles

	SIMPLES	COMPOSÉES
infinitif	vivir	haber vivido
gérondif	viviendo	habiendo vivido
participe	vivido	

▸ Indicatif

	PRÉSENT*	PASSÉ COMPOSÉ
yo	vivo	he vivido
tú	vives	has vivido
él, ella	vive	ha vivido
nosotros	vivimos	hemos vivido
vosotros	vivís	habéis vivido
ellos, ellas	viven	han vivido

* En Amérique, 2ᵉ pers. sing. : *tú vives* ou *vos vivís*.

	IMPARFAIT	PLUS-QUE-PARFAIT
yo	vivía	había vivido
tú	vivías	habías vivido
él, ella	vivía	había vivido
nosotros	vivíamos	habíamos vivido
vosotros	vivíais	habíais vivido
ellos, ellas	vivían	habían vivido

	PASSÉ SIMPLE	PASSÉ ANTÉRIEUR
yo	viví	hube vivido
tú	viviste	hubiste vivido
él, ella	vivió	hubo vivido
nosotros	vivimos	hubimos vivido
vosotros	vivisteis	hubisteis vivido
ellos, ellas	vivieron	hubieron vivido

	FUTUR	FUTUR ANTÉRIEUR
yo	viviré	habré vivido
tú	vivirás	habrás vivido
él, ella	vivirá	habrá vivido
nosotros	viviremos	habremos vivido
vosotros	viviréis	habréis vivido
ellos, ellas	vivirán	habrán vivido

	CONDITIONNEL	CONDITIONNEL PASSÉ
yo	viviría	habría vivido
tú	vivirías	habrías vivido
él, ella	viviría	habría vivido
nosotros	viviríamos	habríamos vivido
vosotros	viviríais	habríais vivido
ellos, ellas	vivirían	habrían vivido

CONJUGAISON ■ *Vivir (vivre)* : 3ᵉ groupe

▸ Subjonctif

	PRÉSENT	PASSÉ COMPOSÉ
yo	viva	haya vivido
tú	vivas	hayas vivido
él, ella	viva	haya vivido
nosotros	vivamos	hayamos vivido
vosotros	viváis	hayáis vivido
ellos, ellas	vivan	hayan vivido

	IMPARFAIT	PLUS-QUE-PARFAIT
yo	viviera *ou* viviese	hubiera *ou* hubiese vivido
tú	vivieras *ou* vivieses	hubieras *ou* hubieses vivido
él, ella	viviera *ou* viviese	hubiera *ou* hubiese vivido
nosotros	viviéramos *ou* viviésemos	hubiéramos *ou* hubiésemos vivido
vosotros	vivierais *ou* vivieseis	hubierais *ou* hubieseis vivido
ellos, ellas	vivieran *ou* viviesen	hubieran *ou* hubiesen vivido

▸ Impératif

PRÉSENT *
vive (tú)
vivid (vosotros)

* En Amérique, 2ᵉ pers. sing. : *vive (tú)* ou *viví (vos)*.

Verbes irréguliers

7 Adquirir (acquérir) : variation *i/ie*

Adquirir suit la conjugaison du 3ᵉ groupe (*vivir*) sauf dans les cas suivants :

	INDICATIF PRÉSENT *	SUBJONCTIF PRÉSENT	IMPÉRATIF PRÉSENT **
yo	adquiero	adquiera	
tú	adquieres	adquieras	adquiere (tú)
él, ella	adquiere	adquiera	
nosotros	adquirimos	adquiramos	
vosotros	adquirís	adquiráis	adquirid (vosotros)
ellos, ellas	adquieren	adquieran	

* En Amérique, 2ᵉ pers. sing. : *tú adquieres* ou *vos adquirís*.
** En Amérique, 2ᵉ pers. sing. : *adquiere (tú)* ou *adquirí (vos)*.

Varie comme *adquirir* : ***inquirir*** (s'enquérir de).

8 Andar (marcher)

Andar suit la conjugaison du 1ᵉʳ groupe (*amar*) sauf dans les cas suivants :

	INDICATIF PASSÉ SIMPLE	SUBJONCTIF IMPARFAIT
yo	anduve	anduviera *ou* anduviese
tú	anduviste	anduvieras *ou* anduvieses
él, ella	anduvo	anduviera *ou* anduviese
nosotros	anduvimos	anduviéramos *ou* anduviésemos
vosotros	anduvisteis	anduvierais *ou* anduvieseis
ellos, ellas	anduvieron	anduvieran *ou* anduviesen

9 Caber (tenir)

Caber suit la conjugaison du 2ᵉ groupe (*beber*) sauf dans les cas suivants :

▶ **Indicatif**

	PRÉSENT *	PASSÉ SIMPLE
yo	quepo	cupe
tú	cabes	cupiste
él, ella	cabe	cupo
nosotros	cabemos	cupimos
vosotros	cabéis	cupisteis
ellos, ellas	caben	cupieron

* En Amérique, 2ᵉ pers. sing. : *tú cabes* ou *vos cabés*.

CONJUGAISON ■ *Adquirir* (acquérir)

	FUTUR	CONDITIONNEL
yo	cabré	cabría
tú	cabrás	cabrías
él, ella	cabrá	cabría
nosotros	cabremos	cabríamos
vosotros	cabréis	cabríais
ellos, ellas	cabrán	cabrían

▸ Subjonctif

	PRÉSENT	IMPARFAIT
yo	quepa	cupiera *ou* cupiese
tú	quepas	cupieras *ou* cupieses
él, ella	quepa	cupiera *ou* cupiese
nosotros	quepamos	cupiéramos *ou* cupiésemos
vosotros	quepáis	cupierais *ou* cupieseis
ellos, ellas	quepan	cupieran *ou* cupiesen

10 *Caer* (tomber)

Caer suit la conjugaison du 2ᵉ groupe (*beber*) sauf dans les cas suivants :

▸ Formes non personnelles

	SIMPLES	COMPOSÉES
infinitif	caer	haber caído
gérondif	cayendo	habiendo caído
participe	caído	

▸ Indicatif

	PRÉSENT *	PASSÉ SIMPLE
yo	caigo	caí
tú	caes	caíste
él, ella	cae	cayó
nosotros	caemos	caímos
vosotros	caéis	caísteis
ellos, ellas	caen	cayeron

* En Amérique, 2ᵉ pers. sing. : *tú caes* ou *vos caés*.

▸ Subjonctif

	PRÉSENT	IMPARFAIT
yo	caiga	cayera *ou* cayese
tú	caigas	cayeras *ou* cayeses
él, ella	caiga	cayera *ou* cayese
nosotros	caigamos	cayéramos *ou* cayésemos
vosotros	caigáis	cayerais *ou* cayeseis
ellos, ellas	caigan	cayeran *ou* cayesen

11 Concluir (conclure) : variation *i/y*

Concluir suit la conjugaison du 3ᵉ groupe (***vivir***) sauf dans les cas suivants :

▶ Formes non personnelles

	SIMPLES		COMPOSÉES
infinitif	concluir		haber concluido
gérondif	concluyendo		habiendo concluido
participe	concluido		

▶ Indicatif

	PRÉSENT *		PASSÉ SIMPLE
yo	concluyo		concluí
tú	concluyes		concluiste
él, ella	concluye		concluyó
nosotros	concluimos		concluimos
vosotros	concluís		concluisteis
ellos, ellas	concluyen		concluyeron

* En Amérique, 2ᵉ pers. sing. : *tú concluyes* ou *vos concluís*.

▶ Subjonctif

	PRÉSENT		IMPARFAIT
yo	concluya		concluyera *ou* concluyese
tú	concluyas		concluyeras *ou* concluyeses
él, ella	concluya		concluyera *ou* concluyese
nosotros	concluyamos		concluyéramos *ou* concluyésemos
vosotros	concluyáis		concluyerais *ou* concluyeseis
ellos, ellas	concluyan		concluyeran *ou* concluyesen

▶ Impératif

PRÉSENT *
concluye (tú)
concluid (vosotros)

* En Amérique, 2ᵉ pers. sing. : *concluye (tú)* ou *concluí (vos)*.

Varient comme *concluir* : ***atribuir*** (attribuer), ***construir*** (construire), ***disminuir*** (diminuer), ***distribuir*** (distribuer), ***excluir*** (exclure), ***huir*** (fuir), ***incluir*** (inclure), ***instruir*** (instruire).

CONJUGAISON ■ *Concluir* (conclure)

12 *Conducir* (conduire) : variation *c/zc* ; passé simple *-duje*

Conducir suit la conjugaison du 3ᵉ groupe (***vivir***)
sauf dans les cas suivants :

	INDICATIF PRÉSENT *	INDICATIF PASSÉ SIMPLE
yo	conduzco	conduje
tú	conduces	condujiste
él, ella	conduce	condujo
nosotros	conducimos	condujimos
vosotros	conducís	condujisteis
ellos, ellas	conducen	condujeron

* En Amérique, 2ᵉ pers. sing. : *tú conduces* ou *vos conducís*.

	SUBJONCTIF PRÉSENT	SUBJONCTIF IMPARFAIT
yo	conduzca	condujera *ou* condujese
tú	conduzcas	condujeras *ou* condujeses
él, ella	conduzca	condujera *ou* condujese
nosotros	conduzcamos	condujéramos *ou* condujésemos
vosotros	conduzcáis	condujerais *ou* condujeseis
ellos, ellas	conduzcan	condujeran *ou* condujesen

Varient comme *conducir* : ***deducir*** (déduire), ***introducir*** (introduire), ***producir*** (produire), ***reducir*** (réduire), ***seducir*** (séduire), ***traducir*** (traduire).

13 *Conocer* (connaître) : variation *c/zc*

Conocer suit la conjugaison du 2ᵉ groupe (***beber***)
sauf dans les cas suivants :

	INDICATIF PRÉSENT *	SUBJONCTIF PRÉSENT
yo	conozco	conozca
tú	conoces	conozcas
él, ella	conoce	conozca
nosotros	conocemos	conozcamos
vosotros	conocéis	conozcáis
ellos, ellas	conocen	conozcan

* En Amérique, 2ᵉ pers. sing. : *tú conoces* ou *vos conocés*.

Varient comme *conocer* : ***agradecer*** (remercier), ***carecer*** (manquer), ***parecer*** (paraître), ***nacer*** (naître), ***merecer*** (mériter).

14 *Dar* (donner)

Dar suit la conjugaison du 1er groupe (*amar*) sauf dans les cas suivants :

▶ Indicatif

	PRÉSENT *	PASSÉ SIMPLE
yo	doy	di
tú	das	diste
él, ella	da	dio
nosotros	damos	dimos
vosotros	dais	disteis
ellos, ellas	dan	dieron

* En Amérique, 2e pers. sing. : *tú das* ou *vos das*.

▶ Subjonctif

	PRÉSENT	IMPARFAIT
yo	dé	diera *ou* diese
tú	des	dieras *ou* dieses
él, ella	dé	diera *ou* diese
nosotros	demos	diéramos *ou* diésemos
vosotros	deis	dierais *ou* dieseis
ellos, ellas	den	dieran *ou* diesen

15 *Decir* (dire)

Decir suit la conjugaison du 3e groupe (*vivir*) sauf dans les cas suivants :

▶ Formes non personnelles

	SIMPLES	COMPOSÉES
infinitif	decir	haber dicho
gérondif	diciendo	habiendo dicho
participe	dicho	

▶ Indicatif

	PRÉSENT *	PASSÉ SIMPLE
yo	digo	dije
tú	dices	dijiste
él, ella	dice	dijo
nosotros	decimos	dijimos
vosotros	decís	dijisteis
ellos, ellas	dicen	dijeron

* En Amérique, 2e pers. sing. : *tú dices* ou *vos decís*.

CONJUGAISON ■ *Dar* (donner)

	FUTUR	CONDITIONNEL
yo	diré	diría
tú	dirás	dirías
él, ella	dirá	diría
nosotros	diremos	diríamos
vosotros	diréis	diríais
ellos, ellas	dirán	dirían

◗ **Subjonctif**

	PRÉSENT	IMPARFAIT
yo	diga	dijera *ou* dijese
tú	digas	dijeras *ou* dijeses
él, ella	diga	dijera *ou* dijese
nosotros	digamos	dijéramos *ou* dijésemos
vosotros	digáis	dijerais *ou* dijeseis
ellos, ellas	digan	dijeran *ou* dijesen

◗ **Impératif**

PRÉSENT *
di (tú)
decid (vosotros)
* En Amérique, 2ᵉ pers. sing. : *di (tú)* ou *decí (vos)*.

16 *Dormir* (dormir) : variation *o / ue / u*

Dormir suit la conjugaison du 3ᵉ groupe (*vivir*) sauf dans les cas suivants :

◗ **Formes non personnelles**

	SIMPLES	COMPOSÉES
infinitif	dormir	haber dormido
gérondif	durmiendo	habiendo dormido
participe	dormido	

◗ **Indicatif**

	PRÉSENT *	PASSÉ SIMPLE
yo	duermo	dormí
tú	duermes	dormiste
él, ella	duerme	durmió
nosotros	dormimos	dormimos
vosotros	dormís	dormisteis
ellos, ellas	duermen	durmieron
* En Amérique, 2ᵉ pers. sing. : *tú duermes* ou *vos dormís*.		

Subjonctif

	PRÉSENT	IMPARFAIT
yo	duerma	durmiera *ou* durmiese
tú	duermas	durmieras *ou* durmieses
él, ella	duerma	durmiera *ou* durmiese
nosotros	durmamos	durmiéramos *ou* durmiésemos
vosotros	durmáis	durmierais *ou* durmieseis
ellos, ellas	duerman	durmieran *ou* durmiesen

Impératif

PRÉSENT *
duerme (tú)
dormid (vosotros)
* En Amérique, 2ᵉ pers. sing. : *duerme (tú)* ou *dormí (vos)*.

Varie comme *dormir* : **morir** (mourir) sauf au participe passé (*muerto*).

17 *Hacer* (faire)

Hacer suit la conjugaison du 2ᵉ groupe (*beber*) sauf dans les cas suivants :

Formes non personnelles

	SIMPLES	COMPOSÉES
infinitif	hacer	haber hecho
gérondif	haciendo	habiendo hecho
participe	hecho	

Indicatif

	PRÉSENT *	PASSÉ SIMPLE
yo	hago	hice
tú	haces	hiciste
él, ella	hace	hizo
nosotros	hacemos	hicimos
vosotros	hacéis	hicisteis
ellos, ellas	hacen	hicieron

* En Amérique, 2ᵉ pers. sing. : *tú haces* ou *vos hacés*.

	FUTUR	CONDITIONNEL
yo	haré	haría
tú	harás	harías
él, ella	hará	haría
nosotros	haremos	haríamos
vosotros	haréis	haríais
ellos, ellas	harán	harían

CONJUGAISON ■ *Hacer (faire)*

▸ Subjonctif

	PRÉSENT	IMPARFAIT
yo	haga	hiciera *ou* hiciese
tú	hagas	hicieras *ou* hicieses
él, ella	haga	hiciera *ou* hiciese
nosotros	hagamos	hiciéramos *ou* hiciésemos
vosotros	hagáis	hicierais *ou* hicieseis
ellos, ellas	hagan	hicieran *ou* hiciesen

▸ Impératif

PRÉSENT *
haz (tú)
haced (vosotros)
* En Amérique, 2ᵉ pers. sing. : *haz (tú)* ou *hacé (vos)*.

18 *Ir (aller)*

Ir suit la conjugaison du 3ᵉ groupe (*vivir*) sauf dans les cas suivants :

▸ Formes non personnelles

	SIMPLES	COMPOSÉES
infinitif	ir	haber ido
gérondif	yendo	habiendo ido
participe	ido	

▸ Indicatif

	PRÉSENT *	IMPARFAIT	PASSÉ SIMPLE
yo	voy	iba	fui
tú	vas	ibas	fuiste
él, ella	va	iba	fue
nosotros	vamos	íbamos	fuimos
vosotros	vais	ibais	fuisteis
ellos, ellas	van	iban	fueron

* En Amérique, 2ᵉ pers. sing. : *tú vas* ou *vos vas*.

▸ Subjonctif

	PRÉSENT	IMPARFAIT
yo	vaya	fuera *ou* fuese
tú	vayas	fueras *ou* fueses
él, ella	vaya	fuera *ou* fuese
nosotros	vayamos	fuéramos *ou* fuésemos
vosotros	vayáis	fuerais *ou* fueseis
ellos, ellas	vayan	fueran *ou* fuesen

▸ Impératif

PRÉSENT *
ve (tú)
id (vosotros)
* En Amérique, 2ᵉ pers. sing. : *ve (tú)* ou *andá (vos)*.

19 Jugar (jouer) : variation *u/ue*

Jugar suit la conjugaison du 1ᵉʳ groupe (*amar*) sauf dans les cas suivants :

	INDICATIF PRÉSENT *	SUBJONCTIF PRÉSENT	IMPÉRATIF PRÉSENT **
yo	juego	juegue	
tú	juegas	juegues	juega (tú)
él, ella	juega	juegue	
nosotros	jugamos	juguemos	
vosotros	jugáis	juguéis	jugad (vosotros)
ellos, ellas	juegan	jueguen	
* En Amérique, 2ᵉ pers. sing. : *tú juegas* ou *vos jugás*.			
** En Amérique, 2ᵉ pers. sing. : *juega (tú)* ou *jugá (vos)*.			

20 Oír (entendre)

Oír suit la conjugaison du 3ᵉ groupe (*vivir*) sauf dans les cas suivants :

▸ Formes non personnelles

	SIMPLES	COMPOSÉES
infinitif	oír	haber oído
gérondif	oyendo	habiendo oído
participe	oído	

▸ Indicatif

	PRÉSENT *	PASSÉ SIMPLE
yo	oigo	oí
tú	oyes	oíste
él, ella	oye	oyó
nosotros	oímos	oímos
vosotros	oís	oísteis
ellos, ellas	oyen	oyeron
* En Amérique, 2ᵉ pers. sing. : *tú oyes* ou *vos oís*.		

CONJUGAISON ■ *Jugar* (jouer)

▶ **Subjonctif**

	PRÉSENT	IMPARFAIT
yo	oiga	oyera *ou* oyese
tú	oigas	oyeras *ou* oyeses
él, ella	oiga	oyera *ou* oyese
nosotros	oigamos	oyéramos *ou* oyésemos
vosotros	oigáis	oyerais *ou* oyeseis
ellos, ellas	oigan	oyeran *ou* oyesen

▶ **Impératif**

PRÉSENT *
oye (tú)
oíd (vosotros)
* En Amérique, 2ᵉ pers. sing. : *oye (tú)* ou *oí (vos)*.

21 *Oler* (sentir) : variation *o/hue*

Oler suit la conjugaison du 2ᵉ groupe (*beber*) sauf dans les cas suivants :

	INDICATIF PRÉSENT *	SUBJONCTIF PRÉSENT	IMPÉRATIF PRÉSENT **
yo	huelo	huela	
tú	hueles	huelas	huele (tú)
él, ella	huele	huela	
nosotros	olemos	olamos	
vosotros	oléis	oláis	oled (vosotros)
ellos, ellas	huelen	huelan	

* En Amérique, 2ᵉ pers. sing. : *tú hueles* ou *vos olés*.
** En Amérique, 2ᵉ pers. sing. : *huele (tú)* ou *olé (vos)*.

22 *Pedir* (demander) : variation *e/i*

Pedir suit la conjugaison du 3ᵉ groupe (*vivir*) sauf dans les cas suivants :

▶ **Formes non personnelles**

	SIMPLES	COMPOSÉES
infinitif	pedir	haber pedido
gérondif	pidiendo	habiendo pedido
participe	pedido	

▸ Indicatif

	PRÉSENT *	PASSÉ SIMPLE
yo	pido	pedí
tú	pides	pediste
él, ella	pide	pidió
nosotros	pedimos	pedimos
vosotros	pedís	pedisteis
ellos, ellas	piden	pidieron

*En Amérique, 2ᵉ pers. sing. : *tú pides* ou *vos pedís*.

▸ Subjonctif

	PRÉSENT	IMPARFAIT
yo	pida	pidiera *ou* pidiese
tú	pidas	pidieras *ou* pidieses
él, ella	pida	pidiera *ou* pidiese
nosotros	pidamos	pidiéramos *ou* pidiésemos
vosotros	pidáis	pidierais *ou* pidieseis
ellos, ellas	pidan	pidieran *ou* pidiesen

▸ Impératif

PRÉSENT *
pide (tú)
pedid (vosotros)

*En Amérique, 2ᵉ pers. sing. : *pide (tú)* ou *pedí (vos)*.

Varient comme *pedir* : *concebir* (concevoir), *corregir* (corriger), *despedir* (dire au revoir), *elegir* (choisir), *gemir* (geindre), *impedir* (empêcher), *medir* (mesurer), *repetir* (répéter), *seguir* (suivre), *servir* (servir), *teñir* (teindre), *vestir* (habiller).

23 *Pensar* (penser)

Pensar suit la conjugaison du 1ᵉʳ groupe (*amar*) sauf dans les cas suivants :

	INDICATIF PRÉSENT *	SUBJONCTIF PRÉSENT	IMPÉRATIF PRÉSENT **
yo	pienso	piense	
tú	piensas	pienses	piensa (tú)
él, ella	piensa	piense	
nosotros	pensamos	pensemos	
vosotros	pensáis	penséis	pensad (vosotros)
ellos, ellas	piensan	piensen	

*En Amérique, 2ᵉ pers. sing. : *tú piensas* ou *vos pensás*.
**En Amérique, 2ᵉ pers. sing. : *piensa (tú)* ou *pensá (vos)*.

Varient comme *pensar* : *acertar* (deviner), *alentar* (encourager), *apretar* (serrer), *arrendar* (louer), *calentar* (chauffer), *cegar* (aveugler),

CONJUGAISON ● *Pensar* (penser)

cerrar (fermer), *comenzar* (commencer), *despertarse* (se réveiller), *empezar* (commencer), *enterrar* (enterrer), *nevar* (neiger), *regar* (arroser), *sentarse* (s'asseoir), *tropezar* (trébucher) ; *defender* (défendre), *encender* (allumer), *entender* (comprendre), *perder* (perdre).

24 *Poder* (pouvoir)

Poder suit la conjugaison du 2ᵉ groupe (*beber*) sauf dans les cas suivants :

● Formes non personnelles

	SIMPLES	COMPOSÉES
infinitif	poder	haber podido
gérondif	pudiendo	habiendo podido
participe	podido	

● Indicatif

	PRÉSENT *	PASSÉ SIMPLE
yo	puedo	pude
tú	puedes	pudiste
él, ella	puede	pudo
nosotros	podemos	pudimos
vosotros	podéis	pudisteis
ellos, ellas	pueden	pudieron

* En Amérique, 2ᵉ pers. sing. : *tú puedes* ou *vos podés*.

	FUTUR	CONDITIONNEL
yo	podré	podría
tú	podrás	podrías
él, ella	podrá	podría
nosotros	podremos	podríamos
vosotros	podréis	podríais
ellos, ellas	podrán	podrían

● Subjonctif

	PRÉSENT	IMPARFAIT
yo	pueda	pudiera *ou* pudiese
tú	puedas	pudieras *ou* pudieses
él, ella	pueda	pudiera *ou* pudiese
nosotros	podamos	pudiéramos *ou* pudiésemos
vosotros	podáis	pudierais *ou* pudieseis
ellos, ellas	puedan	pudieran *ou* pudiesen

Impératif

PRÉSENT *

puede (tú)
poded (vosotros)

* En Amérique, 2ᵉ pers. sing. : *puede (tú)* ou *podé (vos)*.

25 Poner (poser)

Poner suit la conjugaison du 2ᵉ groupe (**beber**) sauf dans les cas suivants :

Formes non personnelles

	SIMPLES	COMPOSÉES
infinitif	poner	haber puesto
gérondif	poniendo	habiendo puesto
participe	puesto	

Indicatif

	PRÉSENT *	PASSÉ SIMPLE
yo	pongo	puse
tú	pones	pusiste
él, ella	pone	puso
nosotros	ponemos	pusimos
vosotros	ponéis	pusisteis
ellos, ellas	ponen	pusieron

* En Amérique, 2ᵉ pers. sing. : *tú pones* ou *vos ponés*.

	FUTUR	CONDITIONNEL
yo	pondré	pondría
tú	pondrás	pondrías
él, ella	pondrá	pondría
nosotros	pondremos	pondríamos
vosotros	pondréis	pondríais
ellos, ellas	pondrán	pondrían

Subjonctif

	PRÉSENT	IMPARFAIT
yo	ponga	pusiera *ou* pusiese
tú	pongas	pusieras *ou* pusieses
él, ella	ponga	pusiera *ou* pusiese
nosotros	pongamos	pusiéramos *ou* pusiésemos
vosotros	pongáis	pusierais *ou* pusieseis
ellos, ellas	pongan	pusieran *ou* pusiesen

CONJUGAISON ■ *Poner* (poser)

▶ Impératif

PRÉSENT *
pon (tú)
poned (vosotros)
* En Amérique, 2ᵉ pers. sing. : *pon (tú)* ou *poné (vos)*.

26 *Querer* (vouloir)

Querer suit la conjugaison du 2ᵉ groupe (***beber***) sauf dans les cas suivants :

▶ Indicatif

	PRÉSENT *		PASSÉ SIMPLE
yo	quiero		quise
tú	quieres		quisiste
él, ella	quiere		quiso
nosotros	queremos		quisimos
vosotros	queréis		quisisteis
ellos, ellas	quieren		quisieron

* En Amérique, 2ᵉ pers. sing. : *tú quieres* ou *vos querés*.

	FUTUR		CONDITIONNEL
yo	querré		querría
tú	querrás		querrías
él, ella	querrá		querría
nosotros	querremos		querríamos
vosotros	querréis		querríais
ellos, ellas	querrán		querrían

▶ Subjonctif

	PRÉSENT		IMPARFAIT
yo	quiera		quisiera *ou* quisiese
tú	quieras		quisieras *ou* quisieses
él, ella	quiera		quisiera *ou* quisiese
nosotros	queramos		quisiéramos *ou* quisiésemos
vosotros	queráis		quisierais *ou* quisieseis
ellos, ellas	quieran		quisieran *ou* quisiesen

▶ Impératif

PRÉSENT *
quiere (tú)
quered (vosotros)
*En Amérique, 2ᵉ pers. sing. : *quiere (tú)* ou *queré (vos)*.

27 *Reír* (rire) : variation *e / í / i*

Reír suit la conjugaison du 3ᵉ groupe (*vivir*) sauf dans les cas suivants :

▸ Formes non personnelles

	SIMPLES	COMPOSÉES
infinitif	reír	haber reído
gérondif	riendo	habiendo reído
participe	reído	

▸ Indicatif

	PRÉSENT *	PASSÉ SIMPLE
yo	río	reí
tú	ríes	reíste
él, ella	ríe	rio
nosotros	reímos	reímos
vosotros	reís	reísteis
ellos, ellas	ríen	rieron

* En Amérique, 2ᵉ pers. sing. : *tú ríes* ou *vos reís*.

▸ Subjonctif

	PRÉSENT	IMPARFAIT
yo	ría	riera *ou* riese
tú	rías	rieras *ou* rieses
él, ella	ría	riera *ou* riese
nosotros	riamos	riéramos *ou* riésemos
vosotros	riais	rierais *ou* rieseis
ellos, ellas	rían	rieran *ou* riesen

▸ Impératif

PRÉSENT *
ríe (tú)
reíd (vosotros)

*En Amérique, 2ᵉ pers. sing. : *ríe (tú)* ou *reí (vos)*.

Varient comme *reír* : ***freír*** (frire), ***sonreír*** (sourire).

CONJUGAISON ■ *Reír* (rire)

28 *Saber* (savoir)

Saber suit la conjugaison du 2ᵉ groupe (*beber*) sauf dans les cas suivants :

▶ Indicatif

	PRÉSENT *	PASSÉ SIMPLE
yo	sé	supe
tú	sabes	supiste
él, ella	sabe	supo
nosotros	sabemos	supimos
vosotros	sabéis	supisteis
ellos, ellas	saben	supieron

* En Amérique, 2ᵉ pers. sing. : *tú sabes* ou *vos sabés*.

	FUTUR	CONDITIONNEL
yo	sabré	sabría
tú	sabrás	sabrías
él, ella	sabrá	sabría
nosotros	sabremos	sabríamos
vosotros	sabréis	sabríais
ellos, ellas	sabrán	sabrían

▶ Subjonctif

	PRÉSENT	IMPARFAIT
yo	sepa	supiera *ou* supiese
tú	sepas	supieras *ou* supieses
él, ella	sepa	supiera *ou* supiese
nosotros	sepamos	supiéramos *ou* supiésemos
vosotros	sepáis	supierais *ou* supieseis
ellos, ellas	sepan	supieran *ou* supiesen

29 *Salir* (sortir)

Salir suit la conjugaison du 3ᵉ groupe (*vivir*) sauf dans les cas suivants :

▶ Indicatif

	PRÉSENT *	FUTUR	CONDITIONNEL
yo	salgo	saldré	saldría
tú	sales	saldrás	saldrías
él, ella	sale	saldrá	saldría
nosotros	salimos	saldremos	saldríamos
vosotros	salís	saldréis	saldríais
ellos, ellas	salen	saldrán	saldrían

* En Amérique, 2ᵉ pers. sing. : *tú sales* ou *vos salís*.

Subjonctif

	PRÉSENT
yo	salga
tú	salgas
él, ella	salga
nosotros	salgamos
vosotros	salgáis
ellos, ellas	salgan

Impératif

PRÉSENT *
sal (tú)
salid (vosotros)
* En Amérique, 2ᵉ pers. sing. : *sal (tú)* ou *salí (vos)*.

30 *Sentir* (sentir) : variation *e / ie / i*

Sentir suit la conjugaison du 3ᵉ groupe (*vivir*) sauf dans les cas suivants :

Formes non personnelles

	SIMPLES	COMPOSÉES
infinitif	sentir	haber sentido
gérondif	sintiendo	habiendo sentido
participe	sentido	

Indicatif

	PRÉSENT *	PASSÉ SIMPLE
yo	siento	sentí
tú	sientes	sentiste
él, ella	siente	sintió
nosotros	sentimos	sentimos
vosotros	sentís	sentisteis
ellos, ellas	sienten	sintieron
* En Amérique, 2ᵉ pers. sing. : *tú sientes* ou *vos sentís*.		

Subjonctif

	PRÉSENT	IMPARFAIT
yo	sienta	sintiera *ou* sintiese
tú	sientas	sintieras *ou* sintieses
él, ella	sienta	sintiera *ou* sintiese
nosotros	sintamos	sintiéramos *ou* sintiésemos
vosotros	sintáis	sintierais *ou* sintieseis
ellos, ellas	sientan	sintieran *ou* sintiesen

CONJUGAISON ■ *Sentir* (sentir)

▶ Impératif

PRÉSENT *
siente (tú)
sentid (vosotros)
* En Amérique, 2ᵉ pers. sing. : *siente (tú)* ou *sentí (vos)*.

Varient comme *sentir* : ***advertir*** (avertir), ***arrepentirse*** (regretter), ***convertir*** (convertir), ***digerir*** (digérer), ***divertir*** (divertir), ***herir*** (blesser), ***mentir*** (mentir), ***preferir*** (préférer), ***sugerir*** (suggérer).

31 *Tener* (avoir)

Tener suit la conjugaison du 2ᵉ groupe (***beber***) sauf dans les cas suivants :

▶ Indicatif

	PRÉSENT *	PASSÉ SIMPLE
yo	tengo	tuve
tú	tienes	tuviste
él, ella	tiene	tuvo
nosotros	tenemos	tuvimos
vosotros	tenéis	tuvisteis
ellos, ellas	tienen	tuvieron
* En Amérique, 2ᵉ pers. sing. : *tú tienes* ou *vos tenés*.		

	FUTUR	CONDITIONNEL
yo	tendré	tendría
tú	tendrás	tendrías
él, ella	tendrá	tendría
nosotros	tendremos	tendríamos
vosotros	tendréis	tendríais
ellos, ellas	tendrán	tendrían

▶ Subjonctif

	PRÉSENT	IMPARFAIT
yo	tenga	tuviera *ou* tuviese
tú	tengas	tuvieras *ou* tuvieses
él, ella	tenga	tuviera *ou* tuviese
nosotros	tengamos	tuviéramos *ou* tuviésemos
vosotros	tengáis	tuvierais *ou* tuvieseis
ellos, ellas	tengan	tuvieran *ou* tuviesen

▶ Impératif

PRÉSENT *
ten (tú)
tened (vosotros)
* En Amérique, 2ᵉ pers. sing. : *ten (tú)* ou *tené (vos)*.

32 *Traer* (apporter)

Traer suit la conjugaison du 2ᵉ groupe (***beber***) sauf dans les cas suivants :

▸ Formes non personnelles

	SIMPLES	COMPOSÉES
infinitif	traer	haber traído
gérondif	trayendo	habiendo traído
participe	traído	

▸ Indicatif

	PRÉSENT *	PASSÉ SIMPLE
yo	traigo	traje
tú	traes	trajiste
él, ella	trae	trajo
nosotros	traemos	trajimos
vosotros	traéis	trajisteis
ellos, ellas	traen	trajeron

* En Amérique, 2ᵉ pers. sing. : *tú traes* ou *vos traés*.

▸ Subjonctif

	PRÉSENT	IMPARFAIT
yo	traiga	trajera *ou* trajese
tú	traigas	trajeras *ou* trajeses
él, ella	traiga	trajera *ou* trajese
nosotros	traigamos	trajéramos *ou* trajésemos
vosotros	traigáis	trajerais *ou* trajeseis
ellos, ellas	traigan	trajeran *ou* trajesen

33 *Valer* (valoir)

Valer suit la conjugaison du 2ᵉ groupe (***beber***) sauf dans les cas suivants :

▸ Indicatif

	PRÉSENT *	FUTUR	CONDITIONNEL
yo	valgo	valdré	valdría
tú	vales	valdrás	valdrías
él, ella	vale	valdrá	valdría
nosotros	valemos	valdremos	valdríamos
vosotros	valéis	valdréis	valdríais
ellos, ellas	valen	valdrán	valdrían

* En Amérique, 2ᵉ pers. sing. : *tú vales* ou *vos valés*.

CONJUGAISON ■ *Traer* (apporter)

▶ **Subjonctif**

	PRÉSENT
yo	valga
tú	valgas
él, ella	valga
nosotros	valgamos
vosotros	valgáis
ellos, ellas	valgan

34 *Venir* (venir)

Venir suit la conjugaison du 3ᵉ groupe (*vivir*) sauf dans les cas suivants :

▶ **Formes non personnelles**

	SIMPLES	COMPOSÉES
infinitif	venir	haber venido
gérondif	viniendo	habiendo venido
participe	venido	

▶ **Indicatif**

	PRÉSENT *	PASSÉ SIMPLE
yo	vengo	vine
tú	vienes	viniste
él, ella	viene	vino
nosotros	venimos	vinimos
vosotros	venís	vinisteis
ellos, ellas	vienen	vinieron

* En Amérique, 2ᵉ pers. sing. : *tú vienes* ou *vos venís*.

	FUTUR	CONDITIONNEL
yo	vendré	vendría
tú	vendrás	vendrías
él, ella	vendrá	vendría
nosotros	vendremos	vendríamos
vosotros	vendréis	vendríais
ellos, ellas	vendrán	vendrían

▶ **Subjonctif**

	PRÉSENT	IMPARFAIT
yo	venga	viniera *ou* viniese
tú	vengas	vinieras *ou* vinieses
él, ella	venga	viniera *ou* viniese
nosotros	vengamos	viniéramos *ou* viniésemos
vosotros	vengáis	vinierais *ou* vinieseis
ellos, ellas	vengan	vinieran *ou* viniesen

> **Impératif**

PRÉSENT *
ven (tú)
venid (vosotros)
* En Amérique, 2ᵉ pers. sing. : *ven (tú)* ou *vení (vos)*.

35 Ver (voir)

Ver suit la conjugaison du 2ᵉ groupe (**beber**) sauf dans les cas suivants :

> **Formes non personnelles**

	SIMPLES	COMPOSÉES
infinitif	ver	haber visto
gérondif	viendo	habiendo visto
participe	visto	

> **Indicatif**

	PRÉSENT *	IMPARFAIT	PASSÉ SIMPLE
yo	veo	veía	vi
tú	ves	veías	viste
él, ella	ve	veía	vio
nosotros	vemos	veíamos	vimos
vosotros	veis	veíais	visteis
ellos, ellas	ven	veían	vieron

* En Amérique, 2ᵉ pers. sing. : *tú ves* ou *vos ves*.

> **Subjonctif**

	PRÉSENT	IMPARFAIT
yo	vea	viera *ou* viese
tú	veas	vieras *ou* vieses
él, ella	vea	viera *ou* viese
nosotros	veamos	viéramos *ou* viésemos
vosotros	veáis	vierais *ou* vieseis
ellos, ellas	vean	vieran *ou* viesen

CONJUGAISON ■ **Ver (voir)**

36 *Volver* (revenir) : variation *o / ue*

Volver suit la conjugaison du 2ᵉ groupe (*beber*) sauf dans les cas suivants :

	INDICATIF PRÉSENT *	SUBJONCTIF PRÉSENT	IMPÉRATIF PRÉSENT **
yo	vuelvo	vuelva	
tú	vuelves	vuelvas	vuelve (tú)
él, ella	vuelve	vuelva	
nosotros	volvemos	volvamos	
vosotros	volvéis	volváis	volved (vosotros)
ellos, ellas	vuelven	vuelvan	

* En Amérique, 2ᵉ pers. sing. : *tú vuelves* ou *vos volvés*.
** En Amérique, 2ᵉ pers. sing. : *vuelve (tú)* ou *volvé (vos)*.

Varient comme *volver* : *acordar* (accorder), *acostar* (coucher), *almorzar* (déjeuner), *avergonzar* (faire honte), *colgar* (pendre), *consolar* (consoler), *costar* (coûter), *encontrar* (trouver), *poblar* (peupler), *probar* (prouver), *renovar* (rénover), *rogar* (prier), *soltar* (lâcher), *soñar* (rêver), *volar* (voler) ; *doler* (faire mal), *morder* (mordre), *mover* (bouger), *resolver* (résoudre), *devolver* (rendre).

Index

INDEX

A–B

a p. 68, 131-133, 306, 307, 337
a tonique p. 19, 23, 47
à (lieu) p. 306
à (temps) p. 306
à différent de *a* p. 307
a fin de (que) p. 162
a lo mejor p. 129, 359
a pesar de (que) p. 166-167
aburrir(se) p. 341
acabar p. 113
acaso p. 359
accent grammatical p. 12-13, 31, 53, 72, 156
accent graphique p. 10-11
accent tonique p. 10-11
accord (exprimer son ~) p. 208-210
acordarse p. 366
acostumbrar(se) (a) p. 114
actuar p. 350
adjectifs qualificatifs p. 58-61
adjectifs + préposition p. 382
adquirir (conjugaison) p. 398
adverbes p. 65, 126-130
affirmation p. 128, 140
âge p. 230
aimer p. 307-308
al + infinitif p. 103, 325
al fin p. 340
algo, alguien p. 47
alguno, ninguno p. 46-47
aliments p. 241
aller p. 308
amar (conjugaison) p. 392
ambos p. 330
ameublement p. 246

amour, amitié p. 235
andar (+ gérondif) p. 112, (conjugaison) 398
animaux p. 302
ante p. 331
antes (de) que p. 160
añorar p. 363
apenas p. 160, 358
apocope p. 38-39, 43, 46, 48, 59-60, 61
apprendre p. 309
apprécier p. 204-205
aprender p. 309
après, d'après p. 310-311
argent p. 296
arrepentirse p. 363
arrêter p. 311
article défini (*el, la, los, las*) p. 23-27
article indéfini (*un, una, unos, unas*) p. 19-22
article *lo* p. 28-30
así (pues) p. 152
así que p. 151, 335
aspect physique p. 225
attention p. 311-312
aun (cuando) p. 12, 105, 107, 166
aún p. 12
aunque p. 118-119, 166-167, 351
aussi (que) p. 312
autant p. 313-314
autre(s) p. 48-49, 314-315
avoir (voir aussi *haber*) p. 315
avoir beau p. 316
avoir besoin de / que p. 316
bajo, debajo (de) p. 369
bars p. 278
bastante p. 46, 50

423

bastante… como para que p. 163-164
beber (conjugaison) p. 394
bien p. 317
buscar p. 322

C–D

c'est moi / toi… p. 317
c'est… qui / c'est… que p. 318-319
caber (conjugaison) p. 398
cada p. 51, 324, 330
caer (conjugaison) p. 399
capacité p. 108
cardinaux p. 38-41
casa p. 323
casi p. 79, 343
ce qui / ce que / ce dont p. 320
celui, celui qui / que / dont p. 68-70, 321-322
chance 322
chercher, faire des recherches 322
chez 323
cierto(s), cierta(s) p. 45
cinéma p. 268
classe p. 281
climat p. 300
colère p. 236
combien p. 324
combinaison de deux pronoms p. 56
comme p. 324
communautés et villes autonomes pages de garde
como si p. 118, 367
cómo p. 143
como p. 159, 161, 324
comparatif p. 62-63
con objeto de (que) p. 162
con p. 134
concessions (faire des ~) p. 217
concluir (conjugaison) p. 400
concordance des temps p. 97-98
condiments p. 242
conditionnel : emplois p. 91-92
conditionnel : formes p. 89
conditions de travail p. 285
conducir (conjugaison) p. 401
conforme p. 159
conjugaison américaine p. 378, 385
conmigo, contigo, consigo p. 53
conocer (conjugaison) p. 401
conque p. 151
conseguir + infinitif p. 108
conseiller p. 195
continuar + gérondif p. 113
coordination p. 149-153
corps p. 232-234
courrier p. 257-258
courses p. 250-252
croyance, foi p. 239
cuál p. 72-73
cualquier(a) p. 48
cuando p. 159-160, 165, 325
cuánto p. 72-75, 324-325
cuanto(s) /cuanta(s) p. 70
cuidado p. 312
cuisine p. 241-244
cuyo(s) /cuya(s) p. 70, 336
dado que p. 161
dans p. 325, 326
dar p. 345, (conjugaison) p. 402
de p. 135-136, 165, 307, 326, 337
de forma que p. 151, 163
de manera que p. 151, 163
de modo que p. 151, 163
de p. 326
deber (de) p. 91, 92, 109, 110, 333
décimales p. 40
decir (conjugaison) p. 402

Index

défendre (une idée) p. 211
déjà p. 327
dejar (de) p. 113, 311
delante p. 331
demander (de) p. 155-156, 327
(los) demás p. 49, 315
demasiado(s) p. 50
demasiado… como para (que) p. 163-164
démonstratifs (*este, ese, aquel…*) p. 31-33
dentro de p. 326
depuis (que) p. 328
depuis combien de temps ? p. 329
desde p. 326, 328
desde hace p. 328
desde que p. 329
después (de), después (de) que p. 161, 310
deux p. 329
devant p. 331
devenir p. 331
devoir p. 333
devolver p. 363
diminutifs p. 380
dire p. 155, 333-334
donc p. 335
dónde p. 143
donde, en donde, adonde… p. 158, 355
dont p. 69-70, 335
dormir (conjugaison) p. 403
dos p. 329-330
doutes (exprimer des ~) p. 214
durante p. 326
durée p. 112-113

E - F

e p. 149
économie p. 297
echar de menos p. 363
éducation p. 280-282
él (pronom personnel) p. 53
el + infinitif / *el* + *que* p. 103, 155, 346
el cual… p. 67, 69, 336
el de p. 321
el, la, los, las p. 23-27
électroménager p. 247
e-mail p. 259
en (adverbe et pronom) p. 338
en (préposition) p. 337
en + gérondif p. 339
encore p. 339, 340
en p. 133-134, 306, 307, 337
en cuanto p. 160
enclise p. 56
encore p. 339, 340
encourager p. 202
enfin p. 340
(s')engager à p. 190
ennuyer, s'ennuyer p. 341
enseignement p. 280
enseñar p. 309
entonces p. 335
entre p. 53, 323
entreprise p. 284
environnement p. 300-304
es decir p. 152
espaces verts p. 253
espagnol (Espagne et Amérique) p. 35, 54, 73, 87, 97, 127, 142, 320, 359, 377-379, 380, 385
esperar p. 157
essayer p. 341
estar (conjugaison) p. 390
estar / ser p. 120-125
estar + gérondif p. 78, 81, 112
estar + participe passé p. 106, 145, 343
estar a punto de p. 111
estar para + infinitif p. 111

estar por + infinitif p. 111
estar sin + infinitif p. 111
este, ese, aquel p. 31-33
esto es p. 152
état civil p. 224
État p. 292
étranger p. 342
être + participe passé p. 343
excepto si p. 352
exclamatifs p. 74-75
exclamation p. 143-144
exclusion p. 298
(s')excuser p. 181
facile / difficile (à / de) p. 343
faillir p. 79, 343
faire + nom p. 344
faire + verbe p. 345
fait (le fait de / que) p. 103, 155, 346
faltar p. 364
falloir (il faut) p. 109, 346
famille p. 228-231
faux amis p. 376
féliciter p. 183
fin de l'événement p. 113
finir p. 347
formes et couleurs p. 248
fractions p. 44
fruits et légumes p. 241
futur p. 89-90, 111

G-H-I-J

genre et nombre de l'adjectif p. 58-59
genre et nombre du nom p. 14-18
gérondif p. 104-105
gustar p. 140, 307
haber (conjugaison) p. 386
haber + participe passé p. 83, 84, 106, 315

haber de + infinitif p. 109
habitude p. 114, 348
hacer p. 112, 147, 344-346, (conjugaison) p. 404
hacerse p. 331
hacer falta p. 316, 346
haine p. 235
hasta p. 53, 105, 107, 351
hasta que p. 160
hay p. 147, 348
hay que p. 109, 147, 347
hésiter p. 214
hôtels p. 275
identité p. 224-227
il y a p. 147, 348
imagination p. 238
imparfait de l'indicatif p. 81-82
imparfait du subjonctif p. 96-98
impératif p. 100-102
incluso p. 105, 107, 351
indéfinis p. 45-52
indicatif ou subjonctif p. 115-119
indifférent (être ~) p. 206
inégalités p. 298
infinitif p. 102, 103-104
information (demander une ~) p. 175
insister p. 217
institutions p. 293
Internet p. 259
interrogation p. 72-74, 141-142, 156
ir (conjugaison) p. 405
ir (a) p. 90, 111, 162, 308-309, 372
ir + gérondif p. 112
jamais p. 349
joie p. 236
jouer p. 350
jugar (conjugaison) p. 406
justice p. 290

INDEX

L-M

langues du monde hispanophone pages de garde
le (répétition du COI) p. 55
lecture p. 272
lettre p. 257-258
lo (lo de, lo que, lo de que) p. 28-30, 143, 155, 320-321
lo(s), la(s), le(s) : confusions p. 55
lograr + infinitif p. 108
loisirs p. 265-266, 268-273
los demás p. 49
luego p. 151, 335
llegar a ser p. 332
llevar (temporel) p. 112, 113, 329
magasins p. 250
mais p. 350
maison p. 245-249
más / menos p. 12, 52, 62-64, 339-340, 359-360
más bien p. 360
mas p. 12
matières p. 248
médias p. 261-264
medio et *la mitad de* p. 44
même p. 351
mémoire p. 238
mi, tu, su p. 34-37
milliard p. 40, 351
mismo p. 55, 351
mobilier p. 246
mode dans les subordonnées p. 116-119
moins (à moins de / que) p. 352
moins / plus p. 360
mon / ton / son p. 352
mouvements p. 232
mucho(s)... p. 50, 316, 317
musées p. 273
musique p. 270

N

nada, nadie, ninguno p. 46-47, 141
nationalités/zones géographiques pages de garde
nature p. 301
ne... plus p. 353
ne... que p. 353
necesario (es necesario) p. 109
négation p 46-47, 126, 128-129, 141
no... más que, no... sino p. 141
no... ni, ni... ni p. 150, 354
ni... ni... p. 354
ni siquiera p. 351
ninguno p. 46-47
no obstante p. 151
nom p. 14-18
nombres p. 38-44
nouvelles (demander, donner des ~) p. 172
nunca, jamás p. 126, 349

O-P

o / u p. 150
o sea p. 152, 355
obligar p. 346
obligation p. 109
oír (conjugaison) p. 406
ojalá p. 144
oler (conjugaison) p. 407
olvidar(se) p. 356
on p. 354
opinion p. 238
ordinaux p. 42-44
orthographe (modifications) p. 10
otro p. 48, 314
ou p. 355
où p. 355
oublier p. 356

oye p. 335
par (un par de) p. 330
par p. 357
para p. 138, 361
para que p. 162
pararse p. 311
parecer p. 366
participe p. 105-107
parties du corps p. 232
partis politiques p. 294
partitif p. 21, 326
pasar(se) p. 357
passé antérieur p. 87
passé composé : emplois p. 86-87
passé composé : formes p. 84
passé du subjonctif : formes p. 96
passé simple : emplois p. 86-87
passé simple : formes p. 84-85
passer, se passer p. 357
passif p. 106, 124, 145-146
pays hispanophones d'Amérique pages de garde
pedir (conjugaison) p. 407
peine, à peine p. 358
pena p. 358
pensar (conjugaison) p. 408
pensée, opinion, croyance p. 238-240
périphrases verbales p. 108-114
permission (demander, donner la ~) p. 192
pero p. 151, 350
personnalité p. 226
personnels (pronoms) p. 53-57
peu (un peu plus / moins de) p. 359
peur, angoisse, stress p. 236
peut-être p. 359
phrase exclamative p. 143-144
phrase impersonnelle p. 147-148
phrase négative p. 141

phrase passive p. 106, 145-146
phrase simple p. 140-148
pièces de la maison p. 246
place de l'adjectif p. 60-61
place du sujet p. 129, 142
plus / moins, le plus / le moins p. 360
plus-que-parfait de l'indicatif p. 83
plus-que-parfait du subjonctif p. 96
plutôt (que) p. 360
poco(s)… p. 50
poder p. 92, 108, (conjugaison) p. 409
politique p. 292-295
ponctuation p. 72, 74
poner (conjugaison) p. 410
ponerse p. 332
por p. 136-137, 325, 357, 361-362
por (lo) tanto p. 152, 335
por consiguiente p. 152
por fin p. 340
por más / mucho / muy que p. 166, 316
por poco p. 79, 343
porque p. 161
possessifs (*mi, tu, su…*) p. 34-37
possibilité p. 108
pour p. 361
pourcentages p. 40
préférer p. 206
preguntar / pedir p. 327-328
prénoms p. 224
prépositions p. 131-139
présent de l'indicatif p. 76-80
présent du subjonctif p. 94-95
(se) présenter p. 170
presse p. 261
probar(se) p. 341
problèmes sociaux p. 289

INDEX

professions p. 283
projets (faire des ~) p. 185
promettre p. 190
pronoms personnels p. 53-57
pronoms personnels compléments p. 55-56, 101
pronoms personnels sujets p. 54
prononciation pages de garde, p. 10-11, 377
puede que p. 108
pues p. 152
puesto que p. 161

Q

quand 159-160
que (conjonction) p. 154-157, 162, 163, 362
que, el que... (pronom relatif) p. 66-69
que (conjonction) p. 362
qué (interrogatif/exclamatif) p. 72-75, 143, 325
quedar(se) p. 332, 364
quel(s), quelle(s) p. 74
querer p. 308, 374, (conjugaison) 411
quien p. 66-69, 321
quién p. 72-73, 75
quizá(s) p. 115, 129, 359

R-S

radio p. 262
raison (donner ~) p. 208
rassurer p. 202
recién p. 127
recordar p. 366
reformuler p. 211
regretter p. 363
reír (conjugaison) p. 412
relatifs p. 66-71

religions p. 239
remercier p. 181
rendez-vous (fixer un ~) p. 178
rendre p. 363
repas p. 243
reproches (faire des ~) p. 199
réagir p. 197
répétition p. 114
restaurants p. 277
rester p. 364
résultat p. 113
réussir p. 365
richesse et pauvreté p. 296-299
rue p. 253
saber (conjugaison) p. 413
sacar(se) p. 368
salir p. 368, (conjugaison) 413
saluer p. 170
salvo (si / que) p. 352
santé p. 266
se p. 146, 147, 334, 354
se (remplace *le*) p. 56
se / sí (réfléchis et réciproques) p. 55
se souvenir de p. 366
seguir p. 113, 340, 371
según p. 53, 159, 311
sembler p. 366
sentiments et émotions p. 235-237
sentir (conjugaison) p. 414
sentirlo p. 363
ser (conjugaison) p. 388
ser / estar p. 120-125
ser + participe passé p. 145, 343
service (demander, rendre un ~) p. 188
services p. 26, 254
sí (adverbe) p. 12, 128
si (adverbe) p. 367

429

si (conditionnel) p. 12, 367
sin embargo p. 151, 152
sino (que) p. 151, 351
sinon p. 368
sobre, encima (de) p. 369-370
société p. 288-291
soins quotidiens p. 233
soler p. 114, 348
solo / sólo p. 13
sorties p. 274-279
sortir p. 368
soulagement p. 236
sous, en dessous p. 369
sport p. 265
su(s), suyo(s)/suya(s) p. 34-35
subjonctif : emplois p. 115-119, 155-157, 158-162
subordonnées complétives p. 116, 154-157
subordonnées de but p. 162
subordonnées de cause p. 103, 105, 161
subordonnées de comparaison p. 62-63
subordonnées de concession p. 105, 107, 118-119, 166-167
subordonnées de condition p. 103, 105, 118, 164-165
subordonnées de conséquence p. 163-164
subordonnées de lieu p. 158
subordonnées de manière p. 105, 159
subordonnées de temps p. 103, 104, 107, 118, 159-161
subordonnées relatives p. 66-71, 117
suerte p. 322
suficiente(s) p. 50
suggérer p. 195
sujet (changer de ~) p. 219

superlatifs p. 64-65
supposition p. 110
sur, au-dessus p. 369
surpris (être ~) p. 197
surprise p. 236

T-U-Y

tal p. 370
tal… que p. 163
tal (y) como p. 159, 370
tal vez p. 115, 129, 359
también p. 312
tan, tanto p. 312, 313
tan… que p. 163, 367
tan pronto como p. 160
tan… como para que p. 163-164, 367
tan… como, tanto… como p. 63, 313
tanto más/menos… cuanto que… p. 314
techniques de communication p. 256-260
tel (que) p. 370
téléphone p. 256
télévision p. 263
temps qui passe p. 230
tener p. 315, (conjugaison) 415
tener + participe passé p. 106, 113, 315
tener que p. 92, 104, 109, 110, 333
théâtre p. 269
tocar p. 350
todo p. 51, 128
toujours p. 371
tout p. 51, 128
traer (conjugaison) p. 416
transports p. 254, 274
travail p. 283-287
très p. 371
tristesse p. 236

INDEX

u p. 150, 355
un, una, unos, unas p. 19-22
uno, una (= on) p. 148, 354
usted(es) p. 35, 54, 55, 373-374, 378, 385-419
valer (conjugaison) p. 416
vario(s)/varia(s) p. 45, 50
végétation p. 301
venir (de) p. 372
venir p. 162, 372, (conjugaison) 417
venir + gérondif p. 112
ver (conjugaison) p. 418
verbes + préposition p. 381
verbes en Espagne et en Amérique p. 385
verbes irréguliers (tableaux) p. 398-419
verbes réguliers (tableaux) p. 392-397
verbes d'ordre, de prière 116, 155
vêtements p. 251
viande, poisson, coquillages p. 242

ville p. 253-255
vivir (conjugaison) p. 396
vœux (présenter ses ~) p. 183
voici, voilà p. 372
voiture p. 254, 274
volver (conjugaison) p. 419
volver a + infinitif p. 114, 340
volverse p. 331
vos p. 54, 378, 385-419
vosotros, vuestro p. 34-35, 54, 373, 378, 385-419
votre, vôtre p. 373
vouloir p. 374
vous p. 374
voyages p. 274-279
y p. 149
y (adverbe ou pronom) p. 374
ya p. 127, 129, 317, 327, 353
ya que p. 161
ya sea… ya sea p. 150
yo, tú, él p. 53-54

431

Crédits photographiques

p. 5 ph © Watcharakorn Chotigo - stock.adobe.com
p. 6 - h ph © FotoAndalucia - stock.adobe.com
p. 6-b ph © petrrgoskov - stock.adobe.com
p. 7-h ph © philipus - stock.adobe.com
p. 7-b ph © Dmitry Rukhlenko - stock.adobe.com
p. 9 ph © Watcharakorn Chotigo - stock.adobe.com
p. 169 ph © FotoAndalucia - stock.adobe.com
p. 223 ph © petrrgoskov - stock.adobe.com
p. 305 ph © philipus - stock.adobe.com
p. 383 ph © Dmitry Rukhlenko - stock.adobe.com

Hatier s'engage pour l'environnement en réduisant l'empreinte carbone de ses livres. Celle de cet exemplaire est de : 1.4 kg éq. CO$_2$
Rendez-vous sur www.hatier-durable.fr

PAPIER À BASE DE FIBRES CERTIFIÉES

Achevé d'imprimer en Espagne par Macrolibros à Valladolid
Dépôt légal : 08621-0/03 - Mai 2024

Pays hispanophones d'Amérique

PAYS	CAPITALE	HABITANTS
Argentina	Buenos Aires	argentinos
Bolivia	La Paz, Sucre	bolivianos
Chile	Santiago de Chile	chilenos
Colombia	Bogotá	colombianos
Costa Rica	San José	costarricenses
Cuba	La Habana	cubanos
Ecuador	Quito	ecuatorianos
El Salvador	San Salvador	salvadoreños
Guatemala	Guatemala	guatemaltecos
Honduras	Tegucigalpa	hondureños
México	Ciudad de México	mexicanos
Nicaragua	Managua	nicaragüenses
Panamá	Panamá	panameños
Paraguay	Asunción	paraguayos
Perú	Lima	peruanos
Puerto Rico	San Juan	puertorriqueños
República Dominicana	Santo Domingo	dominicanos
Uruguay	Montevideo	uruguayos
Venezuela	Caracas	venezolanos

Autres langues du monde hispanophone

ESPAGNE	catalán
	gallego
	vasco ou euskera
AMÉRIQUE	quechua
	guaraní
	aymara
	náhuatl
	maya
	mapuche